क्या भूलूँ क्या याद करूँ

डॉ. हरिवंशराय बच्चन

राजपाल

बच्चन की आत्मकथा

चार खंडों में संपूर्ण

स्थापित 1912
100 वर्षों की श्रेष्ठ प्रकाशन परम्परा
राजपाल

₹ 525

ISBN : 9788170281344

KYA BHULOON KYA YAAD KAROON (Autobiography)

by Harivanshrai Bachchan

मुद्रक : शीतल प्रिंट्स, दिल्ली

राजपाल एण्ड सन्ज़

1590, मदरसा रोड, कश्मीरी गेट, दिल्ली–110006

फोन : 011–23869812, 23865483, 23867791

e-mail : sales@rajpalpublishing.com

www.rajpalpublishing.com

www.facebook.com/rajpalandsons

प्रफुल्लचन्द्र ओझा 'मुक्त'
और
राजनाथ पांडेय को

पहले संस्करण की भूमिका

लेखन द्वारा अपने को अभिव्यक्त करते हुए मुझे चालीस वर्षों से ऊपर हो चुके हैं। इतने दिनों में मैं अपने हृदय पर हाथ रखकर कह सकता हूँ—और कलाकार के लिए इससे बड़ी सौगंध नहीं—कि मैंने कुछ भी ऐसा नहीं लिखा जो मेरे अन्तर से नहीं उठा, जो उसमें नहीं उमड़ा-घुमड़ा—अनुवादों के मामले में भी।

यह जो आत्म-चित्रण आज मैं आपके हाथों में रख रहा हूँ, इसी प्रकार के मानस- मथन का परिणाम है।

जीवन की जिस सीढ़ी पर मैं हूँ, उसपर अतीत का स्मरण शायद स्वाभाविक होता है—मेरे पास औरों का मन जानने के लिए भी केवल अपने मन का पैमाना है।

मुझे कई वर्षों से लग रहा था कि जब तक मैं अपने अंतर में निरन्तर उठती स्मृतियों को चित्रित न कर डालूँगा तब तक मेरा मन शान्त नहीं होगा।

मेरी जिन अभिव्यक्तियों से आपके मन को भी यत्किंचित् शान्ति—'शान्ति' शब्द मैं इतने व्यापक अर्थ में प्रयोग कर रहा हूँ कि उसमें अशान्ति भी शामिल हो सके—मिलती रही है, मैं उन्हें अपने मन को ही शान्ति देने के लिए प्रस्तुत करता रहा हूँ।

इसी विश्वास के बल पर मैं यह आत्म-चित्रण प्रकाश में ला रहा हूँ।

मेरा जीवन एक साधारण मनुष्य का जीवन है।

और इसे मैंने अपना सबसे बड़ा सौभाग्य, और अपनी सबसे बड़ी प्रसन्नता का कारण माना है। मुझे फिर से, इच्छानुकूल जीवन जीने की क्षमता दे दी जाए तो मैं अपना जीवन जीने के अतिरिक्त किसी और का जीवन जीने की कामना न करूँगा—उसकी सब त्रुटियों, कमियों, भूलों, पछतावों के साथ।

सबसे बड़ा कारण, कि इसी के बल पर तो मैं दुनिया के साधारण जनों के साथ अपनी एकता का अनुभव करता हूँ।

इतने बड़े संसार में अपने को अकेला अनुभव करने से बड़ा बन्धन नहीं। सायुज्य मुक्ति यही है—सबसे युक्त होकर मुक्त।

आपका भी यह विश्वास हो तो मुझ साधारण से युक्त होना आपके सर्वसाधारण से युक्त होने का एक कदम हो सकता है।

युक्त होना दोनों पर निर्भर है—कितना आप हो सकते हैं, कितना मैं कर सकता हूँ। मेरी ईमानदारी आपके सम्मुख है। पता नहीं यह आपकी कितनी सहानुभूति पा सकेगी।

'क्या भूलूँ क्या याद करूँ' मेरी पूरी योजना का एक तिहाई भाग है। इतने ही बड़े दो और भाग यथासमय आपके सामने आएँगे—'नीड़ का निर्माण फिर' और 'जीवन की आपाधापी में' यदि समय और स्वास्थ्य ने साथ दिया।

मैं यह भी बताना चाहता था कि यह आत्म-चित्रण मैंने किस मनोवृत्ति से किया है, पर जिन शब्दों में उसे मैं बता सकता था उनसे कहीं अधिक समर्थ और सशक्त शब्दों में आज से लगभग चार सौ वर्ष पूर्व फ्रांस का एक महान लेखक, मानतेन, अपना आत्म-चित्रण करते समय उसे व्यक्त कर चुका है। जब-जब मैंने इस आत्म-चित्रण के लिए लेखनी उठाई है तब-तब मैंने उसे स्वस्ति-वाचन की श्रद्धा से पढ़ लिया है; और आपसे यह प्रार्थना करना चाहूँगा कि जब-जब आप इस आत्म-चित्रण को पढ़ें, आप उसे भी पढ़ लें। आप उसे इस कृति के प्रथम पृष्ठ के पूर्व पाएँगे।

मैं जो कुछ लिखता हूँ उसपर अपने पाठकों की प्रतिक्रिया जानना चाहता हूँ, उससे लाभान्वित भी होता हूँ। यदि आप यथासुविधा अपनी प्रतिक्रिया मुझे देंगे तो आप मेरा उपकार

करेंगे।

खेद है, जब इस पान्डुलिपि को प्रेस भेजने का समय आया है, मैं लम्बेगो में पड़ा हूँ। प्रेस के लिए इसे अन्तिम रूप देने का कार्य श्री सत्येन्द्र शरत् ने किया है। इस सहयोग के लिए मैं उन्हें जितना भी धन्यवाद दूँ कम है।

अगस्त, 1969

—बच्चन

तीसरे संस्करण के अवसर पर

मुझे इस बात की बड़ी प्रसन्नता है कि 'क्या भूलूँ क्या याद करूँ' के प्रकाशन के साल-भर बाद ही उसके तीसरे संस्करण की आवश्यकता आ पड़ी है। जिन कमियों की ओर मेरे कतिपय पाठकों ने संकेत किया था उनमें से अधिकांश का निराकरण कतिपय संशोधनों और परिशिष्टों द्वारा करने का प्रयत्न इस संस्करण में किया जा रहा है। संशोधनों में सुझाव और सहायता के लिए मैं श्री सत्येन्द्र शरत् का आभारी हूँ।

मैंने पहले संस्करण में कहा था कि आत्म-चित्रण की मेरी यह योजना तीन खंडों में पूरी होगी। अब लग रहा है कि वह तीन में नहीं, चार खंडों में पूर्ण हो सकेगी—योजना का दूसरा खंड, 'नीड़ का निर्माण फिर' इस संस्करण के साथ उपलब्ध हो जाएगा।

15 अगस्त, 1970

—बच्चन

चौथे संस्करण के अवसर पर

'क्या भूलूँ क्या याद करूँ' को प्रकाशित हुए अभी दो वर्ष भी नहीं हुए और इसका चौथा संस्करण निकलने जा रहा है।

मैं उन सब लोगों के प्रति आभारी हूँ जिन्होंने इसे पढ़कर अपने इष्ट-मित्रों एवं परिचितों को इसे पढ़ने के लिए प्रेरित किया, जिसके कारण इसकी माँग बराबर बनी हुई है—बढ़ रही है।

इस संस्करण में एकाध प्रसंगों को, जिनके स्मृति-आधारित होने के कारण कुछ भ्रम फैलने की सम्भावना थी, अधिक तथ्य-संगत और स्पष्ट कर दिया गया है।

पुस्तक के सम्बन्ध में आप अपनी प्रतिक्रिया भेजकर मुझे बाधित करेंगे।

1 जून, 1971

—बच्चन

सातवें संस्करण के अवसर पर

लेखक के लिए इससे अधिक प्रसन्नता और सन्तोष का विषय क्या हो सकता है कि उसकी कृति के संस्करण निकलते जाएँ।

इस अवसर पर मैं उन सहयोगियों के प्रति अपना आभार प्रकट करता हूँ जिन्होंने किसी भी रूप में इस कृति को बोधप्रिय बनाने में सहयोग दिया है—प्रकाशक के प्रति भी जो उसे नई साज-सज्जा से प्रस्तुत कर रहे हैं।

अपने नए पाठकों की प्रतिक्रिया का भी मैं स्वागत करूँगा।

मार्च, 1980

—बच्चन

आठवें संस्करण की भूमिका

मुझे इस बात की बड़ी प्रसन्नता है कि मेरी आत्म-कथा के प्रथम खण्ड 'क्या भूलूँ क्या याद करूँ' का आठवाँ संस्करण निकलने जा रहा है। इसका श्रेय मैं उन पाठकों को देना चाहता हूँ, जिन्होंने इसे पढ़कर मित्रों एवम् सम्बन्धियों को पढ़ने के लिए प्रेरित किया। मेरी हमेशा से यह धारणा रही है कि किसी भी पुस्तक के प्रचारक उसके सुरुचिपूर्ण पाठक ही होते हैं।

मैं आशा करता हूँ, यह क्रम बराबर चलता रहेगा और एक अच्छी कृति लोगों का मनोरंजन करती रहेगी।

जनवरी, 1982

—बच्चन

"पाठको, यह किताब ईमानदारी के साथ लिखी गई है। मैं आपको पहले से ही आगाह कर दूँ कि इसके लिखने में मेरा एकमात्र लक्ष्य घरेलू अथवा निजी रहा है। इसके द्वारा पर-सेवा अथवा आत्म-श्लाघा का कोई विचार मेरे मन में नहीं है! ऐसा ध्येय मेरी क्षमता से परे है। इसे मैंने अपने सम्बन्धियों तथा मित्रों के व्यक्तिगत उपयोग के लिए तैयार किया है कि जब मैं न रहूँ (और ऐसी घड़ी दूर नहीं है) तब वे इन पृष्ठों से मेरे गुण-स्वभाव के कुछ चिह्न संचित कर सकें और इस प्रकार जिस रूप में उन्होंने मुझे जीवन में जाना है उससे अधिक सच्चे और सजीव रूप में वे अपनी स्मृति में रख सकें। अगर मैं दुनिया से किसी पुरस्कार का तलबगार होता तो मैं अपने-आपको और अच्छी तरह सजाता-बजाता, और अधिक ध्यान से रँग-चुँगकर उसके सामने पेश करता। मैं चाहता हूँ कि लोग मुझे मेरे सरल, स्वाभाविक और साधारण स्वरूप में देख सकें—सहज निष्प्रयास प्रस्तुत, क्योंकि मुझे अपना ही तो चित्रण करना है। मैं अपने गुण-दोष जग-जीवन के सम्मुख रखने जा रहा हूँ, पर ऐसी स्वाभाविक शैली में जो लोक-शील से मर्यादित हो। यदि मेरा जन्म उन जातियों में हुआ होता जो आज भी प्राकृतिक नियमों की मूलभूत स्वच्छन्दता का सुखद उपयोग करती हैं तो मैं आपको विश्वास दिलाता हूँ कि मैं बड़े आनन्द से अपने-आपको आपाद-मस्तक एकदम नग्न उपस्थित कर देता। इस प्रकार, पाठको, मैं स्वयं अपनी पुस्तक का विषय हूँ; और मैं कोई वजह नहीं देखता कि आप अपनी फुरसत की घड़ियाँ ऐसे नगण्य और निरर्थक विषय पर सर्फ़ करें! इसलिए मानतेन की विदा स्वीकार कीजिए—1 मार्च, 1580।"

In every little experience of ours is folded the whole of history.

—*Swami Rama Tirtha*

(हमारे छोटे-से-छोटे अनुभव में मानवता का सारा इतिहास छिपा रहता है।

—स्वामी रामतीर्थ)

कहते हैं, आज से लगभग पाँच-छह सौ बरस पहले की बात है, उत्तर प्रदेश के बस्ती ज़िले के अमोढ़ा नामक ग्राम में पान्डेय उपजाति का एक बड़ा ही तपोनिष्ठ और तेजस्वी ब्राह्मण रहता था। उसके एक कन्या थी जो अत्यन्त रूपवती थी, और जिसके सौन्दर्य की ख्याति दूर-दूर तक फैली हुई थी। उन्हीं दिनों अमोढ़ा से कुछ मील के फ़ासले पर डोमिन दुर्ग नामक एक स्थान था जिसका राजा उग्रसेन, जाति का डोम था। बस्ती ज़िले में अब भी एक स्थान डोमीनियम बुर्ज कहलाता है। हो सकता है, इस नाम में डोमिन दुर्ग की ही कोई यादगार अटकी रह गई हो। डोम राजा ने जब ब्राह्मण-कन्या के अनिंद्य रूप-सौन्दर्य की चर्चा सुनी तब उसने ब्राह्मण के पास यह सन्देश भेजा कि वह अपनी बेटी का ब्याह उसके साथ कर दे। ब्राह्मण के सामने बड़ा भारी धर्म-संकट उपस्थित हो गया। 'आपत काल परखिए चारी : धीरज, धर्म, मित्र अरु नारी।' उसने परिणाम की कुछ भी परवाह किए बिना डोम राजा के प्रस्ताव को ठुकरा दिया। इस पर डोम राजा ने दल-बल के साथ अमोढ़ा पर चढ़ाई कर दी और ब्राह्मण के पूरे परिवार को पकड़कर बन्दीगृह में डाल दिया।

बन्दीगृह में ब्राह्मण कन्या को एक तरकीब सूझी। उसने डोम राजा से कहला भेजा कि मैं अपने माता-पिता को कष्ट-मुक्त देखने के लिए तुम्हारे साथ विवाह करने को तैयार हूँ, मगर विवाह से पूर्व मैं अयोध्या की तीर्थ-यात्रा कर आने की आज्ञा चाहूँगी; मेरे माता-पिता को मेरे लौटने तक बन्धक के रूप में बन्दी रक्खा जा सकता है। डोम राजा इसपर सहमत हो गया और कन्या तीर्थ-यात्रा के लिए छोड़ दी गई।

उन दिनों अयोध्या अवध प्रान्त की राजधानी थी, जिसके सूबेदार राय जगतसिंह थे। जगतसिंह श्रीवास्तव कायस्थ थे। बड़े ही धर्मात्मा, नीति-कुशल, न्याय-परायण और पराक्रमी। अयोध्या पहुँचकर ब्राह्मण-कन्या राय साहब के समक्ष उपस्थित हुई, और उसने उन्हें अपनी और अपने परिवार की विपदा सुनाई। अपने पूर्वजों के मूल-स्थान की देवी स्वरूपा उस कुमारी कन्या का परित्राण करने की राय साहब ने प्रतिज्ञा की—बस्ती का पुराना नाम, कहते हैं, श्रावस्ती था जिसे पुराणों के अनुसार राजा श्राव ने बसाया था, और मूलतः वहीं से आने के कारण वहाँ के कायस्थ श्रीवास्तव्य कहलाए। राय साहब ने एक बड़ी सेना सजाकर डोमिन दुर्ग पर चढ़ाई कर दी, डोम राजा के

पूरे परिवार का सफ़ाया कर दिया, और ब्राह्मण को कारागार से मुक्त करके उसकी तपः पूत कन्या उसे सौंप दी।

राय साहब के प्रति कृतज्ञता ज्ञापित करने के लिए उस निर्धन और असहाय ब्राह्मण के पास कुछ भी नहीं था। उसने अचानक अपने यज्ञोपवीत की ओर देखा और उसे उतारकर राय साहब के कन्धे पर डाल दिया, बोला, "इसके द्वारा मैं अपना 'पान्डेय' आस्पद आपको प्रदान करता हूँ, और आपको ब्राह्मण बनाकर अपनी ब्राह्मण-कन्या आपको समर्पित करता हूँ।" ब्राह्मण ने इसी अवसर पर राय साहब से यह वचन लिया कि उनके वंश में कोई मदिरा-पान नहीं करेगा और यदि करेगा तो कोढ़ी हो जाएगा। जगतसिंह के वंशज 'अमोढ़ा के पान्डे' के नाम से प्रसिद्ध हुए और दो-तीन शताब्दियों तक अमोढ़ा के ही निवासी रहे। अमोढ़ा किसी समय छोटा-मोटा ग्राम न होकर पूरा जनपद था जिसमें सैकड़ों ग्राम थे।

किसी कारण, किसी समय—शायद आज से दो-ढाई सौ साल पहले—अमोढ़ा के पान्डे लोगों के बहुत-से परिवार अपना मूल स्थान छोड़कर अवध के विभिन्न नगरों-गाँवों में जा बसे। डॉ. राजेन्द्र प्रसाद ने अपनी 'आत्मकथा' में लिखा है कि उनका परिवार भी मूलतः अमोढ़ा का था, और जीविका की तलाश में जीरादेई-बिहार जा पहुँचा था—एक बार बातचीत के सिलसिले में उन्होंने मुझसे कहा था कि वे अपने पूर्वजों की भूमि अमोढ़ा की यात्रा भी कर आए थे। शायद अन्य परिवार भी इसी कारण निकले हों, पर सहसा अमोढ़ा से जीविका के साधन विलुप्त कैसे हो गए, इसका किसी को पता नहीं। हो सकता है कोई भारी अकाल पड़ा हो, क्योंकि अकाल के समय जनता प्रायः एक स्थान को छोड़कर दूसरे स्थान के लिए चल पड़ती है। सम्भव है किसी राजा या सामन्त ने अमोढ़ा पर आक्रमण किया हो। निश्चयपूर्वक कुछ भी नहीं कहा जा सकता।

बस्ती, हरदोई, लखनऊ, गोंडा, बहराइच, सीतापुर, सुल्तानपुर, फ़ैज़ाबाद, परताबगढ़ और इलाहाबाद में श्रीवास्तव कायस्थों के बहुत-से परिवार ऐसे हैं जो अपने को 'अमोढ़ा के पान्डे' कहते हैं, या अपना अल्ल 'पान्डे अमोढ़ा' बतलाते हैं। 'अल्ल' शब्द की व्युत्पत्ति मुझे नहीं मालूम; सम्भवतः देशज शब्द है; अर्थ है इसका कुल या वंश। अमोढ़ा के पान्डे लोगों की विशेषता दो बातों में है—पहली यह कि विवाह के समय ब्राह्मण लोग उनका यज्ञोपवीत संस्कार करते हैं—जबकि शूद्र समझने के कारण, कायस्थों की अन्य शाखाओं का उपनयन संस्कार वे नहीं करते, या कुछ समय पहले तक नहीं करते थे, अब तो दक्षिणालोभ में, उदारता के कारण नहीं, उन्होंने अपने बहुत-से समय-रूढ़ सिद्धान्तों के साथ समझौता कर लिया है; दूसरी, वे मदिरा नहीं छूते—उनके यहाँ यह किंवदन्ती है कि उनके वंश का जो कोई मदिरा पिएगा वह कोढ़ी हो जाएगा, जबकि अन्य कायस्थ-शाखाएँ अनियंत्रित मदिरापान के लिए मशहूर हैं, या थीं—'कायथ होय प्रधान अहोनिसि रहै पियन्तौ' (पृथ्वीराज रासो); कभी सोचता हूँ, स्वतन्त्र भारत के प्रथम प्रधान के रूप में डॉ. राजेन्द्र प्रसाद का पदस्थ होना चन्द बरदाई की उक्ति पर कितना बड़ा व्यंग्य होगा।

विवाह के समय यज्ञोपवीत धारण करने की प्रथा में निश्चय ही उस घटना की

स्मृति जगाई जाती है जो जगतसिंह के साथ घटी थी, और जिसके द्वारा उन्हें 'पान्डेय' का आस्पद और ब्राह्मण-कन्या पत्नी के रूप में प्राप्त हुई थी। किन्हीं पुराणों के अनुसार, मैंने ऐसा सुना है, कायस्थों के आदि पुरुष, यमराज के मंत्री और लेखाकार, धर्मराज चित्रगुप्त का विवाह भी ब्रह्मा की कन्या के साथ हुआ था जिससे उन्हें बारह पुत्र-रत्न प्राप्त हुए—श्रीवास्तव्य, माथुर, निगम, सक्सेना आदि, जो कायस्थों की बारह उपजातियों के मूल पुरुष हुए।

हिन्दुओं की काव्य-प्रियता ने, अथवा प्रतीकों द्वारा तथ्यों को व्यक्त करने की उनकी प्रवृत्ति ने जहाँ इतिहासों पर दन्तकथाओं का मुलम्मा चढ़ाया, वहाँ दन्त-कथाओं को इतिहास समझने की भूल को भी प्रश्रय दिया। किन ऐतिहासिक तथ्यों को सामने रखकर और किन उद्देश्यों से हिन्दू-मनीषा ने चित्रगुप्त की यह कथा गढ़ी होगी, इसे बता सकना कठिन है। मेरी एक कल्पना है; किसी भी व्यापक, विकसित और संगठित व्यवस्था में बहुत-से तथ्यों का हिसाब-किताब रखने की आवश्यकता पड़ती है; किसी समय यह कार्य कायस्थ लोग करते होंगे; उनकी अपनी लिपि भी होगी, शायद एक लिपि कैथी के नाम से प्रसिद्ध भी है। सम्भवतः उनका वही स्थान होगा जो आज की राज्य व्यवस्था में क्लार्क का है—जिसे अभिनव शब्दावली में 'लिपिक' कहा गया है। इस प्रत्याशा से कि वह तथ्यों के अंकन में पूरी ईमानदारी बरते, किसी प्रकार की गड़बड़ी न करे, उसका सम्बन्ध धर्मराज से जोड़ा गया होगा जो प्रत्येक मनुष्य के पाप-पुण्य का ठीक-ठीक लेखा-जोखा रखते हैं। सब वर्णों के प्रति निष्पक्ष और सबके प्रति निरपेक्ष, एकमात्र व्यवस्था के प्रति निष्ठावान रखने के लिए उसे किसी वर्ण में स्थान न दिया गया होगा—वह ब्राह्मण नहीं है, वह क्षत्रिय नहीं है, वह वैश्य नहीं है, वह शूद्र भी नहीं है—गो ब्राह्मण उसे शूद्रवत् मानते रहे हैं। वह ब्राह्मण के समान ब्रह्मा के मुख से नहीं निकला, न क्षत्रिय के समान बाहु से, न वैश्य के समान उदर से और न शूद्र के समान चरण से; वह कायस्थ था, पूरी काया में था; और पूरी काया से काया के रूप में निकलने का तो एक ही स्वाभाविक-सप्राण स्थान था। हिन्दू-मनीषा, प्रायः अपने खुले स्वभाव के लिए विख्यात, उसे कहने में क्यों संकोच कर गई ?—मैं नहीं समझ पाता।

किसी भी शासन के दो प्रमुख अंग होते हैं—सुरक्षा और विधि व्यवस्था। यदि कायस्थों ने हिन्दू शासन की विधि-व्यवस्था सँभाली होगी—सुरक्षा क्षत्रिय सँभालते होंगे—तो उन्होंने मुस्लिम शासन में भी यह कार्य किया होगा, क्योंकि बदले हुए शासन में भी विधि-व्यवस्था तो रखनी ही पड़ती है, उसका रूप थोड़ा-बहुत भले ही परिवर्तित हो जाए; और इसके लिए कार्य से पूर्व-परिचित और पूर्व-अभ्यस्त हाथों की ज़रूरत होती है। शासक के निकट रहने के कारण, और निकट रहने के लिए भी, कायस्थों ने अपने को बहुत बदला होगा—शिक्षा-दीक्षा में, रस्म-रिवाज में, और रहन-सहन के तौर-तरीकों में। मैंने अपने लड़कपन में कई अवसरों पर लोगों को ऐसा कहते सुना था कि कायस्थ आधा मुसलमान होता है। हिंदुओं में 'मुसलमान' शब्द, सर्वविदित ऐतिहासिक कारणों से, आदर अथवा प्रशंसा का वाचक नहीं बन सका। ब्राह्मणों ने मुसलमानों को म्लेच्छ कहना शुरू कर दिया था। कायस्थों को शूद्र समझते ही थे, शूद्र

को म्लेच्छ से सहयोग करते देखकर उन्होंने उसे अर्द्ध-म्लेच्छ की संज्ञा दी हो तो कुछ अजब नहीं है। अंग्रेज़ी शासन में अंग्रेज़ी शिक्षा के मुक्त प्रचार से, और विधि व्यवस्था का भार उन्हीं पर सीमित न रहकर विविध वर्गों में विभक्त हो जाने से, वे 'अर्ध-कृष्टान' बनने से बच गए।

बहरहाल, कायस्थ अपनी शूद्रवत् स्थिति को बहुत समय तक स्वीकार करते रहे। भारतीय पुनर्जागरण के साथ, विशेषकर पाश्चात्त्य शिक्षा के प्रभाव में, विद्या-बुद्धि के प्रत्येक क्षेत्र में अपनी प्रतिभा का सबूत देने पर उन्हें अपनी शूद्रवत् वाली स्थिति खलने लगी। उन्होंने अपनी व्युत्पत्ति, इतिहास आदि की खोज की, कई पुस्तकें लिखी गईं, किसी में उन्हें ब्राह्मण और किसी में उन्हें क्षत्रिय[1] साबित करने का प्रयत्न किया गया। कुछ लोगों ने अपने नाम के आगे सिंह लगाना शुरू कर दिया, कुछ लोगों ने 'वर्मा'–हिन्दी लेखकों में बहुत-से वर्मा प्रसिद्ध हुए–वृन्दावनलाल वर्मा, धीरेन्द्र वर्मा, भगवतीचरण वर्मा, रामकुमार वर्मा, महादेवी वर्मा–इनके पिताओं के नाम के साथ शायद ही 'वर्मा' जुड़ता रहो। अपने विद्यार्थी जीवन में मैंने भी कुछ समय तक अपने नाम के साथ 'वर्मा' जोड़ा था, पर सौभाग्य से जाति-उपजाति की व्यर्थता और उस नाम के साथ जोड़ने की निरर्थकता मुझ पर जल्द ही स्पष्ट हो गई–'बेगरि बेगरि के नाम धराया एक माटी के भाँड़े।–हाँ, 'वर्मा', जो कभी क्षत्रियों के नाम के आगे लगता था, जैसे ब्राह्मणों के नाम के आगे 'शर्मा। आत्म-हीनता की भावना से अपने को मुक्त समझ लेने का भी कुछ अर्थ होता ही है।

शूद्रवत् वाली स्थिति से ऐतिहासिक आक्रोश स्वामी विवेकानन्द ने प्रकट किया। वे तो संन्यासी हो गए थे, उन्हें जाति-पाँति या जातिगत अभिमान के प्रति उदासीन रहना था, पर न रह सके। वे बंगाली कायस्थ थे, और जब अमरीका में वेदान्त के प्रचारक के रूप में उनकी ख्याति की प्रतिध्वनि बंगाल की खाड़ी से टकराने लगी तब ईर्ष्यावश बंगाली ब्राह्मणों ने बंगाल के पत्रों में लिखा कि अमरीका जिसको सम्मान दे रहा है भारत में तो उसे शूद्र समझा जाता है, और उसे धर्म-प्रचार करने और धर्म के विषय में बोलने का कोई अधिकार नहीं है।

अमरीका से लौटकर मद्रास में भाषण देते हुए स्वामी जी ने कहा था, "मैंने समाज-सुधारकों के मुखपत्र में पढ़ा था कि मैं शूद्र हूँ, और मुझसे पूछा गया था कि शूद्र को संन्यासी होने का क्या अधिकार है ? तो उसपर मेरा उत्तर यह है कि मैं उन महापुरुषों का वंशधर हूँ, जिनके चरण-कमलों पर प्रत्येक ब्राह्मण 'यमाय धर्मराजाय चित्रगुप्ताय वै नमः' उच्चारण करते हुए पुष्पांजलि प्रदान करता है, और जिनके वंशज विशुद्ध क्षत्रिय हैं। यदि अपने पुराणों पर विश्वास हो, तो इन समाज-सुधारकों को जान

1. 'क्या भूलूँ क्या याद करूँ,' के इस प्रसंग को पढ़कर श्री राय कृष्ण दास ने मुझे सूचित किया–'जब काशी के पंडितों ने कायस्थों को क्षत्रियत्व का व्यवस्था-पत्र दिया (जिसपर भारतेन्दु जी ने 'उत्तै जाति गोपाल की' प्रहसन लिखा) तब यहाँ के एक बुजुर्ग कायस्थ ने बड़ी ही सुन्दर बात कही–'भाई, अभी तक हम लोग विष्णु भगवान के उस अंग से अपनी उत्पत्ति मानते थे जिस अंग को सब पूजते हैं' (पदभ्यां शूद्रो अजायत)। अब उस अंग से अपनी उत्पत्ति मानने चले हैं जिसको कोई नहीं पूजता (बाहू राजन्यः कृतः)।"

लेना चाहिए कि मेरी जाति ने पुराने ज़माने में अन्य सेवाओं के अतिरिक्त, कई शताब्दियों तक आधे भारतवर्ष पर शासन किया था। यदि मेरी जाति की गणना छोड़ दी जाए, तो भारत की वर्तमान सभ्यता का क्या शेष रहेगा ? अकेले बंगाल में ही मेरी जाति में सबसे बड़े दार्शनिक, सबसे बड़े क़वि, सबसे बड़े इतिहासज्ञ, सबसे बड़े पुरातत्त्ववेत्ता और सबसे बड़े धर्म-प्रचारक उत्पन्न हुए हैं। मेरी ही जाति ने वर्तमान समय के सबसे बड़े वैज्ञानिकों से भारतवर्ष को विभूषित किया है।''

पुराणों से क्या प्रमाणित होता है और इतिहास क्या सिद्ध करते हैं, इससे अधिक महत्त्वपूर्ण और शायद मनोरंजक भी होगा यह देखना कि लोकमत कायस्थों के विषय में क्या रहा है।

विद्या, ज्ञान, चिंतन और बुद्धि-कुशाग्रता में ब्राह्मणों ने कायस्थों में अपना प्रतिद्वन्द्वी पाया हो तो कोई आश्चर्य की बात नहीं है। इससे निश्चय ही पारस्परिक स्पर्धा, प्रतियोगिता और ईर्ष्या की भावना ने जन्म लिया होगा। ब्राह्मणों के बनाए हुए ऐसे बहुत से संस्कृत श्लोक प्रचलित हैं जिनमें कायस्थों की निंदा की गई है, या उन्हें गिराने का प्रयत्न किया गया है। ऐसा ही एक श्लोक मैंने अपने लड़कपन में सुना था, और वह मुझे याद भी है :

कायस्थेनोदरस्थेन मातुर्मांसं न भक्षितम्
न तत्र करुणा हेतुः हेतुस्तत्र अदंतता।

कहने का तात्पर्य यह कि कायस्थ इतना क्रूर होता है कि आश्चर्य ही है कि जब वह पेट में था तब उसने अपनी माता का मांस क्यों नहीं खा लिया। ऐसा उसने किसी करुणा के कारण नहीं किया, बल्कि उस समय उसके दाँत ही नहीं थे। प्रसंगवश यह बता दूँ कि इस भीषण और विचित्र सूझ का उपयोग मैंने गाँधीजी की शहादत पर लिखी एक कविता में किया। नाथूराम ने महात्मा गाँधी का वध कर दिया !

'यह जितना ही मर्मांतक उतना ही सच्चा,
शान्तं पापं, जो बिना दाँत का था बच्चा
करुणा-ममता-सी मूर्तिमान माँ को कच्चा
देखते-देखते
सब दुनिया के
गया चबा।'

एक श्लोक मैंने और सुना था जिसमें 'कायस्थ' शब्द के प्रत्येक अक्षर से उसके एक अवगुण का संकेत किया गया था। इस समय वह मुझे याद नहीं है।[1] उनकी क्रूरता पर एक उक्ति मैंने कभी अवधी भाषा में भी सुनी थी :

हौले-हौले दौड़ के काटें, का जानैं पर पीरा,
पर लोहू के चाखन हारे कायथ औ' खटकीरा।

1. एक पाठक ने मुझे वह श्लोक लिख भेजा है–

काकाल्लौत्यं, यमात्क्रौर्यं स्थपतेर्दृढ़धातिताम्।
आद्याक्षराणि संगृह्य कायस्थः के निर्मितः।।

यह बात तो स्वामी विवेकानन्द ने भी मानी है कि शासन-तन्त्र का अंग होने के कारण साधारण जनता के प्रति उनका व्यवहार निर्ममतापूर्ण अथवा क्रूर रहा होगा। उनके काम में घूस लेने के अवसर भी पर्याप्त होंगे, और जनता उनकी इस दुर्बलता से भी अपरिचित नहीं होगी। गाँवों में यह कहावत अब भी प्रचलित है, और कहावतें समयसिद्ध सामूहिक अनुभवों पर ही आधारित होती हैं :

कहे-सुने से ठाकुर मानै, बाम्हन मानै खाए,
दिए-लिए से कायथ मानै, सूद मानै लतियाए।

लेने-देने का मौक़ा कायस्थ कहाँ नहीं निकाल लेता, इसपर एक क़िस्सा भी कहा जाता है कि उसकी इस आदत से आजिज़ आकर किसी हाकिम ने उसे एक बार लहर गिनने के काम पर लगा दिया, पर वहाँ भी उसने अपनी टेंट गरम करने का सामान कर लिया। वह माल-भरी नौकाओं को तट पर लगने ही न देता, कहता, "ठहरो, सरकारी लहरों का हिसाब गड़बड़ हो रहा है !" और साहूकार से जब कुछ पुजवा लेता तो नौका भी तट पर लग जाती है और लहरों का हिसाब भी ठीक बैठ जाता।

अलग-अलग अवगुणों को कहाँ तक गिनाया जाता, इसलिए उसपर, संक्षेप में, कलंकी की छाप लगा दी गई थी। मैंने इसपर कभी एक पूरा कवित्त सुना था। न जाने किसने किस मौक़े पर सुना दिया था। मतलब का समझकर स्मृति ने केवल अन्तिम चरण संजो लिया होगा; बाक़ी भूल गया हूँ।

जौ पै सिंहवाहिनी निबाहिनी न होती कहूँ
कायथ कलंकी काके द्वारे गति पावते।

लगता है कायस्थ लोग कभी शाक्त होंगे—दुर्गा के भक्त। हो सकता है मांस-मदिरा के प्रेमी होने के कारण उन्होंने शाक्त सम्प्रदाय को अपने अनुकूल पाया हो और उसे चुपचाप अपना लिया हो। बहुत-से कायस्थ घरों में मांस-मदिरा को देवी जी के प्रसाद की ही संज्ञा दी जाती है—मेरे एक तमिल भाषी मित्र ने बताया था कि उनके यहाँ चावल को 'प्रसाद' कहते हैं और जल को 'तीर्थ'। भारतीय संस्कृति इस लम्बे-चौड़े देश में फैले विभिन्न रूपों को जोड़ने के लिए कैसी सूक्ष्म गाँठें लगा देती है ! 'पहले भोग लगा लूँ तेरा फिर प्रसाद जग पाएगा'—कविता में कहाँ-कहाँ के संस्कार आकर बोल जाते हैं !

कायस्थ के वाक्-चातुर्य और बुद्धि-कौशल के भी क़िस्से कहे जाते हैं। हमारे एक अध्यापक पंडित जी कहा करते थे कि कायस्थ की मुई खोपड़ी भी बोलती है। उन्हीं से मैंने सुना था कि एक बार किसी ने देवी की बड़ी आराधना की। देवी ने प्रसन्न होकर एक वरदान देने को कहा। इधर माँ अन्धी, पत्नी की कोख सूनी, घर में ग़रीबी। बड़े असमंजस में पड़ा—माँ के लिए आँख माँगे कि पत्नी के लिए पुत्र कि परिवार के लिए धन ? जब सोच-सोचकर हार गया तो एक कायस्थ महोदय के पास पहुँचा। उन्होंने कहा, "इसमें परेशान होने की क्या बात है, तुम कहो कि मैं यह माँगता हूँ कि मेरी माँ अपने पोते को रोज़ सोने की कटोरी में दूध-भात खाते देखें !"

एक और क़िस्से में बताया जाता है कि एक दफ़ा किसी ने एक प्रेत सिद्ध कर

लिया। प्रेत ने कहा, "मैं बेकार नहीं बैठ सकता, मुझे कुछ काम बताना पड़ेगा, और काम नहीं बतलाओगे तो मैं तुम्हें खा जाऊँगा।" उन्होंने एक काम बताया, प्रेत फ़ौरन करके आ गया, "काम बताओ।" दूसरा काम बताया, वह भी जल्द ख़त्म करके आ गया, "काम बताओ।" वे जो भी काम बताते, प्रेत बात की बात में उसे पूरा करके आ जाता और कहता, "काम बताओ, नहीं खाता हूँ।" बड़े संकट में पड़ गए, अन्त में एक कायस्थ की शरण में पहुँचे। उसने कहा, "इसमें घबराने की क्या बात है, तुम आँगन में एक लम्बा-सा बाँस गाड़ दो, जब कोई काम न हो तो प्रेत से कहो, चढ़ो-उतरो।" प्रेत ने एक ही दिन में चीं बोल दी।

बुद्धि से जो बली होता है प्रायः शरीर से दुर्बल होता है। कायस्थों की शारीरिक दुर्बलता की ओर व्यंग्य करने के लिए कहा जाता है कि पाँच लाला से एक मूली नहीं उखड़ी। बात यह थी कि मुंशी जी किसी खेत से मूली चुराकर खाते थे। जब खेतवाले ने शिकायत की तो क़ाज़ी ने कहा, "मेरे सामने मूली उखाड़कर दिखाएँ। मूली उनसे नहीं उखड़ी तो एक के बाद एक चार और कायस्थ उनके साथ लग गए। तब भी मूली नहीं उखड़ी ! कायस्थ राम बेवकूफ थे जो मूली उखाड़कर चोरी करने का पहला सबूत पेश कर देते ? कायस्थ बड़े अच्छे अभिनेता होंगे कि प्रदर्शन तो करते थे मूली को ऊपर खींचने का, पर दाबते जाते थे उसे नीचे !

कायस्थ कितना ख़तरनाक साबित हो सकता है, इसके बारे में एक कहावत मैंने तब सुनी जब श्री लालबहादुर शास्त्री भारत के प्रधानमन्त्री चुने गए। 'टाइम्स' मैगज़ीन ने उनपर लिखते हुए बताया कि ये उस जाति के हैं जिसके बारे में भारत में कहा जाता है कि "अगर साँप और कायस्थ एक साथ मिलें तो पहले कायस्थ को मारो।"

पर कायस्थ को मारना इतना आसान भी नहीं है। शायद इस कहावत को कायस्थों ने ही चलाया होगा कि 'की कायथ को कायथ मारै की मारै करतार।' इसमें जहाँ उनके सख़्त-जान होने की घोषणा की गई है वहीं उनकी पारस्परिक ईर्ष्या का भी संकेत है।

दुनिया गें किसी भी काम को सफलतापूर्वक करने के लिए इच्छाबल की बड़ी आवश्यकता होती है और ब्राह्मण इच्छाबल का धनी माना जाता है– 'तप बल बिप्र सदा बरियारा'। चाणक्य ने अपनी चोटी खोली तो नंद वंश का नाश करके ही उसमें गाँठ दी। यहाँ भी कायस्थ ने ब्राह्मण से हार नहीं मानी। यह कहावत भी उसी की ईजाद होगी :

जो बरम्हा कहुँ राखैं टेक,
न सौ बाम्हन न कायथ एक।

जहाँ जनता जातियों में बँटी हो वहाँ पारस्परिक ईर्ष्या-द्वेष, अपने गुण और दूसरों के दोष देखने की प्रवृत्ति बड़ी स्वाभाविक है। उपर्युक्त उक्तियाँ इसका सबूत हैं। साथ ही यह भी सच है कि समान जीवन, रहन-सहन, व्यवसाय–और जातियाँ इसी आधार पर बनी हैं–एक विशेष प्रकार के चरित्र का निर्माण कर सकता है। समाज-विकास की जिस स्थिति में व्यक्ति ने अपनी विशिष्टता नहीं प्राप्त की उसमें जाति-चरित्र व्यक्ति के ऊपर आरोपित कर देने में भारी भूल भी नहीं हो सकती। व्यक्ति जातिस्तर पर

हो रहता है। जातिगत आलोचना-प्रत्यालोचनाएँ जहाँ पारस्परिक संघर्ष सिद्ध करती हैं, वहाँ पारस्परिक सहयोग भी सूचित करती हैं। चार दोस्त, जिस प्रकार, एक-दूसरे के प्रति आलोचनात्मक दृष्टि रखते हुए एक-दूसरे को सही और सन्तुलित मार्ग पर रख सकते हैं, उसी प्रकार जातियाँ भी कर सकती हैं और करती भी हैं। प्रारम्भिक कटुता कालान्तर में व्यंग्यात्मक और विनोदात्मक हो जाती है। हमारे नगरों में, जहाँ जातिगत बन्धन ढीले हो रहे हैं, व्यक्तिगत विशिष्टता उभर रही है; लेकिन हमारे गाँवों में व्यक्ति अब भी जातिगत स्तर पर रह रहा है। वहाँ अब भी ऐसी उक्तियाँ व्यक्ति और व्यक्ति के बीच आलोचना, व्यंग्य और विनोद की माध्यम बनी हैं और किसी रूप में अपना सुधार सम्बन्धी कार्य भी करती जाती हैं। और हम जो अभी अपने ग्रामीण संस्कारों से बिलकुल ही नहीं कट सके हैं, इन्हें अपनी स्मृति में सँजोए हुए हैं। हम जिन रास्तों से होकर आए हैं वे हमारी आगे की गति-प्रगति को प्रभावित नहीं करते, इसे मानने के लिए मैं तैयार नहीं हूँ।

इसीलिए मैं आज इस बात को सबसे पहले स्मरण करना चाहता हूँ कि पुराण, इतिहास, लोककथाओं और लोकोक्तियों में जिनको इस रूप में चित्रित किया गया है मैं उन्हीं का वंशधर हूँ।

हम लोग जिस परिवार के कहे जाते हैं वह भी लगभग उसी समय के अमोढ़ा से निकला जिस समय कायस्थों के अन्य परिवार वहाँ से चले—यानी आज से दो-ढाई सौ साल पहले। उसका पहला पड़ाव था परताबगढ़ ज़िले में बाबूपट्टी गाँव में, जिसे वहाँ के निवासी बाबूपटी कहते हैं; संभव है, अमोढ़ा के क्वचित् सम्भ्रान्त लोगों के वहाँ बस जाने से ही वह स्थान बाबूपट्टी कहलाया हो—सम्भ्रान्त, सफ़ेदपोश और बात-व्यवहार में सलीक़ेदार लोगों को 'बाबू' की संज्ञा कब मिली और क्यों दी जाने लगी, यह किस शब्द से बना या बिगड़ा, इसके विषय में मुझे कुछ नहीं मालूम। उत्तर प्रदेश और बिहार के बहुत-से गाँवों में बस्तियों का विभाजन बाबूपट्टी, बाम्हन पट्टी, चमार पट्टी आदि में किया जाता है। परताबगढ़ का बाबूपट्टी गाँव रानीगन्ज स्टेशन से लगभग एक मील पर है। स्टेशन से गाँव दिखाई देता है।

एक बार अपने लड़कपन में किसी विवाह में सम्मिलित होने के लिए मैं बाबूपट्टी गया था। उस समय गाँव की एक बूढ़ी माई पुरखों की ड्योढ़ी पर मत्था टेकने के लिए मुझे लिवा ले गई थी। घर, गाँव के घरों जैसा ही, कच्ची मिट्टी का था; कुछ हिस्सा पुराना लग रहा था, कुछ नया; जो हिस्सा जब भी गिरता होगा, उसको फिर से उठा दिया जाता होगा। इस क्रम में शायद पूरा घर, शायद कई बार, बदल चुका होगा, पर उसे पुरखों का घर ही कहा और माना जाता था। कहते हैं, अकबर बादशाह ने किसी अमीर को एक हुक़्क़ा भेंट किया। अमीर के परिवार में बड़ी हिफ़ाज़त की जाती थी उसकी। बादशाह सलामत की भेंट थी ! किसी समय चिलम टूट गई तो उसे बदल दिया गया, फिर कभी निगाली टूट गई तो दूसरी निगाली लगवा दी गई; इसी तरह नैचा भी किसी समय बदला गया और फ़र्शी भी किसी समय टूटी तो दूसरी में हुक़्क़ा जमा दिया गया, पर परिवार में यही प्रसिद्ध रहा कि हुक़्क़ा अकबर बादशाह की भेंट है, हालाँकि अकबर ने जिस हुक़्क़े को भेंट किया था उसका अब कोई अंश उसमें बाक़ी

न रह गया था। स्थूल वस्तुएँ ही नहीं, शायद संस्कृतियां भी इसी परिवर्तन और परम्परा के क्रम में अपनी सनातनता बनाए रहती हैं।

पुरखों के घर में प्रविष्ट होने के मुख्य द्वार की ड्योढ़ी निश्चय ही बहुत पुरानी खाई-खियाई लकड़ी की थी, जिसकी, पुरखों की निशानी के रूप में, हिफ़ाज़त की गई थी। उसके एक कोने से तेल के चीकट की दाढ़ी-सी लटक रही थी, जिस पर दस-बारह या इससे अधिक पीढ़ियों से हर रात को कड़ू तेल का चिराग़ जलता आया था। पुरखों की ड्योढ़ी पर प्रति संध्या को दिया जलने का अर्थ गाँवों में यह लगाया जाता है कि वंश-क्रम अटूट है। वंशनष्ट रावण को लेकर एक कहावत कही जाती है :

एक लख पूत, सवा लख नाती,
ऊ रावण घर दिया न बाती।

घर में परिवार के जो लोग थे उनसे मेरा कुछ नाता भी बताया गया था, पर उसकी शृंखला में इतनी कड़ियाँ थीं कि उन्हें याद रखना मुश्किल था। उन्होंने अपने परिवार का ही लड़का समझकर मुझे बड़ा दुलार-मान दिया और मेरे साथ बैठकर एक ही थाली में कच्चा खाना खाया—रक्त की निकटता को मान्यता देने का यह ख़ास तरीक़ा था।

परताबगढ़ में दो-तीन पीढ़ियों तक रह चुकने के बाद हमारे ख़ानदान के जो सबसे बुजुर्ग-पुरखा वहाँ से इलाहाबाद आए उनका नाम मनसा था। हमारे पूर्वजनों में मनसा पहले व्यक्ति हैं जिन्हें हम नाम से जानते हैं। हमारे यहाँ ब्याह-शादियों में कुछ ऐसे गीत गाए जाते हैं जिनमें पूर्व पुरुषों का नाम जोड़ना आवश्यक होता है। इन गीतों में मनसा का नाम सबसे पहले जोड़ा जाता था। गीतों में उन्हें मनसाराम भी कहा जाता था, पर राम का नाम तो गीत की पंक्ति पूरी करने के लिए प्रायः हर छोटे नाम के साथ जोड़ दिया जाता था। मैं समझता हूँ कि उनका पूरा नाम मनसा था। पहले ऐसे छोटे नाम ही दिए जाते थे। फिर दो शब्दों वाले नाम चले, बाद को तीन शब्दों वाले—तीसरा प्रायः जाति-सूचक। गुजरात आदि में नाम के साथ पिता का नाम भी जोड़ दिया जाता है, और दक्षिण में जन्मस्थान का नाम भी।

कहते हैं बाबूपट्टी में मनसा निर्धन, निःसन्तान और दुखी जीवन व्यतीत कर रहे थे। उन्होंने किसी से सुना कि इलाहाबाद तहसील के तिलहर नामक गाँव में रामानन्द सम्प्रदाय की एक गद्दी है जिसके आचार्य परम सन्त हैं; अगर वे उनकी शरण में जाएँ तो उनके सब दुःख दूर हो जाएँगे। मनसा ने अपनी पत्नी के साथ बाबूपट्टी से तिलहर तक निरवलम्ब यात्रा की। निरवलम्ब, यानी जैसे बैठे थे, उठकर चल दिए, न साथ में कोई संबल लिया, न सामान, न क़पड़ा-लत्ता, न रुपया-पैसा। उन्होंने गद्दी के आचार्य गुरु महाराज से दीक्षा ली और उनके पास तीन दिन रहे। चलने लगे तो गुरु महाराज ने उन्हें तीन पुत्रों का वर और तीन बर्तन दिए—एक बटलोई, एक थाली, एक गिलास। कहा, "जब तक ये बर्तन तुम्हारे पास रहेंगे तब तक तुम्हारा कुटुम्ब अन्न-कष्ट नहीं भोगेगा।" उन्होंने मनसा को तीन रुपए नक़द भी दिए, बोले, "कायस्थ हो, भीख तुमसे माँगी नहीं जाएगी, दान तुमको पचेगा नहीं, ये रुपए ऋण के रूप में दे रहा हूँ, जब तुम्हारी समाई हो मुझे लौटा देना, तुम्हारी सन्तान मेरी सन्तान को लौटा सकती है;

मेरे नाम से किसी दीन-दुखी की सहायता इतने धन से कर देने पर भी यह ऋण उतर जाएगा। यहाँ से उठकर कहीं बैठना मत, चलते चले जाना, चलते ही चले जाना। जहाँ से तुम्हारा पाँव आगे न उठे वहीं रात बिताना और सवेरे वहीं अपनी झोंपड़ी डाल लेना। तुम्हारी सात पीढ़ियाँ उसी जगह पर निवास करेंगी।''

मनसा और उनकी पत्नी ने गुरु महाराज के चरण छूए और सबेरे-सबेरे तिलहर से पूर्व दिशा में प्रयाग नगर की ओर चले। दिनभर वे बराबर चलते गए; धुँधलका छाया, वे बराबर चलते गए; रात हुई, वे बराबर चलते गए; प्रयाग नगर में पैठे, पर बराबर चलते गए। और आधी रात को वे मुहल्ला चक के एक टूटे-फूटे देवी-मन्दिर के सामने भद्द से गिर गए। मंदिर में घी का दीपक जल रहा था; किसी ने संध्या को देवी को सात जोड़ी नेवज चढ़ाए थे, वह उसी तरह मूर्ति के आगे रखा था। बग़ल में देवी की जलहरी में पानी भरा था। पति-पत्नी ने देवी के आगे मत्था टेका; दिन भर के भूखे-प्यासे थे, नेवजों का प्रसाद पाया, जलहरी से पानी पिया और वहीं दोनों सो रहे। सबेरे उठकर उन्होंने देखा कि मंदिर से उत्तर-पूरब बड़ा-सा मैदान ख़ाली पड़ा है। वहीं मंदिर से मिली ज़मीन पर उन्होंने अपनी झोपड़ी डाल ली। दो ही चार दिनों में मनसा को पड़ोस के जैनी सेठ के यहाँ हिसाब-किताब रखने का काम मिल गया।

सेठ से वह सारा खुला मैदान उन्होंने एक रुपया साल पर अपने नाम करा लिया। बाद को किसी समय वह भी देना बन्द कर दिया गया और हमारे पूर्वज उस ज़मीन को अपनी ही समझने लगे। 1927 में, इलाहाबाद इम्प्रूवमेंट ट्रस्ट की आयोजना के अन्तर्गत जब उस ज़मीन पर बना हमारा मकान सड़क में आ गया—बहुत दिनों तक यह सड़क ज़ीरो रोड कही जाती रही; मुझे पता नहीं अब इसका नाम क्या है—तो हम समझते थे कि हमें मकान और ज़मीन दोनों का मोआवज़ा मिलेगा, पर सेठ के उत्तराधिकारियों ने कुछ बहुत पुराने कागद-पत्तर-नक्शे निकाले और उन्हीं से पता चला कि यह ज़मीन एक रुपया सालीने पर दी गई थी और इस तरह ज़मीन का दाम उन्हें और मकान की क़ीमत हमें मिली। बक़ाया सालीने की रक़म भी चुकानी पड़ी—जो नगण्य ही थी। पर इस सबसे कुछ ऐसी बातों की तसदीक़ हुई जो हमारे परिवार में बहुत समय से कहते-सुनते चली आ रही थीं।

बाहर से आकर इलाहाबाद नगर में बसनेवाला यह नया परिवार बहुत दिनों तक 'परताबगढ़वाले' के नाम से जाना जाता रहा। बाबूपट्टी के परिवार के लोग आते-जाते रहते, यहाँ तक कि गाँव के लोग भी जब अपने किसी काम से प्रयाग आते तो हमारे घर पर ठहरने का अपना अधिकार समझते। कुछ लोग लम्बे अरसे तक टिके रहते। गाँव के पुराने सम्बन्धों की याद कर कभी प्रसन्नतापूर्वक और कभी संकोचवश उनका स्वागत किया जाता। कुछ लोगों को जैसे-तैसे सहा जाता, कभी कुछ मानसिक और आर्थिक कष्ट उठाकर भी, पर बाबूपट्टी के कुत्ते के लिए भी कभी हमारा दरवाज़ा बन्द न किया जाता।

बाबूपट्टी से लोगों के विशेष और सामूहिक आगमन का दिन होता माघ मास की अमावस्या को, गंगा-स्नान पर्व पर। एक दिन पहले बहुत-से ग्रामीण जन अपने मोटे-सादे कपड़ों में, गठरी-मोटरी लादे नंगे पाँव, बाबूपट्टी से पैदल चलकर प्रयाग आते,

गाते हुए, 'गंगा तोरी लहर चलै रे, गंगा तोरी लहर है अम्मर...! लोकधुनों पर आधारित मेरे गीतों में एक है—'गंगा की लहर अमर है'। निश्चय ही वह उस गीत की इस कड़ी की प्रतिध्वनि होगी जो मेरी स्मृति में कहीं अटकी रह गई होगी। सम्बन्धियों और ब्राह्मणों को घर के अन्दर जगह दी जाती, बाक़ी लोग बाहर बरामदे में ठहरते। घर के आगे खुले मैदान में अलग-अलग परिवारों के अलग-अलग चूल्हे जलते; खाना-पीना होता। बाद को मैदान के बीचों-बीच अलाव लगता जिसके चारों ओर बैठकर सब लोग क़िस्सा-कहानी कहते, भजन-कीर्तन करते। खूब तड़के ही उठकर वे गंगास्नान के लिए चले जाते और जब संध्या को लौटते तब उनको पहचानना मुश्किल होता, उनके सिर मुँडे होते, दाढ़ी-मूँछ सफ़ाचट होतीं—गयापिंडे, प्रयागमुन्डे—चेहरे उनके मेले की गर्द से भरे होते। दूसरे दिन सबेरे वे विदा हो जाते। जब तक हमारा पुश्तैनी घर चक पर बना रहा तब तक यह सिलसिला साल-हा-साल चलता रहा।

साल के वे दो दिन बड़े महत्त्व के होते। गाँव के क़िस्से-चर्चे से दीवारें गूँज उठतीं। गाँव की पैदावार, गाँव की खाने-पीने की चीजें घर में देखी जातीं; जो लोग स्नान के लिए आते वे थोड़ी-बहुत चीज़ें सौगात के रूप में साथ लाते।—'यह हमारे खेत की मूली', 'यह हमारे खेत का गन्ना', 'यह होरहा, ये छीमियाँ', 'यह हमारे घर में बना सत्तू', 'ये तिल के लड्डू,' 'यह हमारे घर का अचार, यह सिरका'। गाँव से टूटी हुई हमारी कड़ियाँ जैसे एक बार फिर जुड़ जातीं। हम शहरी से ग्रामीण हो जाते, 'इलाहाबादी' से 'परताबगढ़े'—परताबगढ़ का शुद्ध नाम निश्चय ही प्रतापगढ़ होगा। और बाद को भी जब हमें इलाहाबादियों के या दूसरों के सामने अपनी सहज बुद्धिमत्ता की धाक जमानी होती तो परताबगढ़ के अपने पुराने सम्बन्धों को याद कर हम यह कहावत दुहराते, 'न सौ पढ़ा, न एक परताबगढ़ा'। और अगर कहीं परताबगढ़ा पढ़ा भी हुआ तो ?

तिलहर के गुरु महाराज ने मनसा को जो तीन पुत्रों का वरदान दिया था वह पूरा हुआ। तीन पुत्रों के तीन परिवार बने और तीन पीढ़ियों तक सबका सम्मिलित कुटुम्ब चलता रहा। चौथी पीढ़ी में तीनों अलग हो गए। बड़े लड़के का परिवार बड़ा घर कहा जाने लगा, मझले का मझला और सबसे छोटे का छोटा घर। बड़ा और मझला परिवार मनसा की भूमि पर बने मकान में रहता आया, चूल्हे दो हो गए, मकान दो खंडों में बाँट दिया गया। बड़े घर को बड़े के नाते विशिष्ट सम्मान दिया जाता। देवताओं की स्थापना बड़े घर में की गई, पूजादि बड़े घर में ही होती, प्रसादादि पाने हम वहीं जाते, विवाहादि बड़े घर के आँगन से किए जाते। मनसा जैनी सेठ के यहाँ काम करते थे; उनके बाद यह जगह उनके छोटे लड़के को मिली, और इस तरह तीन पीढ़ियों तक पिता के बाद पुत्र को वह स्थान मिलता गया। जैनी सेठ की कुछ भूमि इलाहाबाद से उत्तर, गंगापार, सोराँव तहसील में थी। चौथी पीढ़ी के उत्तराधिकारी को इस ज़मीन की देख-रेख करने के लिए कारिंदा के रूप में वहाँ भेजा गया और बाद को उसने वहीं चफरी नामक गाँव में अपना घर बना-बसा लिया।

गुरु महाराज के दिए हुए तीन बर्तन भी तीनों परिवार में बँट गए। बड़े घर में थाली गई, मझले घर में बटलोई आई, गिलास छोटे घर में गया। इन बर्तनों की

चमत्कारी शक्ति में बराबर विश्वास किया जाता रहा। बटलोई लड़कपन में मैंने अपने घर में देखी थी। उसमें वही शक्ति समझी जाती थी जो उस पात्र में, जिसे भगवान भास्कर ने द्रौपदी को दिया था, यानी जब तक वह पात्र खाली न हो जाए तब तक उसमें पके पदार्थ से कितने ही लोगों को तृप्त किया जा सकता था ! जब कभी हमारे घर में भोजादि होता, उस बटलोई में कुछ पकाकर अन्य सब व्यंजनों में डाल दिया जाता, कुछ उसमें रहने भी दिया जाता, और उसके प्रताप से बिरादरी के लोग खाते, परजापवन खाते, ग़रीब-गुरबा को बाँटा जाता, और फिर भी कुछ बच रहता।

मनसा की छटी पीढ़ी मेरे पिता और ख़ानदानी चाचाओं की पीढ़ी थी।

बड़ा घर उस समय चार भाइयों का परिवार था। सबसे छोटे थे गणेशप्रसाद, जिनका नाम घर-मुहल्ले वालों की ज़बान पर संक्षिप्त-सहज होते-बिगड़ते गनेस-परसाद, गनेसी से गंसी हो गया था। हम बच्चे उनको गंसी चाचा ही कहते थे। उनके तीन बड़े भाइयों के नाम थे जगन्नाथप्रसाद, मुरलीधर और मोहनलाल। जगन्नाथप्रसाद एक पुत्र और पत्नी, और मुरलीधर एक पुत्री और पत्नी छोड़कर अल्पायु में ही स्वर्ग सिधारे। गणेशप्रसाद ने जगन्नाथप्रसाद के और मोहनलाल ने मुरलीधर के अनाथ परिवार के भरण-पोषण का भार अपने कन्धों पर लिया। उनकी वृद्धा माता ने, जिन्हें हम बचपन में बड़की कहा करते थे, अपने छोटे लड़के के साथ रहना पसन्द किया। इस प्रकार परिवार का एक प्रकार से सन्तुलित विभाजन हो गया; रहने का घर एक ही था, चूल्हे दो जला करते थे। जिस समय जगन्नाथप्रसाद और मुरलीधर की मृत्यु हुई उस समय मोहनलाल और गणेशप्रसाद की पढ़ाई ही चल रही थी। मोहनलाल पढ़ने में ज्यादा तेज़ थे; एफ. ए. में उन्हें प्रथम श्रेणी मिली थी, पर जब बड़े भाइयों की असामयिक मृत्यु से एक छोड़ दो-दो परिवारों का भार उनके सिर पर आ पड़ा—विवाह शायद उनका भी हो चुका था—तो उन्होंने पढ़ाई छोड़ दी; उन्हें इलाहाबाद युनिवर्सिटी के दफ्तर में ही क्लार्क की जगह मिल गई, और इस प्रकार उनकी गिरिस्ती सुचारु रूप से चलने लगी।

गणेशप्रसाद अधिक महत्त्वाकांक्षी थे। विवाह उनका उस समय तक हुआ नहीं था—बाद को उनके विवाह में बारात के साथ जाने की मुझे धुँधली-सी स्मृति है। विद्यार्थी-जीवन की बेफ़िक्री पर सहसा गृहस्थ के दायित्व का जो गम्भीर आक्रमण हुआ था उसको उन्होंने झेल तो लिया था, पर उसके सामने हथियार डालने को वे तैयार नहीं थे। उन्होंने अपनी पढ़ाई जारी रखने का निश्चय किया; घर का खर्च चलाने को दो-एक ट्यूशनें कर लीं। साथ ही उन्हें यह विश्वास भी था कि यदि कोई आर्थिक कठिनाई आ ही गई तो उनके बड़े भाई मोहनलाल उनकी सहायता करेंगे।

मनुष्य प्रायः अपनी जवानी में, कोई ऐसी भूल कर जाता है कि उससे उसकी जिन्दगी का सारा नक़्शा ही बदल जाता है। किसी सही क़दम से ज़िन्दगी अक्सर सँवर भी जाती है। गणेशप्रसाद से एक ऐसी ही भूल हो गई।

उन दिनों बलिया के डॉ. गणेशप्रसाद की ख्याति भारत के सबसे बड़े गणितज्ञ के रूप में फैल रही थी। गणित के प्रश्नों को हल करने में उनकी तल्लीनता का एक क़िस्सा भी कहा जाता था। एक बार उनके पाँव में एक फोड़ा निकल आया। डाक्टरों

ने आपरेशन की सलाह दी। डॉ. गणेशप्रसाद आपरेशन कराने को राज़ी हो गए, पर क्लोरोफ़ार्म लेने को नहीं। उन्होंने कहा कि उन्हें गणित का कोई बहुत कठिन प्रश्न दे दिया जाए और जब वे उसे हल करने में डूब जाएँ तब उनका आपरेशन कर दिया जाए। और ऐसा ही किया गया—सुना है कि रमण महर्षि ने कैंसर का आपरेशन भी बिना क्लोरोफ़ार्म लिए कराया था। इस क़िस्से में कितना तथ्य है, कितनी कल्पना, मैं नहीं कह सकता, पर निश्चय ही इसको कौतूहल के साथ सुना जाता होगा, और डॉ. गणेशप्रसाद की समाधिस्थ ऋषि की-सी तस्वीर लोगों की आँखों के आगे आता होगी। समनाम होने का भोला-सा गर्व अनुभव करते-करते गंसी चाचा पर यह सनक सवार हो गई कि मैं दूसरा गणेशप्रसाद बन सकता हूँ। और अपनी इस भूल की क़ीमत वे ज़िन्दगी भर चुकाते रहे।

एफ़. ए. पास करने के बाद बी. ए. में एक विषय के रूप में उन्होंने गणित ले ली और वह उनके गले की फाँसी हो गई। कई वर्षों तक वे गणित के कारण बी. ए. में फ़ेल होते रहे। उनका फ़ेल होना साल की एक प्रत्याशित घटना-सी हो गई। मुझे अपने बचपन की याद है, गरमी और बरसात के बीच एक दिन ऐसा आता जब उनके घर में रोना-पीटना मचता, चूल्हा न जलता और सुनाई पड़ता कि गंसी चाचा फिर फ़ेल हो गए। और मोहन चाचा व्यंग्य और क्रोध से कहते, ''ससुरऊ चले हैं डॉ. गणेशप्रसाद बनने !''

आश्रित प्राणियों के लिए रोटी-कपड़ा जुटाने के लिए ट्यूशनों पर मारे-मारे फिरते, और रातों को जाग-जागकर गणित की न सुलझनेवाली गुत्थियों से माथा-पच्ची करते-करते गंसी चाचा का स्वास्थ्य चौपट हो गया। बारम्बार की असफलताओं ने उन्हें बिलकुल तोड़ दिया; वे न किसी से बात करते, न किसी के पास बैठते; कहीं अकेले देखे भी जाते तो फटी-फटी आँखों से ख़ालीपन को घूरते। अपना ग़म ग़लत करने को वे चोरी-छीपे शराब भी पीने लगे। उनके दुर्भाग्य के साथ संवेदना सबको थी, पर उनके इस फ़ेल से परिवार के सब सदस्यों को भारी धक्का लगा। वे जब-जब शराब पीकर घर आते, और पता किसी-न-किसी तरह ही लग जाता, तो घर की औरतें आशंका और विक्षोभ-भरे स्वर में कहतीं, 'कोढ़ी होइ जइहैं; हम लोग अमोढ़ा के पान्डे हैं !''

गंसी चाचा ने 'किंग ब्रूस एण्ड द स्पाइडर' की कहानी व्यर्थ ही नहीं पढ़ी थी। साल-हा-साल वे फ़ेल होते गए और इम्तहान में बैठते ही गए, और एक साल वे कामयाब हो गए—'गंसी पास हो गए !', 'गंसी पास हो गए !!' से घर-मुहल्ला गूँज उठा। एक बड़ी दावत हुई। जग्गू चाचा ने—बड़की की बहन के लड़के होने के नाते—खाना बनवाने का सारा इन्तज़ाम अपने हाथों में लिया। उन्हें खाने, खाना बनाने और खाना खिलाने का बड़ा शौक़ था, उन्हें और भी कई जीवन्त शौक़ थे; गंसी चाचा को शराब का चस्का उन्होंने ही लगवाया था; उनसे ज़्यादा उदार और ज़िंदादिल आदमी मैंने अपने जीवन में नहीं देखा। वे अपनी कमज़ोरियाँ खुले आम स्वीकार करते थे ''हमने तो बस तीन चीज़ चाही—कलिया, दारू, मेहरारू।'' बड़की को महीनों मन्नतें उतारते लगे—सत्यनारायण की कथा हुई, गंगा जी को पियरी चढ़ी, हनुमान जी को लड्डू

चढ़े, गाजीमियाँ को मलीदा चढ़ा—वे भी हमारे घर के देवताओं की पंगत में किसी समय आ बैठे थे—और भी बहुत-से देवी-देवताओं की पूजा हुई। मनसा की सन्तानों में ग्रेजुएट होनेवाले गंसी चाचा पहले व्यक्ति थे।

उन्हें शीघ्र ही कायस्थ पाठशाला हाई स्कूल में गणित के अध्यापक के रूप में जगह मिल गई जिसपर वे अपनी वृद्धावस्था तक काम करते रहे। अवकाश प्राप्त करने के थोड़े ही दिनों बाद उनकी मृत्यु हो गई। वे कोढ़ी नहीं हुए। अब इसको लगभग बीस वर्ष हो चुके हैं।

गंसी चाचा को अच्छे कपड़े पहनने का शौक़ था, हमारे ख़ानदान में हैट और टाई के साथ सूट पहननेवाले वे पहले व्यक्ति थे, साइकिल की सवारी करनेवाले भी। शौक़ उन्हें खाने का भी था, पर अपनी तन्दुरुस्ती, अपने पेट से वे लाचार थे। जहाँ कुछ ज़्यादती करते उनको आगाही मिल जाती। वे आत्मकेन्द्रित व्यक्ति थे, मिलनसारी उनसे कोसों दूर थी; न वे किसी को अपनी ओर आकर्षित करते थे, न कोई उनकी ओर होता था। हम बच्चे तो उनसे डरते थे; समझदारी, सहिष्णुता, उदारता उनमें किसी के प्रति न थी; जो ही बात उन्हें पसन्द न आती, और ऐसी सैकड़ों बातें होतीं, उसी के प्रति वे अपना क्रोध प्रकट करते। बोलते तो वे दो ही चार शब्द, पर बैठे-बैठे दाँत पीसा करते—अन्दर-ही-अन्दर क्रोध पी-पीकर उन्होंने अपना दिमाग़ ख़राब कर लिया था।

मुझे छुटपन में घर की स्त्रियों-लड़कियों के साथ बैठने, उनके साथ गाने, ढोलक-मजीरा आदि बजाने का शौक़ था। यह बात गंसी चाचा को फूटी आँख नहीं सुहाती थी। मुझे कभी ऐसे देखते तो मेरी तरफ़ कड़ी नज़रों से घूरते, दाँत पीसते, कहते, "मेहरा !" और मैं बग़ैर उनकी परवाह किए, जब मुझे अवसर मिलता, स्त्रियों में बैठकर गाता-बजाता। मेरी माँ की प्रतिक्रिया अधिक तीव्र होती। वे कहतीं, "जे हमरे बेटवा का मेहरा कही ऊ खुद मेहरा होइ जाई !" तब तो मुझे 'मेहरा' शब्द का अर्थ भी नहीं मालूम था। 'मेहरा' इलाहाबाद की बोली में 'नपुंसक' को कहते हैं। मेरी माँ की ज़बान बड़ी लागन रही होगी। गंसी चाचा ने कभी सन्तान का मुख नहीं देखा।

जवानी के उतार पर उन्हें सहसा फूल-पौधों का शौक़ हुआ। तरह-तरह की पत्तियों के करोटन आए, पाम आए, गमले मँगाए, रँगाए गए; उनमें तरह-तरह के अंग्रेज़ी फूल लगाए गए; छोटी-छोटी खपच्चियाँ लगाकर उनके नाम की चिटें लगाई गईं। सुबह-शाम जब देखो तब गंसी चाचा पेड़-पौधों की देख-रेख, सिंचाई-सफ़ाई में लगे रहते। वे एक-एक फूल-पत्ती को ममता-भरी दृष्टि से देखते जैसे ये उनके बच्चे हों; और वास्तव में यह जीवन में बच्चों का अभाव ही था जो पेड़-पौधा के रूप में प्रकट हो उनसे ममत्व उगाह रहा था। और हमारी उम्र थी कि फूलों को तोड़ने और पत्तियों को नोचने के लिए हाथ में खुजली होती रहे। उनकी तो फूल-फूल, पत्ती-पत्ती गिनी रहती। कभी हमें फूलों के पास देखते तो कहते "अगर एक भी फूल-पत्ते को हाथ लगाया तो यहीं खोदकर गाड़ दूँगा।" और फूल-पत्ते तो कभी-कभी हमारी छाया से भी टूट जाते थे, और मैं डरा-डरा कल्पना करता था कि गंसी चाचा आएँगे, फावड़े से एक गढ़ा खोदेंगे, फिर मुझे उसमें लेटाकर मुझपर मिट्टी डालते जाएँगे, मैं उसी में

पड़ा रहूँगा और जब रात होगी तो दोनों हाथों से मिट्टी को हटाऊँगा और अपनी माँ के पास भाग जाऊँगा। कभी-कभी मैं अपनी माँ के पास आकर कहता भी कि "गंसी चाचा कहते हैं कि मेरे फूल छुओगे तो तुम्हें खोदकर गाड़ दूँगा।" और मेरी माँ उनकी निःसन्तानता पर व्यंग्य करती हुई कहतीं, "आपन दुई-चार ठो गाड़े हैं न, कि दूसरों के गड़िहैं !"

मोहनलाल गणेशप्रसाद से दो-तीन साल ही बड़े रहे होंगे। देखने में दोनों दुबले-पतले, साँवले; क़द में गणेशप्रसाद ने अपने बड़े भाई से दो-तीन इंच लम्बे होकर अपनी उम्र की छोटाई जैसे पूरी कर ली थी। स्वभाव से मोहनलाल ख़रदिमाग़, तुनुक-मिज़ाज, ज़िद्दी और घमंडी थे—घमंड, जिसे स्वाभिमान के अधिक निकट कह सकते हैं, लेकिन परिस्थितियों ने उन्हें काफ़ी साधा था। पेशे से वे दफ़्तर के क्लार्क थे और क्लार्क अपने बॉस की घुड़की खाते, धौंस झेलते अपनी सारी अकड़ भूल जाता है। अध्यापक अपनी अकड़ बनाए रखता है—उसके शिष्य उसके अकड़पन को अपनी विनम्रता से पोषित करते रहते हैं। कहते हैं, जब औरंगज़ेब ने अपने पिता शाहजहाँ को कैद कर लिया तब उसने उनसे पूछा, "बन्दीख़ाने में एक काम करने को मिलेगा, एक अन्न खाने को; बोलो क्या पसन्द करोगे ?" बन्दी शाहजहाँ ने कहा, "लड़के पढ़ाने को, और चना खाने को।" सुनकर औरंगज़ेब ने कहा, "अभी बादशाहत की बू नहीं गई !" गणेशप्रसाद अध्यापक थे, मोहनलाल क्लर्क; फिर मोहनलाल के ऊपर भारी परिवार का दायित्व था, एक लड़का पढ़ाने को था, पाँच लड़कियाँ ब्याहने को; चार अपनी, एक स्वर्गीय बड़े भाई की। लेकिन मोहनलाल की ओर से कभी निश्चित और निश्चिंत नहीं हुआ जा सकता था। वे एक वक़्त गले लगा सकते थे तो दूसरे वक़्त जूता भी मार सकते थे; हम बच्चों को वे कभी चुमकार सकते थे, तो कभी चाँटा भी जड़ सकते थे। कभी तो वे हमें पास बिठलाकर मनोरंजक चुटकुले, क़िस्से, कहानियाँ सुनाते और कभी उनका तेवर ऐसा बदला हुआ लगता कि हम उनके पास से गुज़रने की भी हिम्मत न करते। विचारों से वे रूढ़िवादी, रूढ़ियों के पुजारी नहीं, रूढ़ियों के ग़ुलाम थे। पुरानी रीति-नीति, रस्म-रिवाज, रहन-सहन में किसी तरह का परिवर्तन उन्हें सहन नहीं था। आगे चलकर उनकी-मेरी कई टक्करें हुईं।

उनकी बड़ी लड़की की शादी एक बड़े समृद्ध-सम्पन्न घर में तै हुई। लड़का डाक्टर था—ब्रजबिहारी लाल, जो बाद को दारागन्ज में आकर रहने लगे और जिन्होंने महाकवि निराला जी की अन्तिम बीमारी में उनका इलाज किया। लड़केवालों ने कहीं लड़की की फ़ोटो की माँग कर दी, और इसपर मोहन चाचा ने उनको बीसों गालियाँ सुनाई। फ़ोटो देने को उन्होंने अपना भारी अपमान समझा, किसी तरह तैयार नहीं हुए। लड़केवाले भी अड़ गए थे; लगी-लगाई सगाई टूट ही जाती और कन्या अच्छे घर-वर से वंचित रह जाती। वो तो कहिए जग्गू चाचा ने अपने निजी कैमरे से चोरी-छिपे उसकी तस्वीर खींची, और लड़केवालों को दिखला, उनकी तसल्ली कर दी, और यह बात मोहन चाचा से गुप्त रखी गई। जग्गू चाचा इन बातों में माहिर थे। एक कमाल उन्होंने और किया था, लड़की काली थी, उसको उन्होंने कैमरे के कमाल से एकदम गोरा दिखा दिया था। ब्रजबिहारी लाल इतने गोरे थे कि गोरों को भी मात दें। जब

लड़की बहू बनकर ससुराल गई तो सास को बड़ी निराशा हुई। बड़ी तेज़ थीं, बोलीं, "इस बेसन के लला को यह गोबर की लली !

अपने छोटे भाई गणेशप्रसाद से उनकी कई बार अनबन हुई। एक बार वे बड़े घर से अलग होकर कई बरस मझले घर में रहे—यानी मेरे पिता के घर में—फिर उनसे भी किसी बात पर झगड़कर पड़ोस में एक अलग मकान लेकर रहे। बाद को किसी समय, गंसी चाचा मनाकर उन्हें फिर बड़े घर में लिवा ले गए।

जीवन उनका एक ढर्रे पर चलता था। सुबह उठकर वे गंगा नहाने चले जाते थे—गंगा नहाने गंसी चाचा भी जाते थे, पर किसी भक्ति-भाव से नहीं, किसी ने उनको समझा दिया था कि गंगा नहाने से पेट ठीक रहता है। लौटकर सूर्य देवता के सामने खड़े होकर वे कुछ बुदबुदाते थे और तुलसी की पत्ती और मिर्च चबाकर भोजन के लिए बैठ जाते थे। किसी और तरह की पूजा करते या मंदिर में जाते मैंने उन्हें नहीं देखा था; कभी-कभी सत्यनारायण की कथा सुनते थे। कृष्ण-जन्माष्टमी पर झाँकी लगाने-सजाने का उन्हें शौक़ था; उनकी माता ने मथुरा के गोसाइयों से दीक्षा ली थी, जिनका मन्दिर चक से लगे हुए महाजनी टोले में था जिसे हम बचपन में कृष्ण भगवान का मन्दिर नहीं, बल्कि बड़की का मन्दिर कहा करते थे, क्योंकि बड़की वहाँ नित्यप्रति जाती थीं, भगवान का चरणामृत लेने, जिसके बिना वे अन्न नहीं खोटती थीं। भोजन करने के बाद मोहन चाचा अपने दफ्तर चले जाते थे, पैदल ही; गंसी चाचा के पास साइकिल थी। दफ्तर से लौटकर मोहन चाचा बाहर बरामदे में, या गर्मियों में खुले मैदान में चारपाई पर मसनद लगाकर बैठते और हुक़्क़ा पीते; हुक़्क़ा पीने के दो-चार शौक़ीन रिश्तेदार आकर उनके पास बैठ जाते और गप-शप करते। घर में कोई नौकर नहीं था। चिलम भरने का काम जगन्नाथप्रसाद के पुत्र शिवप्रसाद करते, कभी-कभी मैं भी करता, बड़े हुए तो उनके पुत्र ठाकुरप्रसाद करने लगे। हम को सिखलाया गया था,

सआदतमन्द की यही निशानी
दे बुजुर्ग को हुक्का-पानी।

हुक़्क़ा गंसी चाचा भी पीते थे, पर अपने बड़े भाई के सामने नहीं। बड़े भाई यह जानते थे और दो-चार कश खींच वे अपना मुँह फेर लेते थे, और कोई हुक़्क़ा उठाकर गंसी चाचा के पास पहुँचा देता था जो कहीं पीछे बैठे रहते थे।

1920 के आसपास युनिवर्सिटी के दफ्तर में पदोन्नति के सिलसिले में मोहनलाल के साथ कुछ अन्याय हुआ—उनसे नीचे के किसी क्लार्क को उनके ऊपर कर दिया गया; बस इसी पर उन्होंने नौकरी से इस्तीफ़ा दे दिया। गाँधी जी के असहयोग आन्दोलन का ज़माना था, उन्होंने घर के बरामदे में दो करघे गड़वा दिए, दो जुलाहे नौकर रख लिए, कुछ जुलाहिनें; और हाथ-कते सूत से कपड़ा तैयार कराने लगे। घर की औरतों ने भी चर्ख़ा हाथ में लिया। बाहर ताना लगवाने के लिए लम्बा मैदान था। उन दिनों हम लड़कों ने भी कितना चर्ख़ा काता, कितना ताना लगाया, कितनी नरी भरी और कितनी बार करघे पर पाँव लटकाकर बैठने और शटल, या ढरकी चलाने का अभ्यास किया ! वह सब कितना रोचक, कौतूहलवर्धक और कितना कौतुकपूर्ण

लगता था ! साथ ही इस बात का गर्व भी होता था कि हम राष्ट्रीय आन्दोलन के साथ हैं, और देश की सेवा कर रहे हैं। गाँधी जी उन दिनों चर्खा और खद्दर पर कितना ज़ोर देते थे—जो चर्खा कातता है वह स्वराज को नज़दीक लाता है, जो खद्दर पहनता है वह आजादी का सिपाही है।

इस व्यवसाय के भावुकता-पक्ष का आनन्द तो सब उठा रहे थे, पर इसके आर्थिक पक्ष की वेदना मोहनलाल को ही सहनी पड़ती होगी। जो कपड़ा तैयार होता था उसका बाज़ार मुहल्ले के कुछ परिवारों तक सीमित था। युनिवर्सिटी के वेतन से जितने रुपये मिलते थे, प्रतिमास उतने मुनाफ़े की कल्पना भी नहीं की जा सकती थी। मेरा तो ऐसा अनुमान है कि इस व्यवसाय में मोहनलाल को काफ़ी आर्थिक हानि उठानी पड़ी और उसके परिवार ने काफ़ी कष्ट भी सहा, पर उन्होंने जो ताना-बाना लगा लिया था उसमें वे सात-आठ साल उलझे रहे, जब तक कि मकान ही सड़क में नहीं आ गया, जिससे इस व्यवसाय को चलाने के लिए स्थान की सारी सुविधा समाप्त हो गई। उनके लड़के की शिक्षा समाप्त नहीं हुई थी और अपने भाई की एक लड़की और दो अपनी लड़कियों की शादी करने के बाद भी उन्हें अपनी दो लड़कियों की शादियाँ करनी थीं।

इस समय मकान के मोआवज़े के रूप में कुछ रुपए हाथ में आना वरदान-स्वरूप सिद्ध हुआ। पर वह राशि अधिक नहीं थी, क्योंकि वह तीन हिस्सों में बँट गई थी, एक भाग गणेशप्रसाद को मिला, एक जगन्नाथप्रसाद के पुत्र शिवप्रसाद को और एक मोहनलाल को।

शिवप्रसाद ने, जिनका कि अब विवाह हो चुका था और जो मैट्रिक्युलेशन पर अपनी शिक्षा समाप्त कर नौकरी-चाकरी से लग गए थे, कटघर मुहल्ले में एक छोटा-सा मकान बना लिया और वहीं वे अपनी विधवा माता और पत्नी के साथ रहने लगे।

मोहनलाल और गणेशप्रसाद ने मुहल्ले में ही एक मकान किराये पर ले लिया। मोहनलाल के लिए आगे के कई वर्ष बड़ी मुसीबत के थे। उन्होंने अपनी एक लड़की की शादी कर दी। फिर उनकी वृद्धा माता, बड़की, भीषण रूप से बीमार पड़ीं, जिनकी मोहनलाल ने बड़ी सेवा की, पर वे बच न सकीं। उनकी सबसे छोटी लड़की दीपावली पर दिये सजाते हुए जलकर मर गई। अच्छी बात केवल यह हुई कि उनके लड़के ठाकुरप्रसाद ने एम.ए. पास कर लिया; हमारे परिवार में एम. ए. तक पहुँचनेवाले वे पहले व्यक्ति थे। नौकरी, पर, उन्हें जल्द न मिली।

नया मकान बनाने की बात केवल गणेशप्रसाद सोच सकते थे, पैसा उन्हीं के पास था, ज़िन्दगी के कोई बड़े खर्च उनके ऊपर न पड़े थे।

पड़ोस में एक सरजू तेली का मकान था। उनके घर के अन्दर कोल्हू लगा था। बाहर परचून की दूकान थी। सरजू अन्धे थे, कोई बाल-बच्चा भी न था। सरजू ने अपना मकान बेच दिया और अपने किसी सम्बन्धी के यहाँ चले गए, रुपया-पैसा सब उसी को दे दिया कि वह ता-ज़िन्दगी उनका भरण-पोषण करे।

यह मकान गणेशप्रसाद ने खरीद लिया और उसे तुड़वाकर दुमहला, बड़ा, पक्का

मकान बनवाया।

मोहनलाल ने यह आस लगाई थी कि जब मकान तैयार हो जाएगा तब गणेशप्रसाद उसे अपने भतीजे ठाकुरप्रसाद के नाम करा देंगे; उनके तो कोई सन्तान थी नहीं; पर जब उन्होंने ऐसा न करके मकान अपनी पत्नी के नाम रजिस्ट्री करा दिया तो मोहनलाल का क्रोध का पारावार न रहा। गणेशप्रसाद के बहुत कहने-सुनने पर भी वे उस मकान में जाकर रहने को तैयार न हुए। इतना ही नहीं; उसी गुस्से और ज़िद में एक दिन वे घर से निकल गए, गंगा जी के किनारे एक कुटिया डाल ली और फ़क़ीरों की तरह रहने लगे। मुहल्लेवालों ने, नाते-रिश्तेदारों ने, स्वयं गणेशप्रसाद और उनकी पत्नी ने बहुत विनती की, पर फिर वे घर न लौटे। वहीं कुछ मास पश्चात् उनकी मृत्यु हो गई। थोड़े दिन बाद उनकी पत्नी भी दिवंगत हो गईं और ठाकुरप्रसाद, जो अब अकेले हो गए थे, अपने चाचा-चाची के साथ रहने के लिए नए घर में आ गए। ठाकुरप्रसाद शिक्षा-विभाग में ऊँचे पद पर हैं; विवाह हो गया है, कई बच्चे हैं, दो-एक काफ़ी बड़े हो गए हैं। वृद्धा चाची, अभी दो वर्ष हुए स्वर्ग सिधारीं। जब तक जीं, अपने पति को याद करती रहीं और स्वाभिमान से कहती रहीं कि "ऊ एतना कर गए हैं कि जब तक जीऽ न हमका केहू के ड्यौढ़ी पर जाय क परै, न केहू के आगे हाथ फैलावै क परै !"

यह तो बड़े घर की कथा हुई; मनसा की छठी पीढ़ी में मझले घर में एक मात्र मेरे पिता थे।

छोटा घर चफरी में बसा रहा। मनसा की छठी पीढ़ी में वहाँ दो भाई थे–छेदीलाल और शारदाप्रसाद। उनका सम्मिलित परिवार था। पास कुछ ज़मीन थी जिस पर खेनी होती थी। शिक्षा दोनों भाइयों की गाँव और तहसील के मदरसे में हुई थी, मिडिल के आगे नहीं गई थी। उम्र में, दोनों भाइयों की, अधिक अन्तर न था; छेदीलाल दो-तीन बरस बड़े होंगे। दोनों का क़द मझोला था; छेदीलाल कुछ साँवले थे और उनके चेहरे पर माता के दाग़ थे; शारदाप्रसाद का गोल, गेहुँआ, भरा-भरा चेहरा था। शरीर उनका मोटा नहीं कहा जा सकता था; पर दुबला भी नहीं; दोनों की, गाँव के दूध-घी पर पली, गाँव की खुली हवा-धूप-वर्षा झेली, कसरत-मेहनत-मशक्कत से सधी काठी थी। दोनों भाइयों में परस्पर बड़ा प्रेम था, दोनों ही बड़े सरल और मिलनसार थे। कभी अकेले और कभी दोनों साथ इलाहाबाद शहर आया करते थे। प्रायः वे मझले घर में ठहरते थे, पर बड़े घर में भी एकाध दिन उनका खाना-पीना होता था। विशेष आना उनका शादी-ब्याह आदि अवसरों पर होता था। बोरों अनाज, गुड़, अचार, सिरका, फल, सब्जी, मिट्टी के बर्तन, पत्तल-दोने और न जाने क्या-क्या सामान वे बैलों पर लदवाकर लाते और हमारा घर पाट देते। सब तरह का भारी काम करने में वे सबसे आगे रहते थे–भारी चीज़ों को उठाना, धरना, पहुँचाना। कुछ उनमें होता था, उनके चेहरे-मोहरे में, उनकी बोल-ठठोल में, उनकी चाल-ढाल में जो उन्हें शहर की बनावट-नफ़ासत से बिल्कुल अलग रखता था–कुछ अचरज से बड़ी हो गई-सी उनकी आँखें, कुछ अजीब-सा भोलापन जो कभी-कभी भोंडापन भी लगे, कुछ ऐसी विनम्रता जिस पर हीन भावना की भी जैसे छाप पड़ रही हो, फिर भी कुल मिलाकर कुछ ऐसा स्वस्थ-

स्वाभाविक सरल जो हमसे कभी छूट गया हो और जिसे फिर से पाना सहज सम्भव न हो।

शारदाप्रसाद पटवारी का काम करते थे, पर इस बात को प्रयत्नपूर्वक छिपाया जाता था। इस पेशे के साथ कुछ ऐसी हीनता जुड़ी हुई थी कि कायस्थों के अच्छे परिवार पटवारियों के यहाँ अपनी लड़कियाँ देना पसन्द नहीं करते थे। जो लड़के स्कूलों में पढ़ने-लिखने में मन नहीं लगाते थे उनसे मास्टर लोग अक्सर कहते थे, "बच्चा, पटवारगिरी करोगे !" पाँव में चमौधे जूते, गाँव की धुली कुछ मैलछहूँ धोती, बन्द गले के कोट, दुपल्ली टोपी, और बाएँ काँधे पर लाल गमछे में उनकी तस्वीर आज भी मेरी आँखों के सामने है। छेदीलाल की पोशाक भी प्रायः यही रहती थी; सिर पर वे रेशमी पगड़ी बाँधते थे, और काँधे पर गमछा रखना उन्होंने छोड़ दिया था।

जैनी सेठ के परिवार से शारदाप्रसाद का पुश्तैनी सम्बन्ध बना हुआ था, पता नहीं गाँव में वे उसका क्या काम करते थे, पर जब जैनी परिवार में ब्याह शादी होती थी तो उनकी ड्यूटी लगती थी और वे गाँव से कुछ आदमी लेकर उनके यहाँ आते और काम-धाम में हाथ बँटाते थे। मेरे लड़कपन में एक बार जैनी परिवार में कोई शादी हुई थी—बड़ी धूमधाम से। उन दिनों के समाज-सुधार आन्दोलन में नाच-मुजरे आदि का विरोध किया जाता था, पर ऐसे अवसरों पर कुछ मनोरंजन की आवश्यकता अनिवार्य होती थी। जैनी परिवार ने एक पारसी थियेट्रिकल कम्पनी बुलवाई थी। महफ़िल के सामने स्टेज बनाया गया था। शारदा चाचा की बदौलत मुझे वहाँ नाटक देखने का अवसर मिला था। इन्तज़ार और उत्सुकता की घड़ियाँ, तीन बार घंटियाँ और फिर ज़ोर के धड़ाके के साथ परदे का उठना मुझे अब तक याद है। गैस के हन्डों की रोशनी, रंगीन पर्दे, अभिनेताओं की रंग-बिरंगी, चमकदार पोशाकें और उनकी मुहल्ला गुँजा देनेवाली आवाजें मेरी स्मृतियों में ज्यों-की-त्यों बनी हैं। उस समय शायद ही मुझे पता लगा हो, या मैंने जानने की कोशिश भी की हो कि यह कौन नाटक है। पर बाद को जो मैंने जाना-समझा उससे अब लगता है कि वह 'किंग लियर' की कथा पर आधारित रहा होगा—या उसी का कोई बिगड़ा रूप ! उस समय मेरे अधिक मनोरंजन की वस्तु थी वह 'कॉमिक' की कथा—यह शब्द उस समय भी प्रचलित हो गया था—जिसके दृश्य बीच-बीच में आते थे और जिसका नायक था एक 'जोकर'। उस कथा में प्रायः पश्चिमी सभ्यता से आई चीजों का मज़ाक उड़ाया गया था। जोकर का नाम 'जीटख़' था और जब वह रंगमंच पर आता था तो महफ़िल भर में हँसी के फ़ौआरे छूटने लगते थे।

शारदा चाचा हर साल दशहरे पर शहर का रामदल और रात की रोशनी देखने भी आते थे। मुझे याद है, वे मुझे कन्धे पर बिठलाकर भीड़ को कैसे चीरते हुए एक सिरे से दूसरे सिरे तक की चौक की रोशनी दिखा लाते थे। मेरे छोटे भाई को मेरे पिताजी सँभालते थे।

शारदाप्रसाद के तीन लड़के थे—जगतनारायण, रामचन्द्र और काशीप्रसाद। जगतनारायण जब गाँव की पढ़ाई खत्म कर शहर में पढ़ने आए तो मेरे घर पर ही रहा करते थे। वे हाईस्कूल से आगे नहीं गए, आजकल प्रयाग नगर महापालिका में

काम करते हैं। मैंने सुना है, उन्होंने प्रयाग में ही जमुना के किनारे कहीं अपना मकान बना लिया है। रामचन्द्र भी शहर में आ गए हैं। काशीप्रसाद गाँव में ही रहकर खेती-बारी का काम देखते हैं। शारदाप्रसाद की मृत्यु हो चुकी है।

शारदाप्रसाद घर-बैठू आदमी थे। उनका प्रायः सारा जीवन अपने गाँव में ही बीता; गाँव से यदा-कदा चलकर वे इलाहाबाद शहर में आते थे और फिर गाँव को लौट जाते थे। रेल की सवारी शायद ही कभी उन्होंने अपने जीवन में की हो। शहर आने के लिए गाँव से चलकर गंगा-घाट पर आना होता था; वहाँ से नीवा-घाट के लिए नावें मिलती थीं; नीवा-घाट से शहर के लिए सड़क थी; इक्के-ताँगे वहाँ मिल सकते थे, पर शारदाप्रसाद पैदल ही घर आते थे; उनके धूल से भरे चमौधे इसकी गवाही देते थे। एक बार लड़कपन में मैं भी नीवा-घाट से गंगा पार कर उनके घर गया था। गाँव की दृष्टि से सम्पन्न घर था—गायें, भैंसें, कई जोड़ी बैल, बैलगाड़ी, एक छोटी-सी घोड़ी, जिस पर गद्देदार कपड़े की लाल ज़ीन कसाकर शारदाप्रसाद अपने पटवारगिरी के काम पर जाते थे, पीछे खारुएँ के बस्ते में उनकी खाते-खतौनी की बही-सही लादे उनका कोई असामी।

छेदीलाल में लीक छोड़कर चलने, कुछ नया करने, कुछ जोखम उठाने की प्रवृत्ति थी, और उसको प्रश्रय मिला था उनके छोटे भाई के गृह-केन्द्रित रहने से। उन्होंने कई तरह के व्यापार-कारोबार किए। प्रथम विश्वयुद्ध के दिनों में फ़ौजी ख़ेमों के लिए खूँटे सप्लाई करने का ठेका उन्हें किसी बड़े ठेकेदार के छोटे ठेकेदार के उपठेकेदार के रूप में मिल गया था। वे गाँव से लकड़ी मँगाते और शहर में खूँटे गढ़ाकर सप्लाई करते। एक बार की मुझे याद है, उन्होंने एक गाड़ी खूँटे हमारे घर उतरवा दिए—"रजक होइ गए एतने खूँटे !" यानी वे, 'रिजेक्ट' हो गए थे। फ़ौज में किसी ख़ास पैमाइश-बनावट के खूँटों की दरकार थी और ये कुछ उनसे उन्नीस पड़ते थे, बस 'रिजेक्ट' कर दिए गए। और हमारे यहाँ महीनों खूँटे जलाकर खाना बनाया जाता रहा।

कुछ दिनों तक उन्होंने धूमनगंज में ईंट का भट्ठा भी चलाया। फिर किसी समय एक पंजाबी दोस्त की साझेदारी में ठेकेदारी करते हुए अमृतसर पहुँच गए। जलियानवाला बाग़-हत्याकांड के समय वे वहीं थे। लौटकर वे हमारे घर आये थे और उन्होंने एक संध्या को 'मारछल्ला' का—'मारशल लॉ' का वे इसी तरह उच्चारण करते थे—जो आँखों देखा रोमांचकारी वर्णन किया था उसे सुनकर हमारा परिवार स्तब्ध रह गया था। अंग्रेजी सरकार के अमानुषिक अत्याचारों की कथा सुनाते-सुनाते उनकी आँखों से आँसुओं की धारा बह चली थी और उनके मुँह पर माता के दाग़ के सारे गड्ढे भर गये थे। उस रात किसी से खाना नहीं खाया गया और रसोई उठा दी गई। अपने परिवार में उनसे अधिक भावुक व्यक्ति मैंने नहीं देखा था। 'मारशल लॉ' के दिनों का जैसा भीषण वर्णन उन्होंने किया था उसकी छाया भी मुझे कई वर्षों बाद आधिकारिक रिपोर्ट के पढ़ने पर न मिली थी। उनके कथन में कुछ अतिशयोक्ति भी हो सकती है, पर अतिशयोक्ति करने के लिए बड़ी कल्पना-शक्ति चाहिए जो उनमें शायद ही रही हो। अनुभूति का सत्य वस्तुगत सत्य से कहीं अधिक सजीव होता है। रिपोर्ट में वस्तुगत सत्य था।

उनके एक मात्र कन्या थी, जिसका विवाह उन्होंने बड़े उत्साह से किया था। बाद को गाँव में ही उनकी मृत्यु हो गई।

उनकी लड़की के लड़के हीरालाल ने उच्च शिक्षा प्राप्त की है। आजकल दिल्ली में सरकारी लॉ कमीशन में अनुवादक के रूप में काम करते हैं। साहित्य में भी उनकी रुचि है। अपनी कविताओं का एक संग्रह भी उन्होंने प्रकाशित किया है।

विचित्र है कि मनसा की सातवीं पीढ़ी में उनके वंश में सात ही लड़के थे—जगन्नाथप्रसाद के पुत्र शिवप्रसाद; और मेरे पिता प्रतापनारायण के दो पुत्र, मेरे छोटे भाई शालिग्राम, और मैं।

1926-27 में जब हमारे मुहल्ले और घर के आसपास बड़े पैमाने पर पैमाइशें होने लगीं और यह सुना जाने लगा कि हमारा मकान नई निकलनेवाली सड़क में आ जाएगा, तो मनसा के तिलहर के गुरु महाराज की बात बार-बार याद की गई कि उन्होंने केवल सात पीढ़ी तक वहाँ हमारे रहने की बात कही थी। गुरु महाराज की जब सब बातें सच निकलीं, तब यह झूठ कैसे होगी—इस विचार से सड़क निकलने का कोई विरोध नहीं किया गया, और एक दिन जब इम्प्रूवमेंट ट्रस्ट की ओर से हमें नोटिस मिल गई कि फ़लाँ तारीख़ तक मकान ख़ाली कर दिया जाना चाहिए तो हमने उस पूर्व निश्चित नियति के सामने सिर झुकाया, और मुहल्ले में ही किराए के मकानों में चले गए जिनके मिलने में उस समय अधिक कठिनाई नहीं हुई। जिस ज़मीन पर हम पुश्त-दर-पुश्त रहते चले आए थे उससे अलग होना बड़ा हृदय-विदारक था। आख़िरी रात को कोई सो न सका। उस घर से जुड़ी कितनी बातें, कितनी कहानियाँ दुहराई गईं; कितने लोग जो उसमें रह चुके थे याद किए गए ! कितनी बार घर की दरो-दीवार पर घर के लोगों ने हसरत की नज़रें डालीं; कोई जगह ऐसी न रह गई जिस पर आँसू न गिरे हों। सुबह-ही-सुबह आकर म्युनिसिपल बोर्ड के कर्मचारियों ने नलकों के कनेक्शन काट दिए और बड़की के मुँह से निकल गया कि अब इस धरती से हमारा दाना-पानी रूठ गया। बड़े घर वालों ने आँगन की थोड़ी-सी मिट्टी खोदकर एक बर्तन में रख ली, हम लोगों ने अपने आँगन से खोदी।

सड़क निकालने में इस बात का ध्यान रखा गया था कि कोई मंदिर या धार्मिक स्थान बीच में न पड़े, क्योंकि उसे तोड़ने में लोगों की धार्मिक भावना को आघात पहुँचता, और शायद ही सहन किया जाता। हमारे मकान के दक्षिण-पच्छिम के कोने पर देवी मन्दिर था और उत्तर-पूरब के कोने पर शिवाला। उन्हें नहीं छुआ गया और वे दोनों सड़क के आर-पार, एक-दूसरे से कुछ बेड़े अब भी मौजूद हैं। सड़क पूरब-पच्छिम बनी है, पर इसी जगह से उत्तर-दक्षिण गलियों के जाने से चौरास्ता-सा बन गया है; बीचों-बीच चौतरफ़ी बत्तियों का बिजली का खम्भा गड़ा है। मेरे पिताजी बतलाते थे कि खम्भा उसी जगह पर है जहाँ हमारी बैठक थी—हमारा पढ़ने-लिखने का कमरा। एक दिन न जाने किस भावुकता में डूबे हुए—शायद कवि रूप में मेरी यत्किंचित् ख्याति से अभिभूत होकर—उन्होंने कहा था, "जिस जगह रातों लैम्प के सामने बैठकर तुमने विद्या अर्जित की थी, स्वाध्याय किया था, वहाँ किसी रात का अन्धकार नहीं रहता, चार बत्तियाँ हर निशा में जलती हैं और सदा जलती

रहेंगी--तुम्हारी साधना की साक्षी के रूप में और तुम्हारा सुयश चारों...।" इससे पूर्व कि वे अपनी बात पूरी करें मैंने उनके मुँह पर अपना हाथ रख दिया था।

ज़ीरो रोड से आते-जाते अक्सर मेरी दृष्टि देवी मन्दिर और शिवाले पर पड़ी है और उपर्युक्त बिजली के खम्भे पर भी, और वहाँ मैं थोड़ी देर को ठहर गया हूँ, और मेरे बचपन से मेरे यौवन तक का सारा इतिहास मेरी आँखों के सामने से सर्र से गुज़र गया है, जैसे सड़क पर जाती हुई कोई तेज़ मोटर; जैसे किसी लम्बी तस्वीर की पूरी रील दो-चार मिनटों में ही बड़ी तेज़ी के साथ परदे पर से गुज़ार दी गई हो और अनेकानेक रंगों, रूपों, ध्वनियों, घटनाओं, भावनाओं से मस्तिष्क की शिरा-शिरा झनझना उठी हो।

क्या कभी सुभीते से बैठकर, सुधियों की इस रील को इच्छानुसार, इच्छित गति से, सीधा-उल्टा चलाकर, रोककर, जिए हुए को फिर जीकर नहीं—जिए हुए को फिर जीना असंभव भी है—जिए हुए को अधिक व्यापकता से, अधिक गम्भीरता से, अधिक सघनता से, अर्थात् कला में, सृजन में जीकर, इन रूप-रंगों, ध्वनियों, घटनाओं, भावनाओं में से कुछ को पकड़ा जा सकता है ?

वही प्रयास यह लेखन है।

जब मैं अपनी सुधियों की रील को उल्टा घुमाना शुरू करता हूँ—और अब मैं अक्सर ऐसा करता हूँ; शायद यह निकटतर आती हुई वृद्धावस्था की निशानी भी है; जवानी में आदमी अपने सपनों की रील को सीधी घुमाता है, इस जिज्ञासा से कि आगे, और आगे, क्या आने को है, क्या होने को है,—तो वह जाकर ठहरती है राधा पर। राधा--राधा का नाम सुनते ही शायद हमारे मन की आँखों के सामने दो तरह की तस्वीरें खड़ी हो जाती हैं; एक तो ठाठ-ठस्सेवाली उस राधा की जिनको नचवाने के लिए नौ मन तेल इकट्ठा करना होता, और दूसरी भव-बाधा हरनेवाली उस राधा की, 'जा तन की झाईं परे स्याम हरित दुति होय।' 'रूपोद्यान प्रफुल्लप्राय कलिका राकेन्दु बिम्बानना' वाली राधा तो जन्मते ही हिन्दी-पाठ्यक्रमों की कोठरी में क़ैद हो गई। मैंने बी. ए. में उस राधा का अध्ययन किया था, अंग्रेज़ी के माध्यम से ! मैं जिस राधा की चर्चा करने जा रहा हूँ वे इन तीनों से निराली थीं—असम्भावना, कल्पना और कविता की राधा से भिन्न—हाड़-मांस की राधा। वे थीं मेरे पिता के पिता के पिता के पिता की पुत्री—मेरे जन्म के समय बीस कम सौ बरस की—बूढ़ों की बुआ, अधेड़ों की बुआ-दादी, बच्चों की बुआ-परदादी—सन-से बालों वाली, झुर्री-भरे गालोंवाली। बहुत कोशिश करने पर भी याद नहीं पड़ता कि मैंने किसी को उनका नाम लेकर उनके बारे में कहते या उन्हें सम्बोधित करते सुना हो। बड़ों का नाम लेना उस समय बड़ी बदतमीज़ी समझी जाती थी, और उनके चारों ओर सभी उनसे छोटे थे। पर नाम उनका जग-ज़ाहिर था। कारण यह था कि अपनी वृद्धावस्था में पहुँचकर राधा ने तृतीय पुरुष में बोलना आरम्भ कर दिया था। कहना तो चाहिए तृतीय स्त्री में। हमारी सभ्यता पुरुष-प्रधान हैं, इसे कोई व्याकरण से सिद्ध करना चाहे तो एक सबूत यहाँ है। वे कहतीं, 'राधा से कौनो के घर के छिपी नायँ है' 'ई बात राधा के मन के नायँ भै' आदि-आदि।

याद तो मुझे उस समय की क्या होगी, पर कुछ उन्हीं के बताने, कुछ औरों से सुनने के आधार पर मैं कल्पना करने का प्रयत्न करता हूँ कि जन्म के बाद मैं सौरी में खाट पर चित लेटा हुआ हूँ—जगत पर विस्मित चितवन डालता—और वयोवृद्धा राधा अपने पिता से पाँचवीं पीढ़ी के पहले पूत का मुँह देखने के लिए चवन्नी भर सोने की प्रतीकात्मक सीढ़ी पर अँगूठा रखकर मेरे ऊपर झुकी हुई हैं। उन्होंने मुझे आँख गड़ाकर देखा है, और गद्गद कंठ से उद्घोषित किया है, "बेटवा तो साफै अपने आजा पर परा है !—जिऐ, अम्मर होय !" और फिर उन्होंने अपना जोड़ा-बटोरा सारा रुपया-पैसा मेरे ऊपर वारकर बाँट दिया है। उस दिन की स्मृति भले ही न हो, पर आत्म-चेतना के पहले दिन की तो है ही; या हो सकता है कि मैंने आपको केवल यह विश्वास दिला दिया है कि मेरी स्मृति पर जो पहली छाप पड़ी वह थी इसी नारि पुरातन के मुख की—रुई के गोलों की तरह सफ़ेद बालों से घिरा, झुर्रियों से भरा, ममत्व से भरा।

राधा की मृत्यु 95 वर्ष की अवस्था में हुई। बच्चा किस अवस्था से स्मृतियों को सँजोना शुरू कर देता है, मैं निश्चयपूर्वक नहीं कह सकता। शायद मनोवैज्ञानिकों की राय है कि इसके लिए कोई रूढ़ नियम नहीं है। कुछ बच्चे बहुत छोटी अवस्था तक की बातें याद रखते हैं, कुछ बड़ी अवस्था तक की बातें भूल जाते हैं। इस देश में तो पूर्व जन्म की बातें याद रखने वाले बच्चों की चर्चा भी अक्सर पत्रों में आती रहती है। अतिशयोक्ति न समझी जाएगी अगर मैं कहूँ कि चार-पाँच बरस की अवस्था से मेरी स्मृति सजग रही है। इस प्रकार मैंने राधा के जीवन के अन्तिम दस वर्षों को देखा और उसमें मुझे उनसे जो कुछ सुनने को मिला उसे सहेजा भी। उनकी पीठ पर चढ़कर घूमने की याद तो मुझे नहीं है, पर उनकी उँगली पकड़कर चलने की, और इलाहाबाद के उन गली-रास्तों की भी, जिनमें होकर वे मुझे ले जाती थीं, मुझे याद बनी है। राधा निरक्षर थीं पर स्वयं उनकी स्मृति कितनी सजग, समृद्ध और सुस्पष्ट थी, कितना उन्होंने सुना-देखा, भोगा-झेला और सँजो रखा था, और हर विषय पर उनकी प्रतिक्रियाएँ कितनी अलग, सुनिश्चित और निर्भीक होती थीं, इसे सोचकर आज मैं आश्चर्यचकित हो उठता हूँ।

राधा अपनी जवानी में साधारण स्त्रियों से क़द में लम्बी लगती होंगी। वृद्धावस्था में उनकी कमर कुछ झुक गई थी; दुहरी तो उनकी कमर जीवन के अंतिम वर्षों में भी नहीं हुई। अलबत्ता मरने से पूर्व वे लगभग एक वर्ष बीमार रहीं। उनका शरीर इकहरा था, चेहरा लमछर, आँखों की पुतलियाँ उनकी नीली थीं, और रंग, अवश्य ही, उनका पहले काफ़ी गोरा रहा होगा; वृद्धावस्था में साँवली उन्हें किसी तरह नहीं कहा जा सकता था। माथे और चेहरे पर उनके बेहद लकीरें थीं जो उनके जीवन के संघर्ष की कहानी कहती थीं। पर मुझे सन्देह नहीं कि राधा की गिनती कभी सुन्दरियों में होती होगी ! उनका राधा नाम उनके रूप के अनुरूप ही लगता होगा। पर पिलपिली वाली राधा नहीं—कसी-गठी वाली।

सुख नाम की चीज़ शायद उन्होंने अपने बचपन में ही जानी थी। पन्द्रह वर्ष की आयु में उनका विवाह हुआ—फूलपुर तहसील के रामापुर गाँव के एक सम्भ्रांत

ज़मींदार परिवार में। सोलह वर्ष की अवस्था में उनके एक कन्या हुई। सत्रह वर्ष की उम्र में उनके पति का देहावसान हो गया। उन दिनों की प्रचलित कुप्रथा के अनुसार हिन्दू परिवार में विधवा की जैसी उपेक्षा, दुर्दशा की जाती थी उससे ऊबकर एक रात वे अपनी कन्या को लेकर चुपचाप घर से निकल पड़ीं। बताती थीं कि निकली तो थीं वे कुएँ में कूदने के विचार से, पर न बेटी को कुएँ में ढकेलने की हिम्मत उनकी पड़ी और न बेटी को छोड़कर खुद कुएँ में कूदने की। रात भर चलकर वे दूसरे दिन अपने भाई के दरवाज़े पर आकर खड़ी हुईं।

पिता की मृत्यु उनके लड़कपन में ही हो गई थी; भाई ने ही उनका पालन-पोषण और विवाह किया था। अपनी सुन्दर और दुलारी बहन की दीन दशा देखकर उनका हृदय करुणा से भर आया, उनके ससुराल वालों के प्रति क्रोध से उनके होंठ फड़फड़ाने लगे। बहन ने भाई का पाँव पकड़कर क़सम खाई कि अब वह कभी भी रामापुर की ओर आँख उठाकर न देखेंगी; भाई ने बहन के सिर पर हाथ रखकर प्रतिज्ञा की कि अब वे कभी राधा को रामापुर न जाने देंगे, चाहे कुछ भी हो जाए। और इस प्रण का पालन हमारी तीन पीढ़ियों तक किया गया।

राधा के यही भाई मिट्ठूलाल मेरे परबाबा थे। मिट्ठूलाल छह फुटे जवान थे, शरीर उनका इस्पात का था, कसरत का उन्हें शौक था, लाठी और तलवार चलाने में वे पारंगत थे, उनके पास कई तलवारें, कटारें भी थीं। घोड़े की सवारी करते थे, बाज पाले हुए थे। मैंने अपने लड़कपन में उनके घोड़े की काठी की रकाबें देखी थीं। राधा अपनी वृद्धावस्था में जब उन रकाबों को देखती थीं तब उनसे हाथ लगाकर अपना माथा छूती थीं, "इन ही रिकाबन पर भैया पाँव रक्खत रहें !" स्वभाव से बड़े ही क्रोधी थे—बाहर के लोग उन्हें जाबिर और जल्लाद तक कहते थे। मशहूर था कि उनके पेशाब का चिराग़ जलता था, उनके हुकुम पर सींक खड़ी होती थी। परन्तु अपनी बहन के साथ मिट्ठूलाल अत्यन्त कोमल थे, साथ बिठलाकर खिलाते थे, 'राधे' कहकर पुकारते थे। और जब उन्हें क्रोध आता था तब केवल राधा उनके सामने जाने का साहस कर सकती थीं, उन्हें शान्त करती थीं—"हम आपन आँचर उनके मुँह पर फेर देई और ऊ मुस्काय देयँ।"

मिट्ठूलाल के घर में राधा का पाँव पड़ना बड़ा शुभ हुआ। थोड़े दिन बाद ही वे कम्पनी सरकार में शहर के नायब कोतवाल या कोतवाल के नायब हो गए। मेरे लड़कपन में मुहल्ले के बड़े-बूढ़े उन्हें 'नायब साहब' के नाम से ही याद करते थे। पुलिस की नौकरी उनके गुण-स्वभाव के अनुरूप ही थी। क़ानून और अधिकार की अनभिज्ञता के उस ज़माने में बलप्रयोग और ज़ोर-ज़बरदस्ती से ही बहुत-से मामलों का निबटान किया जाता होगा। नायब साहब अपने दबंग रूप और आतंकपूर्ण गुणों के कारण सफल अधिकारी सिद्ध हुए होंगे। चोर, डाकुओं, बदमाशों से उनकी मुठभेड़ और विजय के न जाने कितने क़िस्से राधा ने मुझे सुनाए होंगे। भाई के 'नायब' हो जाने से राधा ने व्यक्तिगत रूप से भी बड़ा बल संचय किया। ससुरालवालों का सारा डर उनके मन से निकल गया। उन्होंने राधा को वापस बुलाने का प्रस्ताव कभी न रखा, उल्टे वे फ़सल के दिनों में आम, बड़हल, कटहल, भुट्टे, बाजरे की बालें, मटर की छीमियाँ आदि भेजा

करते। ससुराल में ब्याह-शादियाँ हुईं, मौतें हुईं, नवेते आए, ख़बरें आईं, राधा ने अपनी क़सम न तोड़ी।

नायब साहब ने काफ़ी धन कमाया और राधा की शब्दावली में 'किल्ला' जैसा बड़ा मकान बनवाया—चौखन्ड-दुमहला। उन्होंने राम बाग़ में एक शिवाला भी बनवाया। राम बाग़ के हनुमान मन्दिर के प्रवेश-द्वार से घुसते ही बाईं ओर को यह शिवाला आज भी मौजूद है—सामने कुआँ है। नायब साहब शिव के उपासक रहे होंगे; उनके घर में लड़का हुआ तो उसका नाम उन्होंने भोलानाथ रखा—यही मेरे बाबा थे—लड़की हुई तो उसका नाम भवानी रखा। राधा की बेटी का नाम महारानी था।

भोला, भवानी, महारानी, नायब साहब, नयबाइन और राधा के लिए उस क़िले जैसे मकान का एक खंड ही काफ़ी था। मकान का दूसरा खंड नायब साहब ने अपने चचेरे भाई के नाम कर दिया, जिनके पौत्र जगन्नाथप्रसाद, मुरलीधर, मोहनलाल और गणेशप्रसाद हुए; दूसरे चचेरे भाई इसी समय जैनी सेठ के परिवार के कारिन्दा के रूप में चफरी जा बसे। तीसरे खंड में उन्होंने एक ब्राह्मण को बसाया। ब्राह्मण को क्या बसाया, उन्होंने मेरे भाग्य की एक रेखा ही डाल दी—'बनूँ मैं इसके कितने पूर्व बनी...' (ख़ैयाम की मधुशाला)। पर इसपर आगे। चौथा खंड और पिछवाड़े के बहुत-से हिस्से ख़ाली ही पड़े रहते थे।

नायब साहब को धन जोड़ने का मोह नहीं था। उन्होंने जैसा कमाया वैसा ख़र्च भी किया। राजसी प्रकृति के आदमी थे, शायद व्यसनी भी—उनके दम से चौक के दो चार कोठे आबाद थे—इसका अर्थ मैंने बहुत बाद को समझा। उस समय के समाज में ऐसा व्यसन सम्पन्नता का चिह्न समझा जाता होगा। नायब साहब आनन्दवादी आदमी थे—खाने-पीने, लुटाने में हर वक्त हाथ खुला रखने वाले। उन्होंने अपने लड़के की शादी बड़ी धूमधाम से मिर्ज़ापुर में की; लड़की की रायबरेली के अकोढ़िया गाँव में—वहाँ जाने के लिए ऊँचाहार स्टेशन पर उतरना पड़ता था। भवानी के पति बाद को बलरामपुर रियासत में ख़ज़ांची या ऐसे ही किसी ऊँचे पद पर नियुक्त हुए। मैं अपने लड़कपन में एक बार अपने पिता के साथ उनके गाँव अकोढ़िया गया था। महल-सा उनका घर था, लहीम-शहीम शरीर; रईसी ठाठ से रहते थे, तब शायद रिटायर हो चुके थे; उन्होंने रियासती रहन-सहन, जीवन के मुझे बड़े दिलचस्प क़िस्से भी सुनाए थे। एकाधिक अवसरों पर उनके सपत्नीक घर आने की भी याद है।

नयबाइन स्वभाव से कंजूस थीं। वे जब-तब नायब साहब की ख़र्चीली आदतों पर हाय-हाय करतीं, तकरार करतीं, पर उनसे पार न पातीं। फिर भी ऐसा कहा जाता था कि नयबाइन ने हँडिया भर अशरफ़ी इकट्ठी की थी और उसे बिना किसी को बताए उस लम्बे-चौड़े घर में कहीं गहरे गाड़ दी थी। नयबाइन की मृत्यु अचानक हो गई, और इस हँडिया के लिए तीन पीढ़ी तक समय-समय पर, कभी यहाँ, कभी वहाँ, कभी कई जगह खोदाई होती रही, पर उसका कोई पता न चला। अन्तिम बार ऐसा प्रयत्न बड़े गुप्त ढंग से मेरी बहन की शादी के समय मेरे पिता ने किया था, पर कोई सफलता न मिली।

नायब साहब की मृत्यु अधेड़ अवस्था में हुई। अपने अक्खड़ स्वभाव का परिचय

उन्होंने मृत्युशय्या पर भी दिया। गोदान कराने के लिए जब गाय लाई गई तो उन्होंने उसकी पूँछ पकड़ने से इन्कार कर दिया। बोली अस्फुट हो गई थी, हाथों से लगाम का इशारा करके बताया कि घोड़ा दान करना चाहते हैं। पुरोहित बड़े पसोपेश में पड़ा, पर मरते समय भी उनकी अवज्ञा करने की हिम्मत किसी में नहीं थी। घोड़ा ही दान किया गया। और कुछ ऐसा हुआ कि उनकी मृत्यु के तीसरे दिन उनका घोड़ा मर गया और उनका पाला हुआ बाज भी।

अन्तिम बात जो उन्होंने पुत्र से कही थी वह यह थी कि "राधा को मान के साथ रखना और उनकी बेटी का ब्याह कर देना।"

राधा अपने भैया की बात करते न ऊबती थीं, न थकती थीं। वर्णन की कला पर उनका ऐसा अधिकार था कि सुनी हुई बातों को भी उनसे फिर-फिर सुनने में रस आता था। अपने चारों ओर के किसी व्यक्ति को नायब साहब जैसा न पाने के कारण वे मुझे किसी दन्तकथा के नायक-से प्रतीत होते। उनकी कथा सुनते-सुनते मेरे बाल-मन में ऐसी कल्पना जागी हो कि मैं बड़ा होकर वैसा ही मजबूत बनूँगा, वैसे ही घोड़ा दौड़ाऊँगा, वैसे ही तलवार चलाऊँगा, वैसे ही चोरों-बदमाशों का सामना करूँगा, वैसे ही आत्म-विश्वस्त और निर्भीक होकर जिऊँगा, आनन्द से विचरूँगा तो कोई आश्चर्य की बात नहीं है।

रक्त का कितना असर होता है, कह सकना कठिन है–बहादुर की सन्तान कायर होती है, कबीर के वंश में कमाल उपजता है; पर बालपन में पड़े संस्कारों का असर किसी-न-किसी रूप में जीवन पर बना रहता है–प्रकट भी होता है। छह वर्षों तक जो मैं युनिवर्सिटी ट्रेनिंग कोर में रहा, और पिछले महायुद्ध के समय हर गर्मी की छुट्टी में रेगुलर ब्रिटिश यूनिटों से सम्बद्ध रहकर जो मैंने आधुनिक हथियारों को चलाने की शिक्षा ली–'मैं क़लम और बन्दूक चलाता हूँ दोनों'–उसमें मेरे प्रारम्भिक स्वप्नों की कोई प्रेरणा होगी, इसमें मुझे सन्देह नहीं। अभय, अदम्य, अपराजेय रहने के प्रति जो मेरी यत्किंचित् आस्था है–चाहे फिर चुनौती किसी स्थूल शत्रु से आए, चाहे किसी सूक्ष्म समस्या, परिस्थिति अथवा कार्य के रूप में–उसका मूल भी उन्हीं संस्कारों में होगा। वे कभी-कभी मेरी पंक्तियों में भी उतर आए हैं :

विवश जीविकोपार्जन को मैं
हुआ न किस-किस पथ का राही,
पर मेरा वश चलता तो मैं
होता कवि के साथ सिपाही;
इसीलिए तस्वीर तुम्हारी,
वीर, बसी मेरे अन्तर में...

या फिर अधिक स्पष्टता से इन पंक्तियों में,

चाहता था मैं उन्हीं नर-नाहरों की
भाँति जीवन को बिताना,
प्रीति करना, गीत गाना, मस्त रहना,
शत्रु को नीचा दिखाना,

उस वज़े की ज़िन्दगी का भेद कोई
खो चुका, वर्ना वहीं मैं
विश्व को चिंतित बनाता, विश्व-चिन्ता का कि जो डेरा हुआ हूँ।
किन्तु यदि संस्कार मुझको छेड़ता है,
घेरता, सिरदर्द बनता,
तो बिना सन्देह मेरा काम पहला
है, अगर मैं मर्द बनता,
सामना उसका करूँ मैं और घुटनों
के तले उसको दबाऊँ,
सब जगह असमर्थ हूँ मैं, इस वजह से तो नहीं तेरा हुआ हूँ;
रागिनी मत छेड़ मुझको, आज मैं संसार से छेड़ा हुआ हूँ।

मेरा ऐसा अनुमान है कि मेरे परबाबा के दुर्द्धर्ष, दुर्दम्य और आक्रान्तकारी व्यक्तित्व के नीचे मेरे बाबा का व्यक्तित्व पूरी तरह उभर नहीं सका। शायद मूल कारण यह था कि नायब साहब, जैसा कि अक्सर लोग चाहते हैं, अपने पुत्र को अपना प्रतिरूप बनाना चाहते थे। और यह मानी हुई बात है कि प्रतिरूप रूप से, प्रतिबिम्ब बिम्ब से, अस्पष्ट और कमज़ोर होता है। असल असल है, नक़ल नक़ल है।

बाबा शरीर से तो पुष्ट थे, पर क़द से मझोले थे। घर पर ही मौलवी रखकर उनको अरबी, फ़ारसी और उर्दू की शिक्षा दी गई थी। बाबा को लिखने का काफ़ी अभ्यास कराया गया होगा। बात शायद यह भी थी कि उन दिनों छपी पुस्तकों का अधिक प्रचलन नहीं हुआ था; लोग प्रायः जो पुस्तक पढ़ना चाहते थे उसे दूसरों की हस्तलिखित पुस्तकों से नक़ल कर लेते थे। बाबा के हाथ की लिखी हुई कुछ पुस्तकें मेरे लड़कपन तक मेरे घर में सुरक्षित थीं। एक प्रति 'ख़ालिकबारी' भी उन्हीं के हाथों की लिखी थी, और जब मैंने पढ़ना शुरू किया था तब बहुत सँभालकर रखने की हिदायतों के साथ वह मेरे हाथ में दी गई थी; मुझे शुरू की पंक्तियाँ याद हो आई हैं :

ख़ालिकबारी सिरजनहार
वाहिद एक बदा करतार।
रसूल पैग़ंबर जान बसीठ,

और आगे की पंक्ति है, 'यार दोस्त बोले जा ईठ', मगर किसी ने मज़ाक उड़ाने के लिए एक दूसरी ही पंक्ति जोड़ दी थी,

कुत्ता ले गया टाँग घसीट।

और उसे दुहराकर भी हम अक्सर अपना विनोद किया करते थे। कहते हैं, 'ख़ालिकबारी' अमीर खुसरों की रचना है। यह एक प्रकार का द्विभाषी कोश है, हिन्दी-फ़ारसी का ज्ञान कराने के लिए। इसका व्यापक प्रचार किसी समय किया गया होगा। यह कथन भी प्रसिद्ध है :

एक लख ऊँट सवा लख गाड़ी,
तेहि पर लादी ख़ालिकबारी।

बाबा के बस्ते की हस्तलिखित पुस्तकों में उर्दू अक्षरों में लिखा रामचरितमानस का सुन्दरकाण्ड भी था। किसी से हिन्दी से बोलवाकर उन्होंने लिखा होगा। मुझे लड़कपन में भी इस पर आश्चर्य होता था कि बाबा को रामायण ही पढ़ना था तो उन्होंने नागरी की बारहखड़ी क्यों न सीख ली थी। मेरे ननिहाल में तो मेरे नाना का एक पूरा रामचरितमानस था जो उर्दू अक्षरों में लिखा हुआ था, और वह उन्हें अपने बाबा-परबाबा से मिला था ! उसे शायद किसी मुसलमान कातिब ने लिखा था, क्योंकि अन्त में उसने नक़ल करने की तारीख़ हिजरी संवत् में दे दी थी। यह भी सम्भव है कि उस समय हिजरी संवत् प्रचलित होने से वही दे दिया गया हो। अब वह पुस्तक मेरे पास है। उसपर 1176 हिजरी पड़ी हुई है, इस प्रकार यह मानस की काफ़ी पुरानी प्रति है। आजकल शायद हिजरी की चौदहवीं सदी चल रही है। मानस-शोध के सम्बन्ध में यह पुस्तक बड़े महत्त्व की सिद्ध हो सकती है। कभी-कभी मुझे खेद होता है कि मैं उर्दू काफ़ी नहीं जानता, नहीं तो मैं स्वयं प्रचलित मूलपाठ से इसकी तुलना करता। शायद कभी कोई करे। मैंने राष्ट्रीय अभिलेखालय से इस प्राचीन पुस्तक का पुनरुद्धार करा लिया है और इसे मैं अपने पुस्तकालय की बड़ी मूल्यवान निधि समझता हूँ। प्रसंगवश बता दूँ कि इस पुस्तक के साथ ही मेरे नाना के हाथ का लिखा हाफ़िज़ का पूरा दीवान भी मुझे मिला, जो मेरे पास सुरक्षित है, मेरे पास पूर्वजों ने अपनी रुचि में फ़ारसी और हिन्दी का कैसा सुन्दर समन्वय कर रखा था !

भोलानाथ को अखाड़े-कुश्ती का भी शौक़ कराया गया था। मेरे लड़कपन में नाग पंचमी के दिन एक बूढ़े पहलवान आते थे, कहते थे, ''हमने तुम्हारे बाबा को ज़ोर कराया था।'' उन्हें उस दिन खाना खिलाया जाता और एक लँगोट, एक तहमद, और चार आना पैसा दिया जाता। अपनी बुढ़ाई में भी वे हम लड़कों को चार-छह दाँव और उनके काट बता जाते, जैसे जनेवा, दोपटा, मच्छीगोता, हिरनफाँस, धोबियापछाड़; कहते, उस्तादों के बताए हुए डेढ़ सौ दाँव हैं; कुश्ती का गुर ताक़त नहीं फुर्ती है।

बाबा ने लाठी और तलवार चलाना भी सीखा था, पर नियमपूर्वक वे उनका अभ्यास नहीं करते थे। उनका मन लिखने-पढ़ने की ओर अधिक रहता था। भीतर से अपने पिता की तरह वे क्रूर, कठोर, अकड़बाज़ भी नहीं थे। लड़ाई मोल लेने नहीं जाते थे, पर कोई उन्हें चुनौती दे तो पीछे भी नहीं हटते थे। फ़ारसी शायरों की कृतियों ने उन्हें भीतर से अधिक परिष्कृत, सुसंस्कृत और संयमित कर दिया था। अगर नायब साहब अकारण क्रोधी थे, तो बाबा कारण उपस्थित होने पर भी क्रोध नहीं करते थे। बोलते कम थे, संकोची थे, दबे-से रहते थे, पर दब्बू नहीं थे। उनकी यह प्रकृति निश्चय ही उनके पिता के आतंक और दबदबे की देन थी।

नायब साहब मकान तो क़िले जैसा छोड़ गए थे पर नक़द के नाम पर उन्होंने झंझी कौड़ी भी नहीं छोड़ी थी। चार आदमियों के खाने-पहनने के लिए जो जुगाड़ करनी थी सो तो करनी ही थी, उनकी सबसे बड़ी चिन्ता थी महारानी का विवाह जिसका दायित्व उनके पिता उनके ऊपर छोड़ गए थे।

इसी समय ग़दर की सुगबुग होने लगी। ग़दर कोई आकस्मिक घटना न थी।

राधा बतातीं, साल-दो-साल पहले से ज्योतिषी, नजूमी, साधू-फकीर कहते फिरते थे कि कम्पनी सरकार का राज्य जाएगा, नवाबी फिर से आएगी, लोग अपने दर-दीवार दुरुस्त करें, तलवार-कटार पर धार दें; तालाबों में कमल निकलने और हाथों-हाथ रोटी आने के इन्तज़ार में रहें। सहज-विश्वासी लोगों में प्रचार का कैसा मौज़ूँ माध्यम निकाला गया था।

बुआ-भतीजे ने सलाह की कि मकान का पिछला खंड बनिए को बेच दिया जाए—इससे महारानी की शादी के लिए रुपए मिल जाएँगे, शादी के बहाने मकान की मरम्मत करा ली जाएगी, मकान के आगे एक ऊँची दीवार खिंचा ली जाएगी, और जब ग़दर होगा तो रास्ता-बाज़ार बन्द होने की हालत में बनिए से रसद ले-लेकर महीनों घर के अन्दर बैठे रहना सम्भव हो सकेगा।

राधा बतातीं, महारानी के विवाह के उपलक्ष्य में रात-रात भर ढोलक पर गीत-नार होता और उसी के बीच नई दीवार के अहाते में मुहल्ले के मर्द 'सपासप' तलवार भाँजने का अभ्यास करते। महारानी के विवाह की सायत जिस दिन पहुँची उस दिन ग़दर की गड़बड़ी अपनी चरम सीमा पर थी। इसमें भी महादेव बाबा की बड़ी कृपा थी। भोलानाथ सब खर्चों से बच गए। केवल आग के चारों तरफ़ सात फेरे देकर लड़की विदा कर दी गई। बारात—केवल बाप-बेटे-ब्राह्मण वाली—पास के ही किसी मुहल्ले से आई थी।

ग़दर में मर्द तो मार-काट करने के लिए निकल गए पर औरतें बड़े-बड़े घरों में इकट्ठी हो गईं। भोलानाथ के क़िले-से घर में मुहल्ले की चालीस-पचास औरतों ने आकर शरण ली। बनिया के आँगन की ओर कोठे की दीवार में एक खिड़की खोद ली गई। उसी से रस्सी लटकाकर रसद खींच ली जाती। प्रायः सत्तू खाया जाता, दाना चबाया जाता कि घर से धुआँ न निकले; कि अन्दर किसी के रहने का शक हो। बाहर ताला पड़ा रहता, भीतर औरतें-बच्चे सन्न मारे पड़े रहते।

इलाहाबाद में अंग्रेज़ों का जवाबी हमला बड़ी जल्दी शुरू हो गया। जब यह ख़बर मिली कि अंग्रेज़ सिपाहियों की टोलियाँ आ रही हैं, मर्दों को जान से मारती, औरतों की बेइज़्ज़ती करती, घरों में आग लगाती, तो मर्द अपने घर-परिवारों के बचाव के लिए लौट पड़े। लोगों के सामूहिक मोरचे टूट गए। अंग्रेज़ों ने जनता में दहशत फैलाने के लिए दूरमार छोटी तोपों से गोला बरसाना शुरू कर दिया। नतीजा यह हुआ कि आमने-सामने की लड़ाई का साहस लोगों का ख़त्म हो गया। उस दिन भोलानाथ की जो प्रतिक्रिया हुई थी वह देश भर में सब जगह हो रही थी—"छिपकर वार फिरंगी करता, कौन करे नामर्द लड़ाई।" उस दिन तलवार की लड़ाई खत्म हो गई थी। एक गोला भोलानाथ के पाँव पर भी गिरा था; इसका ज़िक्र मैंने अपनी एक कविता में किया है—"मैं हूँ उनका पौत्र पड़ा था जिनके पाँव ग़दर का गोला।"

हमारे मुहल्ले चक से कुछ फ़र्लांग पर चौक में, सरे बाज़ार, हिन्दुस्तानियों को पकड़-पकड़ नीम के पेड़ से लटकाकर फाँसी दी जा रही थी। राधा की शब्दावली में पेड़ों से लटकते हुए आदमी ऐसे लग रहे थे जैसे कटहल के पेड़ में फल लगे हों। ये पेड़ मेरे लड़कपन में चौक में मौजूद थे। जलियानवाला बाग़ के हत्याकाण्ड के बाद

जब लोगों ने इन पेड़ों पर फूल चढ़ाना शुरू कर दिया तो सरकार ने उन्हें कटवा दिया। राधा जब कभी उन पेड़ों के पास से होकर गुज़रतीं, उनको छूकर अपने कान पकड़तीं-बुदबुदातीं, इज़्ज़त राखैं राम !' पता नहीं इन पेड़ों की छाया में और क्या-क्या हुआ था !

भोलानाथ के पाँव पर जो गोला गिरा था वह ठोस लोहे का, पूरे सवा सेर का था। चोट की गर्मी में वे उठकर कुएँ की जगत से घर तक तो चले आए, यहाँ तक कि पानी से गोले को ठन्डा करके उठा भी लाए—हमारे यहाँ उसे फिरंगी लोहबन्दा कहा जाता था, जो अब तक है—पर बाद को चलने-फिरने से लाचार हो गए। बाहर की उथल-पुथल में किसी तरह का इलाज कराना सम्भव न था। घर पर ही कई महीनों तक जिस-तिस से सुनी दवा-पुलटिस-सेंक का प्रयोग उनके पाँव पर होता रहा। बाहर चोट दिखाना शायद बलवाई होने का सन्देह जगाना होता। बाद को लम्बे इलाज के बाद उनका पाँव ठीक हुआ। पूरी तरह से तो नहीं कह सकते; उनके चलने में थोड़ी-सी भचक थी, गो उन्हें लँगड़ा नहीं कहा जा सकता था।

महारानी जब ब्रह्मा के यहाँ से चलने लगी थीं तो अपनी भाग्यलिपि को लगभग अपनी माँ की भाग्यलिपि की प्रतिलिपि बनवाकर लाई थीं। विवाह के कई साल बाद जाकर उनके एक लड़की हुई। लड़की साल भर की भी न हुई थी कि उनके पति का देहावसान हो गया था। और थोड़े ही दिनों में ससुराल वालों की गाली, मार, क्रूरता से घबराकर, जैसे राधा आकर मेरे परबाबा के सामने खड़ी हुई थीं, उसी प्रकार राधा की बेटी आकर मेरे बाबा के सामने खड़ी हुईं। राधा अपने भतीजे से बोलीं, "जैसे भइया हमका सरन दिहेन रहा वैसे तुम इनका देव !"

भोलानाथ ने अपना मत्था ठोंका। कहा, "जब आ ही गई है तो निकाल थोड़ा ही दूँगा।'

पिता की मृत्यु, जीविकोपार्जन के साधन का अभाव, महारानी के विवाह की चिन्ता, ग़दर की गड़बड़ी और उससे उत्पन्न आर्थिक दुर्व्यवस्था और अपनी लम्बी बीमारी-बेकारी से मुसीबतों का जो ताँता लगा था, उससे भोलानाथ खिन्न थे। अब महारानी आँचल में दूध और आँखों में पानी लिए, दुर्भाग्य की मूर्ति बनी, उनके सामने खड़ी थीं। उन्होंने महारानी को बहुत समझाया-बुझाया कि वे अपनी ससुराल को लौट जाएँ, उनका उचित स्थान वहीं है, चाहे ससुराल वाले कितना ही दुर्व्यवहार उनके साथ करें, पर महारानी के पास अपने आँसुओं के अलावा कोई जवाब न था। स्त्री के आँसुओं के सामने पुरुष बेबस हो जाता है।

बाबा अपनी शिक्षा और संस्कारों से भावों में बह जानेवाले आदमी थे, पर मेरी मिर्ज़ापुरी दादी तेज़ स्वभाव की थीं। उनकी राय बिल्कुल नहीं थी कि महारानी उनके घर में रहें। उन्हें लल्लो-चप्पो की आदत न थी। जो बात वे ठीक समझती थीं उसे दो टूक कहती थीं, चाहे कोई बुरा माने, चाहे भला। उन्होंने अपनी राय राधा और महारानी के सामने मुँह से निकाल दी कि उनका हमारे घर रहना बेजायँ' है। बाबा बड़े धर्म-संकट में पड़े। दादी से कुछ दबते भी थे। जो मर्द कमाता नहीं वह औरत पर मुश्किल से हावी हो पाता है। यहाँ उल्टे दादी ही अपने भाई से यदा-कदा पैसे

मँगाकर उनकी सहायता किया करती थीं–उनके भाई मिर्ज़ापुर में अच्छे चाकरी-धन्धे से थे, उनके ऊपर कोई भारी उत्तरदायित्व न था, दो लड़के थे, लड़की कोई न थी।

महारानी टस-से-मस न हुईं। उनके सामने उनकी माता का उदाहरण था। महारानी में नारी का सहज-चातुर्य भी था। दादी को पराजित करने के लिए उन्होंने ऐसा ब्रह्मास्त्र छोड़ा कि दादी चारों ख़ाने चित हो गईं। एक दिन उन्होंने बुद्धि को–उनकी लड़की का नाम बुद्धि था जिसे वे प्यार में बुद्धो, बुद्धन, बुधन्ना और क्रोध में बुधिया कर देती थीं–ले जाकर दादी की गोद में लेटा दिया। शादी के दस-बारह बरस बाद भी दादी को यह सौभाग्य नहीं मिला था कि उनकी गोद में कोई बच्चा खेले। नारी तो माँ बनने के लिए ही बनी है। उसके स्वप्नों में कोई इससे अधिक मधुर, कोमल और सबल नहीं होता। माँ बनकर ही वह पूर्ण होती है; न बन सकी तो इस अभाव के लिए वह अपने को धिक्कारती रहती है। इस अभाव की पूर्ति के लिए वह भगवान को शिशु रूप में पूजने से लेकर कुत्ते-बिल्ली तक को बेटे-बेटी का प्यार देती है–नागर जी की ताई की याद आ गई !–और इस प्रकार अपनी मातृत्व की आकांक्षा को सन्तुष्ट करती है या बहलाती है, शायद झुठलाती भी है। जीवन की मूलभूत माँगों के सामने जो स्वाभाविक रूप से नहीं झुकता उसे अस्वाभाविक रूप से झुकना पड़ता है। गणेशप्रसाद से पेड़-पौधे, महादेवी जी से ख़रगोश-कुत्ते और पन्त जी से बिल्ली-बिल्ले वात्सल्य वसूल करते हैं। महारानी ने दादी का मर्मस्थल छू दिया था। उसके बाद से दादी के मुख से नहीं निकला कि महारानी अपनी ससुराल चली जाएँ। व्यावहारिक रूप से तो महारानी की विजय हो गई थी, पर वह भीतर-ही-भीतर जानती थीं कि इस घर में उनका स्वागत नहीं किया गया, उनको सहन किया गया है। इसकी माँख उन्हें जीवन भर बनी रही।

बाबा ने यह समझा था कि जब परिवार का इतिहास उनकी पीढ़ी में दुहराया जा रहा है तो संभव है कि जैसे राधा के घर में पाँव रखते ही उनके पिता की नौकरी लग गई थी और घर धन-धान्य से भर गया था वैसे ही महारानी के आने पर भी कुछ उसी प्रकार का चमत्कार हो। भोलानाथ भोले स्वभाव के थे ही। कुछ विलम्ब से ज़रूर, पर हुआ कुछ वैसा ही।

दिन पर दिन, मास पर मास करिश्मे की प्रतीक्षा में बीतने लगे। चार प्राणियों का–पाँच कहना चाहिए–बच्चे का ख़र्च कम नहीं होता–भरण-पोषण करना था और आमदनी ज़ीरो। कभी भवानी के पति–जो अब बलरामपुर रियासत से अच्छे पैसे खींच रहे थे–अपने साले के लिए, और कभी दादी के भाई मिर्ज़ापुर से अपने बहनोई के लिए रुपया भेजा करते, ग़ल्ला कभी-कभी चफरी के छोटे घर से आ जाता। जब इन स्रोतों से भी कोई सहायता न मिलती और पारिवारिक आवश्यकताएँ मजबूर करतीं तो उस 'किल्ले' से घर का कोई हिस्सा बेच दिया जाता–एक हिस्सा बिहारी सोनार के बाप ने लिया, बिहारी सोनार को मैंने देखा था; एक हिस्सा मुंशी आफ़ताबराय ने लिया–मेरे पिता और चाचा लोग उन्हें 'क़िबला' और, कभी-कभी 'क़िबला-आलम' से सम्बोधित करते थे–उनसे कुछ समय उर्दू पढ़ने का सौभाग्य मुझे मिला था; एक महँगिनिया काछिन ने लिया, जवानी में बड़ी सुन्दरी थी, एक कायस्थ महोदय उसे बैठाले

हुए थी। अधेड़ हुई तो उन्होंने छोड़ दिया, जब उसे देखने की मेरी स्मृति है तब वह लट चुकी थी; एक लाला श्यामसुन्दर ने लिया, गली के पार उनका अपना बड़ा मकान था फिर भी उन्होंने उस मकान का एक हिस्सा ख़रीद लेने की कृपा की; एक पक्का मकान बाद को उन्होंने हमारे घर के सामने बनवाया—अपनी ब्राह्मण रखैल के लिए। हमेशा बिकाऊ ज़मीन-मकान की खोज में रहते थे। उनका मकूला था,

जहाँ में जहाँ तक जगह पाइए,
इमारत उठाते चले जाइए।

और इस प्रकार लस्टम-पस्टम गिरिस्ती चलाते हुए भोलानाथ ने लगभग दस बरस बिता दिए। इस बीच उल्लेखनीय बात यह हुई कि वे एक पुत्री के पिता हो गए—उनका नाम तुलसी रखा गया। दादी के नाम से बाँझिन होने का कलंक कटा। दादी नारी समाज में उद्घोषित वंध्या थीं। तुलसा के जन्म से जहाँ बाबा और दादी को आत्मतोष हुआ वहाँ घर के वातावरण में एक बार फिर तनाव आ गया। नारी और नृपति को पलटते देर नहीं लगती। अपनी सन्तान के अभाव में दादी ने जो स्नेह बुद्धि को, जो सद्भाव महारानी को दिया था वह तुलसा के आगमन से दिनानुदिन क्षीण होने लगा। घर का ख़र्च बढ़ गया था, सालों से आमदनी का कोई ज़रिया न था, न आगे दिखाई देता था, बेचने लायक़ अब घर का कोई हिस्सा न बचा था, और दादी को तुलसा के विवाह और दहेज की चिन्ता उसके जन्म के दिन से ही व्याप गई थी। नारी भी कितनी दूरन्देश, कितनी कल्पनाशील और कितनी व्यावहारिक होती है। उनकी पहली धारणा फिर से उभर उठी और कभी-कभी मुखर भी होने लगी कि महारानी को अपनी बच्ची को लेकर अपनी ससुराल को लौट जाना चाहिए। कचहरीबाज़ों से अक्सर सुना है कि क़ब्ज़ा आधा अधिकार होता है। महारानी भी अब इस घर पर अपना कुछ हक़ समझने लगी थीं। हज़रते दाग़ का शेर तो उन्होंने न सुना था, पर एक दिन उन्होंने एलान कर दिया, 'अब मैं जहाँ बइठ गइउँ, बइठ गइउँ !'—"हज़रते दाग़ जहाँ बैठ गए, बैठ गए।"

जीवन में कुछ चीज़ें कोमल तन्तुओं से बँधी रहने पर ही संगठित रहतीं हैं; जब उन्हें अधिकार की लौह शृंखला से बाँधने का प्रयत्न किया जाता है तब वे बिखर जाती हैं। तुलसा और बुद्धी को लेकर ईर्ष्या चलती, दादी और महारानी में मनमुटाव रहता, राधा कभी पेट की ओर झुकतीं, कभी पीठ की ओर। और नारी की इन पाँच मूर्तियों के बीच—दो बच्चियाँ, दो विधवाएँ, एक सधवा—एक पुरुष केन्द्र के समान सबको सन्तुलित किए, सबसे सन्तुलित हुआ बैठा रहता—आदर, प्रेम, संरक्षण, वत्सलता और करुणा के भावों के बीच। अपने जड़ दुर्भाग्य की ओर से उदासीन रहते—'रहिमन चुप ह्वै बैठिए देखि दिनन को फेर'।

बाबा के पाँव की चोट ने उन्हें सक्रिय जीवन के लिए शायद सदा को अक्षम कर दिया था। पाँव का दर्द या चोट बड़ी बुरी चीज़ होती है। शरीर का आधार ही हिल जाता है। जीवन है तो कुछ-न-कुछ चले-फिरे बिना कैसे काम चल सकता है। दर्द से अधिक जो आदमी को परेशान करती है वह है दर्द की चेतना—हर क़दम रखने पर। इसका अनुभव मैंने स्वयं उस समय किया जब मेरी एड़ी की हड्डियों में 'स्पर'

निकल आए। 'स्पर' एक प्रकार का काँटा होता है। मैं मील-दो-मील पैदल चला जाता। इस अनुभव ने मुझे एक कविता लिखने को भी प्रेरित किया—'भीतरी काँटा'। मानव-जीवन बड़ा बेहया है, उसे गहरा-से-गहरा दर्द कुछ समय के बाद सह्य हो जाता है।

बाबा को दौड़-धूप के जीवन से विरक्ति हो गई, कम-से-कम वे दौड़-धूप से खुश न होते। ज़रूरी काम से पीछे भी न हटते।

उन दिनों मकानों में दो हिस्से होते थे—मर्दाना और ज़नाना; एक-दूसरे से मिले, पर अधिक-से-अधिक स्वतंत्र। साधारण आवश्यकताओं के लिए न औरतों को मर्दाने में जाने की ज़रूरत होती, न मर्दों को ज़नाने में। औरतों को कुछ कहने की ज़रूरत होती तो वे भीतर से साँकल खड़कातीं, मर्दों को कुछ कहना होता तो वे बाहर से खखारते। नौकर रखने की समाई जिन घरों में होती उनमें कहारिनें-बारिनें ज़नाने में काम करतीं, उनके आदमी या लड़के मर्दाने में। मर्दाने में एक बैठक होती, एक बरामदा, कभी-कभी कोने में एक गुसलख़ाना। तीन-चौथाई मकान का हिस्सा ज़नाने के अधिकार में होता—आँगन, रसोई, भंडारा, पूजाघर, दालान आदि। मध्यकालीन भारतीय नारी बाहरी समाज से पीछे हटा दी गई हो, पर घर पर वह पूरा अधिकार रखती थी, जताती भी थी। मकान की मालकिन स्वयं बनकर उसने पुरुष को घर का रखवाला-सा बनाकर बाहर बिठा दिया था। कहीं किसी झरोखे या दीवार के सूराख़ से—जिससे वह तो देख सके, पर उसे कोई न देख सके—वह पुरुष की गतिविधि पर भी नज़र रखती थी।

कौन आया, कौन गया, क्या कह गया, क्या सुन गया—सबकी उसको पूरी ख़बर रहती थी।

बाबा समय और मौसम के अनुसार मर्दाने में—कभी बैठक में, कभी बरामदे में—एक मसनद के सहारे खाट पर बैठे रहते। सामने उनके खारुएँ के बस्ते में लिपटी उनकी हस्तलिखित पुस्तकें होतीं। जब उन्हें पढ़ना होता, मसनद से टेक लगा लेते; और जब लिखना होता, पालथी मारकर चारपाई पर बैठ जाते, बस्ते को आगे खींच लेते और तह उनकी मेज़ बन जाती—इस प्रकार एक ही खाट से वे आलमारी, कुर्सी, मेज़ तीनों का काम निकालते। बग़ल में क़लमदान होता, नीचे पीकदान, दूसरी तरफ़ फ़र्शीदार हुक़्क़ा। बाबा को तलब किसी चीज़ की नहीं थी, पान वे खाते थे, इसका चस्का उन्हें मेरी मिर्ज़ापुरी दादी ने लगाया था, जिनके मुँह कुआँरे में बनारसी पान लग चुका था। सुना था कि जिन दिनों वे अधिक लिखते-पढ़ते थे उन दिनों हुक़्क़ा ज़्यादा पीते थे—वैसे दिन-रात में चार चिलम से अधिक नहीं। दिमाग़ी काम और तम्बाकू का सम्बन्ध पुराना मालूम होता है। मैं कुछ ऐसे लेखकों को जानता हूँ जो बिना एकाध टिन फूँके हुए कोई भी कविता, कहानी अथवा लेख पूरा नहीं कर पाते। सिगरेट चार-छह दिन भर में मैं भी पी लेता हूँ, पर लिखते समय मुझे उसकी कोई ख़ास तलब नहीं होती, प्रायः मैं लिखते समय सिगरेट जलाता ही नहीं, मेरा ध्यान ही उस ओर नहीं जाता, कभी जला भी लो तो प्रायः पूरी की पूरी राखदान में सुलगती रहती है।

बाबा की तम्बाकू का राशनिंग दादी के हाथ में रहता था; पान तो वे उदारता से खिलाती थीं, पर चिलम के लिए बाबा की माँग बढ़ी कि उनका कण्ट्रोल लग जाता

था। मेरा ख्याल है कि उन दिनों पान सस्ता होगा, तम्बाकू महँगी होगी; मेरी दादी की एक आँख हर समय वस्तुस्थिति पर रहती थी। शायद यह भी ख्याल होगा कि तम्बाकू स्वास्थ्य के लिए हानिकर होती है।

अपने निजी लेखन-पठन के अतिरिक्त बाबा मुहल्ले के दो-चार लड़कों को पढ़ाते भी थे। पर उससे किसी तरह की आमदनी न होती थी। विद्या बेचने की चीज़ न थी, मुफ़्त देने के लिए थी। शागिर्द उस्ताद का आदर करते थे, उनकी छोटी-मोटी सेवाएँ कर देते थे, बस। बाबा का लेखन प्रायः अच्छी पुस्तकों की नक़ल करने तक सीमित था। हाथ का बना काग़ज़ इस्तेमाल होता था। कीड़ों से बचाने के लिए उसपर लाल रंग का एक लेप लगता था। खुरदुरे काग़ज़ को चिकना करने के लिए उसे शीशे के घुटन्ने से घोटा भी जाता था। ऐसे दो-एक घुटन्ने मैंने अपने लड़कपन में देखे थे। बाबा के अक्षर मोतियों को मात करते थे। सृजन-प्रतिभा उनमें न थी। कभी-कभी शतरंज भी खेलते थे। उनकी शतरंज की मोहरें एक थैली में मेरे घर में सुरक्षित थे।

दादी निरक्षर थीं, लेकिन लोकबुद्धि और ज्ञान की उनमें कमी न थी। उनको बाबा के लिखने-पढ़ने का शग़ल बेकार-बेमानी लगता था। अक्सर कहतीं, इस तरह कब तक काम चलेगा। घर के ख़र्च-वर्च की सँभाल वे ही करती थीं। बाबा को अपने क़लम-काग़ज़ के छोटे-मोटे ख़र्च के लिए दादी की काफ़ी खुशामद करनी पड़ती थी। पुरुष के ऐसे काम-धन्धे को नारी का समर्थन कम ही मिलता है जिससे चार पैसे की आमदनी न हो। पुरुष भावना पर जी सकता है, नारी नहीं।

मैं कभी-कभी सोचता हूँ कि दुर्भाग्य के उन दिनों में उनके पुस्तक-प्रेम और कलापूर्ण लेखन ने उनको कितनी सांत्वना दी होगी, कितना उनका मन बहलाया होगा, कितना उन्हें भीतर से सँभाला होगा। अंग्रेज़ी में एक कहावत है कि बेकार दिमाग़ शैतान का कारख़ाना है। जहाँ तक मुझे मालूम है बाबा में कोई ऐसा दुर्गुण या व्यसन नहीं था जिसके लिए उन्हें लज्जित होना पड़ता, या उनके वंशजों को। मैंने अपने लड़कपन में जब भी , जिससे भी सुनी, उनकी प्रशंसा ही सुनी। उच्च और उदात्त से चिपके रहने में निश्चय ही उनके स्वाध्याय का बहुत बड़ा हाथ होगा। लड़कपन में उनके बस्ते को देखकर मैं अक्सर कल्पना करता था कि बड़ा होकर मैं इस सब पुस्तकों को पढ़ूँगा, पर कतिपय अनिवार्य कारणों से वे अक्षर मेरे लिए अपरिचित ही रह गए। मेरा ऐसा अनुमान है कि उन्होंने सादी, हाफ़िज़, मौलाना रूमी आदि फ़ारसी लेखकों को गहराई से पढ़ा होगा, जिनसे उन दिनों का शिक्षित समुदाय संस्कार और प्रेरणा ग्रहण करता था।

पढ़ने-लिखने को मैं जीने का स्थानापन्न नहीं मान पाता। उनके पढ़ने-लिखने का जो भी सद्‌भाव उनके मन पर पड़ा हो, बाबा ने साहित्य को पलायन ही माना था, या साहित्य में पलायन किया था। यदि मेरे सामने आज विकल्प हो कि नायब साहब का जीवन जिऊँ कि भोलानाथ का, तो मैं निर्विलम्ब नायब साहब का जीवन पसन्द करूँगा। जीवन के मारे हुओं के प्रति मेरे मन में संवेदना भले ही हो; प्रशंसक हूँ मैं जीवन से जूझनेवालों का ही। बाबा जीवन के शिकार थे, परबाबा जीवन के शिकारी, नहीं तो जीवन में शिकारी।

स्वर्गीय नायब साहब यदि अपने पुत्र से बोल पाते तो कुछ ऐसे ही शब्दों का प्रयोग करते, "एक तुम हो कि तुम्हें ज़िन्दगी ने तोड़ डाला है, और एक मैं था कि मैंने, ज़िन्दगी को तोड़ा तो नहीं, पर झिझोड़ा कम नहीं था। ज़िन्दगी और औरत उसी आदमी का सिक्का मानती है जो झिंझोड़कर फेंक दे।"

भोलानाथ में पहल-क़दमी न थी। काम-नौकरी ढूँढने के लिए वे कहीं हाथ-पाँव न मारते। 'हिल्ले मौत बहाने रोज़ी' उस समय चलती थी। हमारे ज़माने में योग्यता की प्रतियोगिताओं के बावजूद भी किसी अंश में वह कहावत सत्य है। वे किसी से बात न डालते और किसी को क्या पड़ी होती कि उनकी सहायता करने आता। मिट्ठूलाल ने दोस्त से अधिक दुश्मन ही बनाए थे। दोस्तों में भी एक प्रकार की ईर्ष्या का भाव था। उनकी समृद्धि और सफलता ने बहुतों को अपने को छोटा और नीचा मानने को विवश किया था। बाहर से संवेदना दिखाते हुए, और उनके विद्याव्यसन के लिए उनको आदर देते हुए भी, बाबा के पास-पड़ोसी, नाते-रिश्तेदार उनके दुर्भाग्य पर एक तरह के निकृष्ट सन्तोष और सुख का अनुभव करते थे।

'तुम दुखी हो तो सुखी मैं विश्व का अभिशाप भारी।'

काली से काली रात का प्रभात होता है। समय-चक्र जैसे सौभाग्य की, वैसे ही दुर्भाग्य की ज़मीन पर भी होता हुआ आगे निकल जाता है। बाबा ने कभी धीरज नहीं छोड़ा। उनके मन में दृढ़ विश्वास था कि जब दिन अच्छे आएँगे, सब साधन अपने-आप जुड़ जाएँगे।

बाबा को मुसीबत से निकालने की विशेष चिन्ता थी उनके बहनोई और साले को। बहनोई रियासत बलरामपुर में प्रभावकारी जगह पर थे, हाकिम-हुक्काम से उनका मिलना-जुलना रहता था। उन्होंने किसी से कहा-सुना, उसने किसी और से; और एक दिन अचानक बाबा के लिए नौकरी का 'रुक्क़ा' आ गया। वे ललितपुर में जेल के दारोग़ा नियुक्त कर दिए गए थे। जब कम्पनी-सरकार की मिसिलों में मुंशी भोलानाथ के वालिद-माजिद मुंशी मिट्ठूलाल का सर्विस-रेकार्ड खोजा गया तब किसी उच्च अधिकारी ने बताया कि इस तरह की नौकरी तो उनको अपने पिता का हवाला दे देने से बहुत पहले मिल सकती थी। मुंशी भोलानाथ ने मुसकराकर एक क़िस्सा सुनाया। क़िस्से के बाद टीका-टिप्पणी की आवश्यकता नहीं रह जाती। क़िस्सा यों था :

"एक साधू थे। उनके पाँव में एक फोड़ा निकल आया। चलने में बड़ा कष्ट होने लगा। अकेले थे, बिना चले कैसे काम चलता। भिक्षा के लिए अपने आश्रम से बस्ती तक जाना होता। हाय-हाय करते जाते, हाय-हाय करते लौटते। एक दिन जब वे भिक्षा के लिए जा रहे थे, एक जड़ी बोली, 'साधू राम, मुझे उखाड़ लो, पीसकर लगा दो, तुम्हारा फोड़ा फ़ौरन अच्छा हो जाएगा।' साधू ने खीजकर कहा, 'अभागी, आज महीनों से मैं इसी रास्ते हाय-हाय करते प्रतिदिन आता-जाता हूँ। तू पहले ही क्यों नहीं बोली ?' जड़ी ने कहा, 'तुम्हारा भुक्तमान कौन भोगता ?"

कर्म स्वभाव का प्रतिबिम्ब है। इस प्रकार का अकर्मण्य दृष्टिकोण मुझे अच्छा नहीं लगता। पर इस अच्छा न लगने में शायद मेरा स्वभाव प्रमुख कारण है। असहिष्णु

न बनूँ तो मुझे उस स्वभाव को भी समझना चाहिए जो कर्म-प्रदर्शन करके भी सफल नहीं होता, उल्टे अपनी इकाई खो देता है। बाबा शायद अपने स्वभाव को समझ गए थे। वे हाथ-पाँव मारते तो उजबक लगते, शायद उनके पिता गुम-सुम बैठ जाते तो बुद्धू। जीवन में ज़्यादातर टूटे हुए लोग वे हैं जो अपने स्वभाव और कार्य में साम्य नहीं स्थापित कर पाते। बाबा ने मुसीबत उठाई हो, अपमान सहा हो, व्यंग्य ओढ़े हों, पर वे भीतर से टूटे हुए नहीं थे। इसलिए जब पहली बार उन्हें कर्म ने पुकारा तो वे बड़े स्वस्थ और प्रसन्न मन से उसकी ओर बढ़े।

बाबा के लिए नौकरी का रुक्क़ा क्या आया मानो उज्ज्वल भविष्य की एक किरण ही उनके घर में झाँकने लगी। राधा ने मुहल्ले-टोले में जाकर घर-घर यह ख़बर सुनाई। महारानी ने चकेसरी देवी को सात जोड़ी नेवज चढ़ाई—उन्हीं देवी को जिनके 'अस्थान' के उत्तर-पूर्व हमारा मकान था। उसी अस्थान के ठीक बग़ल में हमारे मकान का वह खंड था जो खत्तू बनिया-तेली को बेच दिया गया था। तेली ही उस 'अस्थान' का पुजारी था। वही चढ़ावा आदि लेता था। मुझे लड़कपन में बताया गया था कि मुहल्ला चक की देवी होने के कारण उन्हें चकेसरी देवी कहते थे। अब जो कुछ मैंने पढ़ा-सोचा है उसके आधार पर मेरा अनुमान है कि 'चक्र' भी 'चक' नहीं था। वह शायद चक्र था, शायद वहाँ किसी समय कोई 'भैरवी चक्र' था, ऐसे चक्रों के पुरोहित प्रायः नीची समझी जानेवाली जाति के लोग हुआ करते थे। जैनियों में एक चक्रेश्वरी देवी की कथा प्रचलित है। हमारे मुहल्ले में पच्छिम की ओर जैनियों की काफ़ी बड़ी बस्ती थी। 'अस्थान' पर कोई बड़ा मन्दिर भी रहा होगा जिसे मुसलमानों ने ध्वस्त कर दिया था। मूर्ति भी कुछ टूटी हुई थी। नक़्क़ाशी किए हुए कई टूटे-कटे शिलाखंडों को एकत्र कर देवी का अस्थान बना दिया गया था। किस क्रम में जैनियों की चक्रेश्वरी तांत्रिकों की भैरवी और फिर हिन्दुओं की चकेसरी देवी बनीं, इसका कुछ पता नहीं। इतिहास के प्रति हिन्दुओं की उदासीनता पर मुझे कभी-कभी बड़ी झल्लाहट होती है। बाबू उमाशंकर की वकालत चमकी तो उन्होंने गली पार अपने मकान के सामने के पुराने टूटे-फूटे मन्दिर की जगह एक नया छोटा-सा मन्दिर बनवा दिया जो आज भो मौजूद है। उनके सुपुत्र रामानन्द और धर्मानन्द शायद अब भी अपने पैतृक मकान में रहते हैं। बात कर रहा था मानवी महारानी की और पहुँच गई देवी महारानी पर। महारानी ने सुना दिया, "मैं तो कब से मानता माने रहिउँ कि भैया के नौकरी लाग जाई तो देवी का नेवज चढ़ाउब; चलौ महारानी मोर लाज राखेन, ई घर में मोर गोड़ पड़ा तो सुभै सुभ भवा है।"

बाबा और दादी ने नायब साहब के शिवाले पर जाकर जल चढ़ाया, घर में गांठ जोड़कर सत्यनारायण की कथा सुनी। घर के पुरोहित से ललितपुर जाने का मुहूर्त निकलवाया। बाबा पहले अकेले गए; दादी बाद को गईं।

बाबा कभी-कभी सोचते कि उनका अनुमान ठीक ही निकला। महारानी के आने के साल-भर बाद तुलसा आई। तुलसा अभी साल की नहीं हुई थी कि नौकरी लग गई। उनकी चलती तो राधा, महारानी और बुद्धी को भी ललितपुर ले जाते, लेकिन दादी के डर से चुप रहे। दादी ने नौकरी का श्रेय तुलसा के चरण को दिया। निश्चित

हुआ छह महीने बाद दादी तुलसा को लेकर ललितपुर चली जाएँगी और राधा का कुनबा घर पर रहेगा ! बाबा चलते समय खत्तू बनिया को कहते गए थे कि इन लोगों को खाने-पीने की तकलीफ़ न हो। हिसाब-किताब वे लौटने पर करेंगे। घर के दूसरे खंड में नायब साहब के चचेरे भाई का परिवार रहता ही था। दादी को पहुँचाने के लिए मुंशी आनन्दीप्रसाद गए। वे रिश्ते में दूर के देवर लगते थे और शहर से आठ-दस मील दूर ऐनउद्दीपुर गाँव में रहते थे। हिन्दू इसको अब भी आनन्दीपुर कहते हैं। शायद इसका यही नाम पहले रहा होगा। मुसलमानी सल्तनत में नामों को बदलने की ऐसी कूटनीति अक्सर चलती थी। मैंने कहीं पढ़ा था कि बहराइच के बालेमियाँ के मेले की कल्पना पुराने बालार्क तीर्थ पर की गई थी। सैयद सलार का मज़ार तो कुछ मील दूर पर है। मुसलमानी राज में जिसे 'इलाहाबाद' नाम दिया गया वह पहले 'इलावास' था। ख़ैर, मैं कल्पना करता हूँ कि दादी ने चलते समय महारानी को देखकर मुख से नहीं तो आँखों से यह ज़रूर कहा होगा कि 'अब तुम ई घर में बइठ गई हो तो हम ही उठी जाइत हैं।'

उस ज़माने में इलाहाबाद से ललितपुर की यात्रा कुछ पैदल, कुछ बैलगाड़ी, कुछ शिकरम (ऊँटगाड़ी) से की जाती थी। लगभग तीन सप्ताह से एक मास तक लगते होंगे। जब रेल नहीं चली थी तब दूर की यात्रा के लिए अक्सर शिकरम का ही उपयोग किया जाता था। मेरे लड़कपन में एक गीत गाया जाता था जिसका मुखड़ा भर मुझे याद है,

जब से चली है रेलगाड़ी
क़दर शिकरम की बिगाड़ी !...

जब रेल, मोटरें नहीं थीं तो छोटे—मेरा मतलब है शार्टकट वाले—और कच्चे रास्ते भी खूब चलते थे, मुसाफ़िर एक-दूसरे के प्रति सहानुभूति रखते थे, ज़रूरत पड़ने पर परस्पर सहायता करते थे। रास्ते में पड़नेवाले गाँव के लोग इस बात से प्रसन्न होते थे कि लोग उनके यहाँ ठहरें। वे बड़ी खुशी से उनके खाने-रहने की सुविधाएँ जुटा देते थे। समय सस्ती का था। उन्हें भी नए-नए लोगों से मिलने का अवसर मिलता था, दूर-दराज़ की ख़बरें मिलती थीं, यात्रियों के द्वारा एक जगह से दूसरी जगह समाचार और छोटे-मोटे सामान भी भेजे जाते थे। विश्वास और सद्भाव सामाजिक जीवन के स्वाभाविक अंग थे।

बाबा ने अपने साथ ले जाने को पितम्बर पंडित को लिया। ये वही थे जिनको मेरे परबाबा ने अपने ही मकान के एक खंड में बसाया था। कहते हैं, ग़दर में उन्होंने साहब के एक बाबा को भुसौले में छिपा रखा था। ज़िन्दगी भर उनके लिए दस रुपए महीने की पेन्शन विलायत से आती रही। साथी के रूप में ब्राह्मण को चुनते समय अवश्य ही बाबा को बीरबल का क़िस्सा याद आया होगा। एक बार अकबर ने बीरबल से कहा :

लाओ बीरबल ऐसा नर
पीर, बबर्ची, भिश्ती, खर !

बीरबल ने एक ब्राह्मण को पेश कर दिया।

दादी की यात्रा की मनोरंजक घटना थी भुइयाँ रानी का दर्शन। भुइयाँ रानी देवी का 'अस्थान' सीधे रास्ते पर नहीं था, लेकिन दादी ने वहाँ होते हुए ललितपुर जाने का निश्चय किया। सुनते हैं, भुइयाँ रानी में एक तालाब है, उसी के किनारे देवी की चौरी है। बीच में पुराना पीपल का पेड़ है, जिस पर लम्बा लाल झण्डा लगाया जाता है। छोटी-सी बस्ती है। चौरी के पंडे भी हैं जो चढ़ावा इत्यादि लेते हैं। बघेल खंड में भुइयाँ रानी की प्रसिद्धि यह है कि वे वंध्या को पुत्र देती हैं, लुन्ज-पुन्ज को काया। बहुत-से लूले-लँगड़े वहाँ जाते हैं। तालाब में स्नान करते हैं, उसकी मिट्टी निकालकर देवी की चौरी पर छोपते हैं, जो बरसात में फिर तालाब में बह ज़ाती होगी। उसी मिट्टी को वे अपने बदन पर लपेटते हैं, बहुत-से वहाँ की मिट्टी में लोटते हैं। और कहते हैं, अच्छे हो जाते हैं। यह आधुनिक 'मड क्योर' का कोई पुराना रूप हो सकता है। गाँधी जी भी इसका प्रयोग करते थे। सम्भव है कि वहाँ की मिट्टी में कोई विशेष तत्त्व हो। सम्भव है, महज़ मिथ्यांधविश्वास हो। प्रायः निराधार अंधविश्वास हिन्दू नहीं चलाते। उसके पीछे कोई छिपा, गहरा, रहस्य-भरा प्रयोजन रहता है। बहुत लोग केवल विश्वास के बल पर अच्छे हो जाते होंगे। आधुनिक चिकित्सा-शास्त्र भी 'विश्वासो फलदायकः' को बहुत-से अवसरों पर ठीक पाता है।

देवी की चौरी की पूजा करते हुए, कहते हैं, दादी का बायाँ अंग फड़का।

जानि गौरि अनुकूल, सिय हिय हर्ष न जाइ कहि,
मंजुल मंगल मूल, बाम अंग फरकन लगे।

दादी ने वहीं पर मानता मानी कि अगर साल के अन्दर उनके लड़का होगा तो वे भुइयाँ रानी की सात परिक्रमा करेंगी, उनको सात चुनरी चढ़ाएँगी। कुछ ऐसा हुआ कि ललितपुर पहुँचने के ठीक दसवें महीने उन्होंने एक पुत्र को जन्म दिया। उसका नाम प्रताप नारायण रखा गया। यही मेरे पिता हुए। दादी का नियम था कि जब वे ललितपुर से इलाहाबाद जातीं, अथवा इलाहाबाद से ललितपुर, तब वे भुइयाँ रानी होती जातीं। उन्होंने एक क्या, कई सात परिक्रमाएँ कीं, कई सात चुनरियाँ चढ़ाईं। दादी के और कोई संतान नहीं हुई, न वे और चाहती थीं। पति-पत्नी, पुत्री-पुत्र के छोटे-से परिवार से वे परम सन्तुष्ट थीं। ललितपुर कई कारणों से उन्हें बहुत पसन्द था; यहीं आकर उनके पति की नौकरी लगी, यहीं उनको पुत्र-रत्न की प्राप्ति हुई। उनके मन में इसका भी कम सन्तोष न होगा कि यहाँ रहते हुए राधा के कुंबे से उनका पिंड छूट गया। चाहे अकेलेपन का अनुभव क्यों न हो, दादी अपने घर-मन की मालकिन बनकर रहना चाहती थीं। ललितपुर में कोई नाते-रिश्तेदार भी नहीं थे, दादी परदे में रहती थीं।

राधा, महारानी और बुद्धी इलाहाबाद के पूरे घर में रहने लगीं। पुरुष की आड़ सब प्रकार से हट जाने पर उन्होंने अपने को थोड़ा निराधार अवश्य पाया होगा, परन्तु पहली बार 'परम स्वतन्त्र न सिर पर कोई' पाकर उन्होंने उन्मुक्ति की साँस भी ली होगी। राधा-महारानी के स्वभाव में कुछ ऐसा था कि किसी भी अंकुश के नीचे घबराता था, या कम-से-कम चैन से न रह पाता था। राधा ने अपने ससुराल वालों के प्रति

विद्रोह किया था; महारानी ने भी किसी-न-किसी रूप में उनका अनुकरण किया था। बुद्धी ने आगे चलकर अपनी माँ और नानी से मिले संस्कारों का कम सबूत नहीं दिया।

खाने-पीने का सामान तो खत्तू के यहाँ से मिल जाता था, पर कुछ ऊपरी ख़र्च-वर्च की भी ज़रूरत होती है। राधा-महारानी ने तंगी का अनुभव किया। खुलेआम काम करना इज़्ज़तदार घरों की स्त्रियों के लिए बड़े अपमान की बात समझी जाती थी। ग़दर के समय खत्तू के आँगन की तरफ़ खोदी गई खिड़की बड़े काम आई। बाहर का दरवाजा बन्द कर लिया जाता, दूसरे खंड को अलग कर लेनेवाला भी, और राधा-महारानी बनिए के लिए अनाज आदि की सफ़ाई करतीं, मौसम में मुँगौरी, बड़ी, पापड़ इत्यादि भी तैयार करतीं, ख़रबूज़े के बीज छीलतीं, और इन कामों के लिए बनिए से कुछ नक़द पैसे मिल जाते। एक और काम वे करतीं। उन दिनों पास के महाजनी टोले में तीन राधा-कृष्ण के मन्दिर थे, पीला मन्दिर, जहानाबादी मन्दिर, और मथुरा के गोसाइयों का मन्दिर। इन मन्दिरों में आरती के लिए तिनतगी और पँचतगी बत्तियों की लाखों में ख़रीद की जाती। राधा-महारानी बाज़ार से रुई लातीं, धुनकतीं, पूनियाँ बनातीं और कन्डे की छनी हुई राख को उँगलियों पर लगाकर, पाउडर की तरह, पूनियों से तागा निकालतीं और जब वह काफ़ी लम्बा हो जाता तब चारों उँगलियों पर लपेट, पँचतगी या तिनतगी बत्ती बना, उसे मूल-सूत्र से खुट से तोड़ देतीं। और फिर सूत निकालने का वही क्रम चलता। मैंने अपने लड़कपन में राधा-महारानी और बुद्धी को घंटों बैठे इस प्रकार सूत निकालते और बत्ती बनाते देखा होगा। अपनी 'अनजिए विश्वास' शीर्षक कविता लिखते हुए अवश्य ही ये तीन मूर्तियाँ कहीं-न-कहीं मेरे दिमाग़ में होंगी।

उस कविता में कल्पना ने यथार्थ को बहुत बदला-सँवारा है। मेरी ऐसी धारणा है कि कल्पना तभी सजीव और सबल होती है जब उसका आधार यथार्थ में हो—यथार्थ बाहरी मात्र नहीं, बल्कि जो अनुभूति का अंग बनकर भीतरी बन गया हो। कोरी कल्पना भी कम आकर्षक नहीं होती, चाहे हृदय न छुए। बहुतों की दृष्टि में मात्र कल्पना-प्रवणता कवि की शक्ति का द्योतक है। जो बिना सूत-कपास खेमा खड़ा कर देने की ताक़त रखते हैं उन जादूगरों से मैं स्पर्धा न करना चाहूँगा।

डेढ़ बरस बाद पितम्बर पंडित ललितपुर से लौटे तो उन्होंने सूचना दी कि भोलानाथ के घर में लड़का हुआ है। बाबा ने अपनी बुआ के लिए रुपए भी भेजे थे—कुछ तो बनिए का हिसाब-पाती चुकाने के लिए और कुछ आगे के ख़र्च-वर्च के लिए। कहलाया था, अभी घर आने का जोग कुछ दिन नहीं लगेगा, छोटे-छोटे बच्चों को लेकर सफ़र करने में बड़ी तकलीफ़ होगी।

राधा घर-घर कहती फिरीं, "हमरे तो पथरे पर दूब जामी है।" गावनहारियों को बुलवाकर सोहर गवाना शुरू कर दिया, जैसे प्रताप नारायण का जन्म उसी दिन, उसी घर में हुआ हो, "अरे पुरखन की डेहरिउ पर कुछ सगुन होय चाही।" इतना ही नहीं, अपने पिता से चौथी पीढ़ी के पहले पूत का मुँह देखने के लिए वे उतावली हो उठीं। बनिए को उन्होंने पाई न दी, रुपए की बसनी कमर में बाँधी और पैदल ललितपुर के लिए रवाना हो गईं; साथ चलने के लिए उन्होंने महँगिनियाँ काछिन को पटा लिया।

राधा के क़िस्सों का कोई अन्त नहीं था, पर उनके प्रमुख विषय थे हमारे पुरखे, नायब साहब, ग़दर और ललितपुर का सफ़र। मैंने अपने लड़कपन में उनके सफ़र का हाल उनसे कितनी ही बार सुना था। राधा की वर्णन-शक्ति अद्‌भुत थी। व्यक्तियों और परिस्थितियों का जैसा सजीव रूप वे खड़ा करती थीं वैसा फिर मेरे अनुभव में नहीं आया। कभी उत्सुकता जगा, कभी असमंजस की स्थिति पैदा कर वे अपने क़िस्सों को इतना रोचक बनातीं कि उनके पास से उठने का मन न होता। हो सकता है कि राधा के क़िस्सों का जो प्रभाव मुझपर पड़ा वह मेरे बचपन के कारण हो, अब कल्पना-शक्ति बड़ी सजग होती है, और हाथ की छड़ी को घोड़ा और पानी की थाली को तालाब समझना बिलकुल स्वाभाविक लगता है। पर उनके वर्णन के जादू से मैंने बड़ों को भी बँधते देखा था।

पहले ललितपुर से लौटकर मुंशी आनन्दीप्रसाद ने, फिर पितम्बर पंडित ने रास्ते का जो वर्णन दिया था, वह छोटे-से-छोटे ब्योरे के साथ राधा के दिमाग़ पर अंकित हो गया था—कहाँ-से-कहाँ तक पैदल जाना होता है, कहाँ बैलगाड़ी मिल जाती है, कहाँ शिकरम की सुविधा है, कौन-कौन नदी पार करनी पड़ती है, कहाँ घाट हैं, कहाँ सराय, धर्मशाला, मन्दिर हैं; रास्ते में एक-के-बाद-एक कौन गांव-क़स्बे-शहर पड़ते हैं। राधा का दिमाग़ फ़ोटोग्राफ़र का साधारण नहीं, सरकारामा का कैमरा था—जिसकी करामात का प्रदर्शन कुछ साल पहले दिल्ली में अमरीका की एक कम्पनी ने किया था—जो देखकर नहीं, सुनकर ही सब स्थानों की तस्वीर खींच लेता था। राधा का यह गुन रास्ते में बड़ा काम आया। वे उस मार्ग पर इस आत्मविश्वास के साथ चलीं जैसे कई बार उस पर आ-जा चुकी हैं। दोनों स्त्रियों को स्वाभाविक भीतरी भय के कारण इस बात की बड़ी चिन्ता थी कि उनको बाहर नया और अजनबी न समझा जाए।

मौसम न ज़्यादा गरम था न ज़्यादा ठन्डा। कन्धों पर उन्होंने एक-एक दोहर तह करके डाल ली, कमर में एक-एक चादर का फेंटा लगा लिया—रात को यह बिछाने के काम आती। फेंटा लम्बी चलाई में कमर को कसी रखता, साथ ही उसी में राधा का रुपया और महँगिनियाँ का गहना-गुरिया बँधा छिपा रहता—परदेस में उनको खनकाते-चमकाते चलना ख़तरा उठाना होता। इस प्रकार गहने ढोना महँगिनियाँ को न सुहाता। वह चटकती-मटकती चलना चाहती थी। पर टोली की कमांडिंग आफ़िसर राधा थीं। महँगिनियाँ सेकेंड-इन-कमांड थी। राधा की आज्ञा उसे माननी पड़ती। कभी-कभी वह उनकी अवज्ञा भी करती। एक बार उसका दुष्परिणाम भी हुआ। एक-एक डोलची भी उन्होंने हाथों में लटका ली—जिसमें लोटा-डोरी, धोती, अँगोछा, सुरती, सुपारी, सरौता, चुनौटी, सुमिरनी, गंगाजी की मिट्टी और एक गंगाजली रख ली। यह मिट्टी और गंगाजली रास्ते में बहुत उपयोगी सिद्ध हुई। महँगिनियाँ ने अपनी डोलची में एक ऐना भी रख लिया। हाथों में उन्होंने एक-एक हल्की लाठी ले ली और चल पड़ीं—'लाठी में गुन बहुत हैं सदा राखिए संग !'

इस पर मुझे एक प्रसंग याद आ गया, विषयान्तर तो होगा। बात है सन्'48 की। स्वतन्त्र भारत की विधान सभा में राष्ट्र गीत चुनने पर बहस हो रही थी। पंडित द्वारिकाप्रसाद मिश्र ने, शायद श्री रविशंकर शुक्ल की प्रेरणा से, एक नया गीत प्रस्तुत

किया था। उसमें कुछ परिवर्तन करने के सुझाव देने के लिए मैंने एक लेख 'संगम' में लिखा। उसकी कटिंग मैंने श्री सच्चिदानन्द सिन्हा को भेजी, जो विधान सभा के अध्यक्ष थे। उनका बड़ा मनोरंजक उत्तर आया। शायद कहीं मेरे काग़ज़-पत्रों में सुरक्षित हो। लिखा था, 'जन गण मन' को मैं कैसे राष्ट्र गीत मानूँ, उसमें मेरे प्रान्त का तो नाम ही नहीं है, मेरा बस चले तो मैं अपने प्रान्त के गिरिधर कविराय की इस कुंडलिया को राष्ट्र गीत बनवाऊँ—'लाठी में गुन बहुत हैं सदा राखिए संग।' शायद उन्होंने स्वीकृत पुरातन की ओर से नवीन प्रयोगात्मक पर व्यंग्य किया हो। शायद उनके मन में हो कि भारत को अपनी सत्ता बना रखनी है तो उसे सैनिक दृष्टि से मज़बूत बनना होगा। हो सकता है, उन्होंने केवल विनोद में ऐसा लिखा हो।

फिर भी, उसके बाद से जब भी मुझे अपने देश के ग्रामीणों की भीड़ देखने का अवसर मिला है, मैंने अपने मन में कहा है कि हमारा राष्ट्रीय हथियार तो लाठी ही है, जैसे कमल हमारा राष्ट्रीय पुष्प, मयूर हमारा राष्ट्रीय पक्षी, बैल हमारा राष्ट्रीय पशु—बैलों की जोड़ी हमारा सबसे अधिक वोट खींचती है। आधुनिकता की शहरियत में हम ग्रामीण तो हैं ही, और शायद अभी बहुत दिनों तक रहेंगे।

राधा और महँगिनियाँ जब एकाध रोज़ का सफ़र तै कर चुकीं और उनको यह विश्वास हो गया कि अब जान-पहचान वाला कोई न मिलेगा तब उन दोनों ने मिलकर सलाह की—हम लोग परागराज की बाह्मनी बन जाएँ, सुमिरनी गले में डाल लें, रोज़ सुबह नहाकर गंगाजी की मिट्टी का टीका लगा लें, जहाँ ठहरें लोगों को दो-दो बूँद गंगाजल बाँट दें, फिर देखो सफ़र कैसे मज़े में कटता है। मुंशी आनन्दीप्रसाद और पितम्बर पंडित ने अपनी यात्रा का जो वर्णन किया था उसके अन्तर को राधा ने गाँठ बाँध लिया था। मुंशी जी की असुविधाएँ कायस्थ की, और पितम्बर पंडित की सुविधाएँ ब्राह्मण की थीं।

अब क्या था। जहाँ पहुँचतीं उनकी बड़ी आव-भगत होती। लोग उनके पाँव की धूल लेने पहुँचते। खिलाने-पिलाने, ठहराने के लिए गाँव के घरों में होड़ लग जाती। दो बूँद गंगाजल के लिए लोग दूर-दूर से दौड़ते। कहीं कोई मृत्यु-शय्या पर पड़ा होता तो दो बूँद गंगाजल के लिए उनकी न जाने कितनी बिनती-चिरौरी की जाती। सीधा—एक आदमी के खाने के लिए आटा, दाल, चावल, घी, नमक—इतना मिलता कि लादकर चलना मुश्किल होता, प्रायः बाँट देना पड़ता।

और विशुद्ध गंगाजल की झारी तो दो ही चार दिनों में समाप्त हो गई, पर गंगा जी की मिट्टी की बदौलत हर नदी, तालाब का पानी, सारी यात्रा गंगाजल बनता, लोगों को पवित्र करता, तारता चला गया। चलते-चलते दोनों मिलकर गातीं :

एक नदिया एक नार कहावत मैलोहि नीर भर्‌यो
जब दोऊ मिलि एक बरन भए सुरसरि नाम पर्‌यो।
प्रभू जी मोरे अवगुन चित न धरो।

सूरदास की आत्मा अपने गीत को उस विद्रूपात्मक रूप में भी चारों खूँट सार्थक और सटीक पाकर अवश्य ही अपने ऊपर मुसकरा उठी होगी। प्रभु में कुछ सेंस आफ़ ह्यूमर

(विनोदवृत्ति) होगा तो उन्होंने राधा और महँगिनियाँ के अवगुन को अवश्य ही क्षमा कर दिया होगा।

और इस तरह ब्राह्मण होने का कन्सेशन उन्हें हर जगह मिलता—नाववाले कम उतराई लेते, गाड़ीवाले कम भाड़ा, शिकरमवाले कम किराया। स्त्री होने का लाभ उन्हें था ही। हमारे मध्ययुगीन समाज ने स्त्री के अधिकार छीन लिए हों, उसका दर्जा गिरा दिया हो, उसे अपावन क़रार दे दिया हो, पर अबला का पक्ष लेने के लिए उसने कभी आनाकानी नहीं की। 'तिरिया गोहार गो गोहार' पर घर में घुसकर बैठने वाला मर्द आज भी हमारे गाँवों में शायद ही मिल सके। शहरीवाली शिवलरी पश्चिम से आई है, जो दिखावटी, नक़ली और छिछली है। तोते की तरह एक फ्रेज़ उसने रट लिया है—लेडीज़ फ़र्स्ट; जंटिलमैन कहीं किसी लेडी के लिए कुर्सी ख़ाली कर देता है, कहीं उसे आगे जाने देता है, खुद पीछे रह जाता है। बस। और अब तो जब से नगरों में स्त्री भी पुरुषों से प्रतियोगिता करती आगे बढ़ी है तब से वह शिवलरी भी जाती रही है। बसों में, मैंने देखा है, स्त्रियाँ खड़ी हैं, पुरुष मज़े में बैठे हैं।

यात्रा में कहीं एक नदी पड़ी। राधा और महँगिनियाँ ने उसमें स्नान किया। उनसे थोड़े फ़ासले पर एक और यात्री ने अपने कपड़े उतारकर रखे और 'हर-हर गंगे' बोल-बोलकर ग़ोते लगाये—हिन्दू नहाए चाहे गड़ही में, नाम गंगा का ही लेता है। नहाकर उसने कपड़े बदले, अपनी गीली धोती निचोड़ी और अपने सामान में जल्दी-जल्दी कुछ खोजना शुरू कर दिया। न पाकर वह सहसा चिल्ला उठा, "हाय मेरी रुपए की बसनी चोरी हो गई; अभी-अभी यहीं थी, बस किनारे तक धोती पछाड़ने गया कि किसी ने उड़ा दी, इन्हीं दोनों औरतों ने मेरी बसनी चुराई है, इन्हीं दोनों ने। चोट्टी हैं; इनकी नंगा-झोरी ली जाए !" आदि-आदि।

महँगिनियाँ का जी धुक-पुक करने लगा। बसनी तो उसने नहीं ली थी, पर अगर नंगा-झोरी ली गई तो उसके गहनों का भेद सब पर खुल जाएगा। फिर 'हमरे पास तो कुच्छ नहीं है' की घोषणा करते हुए यात्रा करना कितना मुश्किल होगा। ख़तरा भी कितना बढ़ जाएगा। राधा के बदन में काटो तो खून नहीं। बसनी उन्होंने नहीं ली थी, पर उनके पास अपनी बसनी जो थी। कौन विश्वास करेगा कि बारम्बार अपनी ग़रीबी का डंका पीटने वाली उस विधवा ब्राह्मणी के पास अपनी भी बसनी हो सकती है। बसनी पर कौन ऐसी मुहर-छाप लगी है जिससे यह सिद्ध करना सम्भव होगा कि यह उन्हीं की है, किसी दूसरे की नहीं। धरती उनके पाँवों के नीचे से खिसकने लगी। वे सोचने लगीं, 'रुपया जो जाएगा सो तो जाएगा ही, इसकी इज़्ज़त मिट्टी में मिल जाएगी और अगर कोई पुलिस-थानेदार आ गया तो उनको हथकड़ी भी पहननी पड़ेगी—हे भगवान, कहाँ से संकट आ पड़ा, कौन पाप उदय हुआ !"

यात्री की हाय-पुकार पर पहले दो-चार, फिर दस-बारह, फिर बीच-पच्चीस आदमियों ने इकट्ठा होकर उन्हें चारों ओर से घेर लिया। वे अच्छी-ख़ासी तमाशे की चीज़ बन गई। यात्री अपनी बात दोहराए ही जा रहा था। राधा और महँगिनियाँ ने एक-दूसरे की आँखों में देखा और जैसे मंत्रणा की, हमने ब्राह्मणी बाना धारण किया है तो हमें कुछ ब्राह्मणी तेज-तेहे का प्रदर्शन भी करना चाहिए, नारी होने के नाते लोगों

की कुछ दया-करुणा भी जगानी चाहिए। अभी तक यात्री का आरोप केवल शोर पर आधारित था, शोर से ही शोर पकड़ रहा था। राधा और महँगिनियाँ ने अपना जवाबी हमला ज़्यादा शोर करके आरम्भ किया—एक आवाज़ पर दो आवाज़ें, फिर औरत की। जब औरत अपनी ज़बान चलाती है तब मर्द अपनी तलवार म्यान में रख लेता है। राधा ने तर्राए स्वर में अर्राना शुरू किया, "हम परागराज की ब्राह्मनियाँ हैं, ऊँचे कुल की, ऊँचे गोंत की; हमारे यहाँ दिन-रात पूजा-पाठ, कथा-वार्ता; हम न किसी का छुआ खायँ न किसी का छिरपा पिएँ; हम किस की चोरी करने जाएंगी ! दूसरे का सोना हमारे लेखे माटी है; राम-राम , जो हमको झूठी चोरी लगाएगा उसके मुँह में कीड़े पड़ जाएँगे; उसकी सात पीढ़ी नरक में पड़ेंगी—सड़ेंगी !" उधर महँगिनियाँ कहे जा रही थी "हाय राम ! हम बेचारी राँड़-रेवा, न कोई आगे, न कोई पीछे; आज हमारे सिर पर कोई होता तो किसी की मजाल होती कि हमको चोरी लगाए; बेसहारा को सब सताते हैं; हे भगवान, मेरे राज में कैसा अन्याय है; सच कहते हैं, औरत और ग़रीब की कोई इज़्ज़त नहीं, जो चाहे उसको ठुकराए, जो चाहे उसपर पाप लगाए।"

चोरी उन्होंने की नहीं थी, भीतरी मनोबल उनमें था ही। नायब साहब की बहन के तेवर चढ़ गए थे, होंठ फड़फड़ाने लगे थे : महँगिनियाँ बलल-बलल रोए जा रही थी। चाल ठीक ही बैठी। भीड़ की सहानुभूति उनकी ओर हो चली थी। एकाध स्वर सुनाई पड़े, "कहीं और बसनी गिरा आया और अब बेचारी विधवा ब्राह्मनियों को चोरी लगाकर उनकी बेइज़्ज़ती करना चाहता है।"

इतने में एक पुरनियाँ आ गए; उन्होंने सबको चुप कराया, बोले, "धरती बसनी लील नहीं सकती, पहले अपनी-अपनी तलासी लो, फिर धरती की तलासी लो, चीज जाएगी कहाँ !" किनारे की चप्पा-चप्पा भूमि खोजी गई, कुछ लोग नदी में उतरे और वहाँ के तल को डुबकी मार-मारकर छाना गया जहाँ खड़े होकर यात्री ने स्नान किया था। और अन्त में बसनी पानी में ही मिली, लेकिन ठीक किनारे पर। बात यह हुई कि यात्री बसनी कमर में बाँधे हुए नहाने उतर पड़ा था। ऊपर आकर जब उसने धोती छोड़ी तो बसनी भी उतर गई। जब कपड़े बदलकर वह भीगी धोती पछाड़ने को किनारे पर ले गया तो बसनी खिसककर तह में बैठ गई। राधा-महँगिनियाँ की जान में जान आई। सारी भीड़ के सामने उनकी सच्चाई जो सिद्ध हुई तो उसके मुँह को चार चाँद लग गए और उनका क़द चार-चार अँगुल बढ़ गया। यात्री की बड़ी लानत-मलामत हुई। ब्राह्मनियों पर झूठा दोष लगाने पर उसे भी बड़ी लाज लगी और उसने उनका पाँव छूकर माफ़ी माँगी। रुपया मिलने की खुशी में उसने उनको एक-एक रुपया दच्छिना दी और दोनों ने यह याद कर कि ब्राह्मण को जल्दी ही प्रसन्न हो जाना चाहिए, दच्छिना स्वीकार कर ली, और आशीर्वाद दे दिया, "जाव गंगा माई तुम्हारा भला करैं, भगवती सब कै भूल-चूक छिमा करैं।"

इस घटना के दो-तीन दिन बाद महँगिनियाँ ने एक ऐसी बात की, जो इससे भी बड़ी विपत्ति की भूमिका बनी। किसी छोटे-मोटे क़स्बे में सराय या धर्मशाला में दोनों ठहरी थीं। राधा जब नहा-धोकर लौटीं तो महँगिनियाँ को देखकर स्तब्ध रह गईं। वह पहले ही नहा-धो आई थी। उसने रंगी धोती पहन ली थी, सारे गहने पहन लिए

थे, टिकुली-बिन्दी लगा ली थी और बार-बार ऐने में अपना मुँह देख रही थी।

"ई का करत हौ, पगलो।"

"करित का है। लाला के सगुन मनाइत है। जनतिउ नाहीं आज करवा चौथ है ? हमका छोड़ दिहेन तो का ? ऊ बने हैं तो हमार सोहाग बना है। आज हम बिधवन के भेस बनाय के कुसुगुन न करब।"

राधा का मुँह बन्द हो गया। करवा चौथ का व्रत स्त्रियाँ अपने पति के दीर्घ जीवन के लिए रखती हैं। महँगिनियाँ रखैल होकर भी भावना पत्नी की रखती थी—छोड़ दी जाने पर भी। उस दिन उसने व्रत रखा और रात को चाँद देखकर ही दाना-पानी छुआ।

तभी किसी ने ताड़ लिया कि वे कंगालिनों का भेस भर बनाए हैं, उनके पास काफ़ी गहना-गुरिया, जमा-जथा है।

अचानक उनके साथ एक स्त्री और लग गई। उसने कहा, उसे भी ललितपुर जाना है, कई बार आई-गई है, रास्ता अच्छी तरह जाना-पहचाना है। दो से तीन होकर वे आश्वस्त हुईं लेकिन वह एक डाकू की कुटनी थी और एक संध्या को ग़लत रास्ते से ले जाकर उसने उन्हें डाकू के घर में डाल दिया। न पास कोई घर न बस्ती। कुटनी अपना काम करके ग़ायब हो गई। घर में कुल तीन प्राणी थे—अधेड़ उम्र का डरावना-सा दिखता डाकू, उसका जवान बेटा और उसकी अल्हड़-सी पत्नी।

राधा और महँगिनियाँ को यह भाँपते देर न लगी कि वे जाल में फँस गई हैं। वे बार-बार पूछतीं कि उनकी साथिन कहाँ चली गई, सेवेरे ही सवेरे रवाना होना है, परिवार में विवाह है, साइत से ललितपुर पहुँचना है। पर न कोई बात करता, न उत्तर देता। केवल 'पतोहिया' मुसकरा देती, कुछ इस तरह का अर्थ व्यक्त करती हुई कि जब रात पार होगी तब न सबेरा होगा।

मेरे लड़कपन में राधा जब उस रात का वर्णन करने लगतीं तो घड़ी जैसे ठहर जाती, ग्र्मी की चिलचिलाती धूप का दिन भी अँधेरा लगता, हमारे रोंगटे खड़े हो जाते, जी धक्-धक् करने लगता, प्राण कहीं अटके-से जान पड़ते बस इतने से ही मन धीर धरता कि राधा किसी तरह बच ही गईं, नहीं तो हमारे सामने यह कहानी सुनाने को कैसे मौजूद रहतीं।

डाकू के घर में आगे एक दालान थी; उसके पीछे एक बरोठा था जिसका एक दरवाज़ा आगे खुलता था, एक पीछे की दालान में, जिसके सामने लम्बा आँगन था जिसके पीछे और कई कोठरियाँ थीं। राधा और महँगिनियाँ बरोठे में बैठीं। न खाने के लिए उठीं, न पीने के लिए; कह दिया, हम लोग सूरज डूबने से पहले जो खाना-पीना होता है खा-पी लेती हैं, बाद को कुछ नहीं लेतीं। उन्होंने एक कहानी बनाई और आपस में, पर सुना-सुना कर, कहने लगीं। यह घर कितना अच्छा है ! नहीं तो इस जंगल में रात को ठहरने को कहाँ जगह मिलती ! लौटती बार भी वे यहीं आकर ठहरेंगी। जल्दी ही लौटना है। घर में लड़की की शादी तै कर रखी है। भाई से दान-दहेज के लिए पैसा-रुपया माँगने जा रही हैं। दान-दच्छिना के भरोसे इतनी लम्बी यात्रा तै हो

गई। दुनिया में सब जगह धर्मात्मा लोग हैं। कोई टिका लेता है, कोई भिक्षा करा देता है। सफ़र में और क्या चाहिए, आदि-आदि। 'पतोहिया' पर इन बातों का कुछ असर हो रहा था। डाकू और उसके बेटे को कुटनी ने दूसरी ही ख़बर दी थी।

कुछ रात गए डाकू ने बाहरी दरवाज़े पर दो बड़ी-बड़ी सींगवाले बैल लाकर बाँध दिए। फिर एक बड़ा-सा गँड़ासा लेकर बरोठे में आया। एक कोने में गड़ी लकड़ी पर उसने कुछ देर कुट्टी काटी, फिर दरवाज़े की सांकल लगाई, बेंड़ा लगाया और ठीक सामने चारपाई लगाकर लेट गया। गँड़ासे को तकिए के नीचे रख लिया।

भीतर की तरफ़ दालान में उसके पूत-पतोहू लेटे। रेंडी के तेल का एक मात्र दिया बुझा दिया गया और घर अन्धकार, गन्ध और सन्नाटे में डूब गया। राधा और महँगिनियाँ ने अपनी-अपनी सुमिरनी निकाल ली, बोलीं, "हम लोग कुछ देर सुमिरन करेंगी, फिर यहीं 'ढुनुँग' रहेंगी, तड़के ही चल देना है।" राधा और महँगिनियाँ एक-दूसरे से इतना सटकर बैठ गईं कि उनको एक-दूसरे की छाती की धड़कन सुनाई पड़ने लगी। उनके हाथ-पाँव पाला हो रहे थे। जितने देवी-देवता याद आए सबकी मनौतियाँ मान डालीं–'जो आज प्राण बच गए तो हे चकेसरी देवी, तुमको इतना नेवज; हे गंगा माई, तुमको इतना दूध; हे महाबीर स्वामी, तुमको इतनी गुड़धनियाँ !' एक-एक पल जुग की तरह बीतने लगा; कहाँ की नींद, पलक तक झँपना भूल गईं। कभी डाकू करवट लेता तो उसकी चारपाई चरमराती, कभी पूत-पतोहू की चारपाई से कुछ खुस-फुस होती, कभी कान के पास मच्छरों की सूँ-सूँ होती–बाक़ी सब चुप-चुप-चुप !

आधी रात को डाकू ने बनावटी खाँसी की आवाज़ की–खूँ-खूँ !

बेटे की चारपाई से बनावटी खाँसी के स्वर में उत्तर आया–खूँ-खूँ !

राधा-महँगिनियाँ का खून सूख गया।

"उठौं ?" बाप की चारपाई की साँस बोली।

"अब नायँ।" बेटे की चारपाई की साँस ने उत्तर दिया।

बेटे की साँस कह रही थी, "दे रे छुरिया !"

बहू की साँस कह रही थी, "कौआ मारे डखना हाथ !"

स्वर और साँस का यह कथोपकथन कई बार हुआ।

तेज़ आवाज़ से कान का बहरा होना तो सुना है। उस धीमी आवाज़ से भी राधा-महँगिनियाँ के कान सुन्न हो गए।

राधा बतातीं, आधी रात के बाद रात की ऐसी घड़ी आती है जब तारों की पलकों पर भी ख़ुमारी छा जाती है, सदा चलती रहनेवाली हवा एकदम थम जाती है, न एक डाली हिलती है, न एक पत्ता; न एक तिनका डोलता है, न एक किनका खिसकता है। उस समय दुसह-से-दुसह पीड़ा शान्त हो जाती है, कड़ी-से-कड़ी चोट का दर्द जाता रहता है, बड़ी-से-बड़ी चिन्ता का पंजा ढीला हो जाता है, बेचैन-से-बेचैन मरीज़ को चैन आ जाता है। दमहे–दमे के रोगी–की भी आँख लग जाती है, विरहिन के भी आँसू की लड़ी टूट जाती है और महाकाली रात महाकाल की छाती पर सिर धरकर

एक झपकी ले लेती हैं—वह घड़ी काल की गणना में नहीं आती।

ऐसी ही घड़ी का ध्यान कर सप्तशतीकार ने लिखा होगा,

या देवी सर्वभूतेषु
निद्रारूपेण संस्थिता
नमस्तस्यै, नमस्तस्यै, नमस्तस्यै नमो नमः

तब मैंने कब समझा होगा कि अवसाद और उन्माद की भी ऐसी घड़ियों को भोगने का जोग मेरी आँखें कितना लिखाकर लाई हैं !

'सुन रहा हूँ, शांति इतनी,
है टपकती बूँद जितनी
ओस की, जिनसे द्रुमों का गात रात भिगो गई है।
रात आधी हो गई है !'

'इस समय हिलती नहीं है एक डाली,
इस समय हिलता नहीं है एक पत्ता,
यदि प्रणय जागा न होता इह निशा में
सुप्त होती विश्व की संपूर्ण सत्ता।'

राधा भी उस रात को उसी घड़ी की सजग प्रतीक्षा में थीं जब विश्व की संपूर्ण सत्ता सुप्त हो जाती है।

ऐसी ही एक और रात उन्हें याद थी जब अपनी साल-भर की बच्ची को अफ़ीम से सुलाकर उन्होंने अपनी ससुराल के कारागार से निकल भागने के लिए इसी तरह की शब्द-संज्ञा-शून्य घड़ी की प्रतीक्षा की थी।

राधा और महँगिनियाँ के विचार के तार उस समय साथ ही नहीं जुड़े थे, एक थे। दोनों ने एक साथ एक-दूसरे के अँगूठे को दबाया, अपनी-अपनी डोलची में पड़े धोती-अँगोछे को इस तरह दबाया-कसा कि उठाने पर किसी चीज़ की खड़कन न हो। महँगिनियाँ ने दोनों डोलचियाँ एक-एक हाथ में ले लीं। राधा ख़ाली हाथ आगे बढ़ीं। कोने से डाकू की चारपाई लाँघी—समुद्र लाँघनेवाले हनुमान गोसाईं को सुमिरकर। दरवाज़े के सामने लगे बेड़े को उन्होंने ऐसे निकाला जैसे कोई आँख में पड़ा तिनका निकाले। साँकल ऐसे छुई जैसे कोई अपना बलतोड़ पाका छू रहा हो। दरवाज़ा ऐसे खोला जैसे कोई अपने घाव की पट्टी हटाए। सीरी-सीरी बयार मुँह पर लगी। राधा ने यमराज की देहरी पार कर ली थी। पर, हाय राम, महँगिनियाँ डायन क्यों नहीं निकली ? पल पहाड़ लगा। महँगिनियाँ ने एक पाँव बाहर रखा था कि एक बैल ने झौंकारा। पर झौंकार से ही जैसे वह कूदकर बाहर हो गई, नहीं तो दूसरा पाँव उठाते उसे दूसरा जुग लगता। डाकू की नाक बोली। दोनों के अभिमान का मानो शंखनाद हुआ। वे भगीं नहीं, उड़ीं। कृष्णपक्ष का हँसिया-सा चाँद निकला हुआ था; वे उनकी ओर पीठ किए हुए उड़ी जा रही थीं। क्या ठेह-ठोकर उनके पाँवों में लग रही थी, क्या काँटी-खूँटी उनके तलवों को चीर रही थी, उन्हें कुछ पता नहीं। जब दोनों तीन-चार

घण्टे तक लगातार भागते-भागते लस्त-पस्त हो गईं और कुछ-कुछ उजियाला होने लगा तो एक चौरस चट्टान पर लेट गईं–पथरीला इलाक़ा था–कुछ दूर पर एक चौड़ा नाला बह रहा था–लेकिन थहानेवाली लाठियाँ तो डाकू के घर ही छूट गई थीं।

महँगिनियाँ बोली, "जो डकुआ पछियावत आवत होय ?"

राधा ने उत्तर दिया, "जो ओही के हाथे मौत बदी होई त के बचाई ?" और दोनों भूखी, थकी, अधमरी सुबह की सुहाती धूप की सेंक पाकर सो गईं।

दिन चढ़ आया, दोपहर हो गई, न कहीं आदमी न आदमज़ाद। उन्होंने नाले में नहाया, कपड़े धोए-सुखाए और जिधर से नाला आ रहा था उसी तरफ़ जाने का निश्चय किया–दक्खिन की ओर। आदमी पानी से दूर नहीं बसता। अँधेरा होते ही पास के गाँव-खेड़े के दिए दिखाई देंगे। कभी-कभी जो चीज़ें उजाले में नहीं दिखाई देतीं, अँधेरे में अपना पता सहज दे देती हैं।

सहसा झुटपुटे में सामने कुछ दूर पर बड़ी-सी आग उठी और घना-काला धुआँ उठ-उठकर संध्या के अँधेरे को और गहरा करने लगा। वे किसी मरघट के निकट पहुँच गई थीं। एक चिता अभी-अभी ही जली थी। लपटों के उजाले में कुछ मानव-आकृतियाँ भी दिखाई दीं। चिता के प्रकाश में राधा और महँगिनियाँ के लिए जीवन और आशा की किरणें छिटक रही थीं। वे आगे बढ़ती गईं, यहाँ तक कि ज्वालाओं का रक्तिम तप्त प्रकाश उनके चेहरों पर पड़ने लगा। मुर्दे के साथ आए हुए लोग इन दो अपरिचित-अप्रत्याशित मूर्तियों को देखकर ठिठक गए। राधा ने अपना हाथ उठाया। बोलीं, "डेराऽजि (डरो मत) ! हमहूँ मनइयै अहिन। परागराज की बाम्हनियाँ अहिन। ललितपुर जात रहिन। रतौंधी होत है। कल संझा से राह बगद गइन। रात भर भटकत रहिन। सबेरे नरवा पर पहुँचिन..."

मील भर पर गाँव था। लोग उन्हें गाँव ले गए। सबेरे एक व्यापारी की बैलगाड़ी ललितपुर के निकट ही एक गाँव को जाने को थी। यहाँ से ललितपुर आधे दिन का रास्ता था। डेढ़ दिन बाद वे ललितपुर पहुँच गईं। पूछते-पूछते जेल पहुँचीं। जेल के निकट ही जेल के दारोग़ा का क्वार्टर था। कुछ फ़ासले पर पक्का इंदारा था। दोनों ने यहीं बैठकर हाथ-पैर धोए, कपड़े बदले। महँगिनियाँ ने राधा की अनुमति पाकर अपने गहने पहन लिए। बोली, "हम नंगी-बूची चलिहैं तो पास-परोस के का सोचिहैं; एतने बड़े हाकिम के घर से भिखियन्नें आई हैं।" और उसने दो-दो सोने की चूड़ियाँ राधा की कलाई में भी डाल दीं।

14 नवम्बर, 1962 की संध्या को मैं उसी इंदारे पर खड़ा था जिस पर राधा ने लगभग नब्बे वर्ष पूर्व अपनी लम्बी यात्रा की थकान धोई थी। वहाँ से चारों ओर निगाह डालकर मैंने एक बार फिर मन-ही-मन राधा की देखने और वर्णन करने की शक्ति की सराहना की।

मैंने अपने लड़कपन में पहले राधा से और फिर अपने पिताजी से ललितपुर का जो वर्णन सुना था उससे वह मेरी स्मृति में एक भावना-केन्द्र के समान बन गया था। मनुष्य का बचपन जिस माटी पर लोटता है, मनुष्य का लड़कपन जिस धूलि में

खेलता है, वह उसके व्यक्तित्व में इतनी रस-बस जाती है कि उसे अलगाना, झाड़ देना या भुला देना असम्भव होता है। मुखर भावुकों में यही मिट्टी बोलती है। प्रतिभावान इस मिट्टी को कितना सजीव बना जाते हैं। मुझे टैगोर और गोर्की याद आ गए हैं–दोनों ने अपने बचपन की धरती को कितना दुलराया है !–जीवन जो सहज भाव से करता है साहित्य उसी की तो पकड़ और परिष्कार है–और भगवान कृष्ण तो उससे इतनी ममता जोड़ गए हैं कि उसके स्मरण मात्र से भक्तों का हृदय विगलित हो जाता है–'ऊधो मोहिं ब्रज बिसरत नाहीं।' भगवान स्वयं द्रवित हो उठे थे। द्वारिका के कृष्ण, पुरी के जगन्नाथ हो गए–गलकर, पिघलकर !

मेरे केम्ब्रिज-प्रवा में ललितपुर का वह भावना-केन्द्र क्यों सहसा स्फुरित हो उठा, मैं खुद नहीं जानता। क्या 17, क्लाइव रोड के घर की याद से उसका कुछ सम्बन्ध था ? ...प्रसंगवश बता दूँ कि वह किराए का बँगला था। फाटक पर 'ललिताश्रम' नाम की संगमरमर की एक पट्टी लगी थी, बँगला श्री ब्रजमोहन व्यास ने बनवाया था और सम्भवतः अपनी पत्नी ललिता के नाम पर उसका नाम 'ललिताश्रम' रख दिया था, बाद को उन्होंने यह बँगला पंचायती अखाड़े को बेच दिया। प्रवास में घर की याद आना स्वाभाविक था–साथ ही 'ललिताश्रम' की भी। या केम्ब्रिज की ललित नगरी से मेरी भावना का ललितपुर किसी तरह मेरे अवचेतन से सम्बद्ध हो गया, जिसके बीच सहजाद नदी उसी प्रकार बहती है जिस प्रकार केम्ब्रिज के बीच कैम नदी। इस छोटी-सी नदी में नहाने, डुबकी लगाने, तैरने, आरपार जाने की कितनी ही स्मृतियाँ पिताजी ने सँजो रखी थीं ! अवचेतन के मनोकोष में क्या, कब, किससे जुड़ जाता है, जुड़कर क्या बन जाता है, बनकर कितना सबको बदल देता है, इसका विश्लेषण करना मुझे तो असम्भव ही प्रतीत होता है। मनोवैज्ञानिकों ने भी प्रायः अँधेरे में ढेले फेंके हैं। सर्जक का वह क्षेत्र भी नहीं है। उसका काम है अवचेतन की अपरिमित और स्वच्छन्द प्रक्रियाओं के लिए अपने मस्तिष्क को मुक्त छोड़ देना–सर्जक बहुत सीमित अर्थों में अपना निर्माता बन सकता है–और सृजन के क्षण में उन्हें अपने संस्कृत चेतन से शासित-संयमित कर ऐसे रूपों में ढालना कि वे जीवन के सत्य, सौन्दर्य और महार्थता की साखी भर सकें। इसी से हमारे वैदिक ऋषियों ने सृजनशील मनुष्य को 'सोम' और 'अग्नि' का संघात माना है–मधुशाला और यज्ञशाला का संपृक्त रूप 'यज्ञ अग्नि-सी धधक रही है मधु की भट्ठी की ज्वाला'। सृजनशीलता वह बहती हुई हाला है जो लपट उठाती हुई चलती है–समगति के साथ ऊर्ध्वगति वाली भी–'ऊर्ध्व दृग, सम पग, प्रगति का मंत्र अपने पूर्वजों का'।

बात कुछ गम्भीर हो गई।

केम्ब्रिज में मैंने ललितपुर पर एक कविता लिखी जो बाद को 'आरती और अंगारे' में प्रकाशित हुई–'ललितपुर को नमस्कार है जहाँ पिता जन्मे थे मेरे'।

ललितपुर के प्रसिद्ध हिन्दी कवि श्री तन्मय बुखारिया ने जब से यह कविता पढ़ी थी तब से उन्होंने कई बार ललितपुर आने के लिए मुझे निमंत्रित किया था। दूर-दूर से नमस्कार कैसा, पास आइए। मेरे मन में भी अपने पिता के जन्म-स्थान की तीर्थयात्रा करने की बड़ी लालसा थी, पर इससे पूर्व योग न लग सका।

गाड़ी से उतरकर सबसे पहले मैं जेल देखने गया। बुखारिया जी ने भीतर से भी देखने के लिए पहले से मेरे लिए आज्ञा पत्र आदि बनवा लिए थे। यह जेल 1861 में बना था। तारीख़ का पत्थर जेल के फाटक पर लगा है। मेरे बाबा 1870 के बाद वहाँ गए थे। फाटक से कुछ भीतर चलकर दफ़्तर है। मेरी कल्पना चल रही थी–मेरे पूज्य पितामह इसी द्वार से चौदह वर्ष तक आए-गए होंगे ! मैंने वहाँ की मिट्टी उठाकर अपने माथे से लगा ली।

क़ैदियों की एक बारिक भी देखी। बीच-पच्चीस क़ैदी थे–विभिन्न अवस्थाओं के–कुछ उदास, कुछ उदासीन, कुछ ख़ूँख्वार-से भी। हो सकता है, उन क़ैदियों में कोई उस डाकू का पड़पोता या नगड़पोता भी हो जिसके घर राधा जा फँसी थीं। डाकाज़नी इस इलाक़े में ख़ानदानी पेशे की तरह पीढ़ी-दर-पीढ़ी चलती है, साथ के कुछ लोगों ने बताया। रात हो चली थी और मेरे कानों में उन बारिकों से उठी वह ध्वनि गूँज रही थी जो बाबा के क्वार्टर में रहते हुए राधा ने रातों सुनी थी–एक-दो-तीन-चार-पाँच ...पच्चीस, ताला, जँगला, लालटेन सब ठीक !

जेल के सामने कुछ क्वार्टर अब भी खड़े थे, कुछ गिर भी चुके थे। अनुमान लगाना कठिन था कि किसमें मेरे पिताजी का जन्म हुआ था। कुछ फ़ासले पर इंदारा बिलकुल वैसा ही था जैसा राधा ने अपने वर्णनों में बताया था। अब पास ही शिवजी का मन्दिर भी है; उसका ज़िक्र नहीं आता था, शायद मुझे याद न हो, शायद बाद को बना हो।

जेल के बग़ल में वह ज़मीन भी देखी जहाँ बाहर खुले में क़ैदी खेती-बाड़ी का काम करते हैं। पहले भी करते थे, और राधा को आश्चर्य होता था कि वे बिना हथकड़ी-बेड़ी के रहने पर भी भाग जाने की हिम्मत नहीं करते थे।

जेल शहर से बाहर है। शहर में गया तो मैंने सनीचरा चौरास्ता देखा–जहाँ शनिवार को बाज़ार लगा करता था, शायद अब भी लगता है, जब आस-पास के ग्रामीण अपनी ज़रूरत की चीज़ें बेचते-ख़रीदते हैं। मुझे विशेष उत्सुकता थी 'सहजाद' नदी देखने की । चौरास्ते से एक फ़र्लांग पर है। मुझे लगता है उसका प्राचीन नाम 'सह्याद्रि' होगा। इस नाम का पर्वत तो प्रसिद्ध है। बिगड़ते-बिगड़ते 'सहजाद' हो गया होगा। रात हो गई थी। उजाला होता तो कपड़े उतार मैं उस नदी में एक डुबकी तो लगा ही लेता। कल्पना में तो मैंने कई डुबकियाँ लगाईं। पुल के इस पार खड़ा हुआ मैं अतीत के धुँधले चित्रों में खो गया। उस जगह के लिए अपरिचित और अजनबी होने का भाव ही मेरे मन में न उठा। लगा मैं यहाँ बहुत बार आया-गया हूँ–कभी अपने बाबा के रूप में, कभी अपने पिता के रूप में। बाबा के मन की तो नहीं जानता, पर मेरे पिताजी अपने लड़कपन की भूमि को फिर देखना चाहते थे। क्या मैंने यहाँ आकर उनकी अभिलाषा पूरी नहीं की ? क्या उनकी आत्मा को उस समय किसी प्रकार के सन्तोष का अनुभव न हुआ होगा ? आत्मा की अमरता पर सन्देह किया जा सकता है, पर संस्कारों की अमरता स्वयंसिद्ध है। यही तो प्रतीक रूप में वह माटी है जो सात पीढ़ी तक अपना असर दिखाती है। जब ये लेख टाइप होकर आते हैं तो मेरा लड़का अमित मेरे साथ बैठकर मूल से उनका मिलान करता है और इन्हें पढ़ते हुए कभी उसकी

मुद्रा ऐसी हो जाती है, उसकी आँखों में ऐसी चमक दिखाई पड़ती है, जैसे अतीत की इन कथाओं में उसे कोई भूमिका अदा करने की याद बनी है। क्या हमारे पूर्वज ही हमारे रूपों में नहीं आते, क्या हमीं अपनी सन्तानों के रूप में नहीं आएँगे ? जीवन के संकेत स्वल्प होकर भी बड़ा अर्थ रखते हैं। लड़कपन में राधा जब मुझे गुस्से में आपे से बाहर देखतीं, बुद्द से कह देतीं, "एके सिरे नायब साहब आए हैं।" कभी मुझे बहुत शान्त-सौम्य पातीं तो कहतीं, "का कहै क है ! एतनी जून तो भोलानाथ कै छाया परि रही है !"

राधा क्वार्टर पहुँचीं तो अपने भतीजे से लिपटकर खूब रोईं। जब से बाबा और दादी इलाहाबाद से चले गए थे राधा और महारानी ने तंगी और अपमान का अनुभव तो किया ही था—छिपे-छिपे बनिए का काम करने में उनकी आत्मा पुराने संस्कारों के कारण कुण्ठित तो हुई ही थी। फिर रास्ते में क्या-क्या मुसीबतें आई थीं—जान तक पर आ बनी थी। इतने दिनों का सारा सहा-झेला जैसे एक साथ ही उमड़ पड़ा।

रोने के ही स्वर-लय में बाँधकर उन्होंने अपने जीवन और यात्रा का सारा सुख-दुख सुना डाला। गाँव की स्त्रियों की इस कला पर मुझे कभी-कभी बड़ा आश्चर्य हुआ है। रोते समय हृदय इतना भरा होता है कि मुँह से शब्द नहीं निकलते। बात कहते समय मस्तिष्क इतना सतर्क-प्रबुद्ध रहता है कि रोना-आँसू निकलना बन्द हो जाता है। हमारी गाँव की स्त्रियाँ क्या चमत्कार करती हैं कि रोती भी जाती हैं और बात भी कहती जाती हैं—न आँसू की लड़ी टूटती है, न बात की कड़ी। भावना और विचार के इस अद्भुत समन्वय को मैं समझ और साध सकता तो काव्य-कला के लिए उसका बड़ा उपयोग हो सकता। भावना मात्र दो तो वह भावातिरेक की रेंक हो जाती है, तर्क मात्र दो तो सूखे काठ की घंटियों की ठक-ठक।

बाबा ने डाकू के घर का प्रसंग सुना तो बोले, "हो न हो, वह जबरा डाकू होगा—अभी तो चार महीने हुए जेल से छूटकर गया है—कहो तो ससुरे को फिर पकड़ मँगाएँ।"

महँगिनियाँ ने कहा, "ज़रूर मालिक !"

राधा ने कहा,, "जाइ द्या, चकेसरी माई हमार जिव बचाएन, ओकरे पतोहिया के गोद भरैं ! जौन हमरे भाग में लिखा रहा तौन हमका भौगै क परा।"

लेकिन उनको अपना सब भोगा-झेला भूल गया जब उन्होंने दादी की गोद में चिरकाल-प्रतीक्षित उनके प्रथम पुत्र के दर्शन किए।

राधा के वर्णन की तो मुझे स्मृति नहीं, पर मैं कल्पना करता हूँ कि बाल प्रताप नारायण को ग़ौर से देखकर उन्होंने अवश्य ही कहा होगा, "बेटवा तो साफै अपने आजा पर परा है !"

राधा की एक थ्योरी थी कि हमारे परिवार में लड़के अपने पिता पर न जाकर अपने पितामह पर जाते हैं। मुझे लगता है कि उनकी बात में कुछ सच्चाई ज़रूर है। गुण-स्वभाव इतने सूक्ष्म होते हैं कि उनके वास्तविक रूप को जाना भी जा सके तो उससे कोई परिणाम निकालना कठिन है। पर जब मैं अपनी पिछली पाँच पीढ़ियों के

क़द और काठी का ध्यान करता हूँ तो राधा की थ्योरी को बल मिलता है। मेरे परबाबा, जैसा कि मैंने राधा से सुना, छह-फुटे जवान थे। मेरे बाबा मझोले क़द के थे। मेरे पिता फिर लम्बे, छह फुट से कुछ ऊपर ही थे। मैं साढ़े पाँच के ऊपर नहीं जा सका, मेरा छोटा भाई अवश्य क़द में लगभग उनके बराबर था, और मेरा बड़ा लड़का, कालिदास के नहीं, व्यास के दुष्यंत-पुत्र सर्वदमन के समान, बारह की अवस्था में तो नहीं, पर पन्द्रह-सोलह की उम्र में ही 'शालस्तम्भ इवोद्गतः'—छह फुट से ऊपर निकल गया था और अब पचीस से ऊपर की उम्र में छह फुट दो इंच है। उससे पाँच साल छोटा ज़रूर छह पार नहीं कर सका है। अगर क़द-काठी से गुण-स्वभाव का कोई सम्बन्ध हो, या संकेत मिलता हो, तो मुझे अपने बाबा के अनुरूप होना चाहिए, शायद व्यावहारिक रूप में मैं हूँ भी, पर मेरे स्वप्न और आदर्श मेरे परबाबा ही रहे हैं; शायद मेरे शरीर और मन के तत्त्वों के दबाव ने ही मुझे उन तक उठने नहीं दिया—मुझे कहना चाहिए, उस दिशा में या उस बज़े की ज़िन्दगी के स्तर तक। इसका मेरे मन में कुछ पछतावा भी है—यानी जो मैं हूँ वह होकर मैं खुश नहीं हूँ—जैसे वह सब मैं कुछ मजबूरी से हूँ। शायद अपना मलाल जब मुझे अपने पर ही व्यक्त करना होता है तो मैं इन दो पंक्तियों को गुनगुनाता हूँ :

ज़िन्दगी भर मैं क़लम घिसता रहा,
नाड़ मेरी थी कटी तलवार से।

मेरी नाड़ नायब साहब की तलवार से कटी थी। इन पंक्तियों को किसी कविता में खोजने का प्रयत्न न कीजिएगा। कुछ पंक्तियाँ कवि केवल अपने लिए लिखता है। शायद ऐसी ही कुछ और पंक्तियों से यथावसर आपका परिचय हो सके।

मुझमें यदि कहीं कुछ रूढ़ि-विरोधी, विद्रोही, क्रान्तिकारी है तो वह किसी-न-किसी अंश में मेरे परबाबा से आया होगा। मेरे बाबा सदा रीति निभाते रहे, सदा लीक-लीक चले; कभी ज़िन्दगी की सच्चाइयों ने ठुकराया तो उन्होंने किताबों की बेताबियों में शरण ली।

राधा ललितपुर में छह महीने रहीं, वहीं उन्होंने दीवाली मनाई, वहीं होली—होली मनाने की वहाँ उन्होंने एक विचित्र प्रथा देखी। निम्न वर्ग की बुन्देलखंडी औरतें कछोटा बाँध, बाँस ले, छोटी-छोटी टोलियों में निकलती हैं और जहाँ भी ऊँचे वर्ग के मर्दों को देखती हैं उन पर टूट पड़ती हैं, कहते हुए—"मार बाबूजी का आज झंझा है !" मारती तो क्या होंगी, मारने की रस्म अदा करती होंगी, और बाबूजी चूड़ी-खनकते हाथों की मार खाने के लिए बख़्शीश देते होंगे। मुझे पता नहीं कि यह प्रथा आजकल भी है कि नहीं—हो तो आश्चर्य क्या है। हिन्दुओं के रस्म, रिवाज न जल्दी बदलते हैं, न बन्द होते हैं। सोचता हूँ, मध्ययुगीन सभ्यता में स्त्रियों और निम्नवर्गों को जिस हीन भावना की कुण्ठा से निरन्तर त्रस्त रहना पड़ता था उससे होली का यह दिन कितनी मुक्ति प्रदान करता होगा। हिन्दुओं के होशियार समाज-वैज्ञानिक समाज के बड़े इंजन में ऐसे छोटे-छोटे 'सेफ़्टी वाल्व' लगाना नहीं भूलते थे—'सेफ़्टी वाल्व' जिनकी व्याख्या मैंने कहीं अपनी कवित्व-सचेत भाषा में की है कि ये 'दुर्निवार विभाव-स्रावों की निकासी की सुपासी नालियाँ हैं,'—'ताड़न के अधिकारी' साल में कम-से-कम एक दिन तो अपना

अधिकार अपने ताड़कों को सौंपने का मौक़ा पा सकें। इसी प्रकार उच्च वर्गों के विवाह आदि की कई ऐसी रस्में हैं जिनमें निम्नवर्ग के लोगों का सहयोग अनिवार्य है।

तुलसा महँगिनियाँ से हिल गई, प्रताप नारायण राधा की गोद से न उतरते, दादी को घर-गिरिस्ती के काम-धन्धों में बड़ी सुविधा-सहायता मिलने लगी, बाबा जेल के इन्तज़ाम-काम में लगे रहते। छह महीने हँसते-बोलते बीत गए। निश्चय हुआ प्रताप नारायण की पहली सालगिरह पुरखों की ड्योढ़ी पर मनाई जाए। सब लोग इलाहाबाद आए और कुछ दिन वहाँ रहकर बाबा अपने परिवार को लेकर ललितपुर लौट आए।

तीन साल बाद वे प्रताप नारायण का बाल उतरवाने के लिए फिर इलाहाबाद आए और वहाँ से विंध्याचल गए। हमारे परिवार में प्रथा थी कि लड़कों का पहला बाल विंध्याचल की देवी के समक्ष उतरवाया जाता था। एक बकरे की बलि दी जाती थी। ख़ानदान में वैष्णवी प्रभाव बढ़े तो बकरे का स्थान नारियल ने ले लिया। मुझे याद है, मेरा बाल भी, शायद पाँच-छह वर्ष की अवस्था में, विंध्याचल में उतरवाया गया था। तब तक बलि नारियल की दी जाने लगी थी, पर मैंने बकरे की बलि पहली बार वहीं देखी थी और मेरा बच्चे का नन्हा दिल उससे बहुत घबराया था। हमारे परिवार में अन्तिम बार यह रस्म मेरे छोटे भाई के एकमात्र पुत्र प्रभात के लिए अदा की गई। छोटे भाई कलकत्ते से विंध्याचल आए थे—उन दिनों वे वहाँ इलाहाबाद बैंक की शाखा में काम करते थे। इलाहाबाद आदि नगरों से और सम्बन्धी बुलाए गए थे। मैं नहीं गया था। पुरानी लीकों को पीटने में मेरा विश्वास न रह गया था। फ़िज़ूलख़र्ची यह ऊपर से लगती थी। मेरे लड़कों के पहले बाल उतरवाने को कोई विशेषता नहीं दी गई। मेरी पत्नी कट्टर सिख परिवार की हैं जिनके यहाँ बाल उतारे ही नहीं जाते, मेरे परिवार में उतारे जाते थे, पर बड़े विधान के साथ। हम दोनों ही रूढ़िमुक्त हो चुके थे। नाई को बुलाकर बाल कटा दिए। सौभाग्य से किसी का बाल बाँका नहीं हुआ।

तीसरी बार बाबा शायद दो-तीन साल बाद कुम्भ या अधकुम्भी के अवसर पर सपरिवार प्रयाग आए। उस यात्रा की विशेष घटना यह थी कि माघ मेले में छोटे प्रताप नारायण खो गए थे। उन दिनों ऐसा प्रसिद्ध था कि साधू लोग छोटे बच्चों को ले जाते हैं और चेला मूँड लेते हैं। जब दिन भर बच्चे का पता न लगा तो शाम को मुहल्ले के बड़े-बूढ़ों ने बैठकर सलाह की। सुबह से साधुओं का भेस बनाकर अखाड़े-अखाड़े घूमा जाए और पता लगाया जाए। रातों-रात अचले रँगे गए और मुँह अँधेरे ही साधू-संन्यासियों का बाना धारण कर लोग बालक प्रताप नारायण को ढूँढ़ने निकल पड़े। दिन भर की खोज का कोई परिणाम न निकला। तीसरे दिन वे एक थाने पर मिले। पुलिस के क़ब्ज़े में वे पहले दिन ही आ गए थे, पर पता वे ललितपुर का बताते थे। उन दो दिनों में मेरे बाबा और दादी पर क्या बीती होगी, इसका अनुमान मैं खूब अच्छी तरह कर सकता हूँ।

एक बार मैं अपनी पत्नी के साथ सिंध जा रहा था—मेरे श्वसुर उन दिनों मीरपुर-ख़ास में रहते थे—अमित ढाई-तीन का होगा। लाहौर के स्टेशन पर अमित की उँगली मेरे हाथ में दे तेजी टिकट लेने चली गईं और भीड़ में न जाने कब अमित ने

उँगली छुड़ा ली। मेरा ध्यान गया, माँ के पीछे न चला गया हो। टिकट की खिड़की के पास जाकर पूछा तो तेजी भी घबरा गईं। हम दोनों उसी जगह पर आए जहाँ मैं खड़ा था, पर बच्चे का कहीं पता नहीं। लम्बे-लम्बे प्लेटफार्मों पर पागलों की तरह चारों ओर देखते, आवाज़ देते हम फिरे। उस पन्द्रह-बीस मिनट से लम्बा समय मैंने अपने जीवन में कभी नहीं जाना। हज़रत सीढ़ियाँ चढ़कर पुल पर से गाड़ियों का आना-जाना देख रहे थे। किसी ने बताया, एक बच्चा वो खड़ा है, वो तो नहीं है। जान में जान आई।

ऐसे ही बाबा दूसरे-तीसरे साल प्रयाग आते और कुछ दिन रहकर ललितपुर लौट जाते। प्रायः यात्रा बैलगाड़ी और शिकरम से की जाती—'शिकरम के दिलचस्प सफ़र थे याद पिताजी को बहुतेरे।' सफ़र की दिलचस्प बातों में एक यह थी कि ऊँट को अगर घी पिला दिया जाता तो वह रात भर शिकरम खींचता जाता, नहीं रात होते ही वह रुक जाता और सुबह के पहले पाँव न उठाता। शिकरम वालों का व्यंग्य नई-नई चली रेलों पर शुरू हो गया था—बाबूजी, यह कोई लोहे की गाड़ी नहीं है जो कोयला-पानी पर चलेगी, इसे तो घी चाहिए, घी।

बाबा के ललितपुर के जीवन के विषय में मैंने बहुत कम सुना—राधा उनके पास केवल छह महीने रही थीं, मेरी दादी परदे में रहती थीं, उन दिनों की प्रथा के अनुसार तुलसा की भी गतिविधि की सीमा जल्द ही घर की देहरी हो गई होगी, प्रताप नारायण की खेलने-खाने की उम्र थी। वे ज़िले के स्कूल में पढ़ते थे, जहाँ उन दिनों वर्नाक्यूलर मिडिल तक की पढ़ाई होती थी। माध्यम हिन्दी या उर्दू होता था। बुन्देलखंड में हिन्दी की ओर झुकाव अधिक था, प्रताप नारायण हिन्दी से मिडिल करने की तैयारी कर रहे थे। घर पर अपने पिता से उर्दू-फ़ारसी भी पढ़ते थे। लेकिन उनके दिमाग़ पर ललितपुर के जीवन में पढ़ने-लिखने की स्तृतियाँ उतनी सजग और स्पष्ट नहीं थीं, जितनी खेलने-कूदने की स्मृतियाँ। तुलसा की पढ़ाई का सवाल ही न उठता होगा। वे अपनी माँ के घर-गिरिस्ती के काम—खाना-पकाना, सीना-पिरोना आदि सीखती होंगी।

अपने बाबा के स्वभाव, संस्कार, सीमाओं को जहाँ तक मैंने समझा है, उनमें उनको जेल के हाकिम का काम अपनी रुचि के बहुत अनुकूल न जान पड़ा होगा, फिर भी उन्होंने उसे एक लम्बे अरसे तक निभाया। कर्त्तव्य को भावना से अलग रखकर, करते जाने की उनमें क्षमता थी। कुछ विवशता भी रही होगी। जीविकोपार्जन के लिए कुछ तो करना ही था। तुलसा की शादी करनी थी, प्रताप नारायण को शिक्षित करना था। उन्हें कोई ख़र्चीले व्यसन न थे। किफ़ायत से रहते हुए उन दो कामों के लिए उन्होंने अवश्य ही कुछ धन जोड़ा होगा, और मेरी व्यवहार कुशल दादी से इस सम्बन्ध में पर्याप्त सहयोग मिला होगा। दादी और तुलसा के बदन पर अगर गहने चढ़ गए थे तो भी इसी ध्येय से कि उनके रूप में कुछ धन सुरक्षित है और गाढ़े समय में काम आ सकेगा।

मुझे नहीं मालूम कि उन दिनों सरकारी सेवा से अवकाश प्राप्त करने की उम्र क्या थी, शायद आज ही की तरह पचपन साल रही होगी। मेरे बाबा पचास से कुछ

ऊपर ही हुए थे कि एक दिन उन्होंने मेरी दादी से कहा कि मेरा चौदह वर्ष का बनवास समाप्त हो गया, अब मैं इलाहाबाद लौटकर आराम करना चाहता हूँ। ललितपुर में अच्छे स्कूल न थे, प्रताप नारायण को अंग्रेजी शिक्षा देने की आवश्यकता का भी अनुभव उन्होंने किया होगा। तुलसा के लिए सम्बन्ध खोजने के लिए भी भाई-बिरादरी के बीच रहना जरूरी लगा होगा।

और कहीं अचेतन में इलाहाबाद के मिट्टी-पानी ने भी उन्हें खींचा होगा—गंगा और जमुना की सम्मिलित सबल, निर्मल धारा ने, उनके 'स्यामल-धवल' हिलोरों ने उनके सितासित छाया-प्रकाश ने :

और यहीं के मिट्टी-पानी
से बिरचित है मेरी काया,
अरे पूर्वजो, किस तप-बल से
था तुमने वह पुण्य कमाया,
ऊँचा से ऊँचा भी अन्तिम
बार यहाँ रजकण बन आता,
भारत की धरती के ऊपर चल आई यह रीति सगर से !

क्या पचास वर्ष की अवस्था में—उनके पिता की मृत्यु इससे कम अवस्था में हो गई थी—उनके मन में इस प्रकार का विचार स्वाभाविक ही न आया होगा कि रजकण बनकर वहाँ जाने से क्या यह अच्छा नहीं है कि वहीं जाकर रजकण बनें। ललितपुर से लौटने के बाद वे छह-सात वर्ष जिए।

साथ ही मेरा ऐसा ध्यान भी है कि इस 14 वर्ष के बनवास के पूर्व लगभग इतने ही वर्षों के मुधवनविलास की याद ने भी उन्हें कम नहीं खींचा होगा—फ़ारसी शायरी का मधुवन—कमनीय कल्पनाओं से चित्रित, हैरतंगेज रंगों से अनुरंजित; अलस, तन्द्रिल, सवप्निल ध्वनियों से अनुगुंजित; मधुर माध्वी रस-गंध से सिक्त, सुवासित, आमज्जित। वहाँ कुछ पता नहीं कि गुल और बुलबुल की दास्तान किस वक्त प्रेमी-प्रेमिका के आख्यान में बदल जाए, किस वक्त प्रेमी-प्रेमिका की कहानी आत्मा-परमात्मा के बीच प्रणय-निवेदन का रूप ले ले। वहाँ मदिरा की जो धारा बहती है, देखते-ही-देखते कतरे में सिमट जाती है, क़तरा दरिया हो जाता है, दरिया समुन्दर, और समुन्दर फिर क़तरे में समा जाता है। वहाँ बात की बात में साक़ी की नाज़ोअदा परमात्मा कृपा में परिवर्तित हो जाती है और खुदावंदताला का जलवएतूर साक़ी की नूरानी-नूरगिसी निगाहों में आबदार मोती बनकर ढुलकने लगता है। वासना और अध्यात्म की इस राग-विराग-भरी गलबाहीं में मानव की बावनी, पर बावरी भावनाएँ ज़मीन के छोर छूती हैं, आसमान की ओर सहलाती हैं, फ़कीर शाहंशाह के अन्दाज़ में बोलता है :

साक़ी बनूर बादा सरअफ़रोज़ जामे माह,
मुतरिब बुगो कि कारेजहाँ शुद बकामे माह।

(ऐ साक़ी, तू अपनी शराब की रोशनी से मेरे मटमैले प्याले को जगमगा दे;

और ओ गायक, तू गाकर ऐलान कर दे कि दुनिया के सारे काम मेरी मर्ज़ी के मुताबिक हो गए।) और समरकन्द और बुख़ारा का बादशाह शीराज़ की गलियों में फिरने वाले तुर्क यानी माशूक पर निछावर हो जाता है :

अगर आँ तुर्के शीराज़ी बदस्तारद दिले मारा,
बख़ाले हिन्दुअश बख़्शम समरकन्दो बुख़ारा।

(अगर वह शीराज़ का माशूक मेरे दिल को अपने हाथ में ले ले, यानी मेरा प्रेम स्वीकार कर ले तो उसके गाल पर जो काला तिल है उस पर मैं समरकन्द और बुख़ारा की दौलत लुटा दूँ।)

जिसकी आँखों में ये चित्र बसे थे, जिनके कानों में ये ध्वनियाँ समाई थीं, जिसके दिलो-दिमाग़ भावना और विचार के इन सैलाबों में भीगे-डूबे थे, वह चौदह वर्ष जेल की काली, ऊँची दीवारों को पलकों से नापता रहा; चोर-डाकुओं, बदमाशों के अपराधों की सूचियाँ बनाता रहा; ताले, जँगले, लालटेन की कर्कश पुकारों से कान पकवाता रहा। फ़ारस के गुलशन की बुलबुलों ने इस पर कितना सिर धुना होगा !

बाबा ने जब ललितपुर छोड़ने का विचार अपने मिलने-जुलने वालों पर व्यक्त किया होगा तो निश्चय ही उन्होंने कतिपय विनोद से वह समय-सिद्ध कहावत दुहराई होगी जो झाँसी, दतिया और ललितपुर के बारे में अब भी इन इलाकों में अक्सर कही-सुनी जाती है,

झाँसी गले की फाँसी,
दतिया गले का हार,
ललितपुर मत छोड़िए,
जब तक मिले उधार।

मेरा हमेशा से विश्वास रहा है कि कहावतें अललटप्पू नहीं चल पड़तीं, उनके पीछे कोई लम्बा सामूहिक अनुभव रहता है जो ज़ाति-जीवन में न जाने कितने अवसरों पर कसौटी पर चढ़ता और अपना खरापन सिद्ध करता है। निश्चय ही यह कथन उन लोगों के लिए है जो बाहर से इन अवसरों पर आकर बसते हैं। झाँसीवालों के लिए ही झाँसी गले की फाँसी होती तो अब तक उसे मसान हो जाना चाहिए था, दतिया में किसी को दीन-दुखिया न रह जाना चाहिए था और सभी क्षेत्रों के उधार खाकर बैठनेवाले को ललितपुर में जाकर डेरा डाल देना चाहिए था, विशेषकर साहित्य-क्षेत्र के बेकारों को। दतिया जाने का सौभाग्य मुझे नहीं मिला। पछतावा यही है कि अपनी ग़रीबी के दिनों में मैंने यह कहावत नहीं सुनी थी। पर झाँसी के बारे में मैंने इस कहावत को अक्षरशः सत्य पाया। छोटी फाँसी का अनुभव मुझे ही कई बार हुआ; मेरे छोटे भाई को बड़ी फाँसी का।

जिन दिनों मैं अंग्रेज़ी दैनिक 'पायनियर (पहले वह इलाहाबाद से निकलता था, अब लखनऊ से निकलता है) के गश्ती एजेंट के रूप में काम करता था उन दिनों मुझे झाँसी जाने का भी मौका मिला। मेरी ड्यूटी कई तरह की थी। मुझे 'पायनियर' के लिए कचहरियों से विज्ञापन इकट्ठा करना होता था, कहीं दिलचस्प मुक़दमे चल रहे

हों तो उनकी रिपोर्ट भेजनी पड़ती थी, और नगर के सम्भ्रांत लोगों से मिलकर 'पायनियर' के सम्बन्ध में उनकी राय जाननी और उसे पत्र के पक्ष में करनी होती थी। 1930 के नमक सत्याग्रह के आन्दोलन के बाद इस ऐंग्लो-इन्डियन पत्र की लोकप्रियता घट रही थी और प्रबन्धक चिन्तित थे। राष्ट्रीयता की लहर चल रही थी और मुझे धारा के विरुद्ध तैरना था। प्रायः सभी जगह लोग 'पायनियर' से कुछ असन्तुष्ट थे, पर मैं अपने साथ शिष्टता के व्यवहार की प्रत्याशा करता था। झाँसी के सम्भ्रांत नागरिकों से मुझे जितनी डाँट खाने को मिली, उतनी कहीं से भी नहीं। एक सज्जन के यहाँ गया तो वे सोकर न उठे थे। दूसरी बार गया तो पूजा कर रहे थे। तीसरी बार गया तो वे खाना खाकर सोने जा रहे थे। मुझे देखते ही बरस पड़े, "मैं तो कहूँ कि 'पायनियर' के साहबों पर क्या आफ़त आ गई है कि उनका आदमी हमारी ड्योढ़ी की माटी चाटे जा रहा है।" मैं गुनगुनाता हुआ लौट आया, 'ध्यान मान का अपमानों का छोड़ दिया जब पी हाला।'

गाड़ियाँ मेरी प्रायः नहीं छूटतीं। गाड़ी छूटने के आध घण्टे पहले स्टेशन पर पहुँचने का नियम मैं अब तक निभाता हूँ, पर लाइनों के मेल पर अपना क्या वश ? झाँसी में ही एक से अधिक बार मेरी गाड़ी भी छूटी है और मुझे कनेक्शन नहीं मिला और 10-10, 12-12 घण्टे मुझे स्टेशन पर झख मारनी पड़ी है, आगे का जो कार्यक्रम चौपट हुआ उसकी क्या चर्चा। और वह कहावत कहीं मेरे दिमाग़ में प्रतिध्वनित हुई है—झाँसी गले में फाँसी।

ख़ैर, मेरे साथ तो इसे झाँसी का मज़ाक कह लीजिए, पर मेरे छोटे भाई के लिए झाँसी सचमुच गले की फाँसी सिद्ध हुई।

कलकत्ते से वे झाँसी स्थित इलाहाबाद बैंक के एजेन्ट होकर झाँसी क्या गए कि उनपर मुसीबतों का ताँता लग गया। यहीं उनकी पत्नी का देहावसान हुआ, यहीं उनकी पुत्री मरी, यहीं उन्होंने फिर से विवाह किया जो उनके लिए घोर अपमान, आत्मप्रतारणा और पश्चात्ताप का कारण बना, यहीं वे भीषण रूप से बीमार पड़े, और यहाँ से जब इलाज के लिए लखनऊ गए तो फिर लौट कर न आए—उनकी मृत्यु हो गई।

यह सब आप चाहें तो घटना-वश कह सकते हैं, पर बाहरवालों के लिए झाँसी अक्सर गले की फाँसी क्यों होती है इसका मैंने एक रहस्य मालूम कर लिया है, पर झाँसी के मेरे अनेक प्रेमियों का दिल न दुखे इसलिए उसे प्रकट नहीं करना चाहता। शायद झाँसीवालों की कुछ सीमाएँ हों, शायद मेरा क़यास भर हो।

ललितपुर में, मुझे वहाँ के लोगों ने बताया, उधार अब भी खूब चलता है। इसके लिए कुछ आर्थिक कारण हैं। उधार लोग किस हालत में देते हैं, उधार लोग किस हालत में लेते हैं। अर्थशास्त्र का सीधा-सा नियम है। बेचनेवाले के पास माल ज्यादा है, खरीदार के पास दाम कम हैं। पर मेरे बाबा को न बेचना था, न ख़रीदना; उन्हें तो कमाई करनी थी और एक दिन वे ललितपुर से इलाहाबाद के लिए चल पड़े।

बाबा की राय थी कि ज़रूरी-ज़रूरी सामान को इलाहाबाद तक ले जाया जाए, बाक़ी चीज़ें पास-पड़ोसवालों को दे-बाँट दी जाएँ, पर मेरी दादी थीं कि उन्होंने चूल्हा

पोतने का पोतना भी नहीं छोड़ा—'अंगड़-खंगड़ मोह सभी से क्या बाँधूँ, क्या छोड़ूँ रे।'

गाड़ी भर सामान ही हो गया; बाबा ने कहा, "अब चार परानी बैठेंगे कहाँ !" दादी बोलीं, "हम पैदर जाब, पर आपन सींक न छोड़ब।"

और सारे सरो-सामान के साथ जैसे-तैसे यह लम्बी यात्रा पूरी कर एक दिन मेरे बाबा, दादी अपने 13 वर्ष के पुत्र और 15 वर्ष की पुत्री के साथ अपने पुरखों की ड्योढ़ी पर उतर पड़े।

राधा अब वृद्ध हो चली थीं, महारानी अधेड़ हो गई थीं, बुद्धी सोलह पार कर चुकी थीं, पर षोडशी की आँखों में जो अप्रत्याशित की प्रतीक्षा, अंगों में जो कसाव-उभार, मन में जो अकारण उल्लास चाहिए उसका बुद्धी में कहीं पता न था। उनमें जैसे उनका लड़कपन ही गिठुर-ठिठुरकर रह गया था। सोलह की अवस्था में भी वह तुतलाती थीं। उनका पालन-पोषण गरीबी ने किया था, खेलने-कूदने की उम्र में उनसे बड़ों की तरह काम लिया गया था, और फिर उन पर दो विधवाओं की चार आँखों का कठोर अंकुश हर समय लगा रहता था।

तुलसा उम्र में उनसे साल-डेढ़-साल छोटी होकर भी देखने में बड़ी मालूम होती थीं—वे अपने माता-पिता की प्रथम सन्तान थीं, सौभाग्य चिह्न बनकर आई थीं, उनका लालन-पालन बड़े मान-दुलार से हुआ था, एकमात्र कन्या होने के कारण माता-पिता, भाई का अविभाज्य स्नेह उन्हें मिला था। मैंने सुना है कि वे बहुत सुन्दर थीं और प्रताप नारायण अपनी बहन को हद से ज्यादा प्यार करते थे :

प्रताप नारायण ने अच्छी बाढ़ ली। किताबों पर उन्होंने अधिक कमर न झुकाई थी, सहजाद नदी में तैरे थे, पार के पेड़ों पर चढ़े-उतरे थे; गुल्ली-डंडा, कबड्डी खेली थी, गोलियों पर निशाना लगाया था—उनकी उँगलियों का यह करतब मैंने स्वयं अपने बचपन में देखा था, हमारे खेल में कभी-कभी अपनी कला का प्रदर्शन करते हुए—निशाना लगा उनकी गोली उसके पास लौट भी आती थी ! तेरह-चौदह की उम्र में ही वे जवान लगते थे। कुछ ऐसा मेरे साथ भी हुआ। बड़ों से मैंने सुना है कि मैं अपने छुटपन में अपनी ठीक अवस्था से कुछ छोटा लगता हूँ—कुछ क्या दस बरस—कभी बीस बरस भी; मज़ाक़ नहीं कर रहा हूँ एक घटना सुनाऊँगा। इधर अलबत्ता जब से मेरी एड़ी में 'स्पर' निकला है जिससे चलने में तकलीफ़ होती है, हर्निया का आपरेशन कराना पड़ा है, प्लूरिसी का आक्रमण हुआ है और अब जब पेट में 'अलसर' पाया गया है तब मैं कुछ अपनी उम्र पर आ गया हूँ।

हाँ, तो घटना तो रह ही गई। मैं जब पी-एच.डी. करने के लिए केम्ब्रिज गया तो मेरी उम्र 44 से ऊपर थी। वहाँ मैं दो वर्ष से कुछ अधिक रहा। केम्ब्रिज यूनिवर्सिटी का एक क़ायदा है कि वहाँ विद्यार्थियों को कक्षा में, भोजन के समय और ऐसे ही कई मौक़ों पर एक काला गाउन पहनना पड़ता है। रात के समय कहीं भी बाहर जाने पर उन्हें गाउन धारण करना जरूरी होता है। इसकी जाँच करने के लिए रात को 'प्राक्टर' अपने दो सहचारियों के साथ निकलता है—ये तेज़ दौड़ने वाले होते हैं—उनको केम्ब्रिज के विद्यार्थियों की 'स्लैंग' में—'स्लैंग' को हिन्दी में क्या कहूँ ?—हमारी तरफ़

इसे 'मल्लाही' कहेंगे, शिष्टता से सर्वथैव अछूती भाषा—'बुलडाग' कहते हैं। जो लड़के किसी शरारती इरादे से गाउन न पहनकर टाउनवाले—सामान्य नागरिक की स्वतन्त्रता लेना चाहते हैं उन्हें प्राक्टर पकड़ता है; वे भागते हैं तो 'बुलडाग' उन्हें दौड़ाता है और नियम भंग करने के लिए उनपर भारी जुर्माना किया जाता है। यह नियम उन लोगों पर लागू नहीं होता जिनकी उम्र 26 के ऊपर होती है, चाहे वे युनिवर्सिटी के विद्यार्थी ही क्यों न हों—मेरा मतलब है रात को कहीं जाने पर गाउन पहनने का। और मैं कई बार रात को पकड़ा गया, यानी 45-46 का होने पर भी मैं 26 से कम का समझा गया ! वैसे गाउन पहनना भी मेरे पक्ष में ही होता—जो मेरी सूरत-शक्ल से मुझे ज़्यादा उम्र का समझते वे भी रात को एक बार मेरी पीठ पर गाउन देखकर मुझे ज़्यादा उम्र का समझते वे भी रात को एक बार मेरी पीठ पर गाउन देखकर मुझे 26 से कम का नौजवान समझते। इंग्लैंड ऐसे मुक्तशील देश में नौउम्र लगने के कुछ फ़ायदे हैं, कुछ नुकसान भी, और मैंने इच्छा या अनिच्छा से दोनों ही उठाए। पर अभी इतना ही।

अभी तक प्रताप नारायण ने अंग्रेज़ी का एक अक्षर भी न पढ़ा था। तै किया गया कि एक वर्ष घर पर ही अंग्रेज़ी पढ़ाकर उन्हें अंग्रेज़ी स्कूल में दाख़िल किया जाए। पर उस समय तक हमारे पास-पड़ोस, नाते-रिश्तेदारों में कोई अंग्रेज़ी नहीं पढ़ा था। अपने सगे-सम्बन्धियों में अंग्रेज़ी पढ़नेवाले वे सबसे पहले व्यक्ति थे। उन्होंने अंग्रेज़ी की प्रारम्भिक शिक्षा एक बंगाली महाशय से ली—उनका नाम दुर्गाचरन या कालीचरन बनर्जी था; हमारे मुहल्ले चक से मिले हुए मोहतशिम गंज में रहते थे; बाद को उन्होंने एक पक्का मकान बनवाया था जिसका नाम 'काली बाड़ी' रखा था। मुझे याद है, मैंने अपने लड़कपन में 'काली बाड़ी' देखी थी; मकान के बाहर अंग्रेज़ी और बँगला अक्षरों में नाम की संगमरमरी पटिया लगी थी, मुझे नहीं याद है कि मुहल्ले के किसी और मकान को इस प्रकार नाम देकर विज्ञापित किया गया हो। शायद मास्टर मोशाई के लड़के को भी मैंने देखा था।

अंग्रेज़ी का प्रचार सबसे पहले बंगाल में हुआ। जैसे-जैसे अंग्रेज़ी हुकूमत फैली और दफ़्तर, स्कूल आदि शूरू हुए, वैसे-वैसे अधिकाधिक अंग्रेज़ी जाननेवालों की आवश्यकता हुई। बंगाल का खपत से ऊपर माल देश के विभिन्न नगरों में भेजा जाने लगा। उत्तर भारत के सब प्रमुख नगरों में बंगाली टोले बस गए। एक समय दफ़्तर के बाबुओं, मास्टरों, डाक्टरों में बंगालियों की प्रधानता थी। पर विभिन्न प्रान्तों में जाकर भी बंगाली बंगाली रहते थे जल में कमलवत्—एक छोटे-से बंगाल बने हुए, बंगालियों में ही उठना-बैठना, अलग भाषा, अलग भूषा बनाए रहना, और राजभाषा अंग्रेजी पर थोड़ा-बहुत अधिकार रखने के कारण, आत्म-महत्त्व के महा-भाव में, अपने को बढ़ा-चढ़ा समझना। कालीचरन बाबू मुंशी भोलानाथ के लड़के को अंग्रेजी पढ़ाने को इसलिए राज़ी हो गए थे कि उनको फ़ारसी साहित्य से भी अनुराग था और एवज़ में बाबा से पढ़-पूछ या किसी विषय पर विचार-विनिमय कर सकते थे। पढ़ाने की फ़ीस माँगने या देने—दोनों में लोगों को संकोच होता था, पर लेन-देन के अन्य माध्यमों और उपायों से वे अनजान न थे। कालीचरन किसी दफ़्तर में बड़े बाबू होंगे या मास्टर।

लगभग एक साल के बाद प्रताप नारायण का नाम स्थानीय कायस्थ पाठशाला

में चौथे दर्जे में लिखा गया। इतने नीचे दर्जे में ! उन दिनों दर्जे उल्टे चलते थे। चौथे के बाद तीसरा, तीसरे के बाद दूसरा, दूसरे के बाद पहला, फिर मैट्रिक्यूलेशन।

बाबा ने फिर मर्दाने में अपनी खाट डलवा ली, खारुएँ के कपड़े में बँधी किताबों का बस्ता खुलवा लिया–अगल-बग़ल चश्मादानी, क़लमदान, हुक़्क़ा-चिलम और पीकदान ! कभी-कभी किताबों के बस्ते की जगह शतरंज की बिसात बिछी होती, एक तरफ़ बाबा का कोई हमजोली बैठा होता, दूसरी तरफ़ बाबा, मानो दो वृद्ध बगुले बीच की किसी मछली पर ध्यान गड़ाए बैठे हों। और यह ध्यान तब टूटता जब रसोई से दादी की करछुल खड़कती–खाना तैयार है की सूचना देने के लिए–पहले ज़रा धीमे, फिर ज़रा ज़ोर से फिर ज्यादा ज़ोर से; कभी प्रताप नारायण आकर कहते, "बब्बा खाना कब से तैयार है !" कभी राधा बाहर निकलकर कहतीं, "भोलानाथ, रोटी खाय मँ देर-सबेर न करै क चाही।" घर के बाक़ी लोगों के लिए मर्दाने की हद लक्ष्मण-रेखा थी। बाबा शायद जिस तरह के जीवन के लिए बने थे, जिस तरह के जीवन के लिए पिछले चौदह बरस से भीतर-ही-भीतर तरस रहे थे, वह उनको सुलभ हो गया था। और अब सबसे बड़ा आश्वासन यह था कि इसको इसी तरह चले जाना है। बाबा ने अपने सन्तोष का स्वर्ग कितनी छोटी सस्ती चीज़ों से बना रखा था ! उनकी शान्ति भंग करनेवाली कोई चीज़ थी तो मेरी दादी की जीभ।

यह ठीक है कि तुलसा की शादी करनी थी, बुद्धी को भी कहीं ठिकाने लगाना था, पर बाबा का तो विश्वास था कि जब समय आएगा तब सब संयोग अपने-आप जुट जायेगा। आदमी के फायँ-फायँ करने से कुछ नहीं होता।

और घर में जब दो लड़कियाँ ब्याहने को हों तब दादी को नींद कहाँ ! वे उठते-बैठते कहतीं, इस घर में तो उल्टी बात हो रही है। कहा है,

केहि कारन सखि नींद पियार ?
ना घर कन्या बार-कुआँर।

और यहाँ एक छोड़ दो 'कन्याएँ-कुआँर' हैं और घर का मर्द कान में तेल डालकर सोता है। तुलसा और बुद्धी का एक एक दिन बढ़ना उनकी व्यग्रता बढ़ा रहा था। वे न खुद सो सकती थीं, और न बाबा को सोने दे सकती थीं। मुझे अपना स्वप्निल प्रणय-गीत जीवन की किस भोंडी यथार्थता के बीच याद आ गया है–'सो न सकूँगा और न तुझको सोने दूँगा, हे मन-बीने।' कवि-कलाकार स्वप्न और यथार्थ को भले ही अलग करके देखें, मुझे लगता है कि जीवन की पूर्णता में दोनों अविभाज्य रूप से सांगिक हैं–'आरगेनिक'। एक की पुकार दूसरे की शिराओं में प्रतिध्वनित होती रहती है–भले ही कुछ क्षीण होकर या बदलकर। जो कल्पनाएँ जीवन की वास्तविकता को छू-छेड़ न सकें उन्हें मैं अफ़ीमची की पिनक से अधिक नहीं मान सकता। जिन वास्तविकताओं का नाद-निनाद स्वप्नलोक में जाकर झंकृत नहीं होता उन्हें मैं केवल जग का कोलाहल-कलह कहूँगा। 'हैं लिखे मधुगीत मैंने हो खड़े जीवन-समर में !' कल्पना और यथार्थ के बीच सेतु निर्मित करना कवि के स्वरों का ही काम है।

एकाध साल बाद तुलसा का सम्बन्ध ठीक हो गया। बुद्धी अभी अपने विलम्बित

बचपन से ही लड़ रही थीं। उनके विवाह की कोई जल्दी नहीं समझी गई। तुलसा का विवाह इटावा ज़िले के फफूँद नामक क़स्बे के एक सम्भ्रांत ज़िमींदार कायस्थ परिवार में हुआ। देन-दहेज़ में काफ़ी रुपए लगे। दादी की आधी चिन्ता समाप्त हुई। प्रताप नारायण की पढ़ाई कायस्थ पाठशाला में चलती रही और वे धीरे-धीरे मैट्रिक्युलेशन तक पहुँच गए। बाबा का जीवन किताब और बिसात के बीच कटता रहा। बिना किसी काम कमाई के घर-ख़र्च चलाना था। दादी के ज़ेवर एक-एक करके बिहारी के बाप, पड़ोस के सुनार, के घर पहुँचते रहे और एक दिन वे प्रायः नंगी-बूची हो गईं। इसी समय भोलानाथ की मृत्यु हो गई।

उनकी मृत्यु के सम्बन्ध में राधा एक घटना बताती थीं। एक बार भोलानाथ अपने पुत्र को लेकर कहीं गए थे—शायद आनन्दीपुर। रास्ते में निचाट में गर्जन-तर्जन के साथ आँधी आई, बादल घिर आए, पत्थर पड़ा। शरण लेने को कोई जगह पास में नहीं थी। कहीं-कहीं पेड़ थे; प्रताप नारायण कहते, "बब्बा, किसी पेड़ के नीचे चलो।" पर बाबा कहते, 'आँधी-ओले में पेड़ के नीचे नहीं खड़े होना चाहिए, सिर पर पेड़ के गिरने का भय रहता है !' और वे इधर-उधर पेड़ों का गिरना देख भी रहे थे। निचाट में ही खड़े रहने का निश्चय हुआ। राधा कहती थीं कि सेर-सेर, सवा-सवा सेर के ओले थे। मैंने तो अपनी उम्र में इतने बड़े ओले आसमान से गिरते नहीं देखे। राधा की अतिशयोक्ति हो सकती है, सम्भव है पहले इतने बड़े-बड़े ओले गिरते हों, या एक बार गिरे हों; प्रकृति में असाधारण का होना कोई नई बात नहीं है।

बाबा ने बेटे को ज़मीन पर बिठला दिया और खुद उसपर झुककर उसे छाती से छाप लिया। पत्थरों से बाबा का सिर फूट गया था और खून की धारा पानी से मिलकर बह चली थी। पीठ पर गदागद ओले गिर रहे थे और रीढ़ की हड्डी टूटी जा रही थी, पर बाबा बेटे को छापे अडिग खड़े रहे। बेटे ने बहुत बार चाहा कि अपने पिता को ऐसे ही छापकर बचाए, पर बाबा उनकी गर्दन पर और ज़ोर डाल उन्हें दबाए खड़े ही रहे। थोड़ी देर बाद तूफ़ान शान्त हुआ। प्रताप नारायण अपने घायल-भीगे-ठिठुरते पिता को लेकर कीचड़, पानी, लोहू से लथपथ किसी तरह घर पहुँचे। बहुत सेंक हुई, बहुत मरहम-पट्टी हुई, वैद्य-हकीम आए, पर भोलानाथ जो खाट पर लेटे तो फिर न उठे। चार-छह रोज़ बाद उनकी मृत्यु की घड़ी आ पहुँची। खाट की एक ओर राधा, महारानी, बुद्धी खड़ी थीं, दूसरी ओर दादी और प्रताप नारायण। जैसे मेरे परबाबा मरते समय मेरे बाबा पर यह उत्तरदायित्व छोड़े गए थे कि वे महारानी का विवाह कर दें, उसी प्रकार मेरे बाबा ने अपनी अन्तिम श्वासों से मेरे पिताजी पर यह भार डालकर कि वे बुद्धी की शादी कर दें, अपना शरीर छोड़ दिया।

मृत्यु सदा ही दुखद और भयानक होती है, ग़रीब के घर की मृत्यु और भी करुण होती है, और भी असहायता का बोध कराती है। पुराणपंथी, पीढ़ी-दर-पीढ़ी से चले आए रीति-रिवाजों के शिकंजों में जकड़े निर्धन हिन्दू के घर मौत उसकी तबाही की भविष्यवाणी करती हुई आती है; विशेषकर यदि उसका परिवार अतीत में सम्पन्नता की ख्याति अर्जित कर चुका हो। नाऊ, बारी, कहार, ब्राह्मण, महाब्राह्मण, समाज के खुर्राट ठेकेदार, खूसट ठेकेदारिनें, बड़े-बूढ़े नाते-रिश्तेदार शव को चील-कौए-गिद्धों की

तरह घेरकर बैठ जाते हैं। लेकिन वे उसे खाते नहीं, खाते हैं उसके जीवित सम्बन्धियों को। इधर आदमी दुख से दबा रहता है और उधर उनकी मसलहती काँव-काँव आरम्भ हो जाती है।

''फ़लाँ जैसे धर्मात्मा, पुण्यात्मा थे वैसे ही उनको सद्‌गति भी मिलनी चाहिए।''

''क्रिया-कर्म विधि-विधान से होगा तो सद्‌गति क्यों न मिलेगी ?''

''होगा क्यों नहीं, बेटा होता किस दिन के लिए है ? और फिर फ़लाँ तो अपने पिता के योग्य पुत्र हैं।''

''फिर ख़ानदान यह कैसा है। इसके पिता ने अपने पिता के लिए क्या कुछ नहीं किया था। शव को कामदानी दुशाला ओढ़ाकार ले गए थे, जो फ़लाँ नाऊ का बाप अब तक ओढ़ता है।''

''ब्रह्मभोज में इतने ब्राह्मण न्योते गए थे, इतनों को लोटा-धोती मिली थी, इतनी बिरादरी ने कौर निकाले थे।''

''क़र्ज़ लेना पड़ा था तो क्या ! माँ-बाप रोज़-रोज़ नहीं मरते।''

''बेटा तो वही लायक़ है जिससे बाप का नाम हो, जिससे उसको परलोक में सद्‌गति मिले।

''रुपया-पैसा तो आता-जाता रहता है। मौक़े पर करने की बात है।''

''जो होती आई है वह तो करना ही होगा। जो चार भाई-बिरादर कहें वह करना ही चाहिए,'' आदि-आदि।

मेरी मिर्ज़ापुरी दादी की चिर-चेतंत आँखों ने देखा कि उनके और उनके बेटे के, जैसे मृगी-मृगछौने के, चारों ओर बागुर विषम बुना जा रहा है। उनके चिर-चौकन्ने कानों ने सुना कि बाबा का काम करने के लिए मकान बेचने का सुझाव भी दिया जा रहा है। विधवा होने के अवसर पर उनसे समाज की प्रत्याशा यह थी कि वे अपना छाती कपार पीटती, रोती-धोती रहेंगी और इस ओर ध्यान नहीं देंगी कि मृतक का क्रिया-कर्म करने के लिए क़र्ज़ लेने या घर बेचने की क्या कार्रवाइयाँ हो रही हैं। पर मेरी दादी बड़ी धाकड़ थीं। उन्होंने अपने आँसू पोंछ लिये और जो सज्जन मकान बेचने का सुझाव दे रहे थे उनके आगे आकर खड़ी हो गईं, बोलीं, ''हम घर बेच के उनकर काम तो कर देब, पै जो कल हमका रोवै का होई तो हम तुम्हरेन डेहरी पर आइ के रोउब !''

मेरी दादी की दृढ़ता ने परिस्थिति सँभाली। न घर बेचा गया, न क़र्ज़ लिया गया, दादी का कोई बचा-खुचा ज़ेवर गिरवी रखकर बाबा का काम जैसे-तैसे निबटा दिया गया।

दादी के उस साहस के लिए मेरे मन में सदा से बड़ा सम्मान रहा है। ऐसे अवसरों पर बड़े-बड़े समाज-सुधारकों और क्रान्तिकारियों को भी मैंने परम्परागत संस्कारों का शिकार होते देखा है। दुःख के मारे आदमी की बुद्धि कमज़ोर पड़ जाती है, प्रायः यही आसान मालूम होता है कि जो दूसरे कहें वही करता चला जाए। समाज

आदमी की इस कमज़ोरी और मौक़े की इस नाजुकी को समझता है और उससे वही करा छोड़ता है जो सदा से होता आया है। क्रान्ति किसी और अवसर के लिए हो, मौत के मौक़े के लिए मौज़ूँ नहीं है। और इस प्रकार अवसाद-विषाद के धुँधलके में समाज की ये रूढ़ियाँ-बूढ़ियाँ अपने जीवन के सूत्र जोड़ती चली जाती हैं।

दादी के स्वभाव में एक विचित्र शक्ति थी। मार्मिक-से-मार्मिक भावना के क्षण में, वास्तविकताओं को निरख-परख, वे फ़ौरन भावना से ऊपर उठ जाती थीं। बाबा के स्वभाव में एक विचित्र दुर्बलता थी। कठोर-से-कठोर वास्तविकताओं के बीच भी वे भावना के पक्ष को न भूलते थे और उसमें बह जाते थे। एक ने दूसरे को सन्तुलित किया था, एक को दूसरे की आवश्यकता थी। मैंने मन-ही-मन दोनों के स्वभावों को आदर दिया है। जीवन की परिपूर्णता में कुछ शक्तियों की आवश्यकता है तो कुछ दुर्बलताओं की भी। जो कहीं टिक न सके, ऐसे असमर्थ को मैं प्रशंसा तो दूर, अपनी सहानुभूति भी नहीं दे पाता; जो कहीं डिग न सके, ऐसे सबल-सुदृढ़ को मैं फ़रिश्ता भले ही समझूँ, इन्सान समझकर उसे अपने गले से नहीं लगा सकता। यथावसर टिकते-डिगते चलनेवाले मानव को ही मैं अपना साथी बनाना चाहूँगा।

हृदय और मस्तिष्क उन्हीं का
मुखरित हो मेरे छन्दों में,
यदि मुझको ज़िन्दा बन रहना
है हिन्दी के तुकबन्दों में,
मेरे रक्त, नसों के अन्दर उनका क्या कुछ संचित होगा !

घर में फिर रह गया अवसाद और दैन्य के वातावरण में चार स्त्रियों से घिरा एक पुरुष—तीन विधवाएँ, एक कुमारी, जिसके विवाह का उत्तरदायित्व उसके पिता उसके निर्धन कन्धों पर छोड़कर परलोकवासी हो गए थे।

प्रताप नारायण के लिए इस बात को भूलना मुश्किल था कि उनके पिता ने उनके लिए ही अपने प्राणों की बलि दे दी थी। चार महीने बाद परीक्षाएँ थीं। जब वे पढ़ने बैठते तो आँधी-ओले की वह भयावनी संध्या उनकी आँखों के आगे नाचने लगती। परिणाम जो प्रत्याशित था वही हुआ। प्रताप नारायण एन्ट्रेंस में फ़ेल हो गए। उन दिनों जो पढ़ाई समाप्त कर देना चाहते थे, उनके लिए मैट्रिक्युलेशन की परीक्षा थी, जो आगे पढ़ना चाहते थे उनके लिए एन्ट्रेंस की परीक्षा। वैसे ये दोनों परीक्षाएँ समकक्ष समझी जाती थीं। शायद प्रताप नारायण का इरादा आगे भी पढ़ने का रहा हो।

पारिवारिक आवश्यकताएँ विवश कर रही थीं कि जीविकोपार्जन के लिए कहीं नौकरी-चाकरी ढूँढ़ी जाए। एन्ट्रेंस फ़ेल होकर नौकरी ढूँढ़ लेना कोई खेल न था। मेरी दादी ने एक बार फिर हिम्मत दिखलाई। उन्होंने आग्रह किया कि प्रताप नारायण फिर से परीक्षा में बैठें, बोलीं, ''हम आन के कूटब-पीसब पर तुमका पढ़ाउब; तुम्हरे बब्बा के काम के बरे तो हम घर नहीं बेचा, पर तुमका पढ़ावै के बरे हम घरौ बेच देब।''

बाबा के न रहने पर बाबा की भावुकता का अभाव न अनुभव होने देने के

लिए यह उनका उदार प्रयास था। पिता के न रहने पर माता, माता-पिता दोनों बन जाती हैं। जिस दिन माता की मृत्यु होती है उस दिन आदमी को अनुभव होता है कि आज उसके पिता भी नहीं रहे, माता भी नहीं रहीं। प्रताप नारायण पिता की मृत्यु और घर की ग़रीबी से दबे हुए थे ही, परीक्षा की असफलता ने उन्हें और दबा दिया। उनका मन स्वस्थ नहीं था, पिछली कक्षा के विद्यार्थियों के साथ जाकर बैठने में लज्जा लगती होगी। उन्होंने आगे न पढ़ने का निश्चय किया, अब जैसी भी नौकरी मिलेगी कर लेंगे। पर जब तक कहीं काम न लगे तब तक तो घर ही बैठना था। दादी ने बाबा के वस्ते और शतरंज की बिसात को सन्दूक में बन्द कर ताला लगा दिया। बाप का रोग कहीं बेटे को भी न लग जाए।

कभी-कभी हिन्दू समाज की प्रथाएँ, प्रवृत्तियाँ मुझे चक्कर में डाल देती हैं। यहाँ एक घर है जिसमें पाँच प्राणी हैं, एक कन्या ब्याहने को है, कमाने की प्रत्याशा जिस एकमात्र व्यक्ति से है वह उस कार्य के लिए समुचित योग्यता नहीं प्राप्त कर सका है, बेकारी में दिन गुज़ार रहा है। इतना ज़रूर है कि वह लम्बे क़द का है, पोढ़ी काठी का है, उसकी मसें भीग चुकी हैं और वह अच्छे ख़ानदानों से सम्बद्ध है। बस इतने गुणों पर ही समाज को उसका अविवाहित रहना अखरने लगा है। अजीब बात लगती है पर समाज में शायद कोई बात अजीब नहीं होती; उसके लिए गहरे कारण होते हैं। पर अभी तो उन्हें आपके अनुमान पर छोड़ देता हूँ।

पास-पड़ोस के लोग, दूर-निकट के सम्बन्धी, खासकर बड़ी-बूढ़ी स्त्रियाँ, पुरोहित, परजा—परिवार की सेवा करनेवाले नाई-बारी-कहार को परजा (प्रजा) क्यों कहते हैं ? इस पर सोचते-सोचते मैं इस परिणाम पर पहुँचा हूँ कि सामंती समाज बहुत-से छोटे-छोटे सामंतों से निर्मित होता है, यहाँ तक कि हर सम्पन्न परिवार एक प्रकार का राजपरिवार हो जाता है, और उसके ऊपर पलनेवाले लोग उसकी प्रजा बने रहते हैं, और उसकी विपन्नता में भी उससे चिपके रहते हैं, उससे कुछ प्राप्त करने की आशा करते रहते हैं;—और अपरिचित-परिचित घर आ-आकर सुनाने लगे :

"लड़का तो अब बड़ा हो गया है।"

"लड़का तो अब ब्याहने लायक़ हो गया है।"

"फ़लाँ-फ़लाँ घराने से लड़के की नकल (जन्मपत्री) की माँग हुई है।"

"बेटे की शादी में ख़र्च की क्या फ़िक्र है। बस पाना ही पाना है।"

"बेटा तो कायस्थ के घर में 'बे-भुनाई हुंडी' है।"

"बेटी अपना भाग लेकर जाती है, बहू अपना भाग लेकर आती है।"

"बहू लक्ष्मी हुई तो बेटे का भाग भी जगा देती है।"

"भैया की सादी की हम लोग कब से आशा लगाए हैं।"

"मुंसी जी बने होते तो एसौं भैया की सादी ज़रूर कर देते।"

साथ ही समाज के व्यंग्य, धमकी और आगाही के स्वर भी सुन पड़े :

"दूल्हा तो वही है जो राम लला जैसा लगे, मुच्छड़ नहीं सोहता।"

"लड़का चरेर (मुलायम का उल्टा) हो गया तो सुकुआर लड़की नहीं मिलती।"

"जब रिश्ता करने से बराबर इन्कार किया जाए तो लोगों में शक पड़ जाता है कि लड़के में कोई ख़राबी है क्या।"

"सच पूछो तो जवान-जहील लड़के का अनब्याहा रहना ठीक नहीं। पास-पड़ोस में बहू-बेटीवाले हुए।"

लड़की सयानी होकर बेब्याही रही तो समाज और भी जीना दुश्वार कर देता है। उसकी ज़बान का अनवरत प्रहार सहन करते जाना या तो बड़े बहादुर का काम है या बड़े बेहया का। बुद्धी के ब्याह के बारे में लोगों की ज़बान इस वास्ते बन्द थी कि वह बेचारी बड़ी उम्र में भी बचपन ही ठेलती रह गई थी, फिर उसके पिता थे नहीं। माँ और नानी में इतना सामर्थ्य नहीं था कि उसका विवाह अपने बूते पर कर सकें। ब्याह तो प्रताप नारायण को ही उसका करना था पर जब उनकी माता के और उनके साधन स्वयं उनके निर्वाह के लिए पर्याप्त नहीं थे, तो उनको कौन दोष दे सकता था। मुहल्ले-टोले के स्वर में राधा और महारानी भी अपना स्वर कभी-कभी मिलाती थीं तो उसके पीछे यह प्रच्छन्न भावना रहती थी कि प्रताप नारायण का विवाह हो जाए तो उनकी ससुराल के मिले दहेज से बुद्धी की शादी की भी जुगत लग सके। अन्यथा बुद्धी की शादी के लिए धन इकट्ठा होने में इतने दिन लगेंगे कि वे बूढ़ी हो जाएँगी।

लड़के-लड़की के ब्याह के लिए समाज की सामूहिक चिन्ता, विकलता, बेसब्री आज भी मेरे लिए कम आश्चर्य का विषय नहीं है। सत्तर-अस्सी बरस पहले समाज का जो दृष्टिकोण था वह हमारे पुराने मुहल्लों में किसी-न-किसी रूप में आज भी वर्तमान है। परिवर्तनों के बीच अपरिवर्तित रहना, धारा के विरुद्ध तैर सकना, हिन्दू समाज में गुण समझा जाता है।

जब आर्य यायावर इस देश में आकर कृषक के रूप में व्यवस्थित हुए होंगे तब अवश्य ही उन्हें अपनी सन्तान बढ़ाने की आवश्यकता का अनुभव हुआ होगा। गृहस्थ धर्म, बहुविवाह, और सन्तान उत्पन्न करने की क्षमता बनी रहने तक विवाह करते जाने की प्रथा ने समाज में जड़ जमाई होगी। बुद्ध-पूर्व इसमें वांछित संयमन-सन्तुलन आ गया होगा। बुद्ध ने यती धर्म को समाज के मूल में स्थापित कर इस संतुलन को बड़ा भारी धक्का दिया। अविवाहित युवक-युवतियों के भिक्षु-भिक्षुणी रूप में संघ-प्रवेश से समाज का ढाँचा टूटा नहीं होगा तो बुरी तरह हिल गया होगा। जब ब्राह्मण धर्म ने फिर से अपने को स्थापित किया होगा तब अवश्य ही उसने विवाह को व्यक्ति की इच्छा पर न छोड़कर सामाजिक उत्तरदायित्व बना दिया होगा। आज भी समाज का आग्रह है कि प्रत्येक युवक-युवती का विवाह होना ही चाहिए। योरोप में बहुत बड़ी संख्या में पुरुष-स्त्री आजीवन अविवाहित रहते हैं। इसके लिए न समाज उनकी आलोचना करता है, न उनका अनादर करता है, न उस ओर विशेष ध्यान देता है।

फिर योरोप की तरह हिन्दू-विवाह व्यक्तिगत मामला है भी नहीं; वह पूर्णतया सामाजिक कृत्य है। विवाह के रीति-रिवाज कुछ इस प्रकार रखे गए हैं कि उनके साथ समाज के निम्नवर्ग से लेकर उच्चवर्ग तक सम्बद्ध हो जाते हैं। हमारे यहाँ के विवाहों में यदि सुहाग-सिन्दूर धोबिन देती थी तो संस्कार ब्राह्मण कराता था। इसलिए हर विवाह

के साथ भाई-बिरादरी के अतिरिक्त समाज के विभिन्न वर्गों के चालीस-पचास घरों का हित जुड़ा होता था। और यह सारा समुदाय इस बात के लिए आग्रहशील रहता था कि कोई अविवाहित न रह जाए। फिर जिस समय वर्ग से बाहर जाकर जीविकोपार्जन के द्वार न खुले हों उस समय इस आग्रह को 'सत्याग्रह' की सीमा तक ले जाया जाए तो आश्चर्य क्या है !

साथ ही मध्ययुगीन समाज, और हम प्रायः अब भी उसी में रहते चले जा रहे हैं, इस प्रकार संगठित है कि वह अपवादों को लेकर नहीं चलता। सबके लिए एक ही नमूने की ज़िन्दगी है। जहाँ भी किसी ने उस नमूने से अलग कुछ करना चाहा, वह भिन्ना उठता है। नमूने पर लाने के लिए तरह-तरह के उचित-अनुचित दबाव डालता है। और यदि कोई नमूने के अनुरूप ढलने से इन्कार ही करता जाता है तो उसे मक्खी की तरह निकालकर फेंक देता है, उसका बहिष्कार करता है। उसे निम्नता का, या कम-से-कम सबसे कटे हुए होने का हीन-बोध कराता है। आर्थिक दृष्टि से स्वतन्त्र, अलग खड़े होने का साहस करते हैं, पर निर्धन और समाज-निर्भर लोग नमूने की ज़िन्दगी पर ही उतर आने को बाध्य होते हैं। सत्याग्रह तो शायद निर्बल का हथियार है। समाज दुराग्रह करता है।

इस दुराग्रह का परिणाम यह हुआ कि मेरे पिता को अल्प-शिक्षित, बे-रोज़गार और साधनहीन रहते हुए भी विवाह करने के लिए तैयार होना पड़ा। बाबा मरते समय उन पर बुद्धी के विवाह का उत्तरदायित्व छोड़ गए थे और उसे निभाना केवल इसी प्रकार सम्भव हो सकता था कि उन्हें जो कुछ नक़द-सामान दहेज के रूप में मिले उससे बुद्धी की शादी कर दी जाए।

कुछ सहायता का आश्वासन अकोढ़िया से मिला, कुछ का मिर्ज़ापुर से। फफूँद से तुलसा ने हर तरह अपने छोटे भाई की सहायता करने का वचन दिया।

दादी और मेरे पिताजी के भी मन में कहीं यह आशा अटकी होगी कि यदि किसी सौभाग्यवती कन्या का चरण घर में पड़ जाएगा तो निश्चय ही घर का भाग्य बदल जाएगा। अपने इकलौते बेटे की बहू का मुख देखने की सुखद लालसा ने भी दादी को गुदगुदाया होगा।

प्रताप नारायण का विवाह शहर इलाहाबाद के ही मुहल्ला कटरा के निवासी मुंशी ईश्वरी प्रसाद की कन्या के साथ तै हुआ, जिसका नाम सुरसती था। यही मेरी माँ हुई। ज़ाहिर है कि सुरसती 'सरस्वती' का अपभ्रंश है। जब मुझे विद्या, कला, संगीत की देवी सरस्वती के प्रतीक का कुछ अर्थ मालूम हुआ और मुझमें लेखक या कवि बनने की आकांक्षा सुगबुगाई तो मन ने, केवल नाम के ही आधार पर, इससे बड़ा आत्मविश्वास और बल संचित किया कि मैं तो सरस्वती का पुत्र हूँ। अज्ञान इतना भोला होता है कि उस पर हँसने या क्रुद्ध होने के बजाय उसे प्यार करने को जी चाहता है। प्रसंगवश यह भी बता दूँ कि हिन्दी के लेखक और कवियों में मेरे सबसे निकट श्री सुमित्रानन्दन पन्त की माता का नाम भी सरस्वती था। जब अपने पिता के दिए हुए नाम 'गोसाईंदत्त' को बदलकर उन्हें अपने लिए दूसरा नाम चुनने की सनक सवार हुई तो एक बार उन्होंने 'सरस्वती-नन्दन' भी बनना चाहा था। पर इस नाम में शायद

उन्हें अहंमन्यता की गन्ध-सी आई और उन्होंने यह विचार छोड़ दिया। अपना नाम बदलने की बात कभी मेरे मन में नहीं आई। इसके विपरीत माता-पिता ने मुझे जिस नाम से घर में पुकारा था उसी को मैंने अपने लेखक के लिए स्वीकार किया, हालाँकि उन दिनों जैसे साहित्यिक और श्रुति-मधुर उपनाम लोग अपने लिए चुनते थे उनसे मेरे 'बच्चन' जैसे छोटे, लघुप्राण, अप्रभावकारी, घरेलू नाम का कोई मेल न था। साथ ही वाणी के जिस रूप को आदर्श बनाकर आगे मैंने उसे यत्किंचित् चित्रित करने का प्रयत्न किया, उसमें मुझे अपने को सुरसती का पूत मानना सरस्वती पुत्र मानने से अधिक सारगर्भित और अर्थसंगत लगा। अब कभी-कभी सोचता हूँ कि न वे सुरसती थीं और न सरस्वती नाम दे देने से वे हो भी कैसे सकती थीं—पर आकारहीन कल्पनाएं भी संस्कारों की कितनी मज़बूत बुनियादें डाल सकती हैं ! सुरसती के पूत को राग और आग साथ लेकर चलना चाहिए। इसे कितनी तरह से, कितनी बार लिख चुका हूँ। कितना लेकर चल सका हूँ, इसे मैं कैसे कहूँ।

मैं निज रोदन में राग लिए फिरता हूँ।
शीतल वाणी में आग लिए फिरता हूँ।

और अपनी माता पर लिखी एक कविता में मैंने कहा था—

और कितनी बार घुटनों में तुम्हारे,
जब कि घर में गीत का त्योहार होता
था, मजीरों, ढोल, ताशों की गमक में,
बैठकर लय, ताल, स्वर था मैं सँजोता,
और मेरे झूमने पर जब कि तुमने
पीठ मेरी थपथपाई थी, लगा था—
'सुरसती' ने मूक-मृत पाषाण छूकर
राग भरती आग जैसे हो जगा दी।
जीभ को तुमने सिखाया बोलना औ'
गीत की लय कान में तुमने बसा दी।

पितम्बर पंडित के बेटे मंगल पंडित की भविष्यवाणी सच निकली। मंगल पंडित को उनके पिता ने ज्योतिष पढ़ने के लिए काशी भेजा था, पर ज्योतिष तो उनसे सधा नहीं, अलबत्ता बनारस से भजन-भंग, बूटी-बगीची, पान-ज़र्दा का शौक़ लेकर वे इलाहाबाद लौट आए। पिता ने उनका विवाह करके उन्हें चक के घर छोड़ दिया और खुद अपने गाँव लौट गए जो कहीं सोरावँ तहसील में था। ब्राह्मण बेकार भी अपनी रोज़ी की कुछ जुगत कर ही लेता है। बनारस से लौटते समय वे पुराने पचांगों का एक भारी गट्ठर अपने साथ लाये थे। ज्योतिषी तो वे नहीं थे, पर कठ-ज्योतिषी अवश्य थे। ईमारी-बीमारी कब तक रहेगी, संकट-ग़रीबी कब तक टलेगी, गर्भवती को लड़का होगा कि लड़की, चोर माल चुराकर किस दिशा में भागा, है, दफ़ीना कहाँ गड़ा है आदि-आदि बातों को वे पंचांगों को उलट-पलट, उँगलियों पर कुछ गिन, मुँह से कुछ बुदबुदाकर बता देते थे और उनकी सौ में 95 बातें ठीक निकलती थीं; पाँच के लिए सफ़ाई देने की उन्हें बहुत-सी तरकीबें मालूम थीं। प्रताप नारायण की जन्मपत्री देखकर

उन्होंने कह दिया था कि दक्षिण की लड़की उत्तर दिशा में बैठी हुई वर की प्रतीक्षा कर रही है।

मुंशी ईश्वरी प्रसाद का परिवार बारा से आकर इलाहाबाद-कटरा में बसा था। बारा इलाहाबाद की दक्षिणी तहसील है। शायद शहर में आकर बसनेवाले वे अपने ख़ानदान के पहले व्यक्ति थे। उनके पिता बारा गाँव में ही रहते थे और शहर आना पसन्द नहीं करते थे। अपने परनाना के विषय में मैंने एक ही क़िस्सा सुना था। कहते हैं, मुंशी ईश्वरी प्रसाद अपनी पत्नी के साथ अक्सर बारा जाया करते थे—त्योहारों पर या विवाहादि के विशेष अवसरों पर। उस समय मर्द घोड़ों पर जाते थे, औरतें पालकियों पर, लेकिन कुछ ही दिनों बाद ऐसा हो गया कि रेल उधर से निकल गई। स्टेशन गाँव से कुछ दूर पड़ता था। कुछ नई चाल की सवारी पर चढ़ने के शौक, कुछ सुविधा के ध्यान, कुछ ख़र्च की किफ़ायत से प्रेरित हो एक बार मेरे नाना-नानी रेल से बारा पहुँचे—स्टेशन से घर तक तो पालकी में जाना ही था। जब नानी की पालकी दरवाज़े पर पहुँची तो मेरे परनाना लट्ठ लेकर खड़े हो गए, "मैं इन्हें घर में नहीं घुमने दूँगा, अब तो ये पल्टनवाली हो गईं !" रेलों से पल्टनों का आना-जाना देखकर शायद उन्हें पल्टनगाड़ी की संज्ञा दे दी गई हो। लोगों के बहुत समझाने-बुझाने पर माने, पर ज़िन्दगी-भर मेरी नानी को 'पल्टनवाली' ही पुकार कर व्यंग्य करते रहे; साथ ही उनके हाथ की बनाई रोटी फिर उन्होंने कभी न खाई।

मेरे नाना इलाहाबाद की कचहरी में सरिश्तेदार थे। मेरे अपने परिवार में किसी के कचहरी-पेशा न होने के कारण मैं यह नहीं जानता किस रिश्तेदार का क्या काम या ओहदा होता है, पर शायद कोई बड़ा ओहदा नहीं है, बहुत छोटा भी नहीं। उन्होंने उर्दू में कानून की एक किताब का सम्पादन किया था जो उनके नाम से प्रकाशित हुई थी। मेरे मामा जी की पुस्तकों में उसकी एक प्रति बहुत हिफ़ाज़त से बस्ते में बन्द करके रखी रहा करती थी। मैंने ऊपर से वह बस्ता तो देखा था पर उसे कभी खोलने की उत्सुकता नहीं हुई।

मेरे नाना का रंग बहुत गोरा था। कहते हैं, जब इलाहाबाद में ग़दर आरम्भ हुआ—कटरा कचहरी के पास ही सरकारी ख़ज़ाना था जो लूटा गया था—जब उन्होंने निश्चय किया कि वे अपने गाँव बारा भाग जाएँ। घोड़ा दौड़ाते चले जा रहे थे कि बलवाइयों को सन्देह हुआ कि कोई अंग्रेज़ भागा जा रहा है। उन्होंने घेर लिया और मार ही डालते पर उन्होंने गाँव की बोली में उनसे बात कर उनका भ्रम दूर कर दिया। बलवाइयों ने उनको सलाह दी कि हाथ-मुँह पर काली मिट्टी पोतकर वे जाएँ, नहीं तो उनकी जान ख़तरे में रहेगी, और उन्होंने ऐसा ही किया।

बारा का अपने ननिहाल का घर मैंने एक बार जाकर देखा था। शायद उस समय मैं नवें या दसवें में पढ़ता था। उस समय तक भी परिवार के लोग बतलाते थे कि इस आँगन में न जाने कितनी तलवारें, कटारें, शेर-बच्चे (एक प्रकार का हथियार) गड़े हैं। ग़दर के शान्त होने पर जब संदिग्ध ज़मींदारों के घरों की तलाशियाँ होने लगीं तो सारे हथियार आँगन में गाड़ दिए गए थे, और फिर कभी नहीं निकाले गए सिर्फ़ एक कटार निकाल ली गई थी जिसकी नवदुर्गों में पूजा होती थी। लगता है कि

मुसलमानी शासन-काल में लोगों के हथियार रखने पर कोई प्रतिबन्ध नहीं था, गो जनता और शासन के हथियार प्रायः एक-से हो सकते थे। अंग्रेज़ों ने तो देश को निर्बल और नपुंसक बनाने के लिए हथियार रखना जुर्म ठहराया। स्वराज होने पर भी बन्दूक-पिस्तौल पर प्रतिबन्ध नहीं हटाया गया। कारण शायद यह है कि इस ज़माने में सरकारें लोगों के जान-माल की सुरक्षा का पूरा भार अपने ऊपर ले रही हैं। आज सरकारों के पास इतने विशिष्ट हथियार आ गए हैं कि बन्दूक पिस्तौल रखने की खुली इजाज़त देना भी ऐसा ही होगा जैसा किसी ज़माने में लाठी रखने की छूट देना। पर हथियार शायद सुरक्षा से अधिक आत्म-विश्वास प्रदान करते हैं। और इस दृष्टि से किसी भी आज़ाद क़ौम का उन पर मुक्त अधिकार होना चाहिए—दुरुपयोग को सदा ही क़ानून से बन्द किया जा सकता है।

नाना के हथियार रखने के कारण उग्र होने के कोई क़िस्से मैंने नहीं सुने। ग़दर के बार मेरे बाबा के समान वे भी केवल क़लम चलाने में दक्षता प्राप्त करने के अभिलाषी रहे। ग़दर की असफलता ने इस देश की जनता के क्षात्र धर्म को तोड़ दिया था। महात्मा गाँधी ने भारतवर्ष को स्वराज अहिंसा के बल पर दिलाया। स्वराज होने के बाद देशभक्ति के लिए हिंसा का आश्रय लेनेवालों को जनता के मन में उभरने नहीं दिया गया। पड़ोसियों के बर्बर आक्रमण के बाद शायद समाज में फिर से क्षात्र धर्म को पुनः स्थापित करने की आवश्यकता प्रतीत हो।

मेरे नाना ठंडे दिमाग़ और सौम्य स्वभाव के आदमी थे। उनके नौकर माताभीख ने उनके दो-एक क़िस्से मुझे सुनाए थे जो उनके चरित्र पर पर्याप्त प्रकाश डालते हैं। माताभीख अपनी वृद्धावस्था में मेरे माता-पिता के पास काम करने को आ गया था। मेरी 'प्रारम्भिक रचनाएँ—तीसरा भाग' की 'उऋण' कहानी का नायक 'दक्खू' माताभीख पर ही आधारित है। 'लल्ली' मेरी माँ ही हैं। माताभीख की मृत्यु मेरी ही ड्योढ़ी पर हुई थी और उसके अन्तिम समय पर मेरी माता ने उसकी जितनी सेवा की थी, कहानी में वह बहुत कम करके रखी गई है। अपने पिता के पुराने वयोवृद्ध नौकर के साथ उन्होंने जिस स्नेह, संवेदना और समादर का व्यवहार किया था उसने मेरी दृष्टि में उन्हें मानवी की श्रेणी से उठाकर देवी की श्रेणी में रख दिया था। धार्मिकता और नैतिक्ता में मेरे पिता भी बढ़े-चढ़े थे। मेरे छोटे भाई ने मृत्यु-शय्या पर पड़े-पड़े न जाने किस प्रसंग में कहा था कि मेरे पिता को चाहे स्वर्ग न मिला हो, पर मेरी माता को निश्चय स्वर्ग की प्राप्ति हुई होगी। पूजा-पाठ तो वे अधिक न करती थीं, पर दीन-दुखी-रोगी के लिए उनके मन में अपार ममता थी।

माताभीख अभी 12-14 का ही था जब वह नाना की सेवा में आ गया था। एक बार ऐसा हुआ कि मेरे नाना ने माताभीख को कुछ लाने के लिए बनिए की दूकान पर भेजा। चीज़ भीतर थी, बनिया जब तक लेने गया तब तक माताभीख ने कोई पसन्द की चीज़ उठाकर अपनी जेब में रख ली। बनिया चालाक था, उसे बाहर आते ही, अपनी चीज़ों पर या नौकर के मुँह पर एक निगाह डालकर, यह पता चल गया कि उसने कुछ चोरी की है। बनिए ने माताभीख को इतना कसकर तमाचा मारा कि उसके कान से खून बहने लगा। जब माताभीख घर लौटा तब उसने सारा क़िस्सा नाना को

बताया। नाना ने केवल इतना कहा, ''यह तमाचा उसने तुम्हें नहीं, मुझे मारा है।'' यह सुनकर माताभीख शर्म से गड़ गया और फिर उसने कभी चोरी नहीं की। वह कहता, ''ऊ दिन कि ई दिन, कौनो के एक परा होय कि लाख परा होय, मैं हाथ से नाहीं छुएवँ !''

नाना को कचहरी के काम के सिलसिले में दौरे पर भी जाना पड़ता था। दौरे में माताभीख साथ जाता था। वही उनका खाना भी बनाता था। एक दिन माताभीख ने लौकी की रसेदार तरकारी और पूरी बनाई और थाली परोसकर नाना के सामने रख दी। नाना ने भोजन कर लिया और अपने काम पर बैठ गए। जब माताभीख खाने को बैठा तो पहला कौर मुँह में डालते ही उसने थूक दिया। वह लौकी तो तितलौकी थी और उसकी तरकारी मुँह में नहीं दी जाती थी। माताभीख हाथ जोड़कर नाना के सामने खड़ा हुआ, ''हुजूर कसूर माफ होय, आज लौकी बड़ी क़डुई बनी और आप खाय लिहेन।'' नाना ने सिर्फ़ इतना कहा, ''तुम्हारा कोई क़सूर नहीं; लौकी के भीतर की बात तुम कैसे जानते, आज मेरे लिए भगवान का यही हुकुम था, जब मैंने उसी का भोग भगवान को लगा दिया तो मैं खुद उसे खाने से कैसे इन्कार करता !''—'यदन्नः पुरुषो भवति तदन्नस्तस्य देवता'—नाना ने इसके उल्टे को भी अपने लिए मान्य ठहरा लिया था।

इसके विपरीत मेरे बाबा, कहते हैं, खाने में बहुत मीन-मेष निकालते थे। किसी को खाना बनाने में वे शत-प्रतिशत नम्बर कभी नहीं दे सकते थे। वे अक्सर कहते, ''हाँ सब्जी तो अच्छी बनी है पर ज़ीरा ज़्यादा भुन गया है, या लौंग ज़रा कच्ची रह गई है,'' या इसी तरह की त्रुटि बतलाने वाली कोई छोटी-सी बात।

सुस्वादु-सुपक्व भोजन मुझे प्रिय है। पर मैं समझता हूँ स्वादिष्ट पर मेरा आग्रह नहीं है। हाँ, अगर खाना लापरवाही से बना हो तो अवश्य मुझे अच्छा नहीं लगता, और कभी-कभी मुझे गुस्सा भी आ जाता है, हालाँकि आना न चाहिए क्योंकि प्रायः ग़लती अनजाने में हो जाती है कि कोई चीज़ जल गई, कि कच्ची रह गई, कि नमक ज़्यादा पड़ गया, कि बिलकुल नहीं डाला गया। ऐसी हालतों में मुझे शान्त करने का तेजी के हाथ में एक बड़ा कारगर नुस्खा आ गया है। बहुत गम्भीर बनकर वे कहती हैं, 'अगर इस समय आपके नाना खाने पर बैठे होते तो वे क्या करते ?'' और मैं चुपचाप जैसा भी खाना बना होता है खाकर उठ जाता हूँ। अगर कभी खाने में कोई त्रुटि बता दी तो उत्तर मिलता है, ''इस समय आपके बाबा आपकी जीभ पर बैठकर बोल रहे हैं।'' नाना-बाबा के ये क़िस्से मेरे लड़कों को भी मालूम हैं और खाने की मेज़ पर जब खाना किसी के भी मनमाफ़िक न हुआ तो कोई-न-कोई उन्हें छेड़ देता है और पूर्वजों की याद और मनोविनोद के बीच भोजन समाप्त होता है।

मेरे नाना की मृत्यु जिस प्रकार हुई उससे भी लगता है कि वे बड़े संयत और गम्भीर-चरित्र व्यक्ति रहे होंगे। एक बड़े ज्योतिषी ने एक वर्ष पूर्व उनके देहावसान की तिथि और घड़ी बतला दी थी। उनकी एकमात्र कन्या विवाहने योग्य थी, एकमात्र पुत्र अभी सात-आठ का ही था, पर उन्होंने घबराहट का कोई चिह्न प्रकट न किया। मकान वे अपना बनवा ही चुके थे, जो अब भी पीले शिवाले की गली में मौजूद है

और जिसमें अपने अन्तिम दिनों तक मेरे मामा जी रहते रहे। बेटी के ब्याह का उन्होंने पूरा सामान जुटा दिया, बेटे की शिक्षा के लिए नानी के पास रुपए जमा करा दिए। बेटे-बेटी से क्या कहना था, पर उन्होंने मेरी नानी को आगाह कर दिया था। वे तो उसी दिन से तरह-तरह के पूजा-व्रत में लग गईं। निश्चित दिन भी आ गया, नानी माला लेकर जप करने के लिए आसन पर बैठ गईं। किन्तु नाना का दैनिक कार्य हस्बमामूल चल रहा था। कचहरी जाने का समय हुआ तो नानी ने रोका। लेकिन नाना ने हँसकर कहा, "जिनके साथ ज़िन्दगी-भर काम किया है उनसे विदा तो ले आऊँ।" पूरे दिन काम करके वे घर लौटे, थोड़ी देर बाद उन्होंने छाती में दर्द की शिकायत की और साँस तोड़ दी।

भविष्यवाणी करने में ज्योतिष की शक्ति पर मुझे पूरा विश्वास नहीं—जितना है वह सम्भवतः उसी दुर्बलता पर आधारित है जो प्रायः सभी मनुष्यों में पायी जाती है—अज्ञात को जानने की जिज्ञासा, और इस दुर्बलता की अवस्था में मनुष्य निश्चित न जानने पर सम्भाव्य से कुछ सांत्वना प्राप्त कर लेता है। विश्वास यदि फलदायक है तो विश्वास फलनाशक भी हो सकता है। मैं कभी-कभी सोचता हूँ कि मेरे नाना की मृत्यु इस कारण तो पूर्वोक्त दिन-समय पर नहीं हुई कि उसकी सत्यता में उन्हें पूर्ण विश्वास था।

नाना के बड़े भाई के लड़के मुंशी दरबारी लाल बारा से इलाहाबाद आ गए और परिवार की देख-रेख करने लगे। नानी के सिर पर दो काम थे—कन्या सुरसती को ब्याह देना और बालक विन्ध्येश्वरी प्रसाद को पढ़ाना। विवाह की व्यवस्था जल्दी ही हो गई। प्रताप नारायण की कुण्डली सुरसती की कुण्डली से मिल गई थी। वर-कन्या के परिवार में पूरा सन्तुलन था—वर के पिता स्वर्गवासी हो चुके थे, कन्या के भी; वर की भी माता विधवा होकर बैठी थीं, कन्या की भी; वर की एकमात्र बहन थी, कन्या के एकमात्र भाई था। लड़के की ओर से किसी प्रकार का दहेज वग़ैरा नहीं माँगा गया, लड़की की ओर से यह आश्वासन दिया गया कि आख़िर बेटी का ब्याह कर रहे हैं, क्या न देंगे। और एक दिन यह विवाह सम्पन्न हो गया।

प्रताप नारायण के विवाह की चर्चा जैसे-जैसे ज़ोर पकड़ने लगी वैस-वैसे राधा-महारानी की बेचैनी बढ़ने लगी—वे बुद्धी का ब्याह लगाने को आतुर हो उठीं। मंगल पंडित की ड्योढ़ी पर कभी माँ, कभी बेटी बैठी दिखाई देतीं, कभी बड़े-बूढ़े रिश्तेदारों के यहाँ चक्कर लगातीं। मंगल पंडित को लटकाने की आदत न थी, जिसको जो बतलाना होता फट से बता देते, या कह देते, "भैया इसमें हमारा जोतिस नहीं चलेगा।" लेकिन राधा-महारानी के साथ वे बहुत दिन टाल-मटूल करते रहे, पर जब वे बहुत उनका जी खाने लगीं तो एक दिन उन्होंने व्यंग्य से मुस्कराते हुए कहा, "बुद्धी बड़भागी है, मूँगों से लदी जाएगी, मोतियों से लदी लौटेगी।" राधा-महारानी की बाछें खिल गईं लेकिन प्रताप नारायण ने रंग पहचाना और सशंकित हो गए। सम्भव है मंगल पंडित ने उनके कान में कुछ कह दिया हो।

बुद्धी का विवाह बादशाही मंडी के बाबू राजकिशोर के साथ तै हो गया। वे तीन भाई थे, एक उनसे कुछ बड़े, एक उनसे बहुत छोटे। बड़े का नाम मेरी स्मृति

से उतर गया है, छोटे थे बाबू धर्मकिशोर, जो आगे चलकर एकाउण्टेण्ट जनरल के दफ्तर में ऊँचे पद पर पहुँचे, कुछ दिन इलाहाबाद युनिवर्सिटी के सहायक-रजिस्ट्रार के रूप में भी उन्होंने काम किया, हिवेट रोड पर उन्होंने पक्का मकान बनवाया—परी भवन; कुछ वर्ष हुए उनकी मृत्यु हो चुकी है।

प्रताप नारायण की शादी में जो कुछ बर्तन, कपड़े रुपए आदि मिले थे वे सब बुद्धी की शादी में लगा दिए गए। केवल एक जेबी घड़ी रख ली गई थी जिसे मेरे पिता जी हर समय अपने पास या साथ रखते थे। लड़कपन में एक दिन मैंने वह घड़ी उनसे ले ली थी और मेरी असावधानी से वह खो गई। तभी मेरी माता जी ने कहा था; "मेरे दहेज की एकमात्र निशानी यह घड़ी थी, वह भी आज इस घर से चली गई।"

जब दो विवाहों की चहल-पहल समाप्त हो गई तो प्रताप नारायण को नौकरी ढूँढ़ने की फिक्र लगी। बारा का परिवार बढ़ रहा था; बाबू दरबारी लाल के बड़े भाई बाबू हजारी लाल के भी कई लड़के थे और अभी वे गाँव में ही रहते थे। बालक विन्ध्येश्वरी प्रसाद और उनकी माता का कटरे में अकेले रहना कठिन होता, इस विचार से दरबारी लाल ने शहर में ही आकर स्थायी रूप से रहने का निश्चय किया। वे अपने परिवार को भी लाए और थोड़े दिनों के बाद उन्हें किसी को-आपरेटिव सोसाइटी के दफ़्तर में नौकरी मिल गई। उनके 'कुपरेटी' में काम करने की बात मैंने अपने लड़कपन में सुनी थी। पर यह नौकरी ज़्यादा दिन नहीं चली। बाद को वे पायनियर प्रेस में क्लार्क के रूप में ले लिए गए। उन्होंने ही कह-सुनकर प्रताप नारायण को पायनियर प्रेस में क्लार्क का काम दिला दिया। शायद उन्होंने पन्द्रह रुपए प्रति मास पर काम करना आरम्भ किया था।

मेरी नानी से किसी समय खटपट होने पर दरबारी लाल दारागंज के किसी मकान में चले गए। नानी और मामा ने मकान के छोटे से हिस्से में रहने का निश्चय किया और बाक़ी मकान किराए पर उठा दिया गया। उसी से नानी के निर्वाह और मामा की शिक्षा की जुगाड़ होती रही।

'पायनियर' उन दिनों अंग्रेज़ों की बड़ी संगठित और सुव्यवस्थित संस्था समझी जाती थी। मैनेजर अंग्रेज़ हुआ करता था। सब ऊँचे-ऊँचे पदों पर अंग्रेज़ काम करते थे। अच्छे अंग्रेज़ विद्वान पत्र का सम्पादन करते थे—उसके सम्पादकों में रडयार्ड किपलिंग का नाम जगत्-प्रसिद्ध हुआ—सम्पादकीय विभाग में भी अंग्रेज़ अथवा ऐंग्लो-इण्डियन रखे जाते थे। हिन्दुस्तानी केवल छापेखाने और क्लरिकल विभाग में काम करते थे। प्रताप नारायण ने अपने पिता के अव्यवस्थित जीवन के विषय में इतना सुना था, इतना देखा था कि उन्होंने निश्चय किया कि वे उनकी भूल को न दुहराएँगे। उन्हें एक अच्छी संस्था में पाँव रखने की जगह मिल गई है तो वे अपनी किसी त्रुटि के कारण उसे वहाँ से हटने न देंगे। उन्होंने कुल मिलाकर शायद पैंतीस वर्ष पायनियर की नौकरी की। सबसे नीचे क्लार्क से सबसे ऊँचे क्लार्क की कुरसी तक पहुँचे। जब वे रिटायर हुए तब उनकी तनख्वाह दो सौ से ऊपर थी। उनके सहयोगी क्लार्कों ने उन्हें एक मानपत्र दिया था जिसमें उन्हें 'Pillar of support of the Pioneer office' (पायनियर कार्यालय का आधारस्तम्भ) कहा गया था। शीशा जड़ा वह मानपत्र कहीं

मेरे सामान में पड़ा है।

सुरसती क़द में मझोली और काठी में छरहरी थीं। मेरे नाना का बहुत गोरा और मेरी नानी का बहुत साँवला रंग उनमें आकर गेहुँआ हो गया था। चेहरा उनका प्रायः गोलाकार था—आँखें छोटी, होंठ पतले, सुन्दरियों में उनकी गिनती शायद ही की जा सकती हो, पर वे कुरूप न थीं। प्रताप नारायण का भी रंग गेहुँआ ही कहा जा सकता था, पर सुरसती के सामने बहुत दबा हुआ। चेहरा उनका रोमनों की ढाल-सा लगता था, चौड़े से अधिक लम्बा—लम्बाइयाँ ठुड्डी की ओर मुड़कर कोण-सा बनाती हुईं। आँखें उनकी बड़ी-बड़ी थीं जिनमें भंग पीने पर, अथवा गुस्सा आने पर लाल डोरे पड़ जाते थे--सुरसती की आँखें गुस्से में अधिक नीली हो जाती थीं--होंठ उनके मोटे और भरे हुए थे। पुरुष-सौन्दर्य प्रताप नारायण में अधिक था। ऐसा कहा जाता है कि शरीर की बनावट में मन के स्वभाव का संकेत रहता है। पर मुझे केवल बनावट के आधार पर स्वभाव का निरूपण नहीं करना है। मैंने दोनों को देखा, समझा था। कुल मिलाकर प्रताप नारायण में पुरुषोचित पुरुषता थी, सुरसती में स्त्रियोचित कोमलता—एक शासन करने के लिए बना था और दूसरी स्वेच्छया, दबकर नहीं, शासित होने के लिए थी।

मेरे परिवार में एक विचित्र परम्परा चली आती है—एक पीढ़ी में पुरुष शासन करता है, दूसरी पीढ़ी में स्त्री। नायब साहब नयबाइन को दबाए रहते थे, मेरी दादी के सामने मेरे बाबा की सिट्टी गुम हो जाती थी। मेरे पिताजी मेरी माता जी के लिए सेर पर सवा सेर बने रहते थे, मुझ पर, मेरे बच्चों पर, प्रायः मेरी पत्नी की हुकूमत चलती है, और मेरे लड़कों को इसकी खुशी है कि अब उनके अपनी पत्नियों पर शासन करने की बारी आ रही है।

पति-पत्नी के सम्बन्ध क्या हों, इस पर विभिन्न युगों और समाजों में तरह-तरह के प्रयोग होते आए हैं—कहीं आदर्श को आगे रखकर, कहीं वास्तविकता को। और मुझे लगता है कि 'यत्र नार्यस्तु पूज्यते' और 'देवी ! माँ ! सहचरि ! प्राण !' से उस सम्बन्ध के प्रति उतना ही अन्याय हुआ है जितना 'ढोल, गँवार, शूद्र, पशु, नारी...' से। नारी को पूजने का आदर्श बनाकर पुरुष ने अपने को कम नहीं पुजवाया और पीटने का अधिकार हाथ में रखकर शायद कम पिटा भी नहीं—पिटाई हमेशा शरीर की ही नहीं होती। स्त्री पीटने के ऐसे सूक्ष्म तरीके जानती है कि रोयाँ न छुए और लच्छन झाड़ दे। जब तक परिवार प्रथा विघटित नहीं हो जाती और कृत्रिम गर्भाधान समाज स्वीकृत नहीं हो जाता तब तक पुरुष-स्त्री के सन्तुलित सम्बन्ध की खोज बराबर जारी रहेगी। सारे प्रयोगों का औसत निकाला जाए तो प्रायः स्त्री ही पुरुष से दबी रही है और इसका कारण बताया जाता है उसकी आर्थिक परतन्त्रता। जहाँ आर्थिक स्वतन्त्रता सम्भव हुई है वहाँ, इसमें सन्देह नहीं, एक-दूसरे से दबने की भावना दूर हो गई है। पर यह केवल बाहरी और नकारात्मक पक्ष है। समता में प्रतिद्वन्द्विता के तनाव की भावना कम नहीं है। योरोप में पति-पत्नी-विच्छेद के कितने ही मामलों में आर्थिक स्वतन्त्रता ही कारण बनी है। स्पष्ट है कि इस सम्बन्ध के एक भीतरी और भावनात्मक पक्ष की अवहेलना हुई है। नर-नारी का वह आकर्षण जो प्रेम का रूप लेता है, एक-दूसरे के किसी अभाव की पूर्ति करता है। दोनों को ही अपने-अपने अहं को

किसी-न-किसी रूप में पोषित करने और किसी-न-किसी रूप में मिटाने की आवश्यकता होती है। जो दम्पति कभी एक-दूसरे के ऊपर उठकर, कभी एक-दूसरे के नीचे झुककर इस आवश्यकता की पूर्ति करते रहते हैं वे अपने सन्तुलित सम्बन्ध का रहस्य जान लेते हैं। तुलसीदास ने शिव और राम का सम्बन्ध बताते हुए कहा है कि शिव हैं 'सेवक, स्वामि, सखा सिय पी के'--आदर्श प्रेम का सम्बन्ध शायद एक साथ इन तीनों रूपों में ही निभता है—पति, पत्नी का सेवक हो, स्वामी हो, सखा हो; पत्नी, पति की सेविका हो, स्वामिनी हो, सहेली हो।

एक बात मैं और कहना चाहूँगा। स्त्री की आर्थिक स्वतन्त्रता की घोषणा करने के लिए वेतन का चेक ही जरूरी नहीं है। औद्योगिक दृष्टि से अविकसित समाज में कम ही स्त्रियों को वेतन अर्जित करनेवाला काम सुलभ हो सकता है। घर-बाहर के अथवा समाज के विभिन्न कार्यों में उनके श्रम के योगदान को अर्थोपार्जन से कम महत्त्व नहीं दिया जाना चाहिए। नर-नारी विकसित समाज की प्रतीक्षा में एक-दूसरे की तरफ़ पीठ करके वहाँ नहीं बैठे रहेंगे।

प्रताप नारायण ने अपने सीमित साधनों से अपनी गृहस्थी को सुचारू रूप से चलाने का निश्चय किया। पाँच प्राणियों के खाने-कपड़े का प्रबन्ध करना था। घर वर्षों की बे-मरम्मती से जगह-जगह से टूट-गिर रहा था, उसे ठीक कराना था। साथ ही घर पर लदा एक क़र्ज़ चुकाना था। सबके ऊपर अपने दाम्पत्य जीवन को एक ऐसा सुसंस्कृत और सुरक्षित नीड़ बनाना था जिसमें निकट भविष्य के सुन्दर और सुकुमार सपने साकार हो सकें। उन्हें क्या पता था कि उनकी कल्पना का भविष्य अभी बहुत दूर है और उनके मन के सपने अभी बहुत दिनों तक उनसे आशा, निराशा, पिपासा और प्रत्याशा की आँखमिचौनी खेलेंगे।

सुरसती ने पत्नी की सहज सहानुभूति से पति की समस्या समझी और उसे हल करने का उन्होंने जो उपाय सोचा था उसमें अपना पूरा योग देने का निश्चय किया। शुरू-शुरू में उन्हें इस बात का मलाल अवश्य था कि वे जो कुछ अपने साथ अपने पिता के यहाँ से लेकर आई थीं वह इस घर से बाहर चला गया, बुद्धी की ससुराल को; पर शीघ्र ही उन्होंने अनुभव किया कि यह एक पारिवारिक कर्त्तव्य था, और उससे मुकरना लज्जा की बात होती। बाद को उन्हें यह सोचकर सन्तोष होता था कि उनका वैवाहिक जीवन कुछ त्याग-बलिदान से आरम्भ हुआ और उसका सात्त्विक प्रभाव उन पर सारी उम्र बना रहा।

प्रताप नारायण की आमदनी को वे एक पाई भी नहीं बढ़ा सकती थीं, पर घर के ख़र्च को तो वे कम-से-कम रख सकती थीं—वे न अच्छे खाने की माँग करेंगी, न अच्छे कपड़े की, न गहने-गुरिए की; वे खाना बनाएँगी, चौका-बर्तन करेंगी, कपड़े धो-सी लेंगी, घर की सफ़ाई करेंगी और अपनी सास और घर की दो बड़ी-बूढ़ियों की सेवा करेंगी। सुरसती में काम करने की अपार शक्ति थी। बेकार उनसे बैठा ही न जाता था। दिन को वे कभी नहीं सोती थीं। कभी कोई थोड़ा आराम करने को कहता भी तो वे कहतीं, "ऊ दिन भर दफ्तर में आपन आँखी फोड़त हैं, अउर हम घर में पाँव पसार के सोई !" प्रताप नारायण सुरसती को पाकर धन्य हो गए। ग़रीबी ने दोनों

प्राणियों को जिस श्रम, संयम, अनुशासन और आत्म-नियन्त्रण की शिक्षा दी वह उनके स्वभाव में, चरित्र में बैठ गई, और उनके सुख-सुविधा के दिनों में भी सहज साध्य रहकर शोभन लगती रही।

सुरसती को केवल हिन्दी की शिक्षा दी गई थी, घर पर ही सम्भवतः उनकी माता के द्वारा। मेरी नानी हिन्दी पढ़-लिख लेती थीं। रामायण वे नित्य पढ़ती थीं, अपनी दैनिक पूजा में; वेंकटेश्वर प्रेस का छपा सूरसागर भी दो जिल्दों में उनके पास था, पर उसके भजन वे यदा-कदा ही पढ़ती थीं। गद्य में उनके पास सुखसागर की पोथी थी और सम्भवतः प्रेमसागर की भी जिसे वे कभी-कभी दिन में अपनी पड़ोसिनों के बीच बैठ बाँचा करती थीं। लिखाई उनकी बहुत अच्छी नहीं थी। एक सीधी लकीर पहले खींच देतीं और उसी में अक्षर और मात्राओं को लटका देतीं, संयुक्ताक्षर उनके बस का नहीं था, ह्रस्व की जगह दीर्घ और दीर्घ की जगह ह्रस्व लगा देना उनके लिए मामूली बात थी। और किसी को उनका लिखा पढ़ने में कठिनाई हो, पर मेरी माताजी उसे बिलकुल ठीक पढ़ लेती थीं। ये सब कमज़ोरियाँ मेरी माँ की लिखावट में भी थीं। माँ से बेटी में उन्नति का क्रम सिर्फ़ इतना चला था कि बेटी पहले सीधी लकीर नहीं खींचती थीं, एक-एक अक्षर लिखकर उसपर लगाती थीं, पर एक शब्द को दूसरे शब्द से अलग करने की बात उन्हें न सूझती थी। नतीजा यह हुआ है कि उनके हाथ की लिखी भजन, लोकगीत, ग़ज़लों की एक पूरी कापी मेरे पास रखी है और मैं उसे बहुत प्रयत्न करने पर भी नहीं पढ़ पाता। उनकी स्मृति बड़ी अच्छी थी और उन्हें सैकड़ों गीत-भजन याद थे जिन्हें वे समय-समय पर गाती थीं और बाद को उन्होंने एक कापी में लिख डाले थे।

उर्दू की वे वर्णमाला भर जानती थीं—'अलिफ़' से लेकर 'दो चश्मी हे' तक, जिसे वे बड़ी खूबसूरती के साथ लिख भी सकती थीं। जब उनके छोटे भाई विन्ध्येश्वरी प्रसाद को पढ़ाने को मौलवी साहब रखे गए तो वे भी उनके पास जाकर बैठ जातीं और इस प्रकार उन्होंने उर्दू की वर्णमाला पहचान ली थी और अवश्य ही उसके लिखने का अभ्यास किया था। मुझे उर्दू अक्षरों की शिक्षा पहले-पहल अपनी माँ से ही मिली थी। आज भी मुझे अपने छुटपन के दिन याद हैं कि मेरी माँ किन्हीं काम-धन्धों में लगी हैं और मैं चटाई पर बैठ उनके द्वारा तख़्ती पर चँगीटे उर्दू के अक्षरों पर स्याही फेर रहा हूँ। जब मैं सब अक्षरों पर स्याही फेर लेता तब उनको दिखलाता; वे तख़्ती पर पानी छिड़क, खड़िया पोत, फिर से तख़्ती तैयार करतीं और जब वह अध-सूखी हो जाती तब सूखे क़लम से उर्दू की पूरी वर्णमाला उसपर चँगीट देतीं और फिर मैं उसपर स्याहीदार क़लम चलाता। वह क्रम दिन में कई बार चलता। बाद को मेरी माँ बतातीं कि वे तख़्ती धोते, सुखाते, चँगीटते ऊब जातीं पर मैं न ऊबता। इस प्रक्रिया में ज़्यादा काम तो उन्हीं को करना पड़ता था। जब सब कुछ हो जाता, मैं खचीनों पर स्याही भर फेर देता। माँ को बार-बार परेशान करने में मुझे कुछ मज़ा भी आता होगा, इसकी कल्पना मैं आज कर सकता हूँ। अमित जब पढ़ने योग्य हुआ तब तख़्ती का रिवाज तो ख़त्म हो गया था, पर तेजी पेंसिल से अक्षर काग़ज़ पर लिख देतीं और उससे कहतीं इनपर स्याही फेरो, और वह उल्टे-सीधे उनपर क़लम चला फिर आ पहुँचता, 'और

लिको !' बच्चे में बदले की भावना बड़ी प्रबल होती है। आप उससे कुछ काम लें तो वह भी आपसे कुछ अधिक काम लेकर ही सन्तुष्ट होता है। जब कभी मेरा मन लिखने में न लगता, मैं खेलना-कूदना चाहता तो क़लम की नोक को किसी तरह दबाकर तोड़ देता। नरकुल या किलिक को तेज़ चाकू से काटकर क़लम बनाना माँ को नहीं आता था, यह काम तो पिताजी ही दफ़्तर से लौटने पर कर सकते थे; और मुझे दिन भर की छुट्टी हो जाती। बच्चा चालाक भी कम नहीं होता।

सुरसती बस हिन्दी का थोड़ा-बहुत ज्ञान और उर्दू का अक्षर-ज्ञान लेकर प्रताप नारायण के यहाँ आई थीं। पर पढ़ना-लिखना उन दिनों बहुओं के किसी गुण में नहीं गिना जाता था। उनकी माँ ने उनको गृहस्थी के सारे कामों में दक्ष कर दिया था। सुई-सिलाई के बारीक कामों से लेकर काँड़ने-कूटने के भारी कामों तक कोई ऐसा नहीं था जो उनकी माता ने उन्हें न सिखाया हो। पर इससे भी अधिक महत्त्वपूर्ण काम उन्होंने यह किया था कि घर से विदा करते समय बेटी को रामायण की एक पोथी दी थी जिसमें सती अनुसूया के 'नारिधर्म' उपदेश के स्थान पर एक बेलपत्र लगा दिया था,

एकै धर्म, एक व्रत नेमा
काय बचन मन पति पद प्रेमा।

सुरसती प्रताप नारायण की इच्छाओं-अभिलाषाओं, संकेतों की अनुगामिनी बनने के लिए आई थीं और आजीवन बनी रहीं। अपनी एकान्त पतिनिर्भरता का बड़ा करुण मूल्य उन्हें मेरे पिताजी की मृत्यु के बाद चुकाना पड़ा। आज वे होते तो क्या सोचते, क्या कहते, क्या करते !—वैधव्यकाल में उनका तकिया-कलाम हो गया था। उनके ऐसा कहने में कोई कल्पना न होती, कोई पश्चात्ताप न होता, कोई वेदना न होती, बस निरी निरीह असमर्थता होती, भोलापन होता जो मन को वेध जाता। मेरे पिता की मृत्यु के बाद वे तीन बरस छः महीने जी कैसे गईं इसपर मुझे आश्चर्य था। एक अत्यन्त करुण प्रसंग की चर्चा आगे करूँगा।

कमाना प्रताप नारायण का काम था, पर हिसाब से ख़र्च करना सुरसती की जवाबदेही थी; मुंशी ईश्वरी प्रसाद के यहाँ ऐसा ईश्वरावतार था कि हिसाब-किताब रखने की कभी आवश्यकता ही न पड़ी थी। शुरू-शुरू में सुरसती के खुले हाथों ने महीने के उत्तरार्द्धों में कुछ कष्टकर स्थितियाँ भी खड़ी कर दीं। बाद को प्रताप नारायण ने अपनी पत्नी को खड़ी-पड़ी पाई और बिकारी की सहायता से हिसाब रखना सिखाया। हिसाब रखना और बात है और हिसाबी बुद्धि रखना और बात है। परिस्थितिवश सुरसती ने हिसाब रखने पर कुछ व्यावहारिक अधिकार तो प्राप्त कर लिया, पर हिसाबी बुद्धि उनमें अंकुरित न हो सकी।

हिसाबी बुद्धि की परिभाषा देना कठिन नहीं है। ऐसा आदमी संसार में पैसे की आवश्यकता को ही नहीं, उसके महत्त्व को भी पहचानता है, और सदा यह प्रयत्न करता रहता है कि कैसे पैसा मुट्ठी में आए और मुट्ठी से जाने न पाए। गिरिधर कविराय की पैसे पर एक कुण्डलिया याद आ गई,

साईं या संसार में मतलब को ब्यौहार,
जब लगि पैसा गाँठ में तब लगि ताको यार,

तब लगि ताको यार यार सँग ही सँग डोलैं,
पैसा रहा न पास यार मुख से नहिं बोलैं;
कह गिरिधर कविराय...

लो, अन्तिम दो पंक्तियाँ तो भूल ही गया; भूलना ही था। गिरिधर कविराय अपनी कुण्डलियों की अन्तिम दो पंक्तियों में कोई परिणाम निकालते हैं, कोई उपदेश या सीख देते हैं। कल्पना कर सकता हूँ कि उन्होंने क्या उपदेश दिया होगा; और उस मूल भाग को भूलना ही शायद यह सिद्ध करने के लिए पर्याप्त है कि मेरी बुद्धि हिसाबी नहीं है।

हमारे परिवार में स्त्रियाँ हिसाबी-बुद्धि होती आई थीं; नायब साहब और मेरे बाबा नहीं थे, नयबाइन और मेरी दादी थीं। मेरी माँ ने आकर पाँसा पलट दिया। मेरी दादी से कुछ संस्कार लेकर मेरे पिताजी कुछ हिसाबी बुद्धि रखते थे। हम दो भाइयों में शायद मुझे अपनी माँ का संस्कार मिला, मेरे छोटे भाई को मेरे पिता का। मेरी पत्नी ने आकर अपनी सास जी की परम्परा अपनाई है—अपने मायके से ही वे कम दृढ़ संस्कार नहीं लाईं। नतीजा यह है कि हम पति-पत्नी में से कोई हिसाबी-बुद्धि नहीं। अपनी पत्नी के खुले हाथ को सन्तुलित करने के लिए मैंने कभी-कभी अपनी मुट्ठी बन्द रखने का प्रयत्न किया है, पर उन्होंने मुझे गुदगुदा दिया है और मेरी हथेली खुल गई है।

पायनियर प्रेस में प्रताप नारायण की समय की पाबन्दी, शुद्ध-स्वच्छ लिखावट, सही-साफ़ हिसाब-किताब रखने की आदत, विनम्र-निश्छल व्यवहार ने बहुत जल्दी उनको विशिष्टता दे दी। काम से वे न घबराते, न ऊबते, न थकते। अपना काम ख़त्म कर वे सहयोगी क्लार्कों का पिछड़ा काम भी अपनी मेज़ पर रख लेते और दफ़्तर बन्द हो जाने के घण्टों बाद, रात देर तक काम में जुटे रहते। इस प्रकार वे अधिकारियों और सहकर्मियों, दोनों के प्रिय बन गए। घर से दफ़्तर चार मील होगा; कुछ कम भी हो सकता है। फ़ासले के मामले में मेरा अनुमान हमेशा ग़लत होता है—ज़्यादा की तरफ़। वे पैदल ही आते-जाते, शायद पैसे बचाने की ग़रज़ से, साइकिल न उन्होंने ख़रीदी, न उसकी सवारी की। प्रेस के नज़दीक कटरे से, चक के नज़दीक चौक तक इक्के मिल जाते थे; कभी-कभार देर-अबेर होने पर, या विशेष थकावट-कमज़ोरी में वे इक्के का उपयोग कर लेते, पर पैदल चलने का उन्हें मर्ज़ था; दफ़्तर जाने-आने के अलावा भी उनके पैदल चलने के नित्य-नैमित्तिक कार्यक्रम थे।

दफ़्तर के लिए उन्होंने एक तरह की पोशाक अपनाई और जितने दिन दफ़्तर में गए उसी में गए—काला जूता, ढीला पाजामा, अचकन, जो उनके लम्बे-इकहरे शरीर पर खूब फबती थी और दुपल्ली टोपी। जाड़ों में मेरी माँ के हाथ का बुना ऊनी गुलूबंद उनके गले में पड़ा रहता था। दफ़्तर से बाहर के लिए वे धोती पर बन्द गले का कोट पहनते थे, सिर पर फ़ेल्ट कैप जो उन दिनों विलायत से आती थी और काफ़ी महँगी होती थी। अब तो वह बाज़ारों से ग़ायब हो गई है। मेरे पिताजी का सिर असाधारण रूप से बड़ा था और, गो वे बाल देसी ढंग के छोटे ही रखते थे, फिर भी सबसे बड़ी साइज़ की उपलब्ध फ़ेल्ट कैप उनके सिर पर छोटी लगती थी। उनका एकमात्र चित्र

जो मेरे पास है, उसमें वे फ़ेल्ट कैप पहने हुए हैं और उनके आगे के और बग़ल के बाल जैसे टोपी में न समा सकने के कारण बाहर निकल रहे हैं। पिता जी बाहर निकलते तो छाता उनके हाथ में ज़रूर होता। मौसम साफ़ हो और रात हो तो वे छड़ी लेकर चलते थे, पर पतली नहीं अच्छी मोटी-मजबूत। एक बार वे मसूरी गए तो वहाँ से एक दर्जन छड़ियाँ लाए, लोगों को बाँटीं, उनमें लोहे की सामियाँ लगवाईं, शायद दो-चार अब भी मेरे इलाहाबाद वाले घर में पड़ी हों।

लाठी लम्बी मेरे घर में नहीं थी, पर लाठी चलाने की तालीम पिताजी ने कभी ज़रूर ली होगी। मुझे एक बार की याद है। शहर में किसी कारण हिन्दू-मुस्लिम दंगा हो गया था। हमारे मुहल्ले में भी तनाव फैल गया। उत्तर की ओर मुसलमानों की एक बस्ती थी। उधर होकर किसी हिन्दू का जाना मुश्किल हो गया। एकाध बुरी तरह पिटे। हमारे मकान के सामने के मैदान में हिन्दुओं ने मिलकर सलाह की, क्या हम लोग भी इस तरह की कार्रवाई अपनी तरफ़ शुरू कर दें ? पिताजी इस आग को बढ़ने देने के पक्ष में नहीं थे। मुसलमानों को समझाना-बुझाना चाहिए। एक ही मुहल्ले में रहना है, चोली-दामन का साथ है, पर इस वातावरण में समझाने के लिए जानेवाले की शामत ही आती। अन्त में यह दायित्व पिताजी ने अपने ऊपर लिया। हिन्दुओं को इकट्ठे देख उधर मुसलमान भी लाठियाँ ले-लेकर खड़े हो गए। पिताजी ने कहा, ''सब लोग यहीं ठहरें, मैं अकेले जाऊँगा।''

पिताजी ने धोती ऊपर कर ली, कुरते की बाँहें चढ़ा लीं, और अपना पहाड़ी मोटा डंडा दाहने हाथ से कन्धे पर सँभाले, बायाँ हाथ तेज़ी से हिलाते, नंगे पाँव आगे बढ़े। उस दिन मैंने साक्षात् आत्म-विश्वास को धरती पर चलते देखा था। यों तो उनकी बहुत-सी तस्वीरों की छाप मेरी स्मृति पर है, लेकिन यह जितनी स्पष्ट है उतनी दूसरी नहीं। एक आदमी को पचीस-तीस के दल से भिड़ने को आते देख एक बार तो विरोधी भी सकते में आ गए। उन्होंने उनके पास जाकर कहा, मैं लड़ने नहीं आया हूँ। लड़ने को आता तो अपने साथ औरों को भी लाता; मैं लड़ाई बन्द कराने आया हूँ। डंडा केवल आत्म-रक्षा के लिए साथ है, कोई अकेला मुझे चुनौती देगा तो पीछे नहीं हटूँगा। मर्द की लड़ाई बराबर की लड़ाई है, चार ने मिलकर एक को पीट दिया तो क्या बहादुरी दिखाई। अकेले सिरफिरे की बात समझी जा सकती है; चार आदमी मिलें तो उन्हें कुछ समझदारी की बात करनी चाहिए। इस तरह की लड़ाई तो बे-समझी की लड़ाई है, कहीं किसी ने किसी को मारा, आपने दूसरी जगह किसी दूसरे को मार दिया। धरम का नाता है तो पास-पड़ोस, इन्सानियत का नाता भी है। इन्सान मेल से रहने को बना है। लड़ाई कितने दिन चलेगी, दो दिन, चार दिन; पाँचवें दिन फिर सुलह से रहना होगा। दो-चार, दस-बारह, सौ-पचास हिन्दू-मुसलमानों के कट-मरने से न हिन्दुत्व समाप्त होगा न इस्लाम खत्म होगा। साथ रहना है तो खूबी इसी में है कि मेल से रहें, मेल से न रह सकें तो अलग होकर रहें। एक-दूसरे से टकराने की ज़रूरत नहीं; दुनिया बहुत बड़ी है।

पिताजी की बातों का असर हुआ। उस दंगे में फिर कोई वारदात नहीं हुई। आगे भी कई बार जब शहर में हिन्दू-मुस्लिम दंगे हुए, हमारे मुहल्ले में शान्ति बनी

रही। पिताजी को अपनी बात मनवाने की कला खूब आती थी। वे बातों के सही-ग़लत पक्ष का निर्णय ठण्डे दिमाग़ से करते थे, और फिर बग़ैर तैश में आए हुए सही पक्ष को सही साबित करने के लिए अपना पूरा वाक्-चातुर्य इस्तेमाल करते थे। उनसे बातों में पार पाते मैंने किसी को नहीं देखा। वे वकील बने होते तो बड़े सफल वकील होते इसमें सन्देह नहीं है। वे हारे तो मुझसे। मैं उनके साथ बहस-मुबाहसे के अखाड़े में उतरता ही नहीं था। मुझे जैसे मालूम हो गया था कि उसके सारे दाँव-पेचों में वे पारंगत हैं। मुझे क्या करना है, क्या नहीं करना है, इसका मैं अपनी सहज बुद्धि से निर्णय करता था—मैं यह दावा नहीं करूँगा कि मेरे फ़ैसले सदा ठीक ही रहे हैं—और मैं उन पर अड़ जाता था। और जितना ही मुझे समझाया-बुझाया जाता था, मुझपर ज़ोर डाला जाता था, उतनी ही मेरी ज़िद बढ़ती जाती थी; और अन्त में मुझे अपनी-सी करने को छोड़ दिया जाता था और उसे मैं अपनी जीत समझता था। प्रताप नारायण दुनिया भर से जीतकर बेटे से हार गए थे। अब सोचता हूँ, बेटे से हार जाना बाप के लिए कितनी बड़ी जीत है। ऋषियों ने बहुत गहरे पैठकर कहा होगा 'पुत्रादिच्छेद् पराभवम्।'

मेरे पिता का दैनिक जीवन प्रायः एक ढर्रे पर चलनेवाला, नियमबद्ध और नैमित्तिक था। वे सवेरे तीन बजे उठते, शौचादि से निवृत्त होते और ठीक साढ़े तीन बजे गंगा स्नान के लिए चले जाते। पैदल जाते, पैदल आते; गंगा जी घर से तीन-चार मील के फ़ासले पर होंगी। वे ठीक साढ़े छह बजे नहाकर लौटते, साथ में एक सुराही गंगाजल भी लाते, और पूजा पर बैठ जाते। पूजा के लिए ज़ीने के नीचे एक छोटी-सी कोठरी थी; बग़ल की दीवार में एक आलमारी थी; उसपर एक बस्ते में बँधी दो पुस्तकें रखी रहतीं, एक रामचरित मानस और दूसरी गीता। पूजा की कोठरी में कोई मूर्ति न थी, दीवार से राम, कृष्ण, शिव, गणेश, हनुमान, सरस्वती, लक्ष्मी, दुर्गा की शीशे-जड़ी छोटी-छोटी तस्वीरें लटकी थीं। पिताजी को बहुत झुककर उस कोठरी में जाना होता और जब वे उसमें बैठ जाते तो बस इतनी ही जगह बचती कि सामने रेहल रखकर उसपर पोथियाँ खोली जा सकें। वे मानस का नवाह्निक पाठ करते थे, यानी प्रतिदिन इतना कि नौ दिन में पूरी रामायण समाप्त हो जाए। उनकी मानस की पोथी में, जो अब तक मेरे पास है, उन्हीं के हाथ के नवाह्निक के निशान लगे हैं। पाठ वे सस्वर करते थे। उनकी आवाज़ सुरीली नहीं थी; गाते मैंने उनको कभी नहीं सुना, पर उनका स्वर साफ़, सप्राण और लयपूर्ण था और कोठरी से निकली उनकी आवाज़ सारे घर में गूँजती थी। आवाज़ की पहली स्मृति मुझे उन्हीं के मानस-पाठ के स्वर की है। और जब तक मैं उनके साथ रहा प्रतिदिन उनके पास का स्वर मेरे कानों में गया। मैं कल्पना करता हूँ कि सौरी में जन्म के पहले दिन से ही मैंने उनका पाठ-स्वर सुनना शुरू कर दिया होगा। सौरी, पूजा की कोठरी के सामने दालान के एक सिरे पर बनाई जाती थी। राधा बताया करती थीं कि जब मैं बच्चा था तब चाहे कितना ही रोता क्यों न होऊँ, जैसे ही मेरा खटोला पूजा की कोठरी के सामने लाकर डाल दिया जाता था, मैं चुप हो जाता था, जैसे मैं भी पिताजी का मानस-पाठ सुन रहा होऊँ। मेरी माता तथा परिवार के अन्य लोग इसमें मेरे पूर्व जन्म के धार्मिक संस्कार की कल्पना करते थे। अब मैं ऐसा समझता हूँ यह मेरे पिताजी के स्वर की लिल्ट या लय थी जो मुझे शान्त कर देती थी। इतना मैं ज़रूर मानता हूँ कि इन श्रवण-संस्कारों ने उस समय

अद्भुत रूप से मेरी सहायता की होगी जब मैं गीता को 'जनगीता' का रूप दे रहा था, अवधी भाषा में, मानस की शैली में। अज्ञात रूप से मेरे अवचेतन और ज्ञात रूप से मेरे चेतन की शिरा-शिरा मानस की ध्वनियों से भीगी हुई थी।

गीता पिताजी मौन रहकर पढ़ते थे, शायद चिन्तन करने की दृष्टि से; मानस में वे बहा करते थे। संस्कृत का उन्हें साधारण ज्ञान था। मानस में आए संस्कृत अंशों को वे शुद्धता और सुस्पष्टता से पढ़ते थे पर संस्कृत से वह उच्चारण-सुख अनुभव न करते थे जो अवधी से। कविता-स्वर पढ़ने का मुझे भी शौक़ है। ब्रज और अवध क़ी कविता मैं घण्टों पढ़ सकता हूँ—मानस का तो सस्वर अखंड पाठ मैंने कई बार किया है, पर मानस की बात ही और है—खड़ी बोली की कविता मैं घण्टे-भर भी पढ़ूँ तो मेरी जीभ ऐंठने लगती है, उर्दू के साथ यह बात नहीं है। खड़ी बोली कविता ने, कहते हुए खेद होता है, मानस की सूक्ष्म शिराओं को अभी कम ही छुआ है। वह जीवन से उठी हुई कम लगती है, कोष से उतरी हुई अधिक। कारणों पर यहाँ न जाऊँगा।

पूजा से पिताजी ठीक साढ़े आठ बजे उठते। उस समय तक मेरी माताजी भोजन तैयार कर देतीं। वे रसोई में बैठकर भोजन करते और कपड़े पहन नौ बजते-बजते दफ्तर के लिए रवाना हो जाते। किसी-किसी दिन ऐसा भी होता कि किसी कारण भोजन समय पर तैयार न होता। पिताजी को बहुत गुस्सा आता, माँ काँपने लगतीं, पर गुस्सा निकालने का समय भी उनके पास न होता। वे जल्दी-जल्दी कपड़े पहनते और बग़ैर खाए दफ़्तर के लिए चल पड़ते। अपनी पैंतीस वर्ष की नौकरी में, वे कहा करते थे एक दिन वे दफ़्तर देर से नहीं पहुँचे। मेरी माताजी जल्दी-जल्दी पूरियाँ बनातीं और एक डिब्बे में खाना रखकर मुहल्ले के किसी आदमी से दफ़्तर भिजवातीं, और जब तक आदमी मेरे पिताजी को खाना खिलाकर वापस न आ जाता वे भोजन न करतीं; जब कोई जानेवाला न मिलता तो उनका भी दिन भर का उपवास होता। घर की तीन बूढ़ियाँ—राधा, मेरी दादी और महारानी की बातें सुनने को ऊपर से मिलतीं। मेरी माँ न खातीं तो वे कैसे खातीं, पर अपनी भूख का गुस्सा वे दिन भर माँ पर उतारती रहतीं।

पिताजी के दफ़्तर से लौटने का कोई ठीक समय नहीं था। नौकरी के प्रारम्भिक वर्षों में वे प्रायः देर से लौटते थे, आठ-नौ बजे, इससे भी अधिक देरी से, और खाना खाकर सो जाते थे। बाद को जब कुछ जल्दी आने लगे तो खाना खाने से पहले कुछ देर पढ़ते, कभी खाना खाने के बाद भी, और कभी तो घूमने निकल जाते। सुबह गंगा-स्नान में आने-जाने के आठ मील, दिन को दफ्तर आने-जाने के आठ मील, यानी कुल सोलह मील चल लेने पर भी उनकी चलास तृप्त नहीं होती थी, और रात को भी दो तीन मील घूम-फिर आने को वे तैयार रहते थे। तभी तो मैं कहता हूँ कि उन्हें चलने का मर्ज़ था। सबसे अचरज की बात यह थी कि रात को चाहे जितनी देर से सोएँ, उठते वे सुबह तीन ही बजे थे। उनका कहना था कि नींद लम्बाई नहीं गहराई माँगती है। यानी कम घण्टों की भी गहरी नींद ज़्यादा घण्टों की हल्की नींद का काम कर देती है। उनके इस फ़ारमूले के प्रति विश्वास ने मुझसे अपनी नींद पर कितना अत्याचार कराया है ! इसे सोचकर कभी-कभी मैं कहता हूँ कि जब मैं मरूँ तो मुझे

सात-आठ दिन तक यों ही पड़े रहने देना--इस असम्भव की कल्पना भर सुखद है—क्योंकि मुझे अपने जीवन की बहुत-सी रातों की नींद पूरी करनी है।

समय की पाबन्दी की जो उत्कटता उन्होंने अपनाई थी, उनके निबाहने के लिए घर के लोगों का सहयोग आवश्यक था। उन्हें सेंस आफ़ टाइम—वक्त का अन्दाज़—देने के लिए पिताजी ने अपनी नौकरी के पहले वर्ष में एक आराम घड़ी ख़रीदी और लाकर दालान की तिकोनिया पर रख दी। यह घड़ी नई नहीं थी, विक्टोरियन युग की थी, और पायनियर के दफ़्तर में बहुत दिनों से काम दे रही थी। वहाँ वह 'कंडम' माल की तरह निकाल दी गई तो पिता जी ने शायद दो रुपए में ले ली। यह घड़ी बेहया साबित हुई। थोड़ी-बहुत सफ़ाई के बाद वह चलने लगी—चलने लगी तो चलती ही चली गई। सातवें दिन उसमें चाभी देनी पड़ती, वह एलार्म भी बजाती। उसके कभी घड़ीसाज़ के यहाँ जाने की मुझे याद नहीं। तिकोनिया और ख़ाली, इसकी कोई तस्वीर मेरे दिमाग़ में नहीं। मेरे पिता के जीवनपर्यन्त वह चलती रही, उनकी मृत्यु को लगभग तीस वर्ष होने आते हैं, अब भी वह चल रही है। मेरे पास नहीं है। मेरी बड़ी बहन के लड़के रामचन्द्र—फुटबाल के अखिल भारतीय प्रसिद्धि के खिलाड़ी—उसे अपने नाना की एक निशानी के रूप में ले गए थे। मैं जब कभी राम के घर जाता हूँ हिर-फिरकर मेरी आँख उस घड़ी पर जा टिकती है। हमारे घर में कितने जन्म-मरण, शादी-ब्याह, भोज-महोत्सव उसने देखे हैं; कितने हर्ष-विषाद, अश्रु-हास, वाद-विवाद, कितने क्रोध-कलह, रोदन-गायन, श्रम-संघर्ष की वह साक्षी रही है ! मेरी माँ अक्सर कहती थीं कि ''नाम तो एकर आराम घड़ी है, पर न ई खुद आराम करत है न केहू क आराम करै देत है !'' आराम घड़ी नाम ऐसी घड़ियों को शायद इसलिए दिया गया होगा कि ये एक जगह रख दी जाती हैं, 'अलार्म' से 'आराम' आया हो तो भी कोई अचरज की बात नहीं। कभी-कभी 'आराम' का 'आ' भी छोड़ दिया गया है और ऐसी घड़ियों को मैंने लोगों को राम घड़ी भी कहते सुना है।

पायनियर कार्यालय में जो सज्जन प्रताप नारायण की ओर सबसे अधिक आकर्षित हुए और जिनसे प्रताप नारायण सबसे अधिक प्रभावित, वे थे पंडित रामचरण शुक्ल—दफ़्तर के बड़े बाबू।

शुक्ल जी कानपुर ज़िले के नरवल गाँव के निवासी थे—कान्यकुब्ज ब्राह्मण। संस्कृत, हिन्दी, फ़ारसी, उर्दू के अच्छे ज्ञाता थे। ग्रेजुएट शायद नहीं हो सके थे, नहीं तो अपने नाम के आगे बी. ए. ज़रूर लगाते; उन दिनों ऐसी प्रथा चल पड़ी थी। उन्होंने शारदा पीठ के स्वामी भास्करानन्द सरस्वती से दीक्षा ली थी और अपने को वेदान्त का अनुयायी कहते थे। वेदान्त पर उन्होंने एक पुस्तक भी लिखी थी, 'श्री वेदान्त चन्द्रिका'। शुक्लजी दिमाग़ से दार्शनिक थे, पर दिल से कवि। अपनी माता के देहावसान पर उन्होंने 'जननी विरह उच्छ्वास' के नाम से एक कविता लिखी थी, जिसे, मैं समझता हूँ, हिन्दी का प्रथम शोक-गीत होने का गौरव मिलना चाहिए। उनकी कविताओं के दो और संग्रह प्रकाशित हुए थे 'ज्ञान-पदावली' और 'चरण-विनोद' जो दो खंडों में, 1902 में, इण्डियन प्रेस, प्रयाग से मुद्रित हुए थे। कविताएँ उनकी भक्ति और रीतिकालीन परम्परा में रखी जा सकती हैं। उनकी भाषा में ब्रज, अवधी और बैसवारी का मिला-जुला रूप है। साथ

ही वे उर्दू में भी कविताएँ करते थे। उन्होंने बहुत-सी ग़ज़लें—विभिन्न बहरों में—और रुबाइयाँ लिखी थीं। उनका 'उच्छ्वास' और 'चरण-विनोद' मैंने लड़कपन में पढ़ा था। रीतिकालीन परम्परा में जहाँ उन्होंने रस-पिंगल को पद्यबद्ध किया, 'खड्ग-बंध', 'कलम बंध' आदि में शब्द बैठाने का कौशल दिखाया था, वहीं भक्ति के विविध पद भी प्रचुर लिखे थे। संस्कृत, हिन्दी और फ़ारसी के शास्त्रीय छन्दों के अतिरिक्त उन्होंने लोक छन्दों, जैसे लावनी और रेख़्ती का भी उपयोग किया था। महत्त्वाकांक्षी होंगे, तभी तो उन्होंने 'चरण-विनोद में' 'बीनापानी' की स्तुति करते हुए लिखा था, 'ज्यों कालीदासै कीन्हाँ, सोई चाहौं मैं दीना'; पर अन्त में अपनी सीमा भी पहचान ली होगी; 'ग्रन्थ समाप्ति प्रार्थना' में एक दोहा यों था,

पिंगल-रीति न जानहूँ, नहिं कवि-पद अभिलाष।
मन जैसे चाहत भयो तस-तस कीन्ह प्रकाश।।

इसमें सन्देह नहीं कि शुक्ल जी व्यापक अध्ययन, दार्शनिक अभिरुचि और सृजनशील वृत्ति के व्यक्ति थे। उनके उदार वेदान्त सिद्धान्त ने उनको धर्म-जाति-विभेद भावना से ऊपर उठा लिया था।

'वेद में राम, पुरान में राम,
कुरान में राम, अंजील में रामहुँ',

× ×

'ब्राह्मण, क्षत्री, वैश्य, शूद्र अरु
उपजाती जहँ ताहीं,
रामचरन वह सबहिं बिराजै
जाति-पाँति वहँ नाहीं।'

और ऐसा संस्कारी व्यक्ति एक अख़बार के दफ़्तर में क्लर्की करता था, और ऐसे फ़ाइलों के जंगल और आँकड़ों के झाँखड़ों में उलझा था जिनका दर्शन अथवा कविता से कोई सम्बन्ध नहीं है।

पर शुक्ल जी के व्यक्तित्व का एक दूसरा पक्ष भी था जो पूर्णतया व्यवहार कुशल, हिसाबी और किन्हीं अर्थों में धन-लोलुप था। वे दफ़्तर के कर्मचारियों में भारी माहवारी सूद पर रुपए भी चलाते थे। बड़े पद थे, अच्छी तनख़्वाह पाते थे, कोई बड़ा दायित्व उनपर न था, न किसी ख़र्चीले व्यसन के शिकार थे। पर मेरे पिता का अनुमान था, बाद को तो उन्हें ज्ञान भी हो गया था कि अपनी तनख्वाह से अधिक रुपए उन्हें प्रतिमास सूद से मिलते थे। और यह काम वे चोरी-छिपे नहीं करते थे; उन्होंने दफ़्तर का न जाने क्या उपकार किया था, अथवा अंग्रेज़ी अधिकारियों को क्या पट्टी पढ़ा दी थी कि वे शुक्ल जी के इस व्यापार पर कोई एतराज़ न करते थे।

अब मैं यह समझता हूँ कि शुक्ल जी का काव्य-शास्त्र-विनोद और धन-मोह, दोनों, एक ही अभाव की प्रतिक्रियाएँ थीं, जो एक में अपने जीवन की यत्किंचित् सार्थकता और दूसरे में संरक्षा ढूँढ़ता था। शुक्ल जी की आँखें पुत्र को खोज रही थीं, प्रताप नारायण की आँखें पिता को—सर-परस्त को। प्रताप नारायण को उन्होंने आजीवन पुत्रवत् माना और उनको प्रताप नारायण ने पिता-तुल्य।

एक दिन शुक्ल जी ने प्रताप नारायण के सामने यह प्रस्ताव रख दिया कि वे उनके निजी लेन-देन का हिसाब रखा करें जिसके लिए वे उन्हें कुछ पारिश्रमिक भी दिया करेंगे। प्रताप नारायण ने काम करना तो स्वीकार कर लिया, पर पारिश्रमिक लेने से इन्कार कर दिया। इस व्यवहार से उन्होंने शुक्ल जी का हृदय जीत लिया। दफ़्तर के बाद उन्हें कई घण्टे बैठकर उनका हिसाब-किताब ठीक करना होता, पर न कभी उन्होंने इसकी शिकायत की, न कभी उनके काम में लापरवाही दिखाई। आड़े समय पर प्रताप नारायण के लिए शुक्ल जी ने भी कम नहीं किया।

मेरे पिताजी इस बात को बड़ी कृतज्ञता से याद करते थे कि उनकी रुचि और जीवन को परिष्कृत और निरूपित करने में शुक्ल जी का बहुत बड़ा हाथ था। शुक्ल जी ने उन्हें ज्योतिष और काव्य-रचना में भी दीक्षित करना चाहा था, पर उनका ज्योतिष का ज्ञान ग्रहों को पहचानने, पत्रा देखने और जन्मपत्री जाँचने तक ही सीमित रहा और पद्य की एक पंक्ति भी उनसे जोड़ी न जा सकी। किसी छेदाशाह लिखित पिंगल की पुस्तक मैंने अपने लड़कपन में उनकी आलमारी में देखी थी। भक्ति-काव्य का अध्ययन और संग्रह—प्रायः सन्तबानी सिरीज़ की पुस्तकों के रूप में—उन्होंने शुक्ल जी की प्रेरणा से किया था; फ़ारसी के सूफ़ी काव्य का भी, जिसके संस्कार उन्हें अपने पिता से मिले थे। उर्दू कवियों के कई दीवान भी उनके पास थे जो उन दिनों बहुत सस्ते मिलते थे—प्रायः अजिल्द—कुल्लियाते नज़ीर और मीर से उनके पढ़ने और सुनाने की याद मुझे है। बाद को वे स्वामी रामतीर्थ के बहुत बड़े भक्त हो गए। जब वे प्रयाग पधारे थे तब उन्होंने उनके दर्शन किए थे; उनका व्याख्यान भी सुना था, जो मुंशी रामप्रसाद के बाग़ में हुआ था। स्वामी जी को याद कर वे आत्म-विभोर हो जाते थे, कहते थे कि वे मुजस्सम वेदान्त थे। अंग्रेज़ी और उर्दू में उनकी जो भी पुस्तकें निकलतीं वे मँगाते और पढ़ते—हिन्दी में उनकी पुस्तकें बहुत बाद को आईं। आध्यात्मिक, विशेषकर वेदान्ती और सूफ़ी काव्य और साहित्य में उनकी रुचि आजीवन बनी रही, और इसके पोषक मुख्य रूप से शुक्ल जी थे।

उन सस्ती के दिनों में पाँच प्राणियों के भरण-पोषण योग्य वेतन प्रतिमास नियमित रूप से घर आने पर भी प्रताप नारायण और सुरसती के गार्हस्थ्य-जीवन के प्रारम्भिक कई वर्ष एकरसता, ऊब, उदासी और सूनेपन के थे। सुरसती की गोद बहुत दिनों तक नहीं भरी और उनकी सास के सारे अरमान अब एकमात्र बिन्दु पर केन्द्रित थे कि मरने के पूर्व वे अपने पोते को, पोता न सही तो पोती को ही, अपनी गोद में खेला लें; और लम्बी प्रतीक्षा से निराश होकर वे इस एक वाक्य को उठते-बैठते दुहरातीं—अपनी पतोहू की ओर संकेत करके—"इनके होइहैं जीहैं, पर जब हम देखै के बरे न रहब तब !" और एक बार वे किसी काम-काज में भाग लेने को छोटे घर, चफरी, गईं और वहीं उनकी मृत्यु हो गई। प्रताप नारायण को इस बात का बड़ा क्षोभ हुआ कि वे अपनी माता की मृत्यु के समय उनके निकट नहीं थे और वे बहुत दिनों तक शुक्ल जी की 'जननी विरह उच्छ्वास' पढ़-पढ़कर अपने को समझाते रहे।

बुद्धी, जिनको लोगों ने भोली-भाली, बिना जीभ वाली समझ रखा था, विवाह के बाद बड़ी, कर्कशा सिद्ध हुईं। अपने इस विकास का उन्हें ज्ञान था और अपनी

इस उपलब्धि को वे पारिवारिक और सामाजिक समर का कोई महत्त्वहीन हथियार नहीं समझती थीं। हमारे इलाहाबाद की तरफ़ जनसाधारण में एक अन्धविश्वास प्रचलित है कि जब हवा बन्द हो जाय—जैसा गर्मी की शामों को वहाँ अक्सर होता है—तब यदि कोई सात कर्कशाओं का नाम ले ले तो हवा चलने लगती है। मुझे अपने लड़कपन की याद है—गर्मी के दिन हैं, ऊमस भरी शाम है, पत्ता तक नहीं हिलता, और बुद्धी आवाहन कर रही हैं...'फलानी कर्कशा बहो !...ढिमाकी कर्कशा बहो !...'और जब उन्होंने छह कर्कशाओं का पूरा नाम कर लिया है तो सातवाँ अपना भी जोड़ दिया है...बुद्धो कर्कशा बहो ! और कुछ ऐसा हुआ है कि हवा चल पड़ी है और अगर नहीं चल पड़ी तो बुद्धी के पास उसकी व्याख्या है। जो नाम लिए गए हैं उनमें कोई पूरी कर्कशा नहीं है। सिर्फ़ बदनाम भर है; और उन्होंने दूसरी सूची बनाकर आवाहन शुरू कर दिया है।

बुद्धी की अपनी जेठानी से न पटी। वे बात-बात पर उनसे झगड़तीं। औरतों की लड़ाई मर्दों की बक-झक तक पहुँची। रोज़-रोज़ की कलह से घर में अशान्ति बनी रहती, और अन्त में बाबू राजकिशोर बुद्धी को लेकर परिवार से अलग हो गए और हमारे मकान के पास ही एक छोटा-सा घर किराये पर लेकर रहने लगे। बुद्धी के कोई संतान न हुई। राजकिशोर व्हीलर कम्पनी में काम करते थे। भरी जवानी में ही उन्हें तपेदिक की बीमारी हो गई और कुछ ही दिनों बाद वे चल बसे।

बुद्धी अकेले रह नहीं सकती थी। जेठ-जेठानी के यहाँ जाने को वे तैयार न हुईं। महारानी ने अपनी विधवा बेटी को अपने पास रखने का, यानी हमारे घर में रहने का प्रस्ताव मेरे पिता जी के सामने रखा। मंगल पंडित की वाचा सत्य सिद्ध हुई। पिता जी बुद्धी के स्वभाव से परिचित थे; उन्होंने बुद्धी को अपने घर रखने से इंकार कर दिया, शायद इस आशा से कि वे लाचार होकर अपनी ससुराल चली जाएँगी। उस समय तक उनके देवर भी अपनी पढ़ाई समाप्त कर नौकरी-चाकरी से लग गए थे और दो भाइयों के बीच एक विधवा का भरण-पोषण कर सकना उनके लिए कठिन न था, पर प्रताप नारायण की आर्थिक समस्या, कुछ वेतन-वृद्धि के बावजूद, अभी तक सुलझी न थी। बुद्धी के पति ने कुछ दूर-दर्शिता से अपना जान-बीमा कर लिया था। उसके रुपए मिले तो बुद्धी का दिमाग़ आसमान पर चढ़ गया। ससुराल न जाने की उनकी अकड़ ने और ज़ोर पकड़ा। पिता जी फिर भी बुद्धी को अपने साथ रखने को तैयार न हुए। महारानी ने धमकी दी कि बुद्धी इस घर में न रहेंगी तो क्या वे रहेंगी ? और जब वे न रहेंगी तो क्या उनकी माँ रहेंगी ? धमकी के पीछे महारानी को कहीं यह उम्मीद भी थी कि शायद अपनी पत्नी के अकेले पड़ जाने के भय से प्रताप नारायण सबको साथ रखने को झुक जाएँगे। पर प्रताप नारायण न झुके और एक दिन महारानी अपनी माँ को लेकर बुद्धी के साथ रहने को चली गईं। महारानी गईं विरोध में, नाराज़गी से; राधा गईं संकोच में, लाचारी से। फिर कभी इस ड्योढ़ी पर पाँव न रखने की प्रतिज्ञा कर घर से निकलते समय महारानी ने गुस्से में शाप दिया "ई घर डीह होय जाई !" राधा ने महारानी का मुँह पकड़ लिया। जब हमारा घर सड़क में आ गया और गिराया जाने लगा तब न राधा रह गई थीं, न महारानी; पर महारानी का 'सराप' बहुतों को याद था, और जब घर ढहाकर मलबे का ढेर कर दिया गया तब मैंने कइयों के मुँह

से यह बात सुनी थी, "महारानी, कौनी कुघरी में तोरे मुँह से ई बात निकसी रही कि ई घर सच्चौ डीह होइगा।"

जब समय बीतने पर आपसी तनाव कम हो गया तो पिताजी कुछ रुपए मासिक राधा और महारानी को देने लगे, और उन्होंने स्वीकार भी कर लिया कि उन्हें अपनी रोटी के लिए बेटी का ऋणी न होना पड़े। राधा ने तो अपने लिए एक छोटा-सा घर भी अलग किराए पर ले लिया। पास के मन्दिरों के लिए आरती-बत्ती बटकर भी वे नानी, माँ, बेटी काफ़ी पैसे कमा लेतीं।

सुरसती अब अपने बड़े-से मकान में एकदम अकेली पड़ गईं। प्रताप नारायण सवेरे नौ बजे से पहले-पहले दफ़्तर के लिए रवाना हो जाते और रात बड़ी देर से लौटते। सुरसती दिन भर अपने को गिरिस्ती के काम-काज में लगाए रखतीं पर संध्या को जैसे ही अंधेरा छाता, घर काटने को दौड़ता। वे सरेशाम ही खाना बना लेतीं और एक दीवट पर कड़ू तेल के दिए के उजाले में रामायण खोलकर बैठ जातीं और तब तक बाँचती रहतीं जब तक प्रताप नारायण दफ़्तर से लौटकर कुण्डी न खड़काते।

सुरसती के दो बच्चे होकर उतर-उतर गए। घर उन्हें मनहूस लगने लगा। वे अक्सर अपने पति से कहतीं, "इस घर में कुत्ता-बिल्ली पालो तो वे भी मर जाते हैं, बाल-बच्चे इसमें क्या जिएँगे।" पर इस निराशा में आशा की एक किरण फूटी। सुरसती की तीसरी सन्तान एक कन्या थी, जिसका नाम भगवानदेई रखा गया। वे जन्म से ही दुर्बल थीं, धीमे-धीमे बोलती थीं। बचपन में उनसे जब कई बार बात पूछी जाती तब वे एक शब्द में मुन्न से जवाब दे देतीं। उनका पुकारने का नाम ही मुनमुन रख दिया गया। इसके बाद सुरसती के दो बच्चे और हुए, पर दोनों ही अल्पजीवी रहे।

मैं अपने माता-पिता की छठी संतान था। मेरा जन्म 27 नवम्बर 1907 को हुआ। भगवानदेई मुझसे सात वर्ष बड़ी थीं। मेरा नाम हरिवंशराय रखा गया, घर पर मुझे बच्चन नाम से पुकारा जाता। हरिवंश नाम रखने का एक विशेष कारण था, ऐसा मुझे लड़कपन में बताया था। जब भगवानदेई के बाद होने वाले दो बच्चे अल्पायु में ही चल बसे तब पंडित रामचरण शुक्ल ने प्रताप नारायण को यह सलाह दी कि अब मेरी माता गर्भवती हों तब वे हरिवंश पुराण सुनें। शुक्ल जी की बात मेरे पिता के लिए वेद-वाक्य होती थी। पिताजी को प्रातःकाल तो समय मिलता न था, वे बग़ैर खाये-पिये दफ़्तर चले जाते, दिन-भर व्रत रखते, मेरी माता जी भी रखतीं। जब संध्या को दफ़्तर से लौटते—शुक्ल जी ने उन्हें अपने लेन-देन वाले अतिरिक्त कार्य से थोड़े दिनों के लिए छुट्टी दे दी थी—तब कई घण्टे पति-पत्नी गाँठ जोड़कर परिवार के पुरोहित से हरिवंश पुराण की कथा सुनते, 'पुत्रप्रद सन्तान गोपाल यन्त्र' की पूजा करते,

'देवकी सुत गोविन्द वासुदेव जगत्पते
देहि मे तनयं कृष्ण त्वामहं शरणं गतः'

श्लोक का 108 जाप करते और तत्पश्चात् आधी रात को पारायण करते। पुरोहित जी ने कथा सुनाने और पूजा कराने के लिए एक हज़ार एक रुपए की दक्षिणा माँगी थी। पिता जी के पास इतना धन एक साथ देने की समाई न थी। अनुष्ठान की समाप्ति

पर उन्होंने एक पुर्ज़ी पर धन-राशि लिखकर पुरोहित जी को समर्पित कर दी और प्रति मास दस रुपया उनको देते रहे। जब मैं आठ-नौ वर्ष का हो गया तब जाकर पिताजी इस संकल्प-ऋण से उऋण हुए।

पंडितों ने दानादि में कुछ ऐंठने की ग़रज़ से मेरे जन्म पर किंचित् चिंतित मुद्रा बनाकर घोषित किया कि लड़का तो मूल नक्षत्र में पैदा हुआ है। कहा जाता है कि मूल नक्षत्र में जन्मा पुत्र पिता के लिए घातक होता है। पंडितों ने उस कुप्रभाव के निराकरण के उपाय भी निकाल लिए हैं। मेरे पिता ने अपने ज्योतिष के यत्किंचित् ज्ञान से यह सिद्ध कर दिया कि मैं मूल नक्षत्र में नहीं पैदा हुआ। शायद हुआ ही हूँ। जन्म का बिल्कुल ठीक समय कौन देखता है, घड़ियाँ भी कहाँ ठीक होती हैं। सुनते हैं, कुछ पलों के अन्तर से भी ग्रहों में अन्तर पड़ जाता है। लोकानुभव ने मूल नक्षत्र में जन्मे—मुलहे—का एक दूसरा ही प्रभाव देखा है कि वह उपद्रवी अथवा उत्पाती होता है—मुरहा; और जहाँ तक मेरा सम्बन्ध है, शायद, ज्योतिष विद्या से लोकानुभव अधिक सच्चा साबित हुआ है। पितृ-घातक तो मैं नहीं हुआ, पर मुरहाई मैंने कम नहीं की; और न जाने कितनी बार मेरे नाते-रिश्तेदारों ने, शायद ठीक ही, मुझे मुरहा कहा होगा। जब मुझे शब्दों की कुछ समझ आई और मैं थोड़ा-बहुत उनसे कौतुक करने लगा तो मैंने 'मूल' का एक और ही अर्थ निकाला। हाँ, मैं 'मूल' नक्षत्र में अवश्य पैदा हुआ हूँगा, तभी तो जीवन और सृजन दोनों क्षेत्रों में कुछ 'मौलिक' करने की ओर मेरा आग्रह रहा है।

मैं गाऊँ तो मेरा कंठ
स्वर न दबे औरों के स्वर से,
जीऊँ तो मेरे जीवन की औरों से हो अलग रवानी।

अतीत की ओर देखता हूँ तो पाता हूँ कि इस अर्थ में 'मूल' नक्षत्र का मुझ पर कम असर नहीं रहा। पिता जी नाहक परेशान थे। बहरहाल, जब पंडितों ने देखा कि मेरे पिता जी भी ज्योतिष में कुछ दख़ल रखते हैं तो उन्होंने दूसरा जन्म-पत्र प्रस्तुत किया और उसमें, शायद मेरे पिताजी को खुश करने के लिए, कई उच्च के ग्रह डाल दिए। मेरा जन्म-पत्र है—मुझे ज्योतिष का क, ख, ग, भी नहीं मालूम—अच्छा-बुरा जैसा, उसे समय-कुसमय राधा, मेरी माता, और अब मेरी पत्नी ज्योतिषियों को दिखलाकर और उनकी गणना के अनुसार ग्रह-दशा का प्रभाव सुनकर आशंकित, आश्वस्त, सन्तुष्ट अथवा प्रफुल्ल होती रही हैं। कौतूहलवश कभी-कभी मैंने भी उनकी भविष्यवाणियाँ सुनी हैं, कभी अर्द्ध-सन्देह से कभी अर्द्ध-विश्वास से, क्योंकि कभी-कभी उनकी बताई बातें किसी अंश में सच भी निकली हैं। तेजी जी मेरे बारे में सब अच्छी बातों में विश्वास करने के लिए बड़ी जल्दी तैयार हो जाती हैं, पर इस सम्बन्ध में शायद मेरी माता जी का दृष्टिकोण अधिक व्यावहारिक था। वे कहती थीं कि जब रानी का भाग जगता है तो उनको नौलखा हार मिलता है और जब नौकरानी का, तब उसे तिलरी मिलती है—कच्चे मोतियों की तीन लड़ की माला।

मेरे होने और जीने के लिए मेरी माता ने और भी बहुत-से दाय-उपाय, टोटके-टामन आदि किए। वे सहज-विश्वासी थीं। जो भी उनसे जो कहता उसको वे मानने के लिए

तुरन्त तैयार हो जातीं। अपने घर में किसी की ईमारी-बीमारी में वे वैद्य-हकीम की दवा के साथ, खरखोदवा, ओझाई, झाड़-फूँक—सभी कुछ एक साथ करातीं—कुछ-न-कुछ तो लगेगा ही। मेरे जन्म के पूर्व मुहल्ले की किसी बड़ी-बूढ़ी ने उन्हें सलाह दी थी कि तुम्हारे लड़के नहीं जीते तो अब जब लड़का हो तो उसे किसी चमारिन-धमारिन के हाथ बेच देना और मन से उसे पराया समझकर पालना-पोसना।

उन दिनों बच्चा जनाने के लिए हमारे यहाँ लछमिनियाँ चमारिन आती थी। मैं पैदा हुआ तो मेरी माँ ने पाँच पैसे में मुझे लछमिनियाँ चमारिन के हाथों बेच दिया और उनके बतासे मँगाकर खा लिए। कहते हैं, साल-भर पहले लछमिनियाँ का अपना एकमात्र लड़का कुछ महीने का होकर गुज़र गया था और उसका दूध सूख गया था, पर जैसे ही उसने मुझे अपनी गोद में लिया उसकी छाती कहराई और उसने बारह दिन तक मुझे अपना दूध पिलाया। छुटपन में लछमिनियाँ को देखने की मुझे याद है। शायद जब मैं बोलने लगा हूँगा तो मुझे उसे चमारिन अम्मा कहना सिखाया गया होगा और मैंने उस लम्बे नाम को उच्चारण करने की असमर्थता में उसे संक्षेप कर लिया होगा। मैं उसे चम्मा कहता था, अपनी माँ को अम्मा।

चम्मा मझोले क़द की, इकहरे बदन की स्त्री थी। रंग साँवलापन लिए, नाक-नक़्श सुडौल, उभरे हुए। वह मुझे अपनी माँ से अधिक सुन्दर लगती थी। बोली उसकी पतली-सुरीली थी, दैन्य-विनम्र; आँखें उसकी, किसी भीतर-ही-भीतर पी वेदना से आर्द्र। अब मैं उसकी वेदना की कुछ कल्पना कर सकता हूँ। मुझे मोल ले लेने के बाद चम्मा के कोई सन्तान नहीं हुई—उसके मन में कहीं यह बात तो नहीं बैठ गई थी कि उसने पाँच पैसे में अपनी निःसंतानता ख़रीदी थी। किसी रूप में यदि उसकी वत्सलता का कोई आधार हो सकता था तो एक मैं—उसका होकर भी कितना न उसका ! ऐसी स्थिति में मैं यह अनुमान सहज ही कर सकता हूँ कि वह मुझे किस भाव-अभाव भरी दृष्टि से देखती होगी; और इसे सोचकर मेरा मन भर आता है।

एक तस्वीर मेरी आँखों के सामने है। मेरा जन्म-दिन है। पाँच प्रकार के अन्न पाँच रंगी-छूही टोकरियों में भरकर आँगन में रख दिए गए हैं। परिवार के पुरोहित आए हैं, परजा भी—नाई, बारी, कहांर। चम्मा भी आई है। उसे एक नई बूटीदार धोती दी गई है, जिसे पहनकर वह दरवाज़े पर एक तरफ़ सिमटी-सी खड़ी है कि उससे कोई छू न जाए, जैसे छू जाए तो अपराध उसी का समझा जाएगा। मुझे नहला-धुला, नए कपड़े पहना आँगन में लाया गया है और मुझसे कहा गया है टोकरियों को लात मारूँ। परिपाटी यह थी कि जो अन्न भूमि पर गिर जाता था, वह चमारिन का होता था, शेष अन्य परजा वर्ग का। ब्राह्मण देवता को तो थाली में सीधा सजाकर समर्पित किया जाता था। और जब मैं टोकरियों को ठोकर लगाने को आगे बढ़ा हूँ तो चम्मा गिड़गिड़ा उठी है, 'जोर से मार, मोरे राजा बेटा; जोर से, अउर जोर से !' जब मैं छोटा हूँगा तो पता नहीं मेरे पाँवों में कितनी ताक़त होगी और कितना अन्न बेचारी चम्मा को मिलता होगा, पर जब मैं कुछ बड़ा हुआ—तो कुछ शरारतन, कुछ चम्मा के प्रति सहज-अनजान सहानुभूति से मैं लगभग पूरी टोकरियाँ अपनी ठोकरों से उलट देता था और चम्मा अपनी पुरानी धोती फैलाकर अन्न बटोरती, मुझपर आशीष बिखेरती—कुछ

शब्दों, अधिक अपने नेत्रों से–चली जाती थी। हिन्दू समाज ने जन-जन के बीच ऊँच-नीच का कटु-बोध कराने के लिए कैसे-कैसे अजीब तरीक़े निकाले हैं। मुझे याद नहीं कब मैंने ठोकर मारकर अन्नदान करने से इन्कार कर दिया और वर्षगाँठों पर मेरा तुलादान किया जाने लगा। लकड़ी की टाल से बड़ी-सी तराज़ू आती, उसे तीन बल्लियों के सहारे लटकाया जाता, आम के पल्लवों और गेंदे के फूलों से सजाया जाता और मुझे किसी वर्ष अन्न से, किसी वर्ष फल, किसी वर्ष मिठाई से तोला जाता–मुझसे तीन साल छोटे मेरे भाई शालिग्राम भी साथ पलड़े पर बैठने को मचलते–जैसे दूल्हे के साथ शहबाला–और तोल पर चढ़ी सामग्री परजा-पवन, भिखारियों को बाँट दी जाती।

चम्मा की मृत्यु मेरे लड़कपन में ही हो गई थी। बीमार पड़ी और उसकी बीमारी बढ़ती ही गई तो उसने इच्छा प्रकट की कि अन्त समय पर मेरे हाथों से ही उसके मुँह में तुलसी-गंगाजल डाला जाए। मुझे इस कार्य के लिए कोई लिवा ले गया और चम्मा के पीले चेहरे और डूबती आँखों को देखकर मुझे बड़ा डर लगा। दूसरे दिन चम्मा की अर्थी उठी तो किसी ने मुझे कमर से उठाकर मेरा कन्धा उसकी अर्थी से छुला दिया; और 'राम नाम सत्य है' कहते हुए उसके भाई-बन्द उसे लेकर चले गए। चम्मा की शायद सबसे पहले मौत थी जो मैंने अपनी आँखों देखी।

बचपन में चम्मा की झोपड़ी से खेलने-खाने और उसकी ममतामयी आँखों के नीचे तरह-तरह की शैतानी करने की धुँधली-धुँधली-सी स्मृति अब भी मेरे साथ है।

और जब अपने उभरते यौवन के दिनों में आर्यसमाज के अछूतोद्धार और बाद को गाँधी जी के हरिजन आन्दोलन के साथ मेरी सहानुभूति जगी तो मुझे इस बात पर गर्व होता था कि मेरी तो एक माँ ही चमारिन चम्मा थी, और जब एक दिन शायद नगर के आर्यसमाज में आयोजित किसी प्रीतिभोज में मैंने अछूतों की पंगत में बैठकर कच्चा खाना खा लिया तो मुझे बड़ी प्रसन्नता और सन्तोष का अनुभव हुआ, और मुझे लगा कि मैंने चम्मा की बिरादरी के साथ कुछ न्याय किया; पर मेरे सम्बन्धियों और नातेदारों को यह ख़बर बड़ी नागवार गुज़री और उन्होंने व्यंग्य से कहा कि आख़िर इसने चमारिन की छाती का दूध पिया था, उस कुसंस्कार का कुछ असर होना ही था। यह संस्कार का प्रभाव था, कि देश के समाज-सुधारक नेताओं के उपदेशों का, कि मेरे अपने ही मानवतावादी उदार विचारों का, कि मेरे मन से बहुत पहले ही अछूतों को अछूत समझने की बात बिलकुल उठ गई थी। जब स्वतन्त्र रूप से मेरा अपना घर हुआ तो अक्सर चमार ही मेरे खाना बनानेवाले रहे। मुझे आश्चर्य और क्रोध तो तब होता जब घर की कहारिन चमार के छुए बर्तनों को माँजने से इन्कार कर देती। हिन्दू समाज-तन्त्र में अछूतपन की भी श्रेणियाँ-दर-श्रेणियाँ हैं। आजकल एक जमादार की लड़की–कमला–मेरे घर में काम करती है और कभी-कभी खाना भी बनाती है। मुझे लगता है कि मेरे पूर्वजों ने अछूतों का अपमान करके जो पाप किया था उसका यत्किंचित् प्रायश्चित्त मैं कर रहा हूँ। सामाजिक स्तर पर कोई सुधार हो, इसके पूर्व व्यक्ति-व्यक्ति को निर्भीकता और साहस के साथ आगे बढ़ना होगा।

इधर मैं सोचने लगा हूँ कि अछूतों के साथ या उनके हाथ का खाना-पीना अथवा उनके लिए मन्दिरों का द्वार खोल देना केवल रूमानी औपचारिकताएँ अथवा प्रदर्शन

हैं। समाज में उनको अपना यथोचित स्थान तभी मिलेगा जब उनमें शिक्षा का व्यापक प्रचार हो और उनका आर्थिक स्तर ऊपर उठे। साथ ही जाति की शृंखला को ऊपर से नीचे तक टूटना नहीं तो ढीली होना होगा। जाति की जड़, अर्थहीन और हानिकारक रूढ़ियों से निम्नवर्ग के लोग उतने ही जकड़े हैं जितने उच्च वर्ग के लोग। एक छोटा-सा क़दम इस दिशा में यह उठाया जा सकता है कि लोग अपने नाम के साथ अपनी जाति का संकेत करना बन्द कर दें। जिन दिनों मैं युनिवर्सिटी में अध्यापक था, मैं अपने बहुत-से विद्यार्थियों को प्रेरित करता था कि वे अपने नाम के साथ अपनी जाति न जोड़े—अपने को राम प्रसाद त्रिपाठी नहीं, केवल राम प्रसाद कहें। भारत की आज़ाद सरकार चाहती तो एक विधेयक से नाम के साथ जाति लगाना बन्द करा सकता थी—कम-से-कम सरकारी काग़ज़ों से जाति का कॉलम हटा सकती थी;—इसके परिणाम दूरगामी और हितकर होते। पर अभी उसमें कुछ भी क्रान्तिकारी करने का साहस नहीं है। वह जैसा चला आया है वैसा ही, या उसमें थोड़ा-बहुत हेर-फेर करके चलाए चले जाने में ही अपनी चातुरी और सुरक्षा समझती है।

मेरी माँ ने मेरे लिए मानी और कौन-कौन-सी मानताएँ उतारीं इसकी मुझे याद नहीं, हालाँकि मेरे बचपन में उनकी चर्चा बराबर की जाती थी। एकाध बातें, शायद अधिक चित्रमय होने के कारण, मुझे याद हैं। जैसे उन्हें किसी ने मुझे बेच देने की सलाह दी थी, वैसे ही उनकी किसी मुसलमान पड़ोसिन ने राय दी थी कि सब तरह के अज़ाब, आसेब से बचाने के लिंए वे मुझे मुहर्रम के दिनों में इमाम साहब का फ़क़ीर बना दिया करें। हर साल मुहर्रम की नवीं तारीख़ को मुझे नया सफ़ेद पाजामा और हरे रंग की कफ़नी पहनाई जाती, जनेऊ की तरह दोनों कन्धों पर पीली-लाल कलाई की माला डाली जाती, मेरे हाथ में एक छोटा-सा बटुआ दे दिया जाता और मैं इमाम साहब का फ़क़ीर बन जाता, और राधा, जो मेरे जन्म के बाद अपना अधिक समय मेरे घर, मेरे साथ बिताने लगी थीं, मुझे मुहल्ले के घर-घर में ले जातीं। मैं हर ड्योढ़ी पर पहुँचकर कहता, 'इमाम साहब का भला !' और घर की औरतें निकलकर मेरे हाथों में एक-दो पैसा धर देतीं, जिन्हें मैं सँभालकर अपने बटुए में रख लेता। संध्या को इन पैसों की गुड़धनियाँ मँगाई जाती और उसे सूप में रखकर मेरे हाथों दुलदुल घोड़े को खिलाया जाता जिसका जलूस ठीक हमारे घर के सामने से होता पास के इमामबाड़े को जाता था। घोड़े के आगे-पीछे सैकड़ों मुसलमान नौजवान छाती की जगह पर गोल-गोल कटे काले कुर्ते पहने एक बँधी ताल में ज़ोर-ज़ोर से छाती पीटते, और एक सधे स्वर में 'हुसैन-हुसैन !' चिल्लाते चलते—बुज़ुर्ग जो साथ होते छाती पीटने की रस्मअदाई भर करते। घोड़े के मुँह से बचे जो दो-चार दाने सूप में रह जाते वे मुझे प्रसाद की तरह खिला दिए जाते, और मैं साल-भर के लिए सारी आधी-व्याधि से मुक्त मान लिया जाता। जलूस निकल जाता तो कोई कर्बला की उस लड़ाई की कथा सुनाता जिसमें इमाम साहब और उनके परिवार के लोग शहीद हुए थे। बाद को कभी यह कथा मैंने अधिक विस्तार से पढ़ी। लड़कपन में जब मुहर्रम के ढोल की आवाज़—डम-डम-डम-डम—कानों में पड़ने लगती तो मैं जान जाता कि मेरे इमाम साहब का फ़क़ीर बनने का वक़्त नज़दीक आ गया है। जब शायद मैं 8-9 साल का था, मुहर्रम-दशहरा साथ-साथ पड़ा, दोनों के जलूसों में टक्करें हुईं, हिन्दू-मुस्लिम दंगे हुए; तभी से यह रस्म बन्द कर दी गई।

मेरे लिए मेरी माँ ने दो-एक व्रत भी ठाने थे। हर मास के कृष्ण पक्ष की चतुर्थी को वे निर्जल व्रत रखतीं और चन्द्रोदय देखकर फलाहार करतीं। चौथ का चाँद रात देर से निकलता है। गर्मी के दिनों में उन्हें विशेष कष्ट होता और वे मछली की तरह तड़पतीं। बरसात में कभी-कभी चाँद दिखलाई ही न देता और उन्हें भूखे-प्यासे सो जाना पड़ता, पर यह व्रत वे मृत्यु-पर्यंत रखती रहीं। जब से मुझे याद है वे प्रति मंगलवार को सम्पूर्ण सुन्दरकाण्ड का पाठ भी करतीं। हनुमान जी को मगद के लड्डू चढ़ातीं, दिन में केवल एक बार बग़ैर नमक के भोजन करतीं और मुझे जब प्रसाद देतीं तब सुन्दरकाण्ड की एक अर्द्धाली कहकर मेरे सिर पर हाथ रखतीं,

'अजर, अमर, गुननिधि सुत होहू,
करहुँ बहुत रघुनायक छोहू।'

और छुटपन में मुझे इन पंक्तियों से अधिक सार्थक तो लड्डू ही लगता। बड़े होने पर—जब पाठ सुनते-सुनते काण्ड की बहुत-सी चौपाइयाँ कानों में बस गई थीं, और उनका कुछ-कुछ अर्थ भी समझ में आने लगा था—मात्रा में अधिक प्रसाद पाने के लिए मैं एक विनोद करता; जैसे ही उनकी आशीषवाली अर्द्धाली समाप्त होती मैं कह देता, 'सुनहु मातु मोहिं अतिसय भूखा !' और माँ एक-दो लड्डू और मेरे हाथों में रख देतीं।

किसी समय सुन्दरकाण्ड अधिक गम्भीरता से पढ़ते हुए मुझे यह स्थल बहुत मार्मिक लगा और हनुमान के सर्वथा अहं-विहीन और राम-कृपा-निर्भर चरित्र की एक बड़ी मनोज्ञ झाँकी मिली। सीता माता के आशीष और उसपर हनुमान की प्रतिक्रिया से संबद्ध कुछ पंक्तियाँ उद्धृत करना चाहूँगा,

होहु तात बल सील निधाना।।
अजर अमर गुननिधि सुत होहू। करहुँ बहुत रघुनायक छोहू।।
करहुँ कृपा प्रभु अस सुनि काना। निर्भर प्रेम मगन हनुमाना।।
बार-बार नाएसि पद सीसा। बोला बचन जोरि कर कीसा।।
अब कृतकृत्य भयऊँ मैं माता। आशिष तव अमोघ बिख्याता।।
सुनहु मातु मोहिं अतिसय भूखा। लागि देखि सुन्दर फल रूखा।।

सीता जी ने तीन बातों के लिए हनुमान को आशीष दिया है कि वे बलशील-निधान हों, अजर-अमर-गुननिधि हों, और रघुनायक उन्हें बहुत छोह करें, पर हनुमान को तो केवल राम-कृपा चाहिए। पहली दो बातों को जैसे उन्होंने सुना ही नहीं,

करहुँ कृपा प्रभु अस सुनि काना।
निर्भर प्रेम मगन हनुमाना।

वे जानते हैं कि सीता माता ने आशीष दे दिया है तो उन्हें बल-शील-निधान, गुणनिधि और अजर-अमर तो होना ही पड़ेगा, क्योंकि उनका आशीष अमोघ है (आशिष तव अमोघ विख्याता), पर जैसे इस वरदान का बोझ हनुमान की विनम्रता के लिए बड़ा भारी पड़ रहा है। जो अजर-अमर है उसे भूख-प्यास कैसी ! इतना बड़ा वरदान पाकर भूख-प्यास को कुछ देर के लिए ग़ायब हो जाना था। लेकिन इसके पूर्व कि ये विशेषण उनके अहं को कहीं भी सहलाएँ, वे उन्हें बड़ी आतुरता से झाड़कर अपने सहज, लघु,

साधारण रूप के प्रति सचेत हो जाते हैं। जिसके लिए अंगद ने रावण से कहा, 'कस रे सठ हनुमान कपि !'—वे केवल कपि की स्वाभाविकता और दीनता से कहते हैं,

सुनहु मातु मोहिं अतिसय भूखा।
लागि देखि सुन्दर फल रूखा।।

हनुमान के चरित्र की यह विशेषता तुलसीदास ने यहाँ जिस सूक्ष्मता से दिखाई है, पता नहीं, किसी का ध्यान उसकी ओर गया है या नहीं।

लड़कपन में बार-बार यह सुनते-सुनते कि मेरे माता-पिता के हरिवंश पुराण सुनने से मेरा जन्म हुआ, किसी समय मेरे मन में कौतूहल जागा कि देखूँ तो इस पुराण में क्या है, गो उसके श्रवण और मेरे जन्म के बीच किसी अनिवार्य सम्बन्ध के प्रति सन्देह भी मेरे अन्दर उठ चुका था। कारण यह था कि मेरे एकमात्र मामा जी श्री विंध्येश्वरी प्रसाद समय क्रम में अपनी पढ़ाई जैसे-तैसे समाप्त करके, शायद मेरे पिता जी की सिफ़ारिश से ही, पायनियर प्रेस में क्लर्की करने लगे थे। उन्हें विवाहित हुए भी कई वर्ष बीत गए थे पर उनके कोई सन्तान न थी। उन्होंने बहन-बहनोई के प्रयोग से प्रेरणा ली, नक़द दक्षिणा देकर हरिवंश-पुराण की कथा सुनी, पर उनको पुत्र-लाभ न हुआ; पुत्री हुई जो जन्म के कुछ ही घण्टे बाद मर गई और फिर मेरी मामी के कोई सन्तान न हुई, और मेरे मामाजी दफ़्तर से बचा सारा समय धार्मिक ग्रन्थों के पठन-चिन्तन, साधु-संगत, और इश्क़ हक़ीक़ी की शायरी में लगाने लगे। फ़ारसी, संस्कृत, उर्दू, हिन्दी और अंग्रेज़ी में उनकी साधारण गति थी, पर उनमें प्राप्त धार्मिक ग्रन्थों का एक अच्छा पुस्तकालय उन्होंने अपने चारों ओर सजा लिया था, और उन्हीं में रमे रहते थे। हाँ, तो हरिवंश पुराण पढ़ने की बात तो रह ही गई। पुराण संस्कृत में था और अपनी गति संस्कृत में कभी ऐसी नहीं थी कि बिना टीका के कुछ पल्ले पड़ सके; अलबत्ता अनुवाद एक बार पढ़ लूँ तो मूल से भी कुछ अर्थ की झलक मुझे मिलने लगती थी और संस्कृत के ध्वनि-लय-सौन्दर्य का आनन्द भी मैं कुछ ले सकता था। यह इच्छा मेरी जाकर 1958 में पूरी हुई जब मैंने कहीं हरिवंश पुराण के भाषा अनुवाद का विज्ञापन देखा, मँगाया और पूरा पढ़ा; जगह-जगह पर निशान लगाए, जैसा कि पुस्तकों को पढ़ते समय मैं अक्सर करता हूँ; प्रति अब भी मेरे पुस्तकालय में है। इस 'श्री हरिवंश पुराण भाषा सम्पूर्ण' के अनुवादक हैं पं. गंगाधर शर्मा और इसका प्रथम संस्करण सन् 1954 में श्री तेजकुमार बुक डिपो, लखनऊ द्वारा प्रकाशित किया गया था। पुराण को मैंने किसी रोचक उपन्यास की तरह पढ़ा। हरिवंश पुराण महाभारत का 'खिल' अथवा परिशिष्ट माना जाता है। इसमें श्री कृष्ण के चरित का विशेष वर्णन है। महाभारत में, मूल कथा से हटकर विषयान्तरों का अनुपातहीन बाहुल्य होने पर भी, श्री कृष्ण का शृंखलाबद्ध वृतान्त उसमें नहीं दिया जा सका। सम्भवतः इसी कमी को पूरा करने के लिए हरिवंश की रचना हुई; पर पृष्ठभूमि के रूप में सृष्टि के उद्‌भव से लेकर वृष्णि वंश—श्री कृष्ण के वंश—के प्रादुर्भाव तक की कथा भी कही गई है। इसे पढ़े लगभग दस वर्ष हो गए। हिन्दू-गाथा के नाम से हम जो कुछ भी संस्कार, श्रवण, स्वाध्याय से संग्रह करते हैं वह सब इसमें है; साथ ही यह बात विशेष कर स्मृति में अटकी है कि इस पुराण में इतने प्रख्यात वंशों, महावंशों की वंशावलियों का वर्णन है कि

सुनते-सुनते अपने वंश-वृद्धि की कामना अथवा उसके लिए इच्छा बल किसी में जाग्रत् हो जाए तो कोई आश्चर्य नहीं। पुराण के प्रभाव के सम्बन्ध में इसे मेरी मनोवैज्ञानिक व्याख्या कह लें, पर मैं समझता हूँ, कहीं दृढ़ आस्था भी होनी चाहिए जो मेरे माता-पिता में निश्चय ही रही होगी। विश्वास के आधार से विश्वासी की धारणा को मैं आज भी अधिक महत्त्व देता हूँ।

पुराण पढ़ते समय की कुछ और बातें याद आ गई हैं। कहीं-कहीं लगा कि उसकी प्रतिध्वनियाँ जैसे पहले कालिदास या तुलसीदास में सुन चुका हूँ। निश्चय ही ये दोनों कवि व्यापक स्वाध्यायी और सुरुचिपूर्ण संग्रही थे। तुलसी के वर्षा-वर्णन की अर्द्धाली,

'दादुर धुनि चहुँ ओर सुहाई,
वेद पढ़हिं जिमि बटु समुदाई।'

ज्यों की त्यों हरिवंश के संस्कृत श्लोक की हिन्दी प्रतिकृति है।

'लोचन मग रामहिं उर आनी,
दीन्हें पलक-कपाट सयानी।'

राम की जगह कृष्ण कर दिया जाए तो प्रायः इसी रूप में श्रीमद्‌भागवत में रास-प्रसंग में मौजूद है।

'लेत चढ़ावत खैंचत गाढ़े,
लखा न काहु रहे सब ठाढ़े।'

लगभग इसी लहजे में अर्जुन के बाण चलाने पर महाभारत में कहा गया है। तुलसीदास ने इसका उपयोग धनुष-भंग के प्रसंग में किया। तुलसी के काव्य का, विशेषकर मानस का, बहुत बड़ा अंश नाना पुराण निगमागम की प्रतिध्वनि है। इसके कारण कुछ लोगों ने तुलसी की मौलिकता पर प्रश्न-चिह्न लगाने का दुःस्साहस किया है, लेकिन तुलसी की परिष्कृत रुचि (ऊँच रुचि आछी' से वे स्वयं उसके प्रति अपने को सचेत सिद्ध करते हैं) और यथाप्रसंग सटीक स्मृति एक ऐसी दुर्लभ उपलब्धि है कि उसके सामने मौलिकता पानी भरती है।

एक और बात याद आ गई है, 'द्वारिका में पारिजात के आगमन के प्रसंग में 'श्वेत-कोकिल' का वर्णन आता है। अपनी एक कविता में मैंने कोकिल के पहले गौर अथवा श्वेत होने की कल्पना की थी, काली तो वह मधुर कण्ठ पाने के लिए तपस्या करने से हो गई है,

कौन तपस्या करके, कोकिल,
इतना सुमधुर स्वर पाया,
कौन तपस्या करके, कोकिल,
काली कर डाली काया।

एक और बड़ी मनोरंजक बात याद है। भविष्य पर्व में कलियुग के लक्षण बताए गए हैं। प्रायः डेढ़ हज़ार वर्ष पूर्व जो भविष्यवाणी की गई थी वह आज कितनी सत्य उतरी है ! एक वाक्य यह भी है 'कलि का कोई भी मनुष्य ऐसा न होगा, जो कविता न करे।' कम-से-कम अपने देश में कवियों की जो बाढ़ आई है उसे देखते हुए पुराणकार

के सामने नतशिर होना पड़ता है। आज के मनोविकारों को तो उसने निश्चय देख लिया था। क्या उसने यह भी देख लिया था कि इन मनोविकारों को अभिव्यक्ति देनेवाली हर वाणी कविता की संज्ञा पा जाएगी ?

इसे आप चाहें तो संस्कार का प्रभाव कह सकते हैं कि हरिवंश पुराण पर लिखी कोई भी चीज़ मुझे आकर्षित करती है। कुछ वर्ष हुए मैंने डॉ. वीणापाणि पाण्डे लिखित 'हरिवंश पुराण का सांस्कृतिक विवेचन' (प्रकाशन शाखा, सूचना विभाग, उत्तर प्रदेश, लखनऊ, 1960) का विज्ञापन कहीं देखा। मैंने पुस्तक मँगाकर ध्यान से पढ़ी, और इससे पुराणों और उक्त पुराण के सम्बन्ध में विशेषकर मेरे ज्ञान की वृद्धि हुई। पुराण एक विशिष्ट और विशुद्ध भारतीय विधा है जिसकी तुलना की कोई विधा विश्व के किसी साहित्य में नहीं है। पुराण प्रकृति, धर्म, दर्शन, अध्यात्म, ज्ञान, विज्ञान, कला, संस्कृति, नीति, इतिहास, कर्मकाण्ड, व्यावहारिक जीवन, भूत, भविष्यत्, वर्तमान–सब पर एक साथ सम्यक् और नियन्त्रक दृष्टि रखकर लिखे गए हैं। इतने अश्वों को एक मात्र शब्द की चाबुक से साधनेवाले सारथी को मैं कविर्मनीषी ही कहना चाहूँगा। वास्तव में पुराण उच्च कोटि के प्रतीकात्मक काव्य ही हैं, और वे युगों से अपने अर्थों को प्रकट करते और गुप्त रखते चले आए हैं और युगों तक चले जाएँगे।

मैंने सुना है कि एक जैन हरिवंश पुराण भी है, शायद उसका हिन्दी अनुवाद भी प्रकाशित हो चुका है। कभी देखूँगा। मेरे एक जैन मित्र ने मुझे बताया था, पता नहीं कहाँ तक ठीक है कि जैन पुराण के अनुसार श्री कृष्ण नरक में हैं। मुझे याद आया कि दाँते ने अपनी 'डिवाइन कमीडी' (कैंटो 28) में हज़रत मुहम्मद को भी नरक में डाल दिया है। किसी मुसलमान को दिखला दिया जाए तो वह 'डिवाइन कमीडी' के चिथड़े कर डाले, पर हिन्दू सहिष्णुता जैनियों की इस अनुदार कल्पना को शायद विनोद से अधिक महत्त्व नहीं देगी।

लड़कपन के दिनों की याद करता हूँ तो अपने चचेरे और सगे भाई-बहनों के बीच में अपने को मध्यस्थ की स्थिति में पाता हूँ–एक भाई–शिव प्रसाद–और चार बहनें–दुर्गा, द्रौपदी, कैलाशा और भगवानदेई मुझसे बड़ी; और दो भाई–ठाकुर प्रसाद, शालिग्राम–और चार बहनें–पत्तो, रामकुमारी, बिटोला और शैलकुमारी मुझसे छोटी। अपने से बड़े भाई के रूप में मैं एक नाम और गिनाना चाहूँगा–मंगल पंडित के एकमात्र पुत्र कर्कल का–शायद उनका यह नाम कर्क लग्न में पैदा होने से पड़ा था। उनका घर हमारे घर से मिला हुआ था ही, और वे हमारे परिवार के ही सदस्य के समान थे। मुझे तो छुटपन से ही उन्हें कर्कल दा कहना सिखलाया गया था, जैसा उन्हें मुझे अपना छोटा भाई समझना। वे मुझसे तीन-साढ़े तीन वर्ष बड़े होंगे।

इस निकटता का एक मार्मिक कारण था। मेरे पिता की एकमात्र बहन तुलसा की अचानक मृत्यु हो गई। पिता जी उन्हें बहुत प्यार करते थे और यह दैवी आघात उनके लिए दुःसह हो गया; वे बहुत उदास रहने लगे। तुलसा हर वर्ष भैया दूज को अपनी ससुराल फफूँद से आकर अपने भाई का टीका करती थीं। उनकी मृत्यु के बाद जो पहली भैया दूज पड़ी उस दिन प्रताप नारायण की आँखों में अजस्र अश्रु-धारा बह चली। मंगल पंडित की पत्नी सुन्दर ने उनकी यह दशा देखी तो उनका जी भर आया।

उन्होंने रोली-मिठाई लाकर पिता जी का टीका किया और कहा कि आज से मैं तुम्हारी बहन बनती हूँ। सुन्दर ने आजीवन यह स्नेह-बन्धन निबाहा। वे हर वर्ष रक्षा-बन्धन के दिन पिता जी के हाथ में राखी बाँधतीं और भैया दूज को उनका टीका करतीं और उनके पसन्द की खूब-सी मिठाई उनको खिलातीं। हम लोगों को उन्हें बुआ कहना सिखाया गया था। छुटपन से ही कर्कल मुझको इतना प्यार करते थे, इतना मेरे संग-संग रहते थे कि मेरी माँ उन्हें देखकर अक्सर कहती थीं कि 'इनका तो हमरी कोख से जनमै क रहा !' जब मंगल पंडित की मृत्यु हो गई तो प्रताप नारायण ने अपनी विधवा मुँहबोली बहन और उनके पुत्र के ऊपर संरक्षण का हाथ रखा। मंगल पण्डित को देखने की मुझे धुँधली-सी याद है। जब वे रास्ते से निकलते, बच्चे उन्हें 'जय श्रीकृष्ण !' कहकर चिढ़ाते और वे बच्चों पर कृत्रिम क्रोध दिखाते, मारने को भी दौड़ते, गो मारते नहीं। वे कहते–'क्या चोर का नाम लेते हो !–माखनचोर, चीर-चोर, दिल-चोर !' वास्तव में वे बड़े कृष्णभक्त थे और कृष्ण नाम से चिढ़ने का अभिनय केवल इसलिए करते थे कि उनके चारों ओर उनके आराध्य का नाम ध्वनित-प्रतिध्वनित होता रहे। जाड़े के दिनों में सबेरे-सबेरे, मुँह में खैनी दाबे, मोटी-सी रज़ाई ओढ़े, पाँवों में काठ के पौले पहने खटर-खटर करते उनके चलने की तस्वीर अब भी मेरी आँखों के सामने है। एक बार चक के जीवन को पद्य-बद्ध करने की बात मेरे मन में उठी थी–जब वह सड़क में आ गया–गोल्डस्मिथ के 'डेज़र्टेड विलेज' की समता पर–शायद श्रीधर पाठक के 'ऊजड़ ग्राम' को किसी से सुनने या पढ़ने की भी स्मृति हो–

'चक पर ज़ीरो रोड बन गई, बातें हुईं पुरानी,
यहीं लड़कपन बीता मेरा, बीती शुरू जवानी !'

यह रचना अभ्यास मात्र होकर रह गई, मगर मंगल पंडित पर लिखी कुछ पंक्तियाँ मुझे अब तक याद हैं–

'जब मंगल पण्डित चलते थे मोटी ओढ़ रज़ाई,
मूर्तिमान जाड़ा तब मुझको पड़ता था दिखलाई।
बच्चे उनको देख मचाते कृष्ण नाम का रौला,
वे दौड़ते, दौड़ न पाते, पहने पाँवों पौला।'

इसे मैं अपना सौभाग्य ही मानता हूँ कि मेरी बाल्यावस्था में नियति ने मुझे एक सन्तुलित स्थिति में रख दिया था–दो भाई, चार बहनें मुझसे बड़ी, दो भाई चार बहनें मुझसे छोटी–बड़ों से कुछ सीखने को, छोटों को सिखाने को; बड़ों से कुछ दबने को और छोटों को दबाने को–कुल तेरह ! क्या यह अशुभ संख्या ही थी जिसने मेरी समौरी पत्तो–मोहन चाचा की लड़की–को छोटी उम्र में ही हमारे बीच से उठा लिया। पत्तो मेरे खेल-कूद की सबसे निकट और सबसे प्रिय सहेली थी। एक दिन वह बीमार पड़ी। बच्चों को उसके पास जाने की मनाही कर दी गई। फिर मैंने उसे कभी न देखा। उसका सहसा ग़ायब हो जाना मेरे बाल-मन की एक पहेली बन गई–पत्तो कहाँ गई ! लोग अक्सर बात करते हैं और शायद सोचते हैं कि दूर खेलते बच्चे उनकी बात नहीं सुन रहे हैं। बच्चों के कान बड़े चौकन्ने होते हैं। मैंने भी दूर खड़े होकर एक दिन बड़ों की बातों से अनका कि पत्तो मर गई, और मेरे मन में तरह-तरह के प्रश्न उठने लगे।

मैं अक्सर सोचता, क्या बच्चे मरते भी हैं ? मरना क्या होता है ? क्या मरना यही है कि बच्चा भाप-सा बनकर शून्य में विलीन हो जाता है ? क्या किसी दिन इसी तरह मेरी सत्ता का भी लोप हो जाएगा ? हो जाएगा तो वह अनुभव कैसा लगेगा ? इन बातों को सोचते-सोचते मेरी आँखों के सामने अँधेरा छा जाता, मेरे पाँवों के नीचे से धरती खिसक जाती और मेरे कपड़े पसीने से तर-बतर हो जाते। मैं अपने से पूछता, क्या मैं मर रहा हूँ ? और इस भयावह स्थिति से बचने को मैं अपने किसी बड़े भाई या बहन के पास जाकर उसके खेल या उसकी पढ़ाई में एकाएक विघ्न डालने लगता—उसके कार्य-कलाप में कोई आघात पहुँचाने की दृष्टि से नहीं, अपने-आपको यह विश्वास दिलाने के लिए कि मैं भाप नहीं हूँ, शून्य नहीं हो रहा हूँ, मैं कुछ स्थूल हूँ, ठोस हूँ, कुछ बिगाड़-बना सकता हूँ। इस प्रकार के दौरे मुझे कई वर्षों तक आते रहे। बात यह हुई थी कि पत्तो की लाश को हम बच्चों की आँख बचाकर ले जाया गया था, और जब मैंने उसकी मौत की बात सुनी तब मृत्यु का यह विचित्र रूप मुझे विचलित करने लगा। मुझे पता नहीं घर और बच्चों की क्या प्रतिक्रिया हुई। प्रायः बच्चे आँख ओट हुई चीज़ को जल्दी भूल भी जाते हैं; शायद मैं और बच्चों से अधिक भाव-प्रवण था।

मेरे जन्म के लगभग तीन वर्ष बाद मेरे छोटे भाई का जन्म हुआ। मेरी माता उनका नाम मेरे नाम हरिवंश राय के जोड़े पर रघुवंश राय रखना चाहती थीं, पर तभी मुहल्ले में किसी के रघुवंश नाम के लड़के की मृत्यु हो गई। माँ को लगा कि रघुवंश नाम रखने से पड़ोसी को बराबर अपने लड़के की याद आती रहेगी, शायद इस नाम को अशुभ भी समझा हो, इसलिए उन्होंने अपने छोटे लड़के का नाम शालिग्राम रख दिया, पुकारने का नाम रज्जन—बच्चन के वज़न पर ! शालिग्राम के जन्म के तीन वर्ष बाद मेरी छोटी बहन हुई। उसका नाम शैलकुमारी रखा गया। वह उनकी अन्तिम सन्तान थी।

सदी के दूसरे दशक का चक बहुत बड़ा मुहल्ला नहीं था; न वह पूरी तरह शहर था, न पूरी तरह गाँव—जैसे गाँव का कोई हिस्सा शहर बनने के क्रम में हो, अथवा शहर का कोई हिस्सा गाँव के खेत-खलिहान में ज़बरदस्ती धँस आया हो, पर उस छोटे-से मुहल्ले में विविधता भरपूर थी।

पहले अपनी पीठ पर चढ़ाकर और बाद को अपनी उँगली पकड़ाकर राधा ने उस मुहल्ले की मुझे इतनी परिक्रमाएँ कराई थीं, और बड़े होने पर अपने खेल-कूद के दौरान मैंने उनके इतने चक्कर लगाए थे कि उसका जुगराफ़िया मेरे पाँव के तलवों और हाथ की उँगलियों तक को मालूम था। कोई मेरी आँखों पर पट्टी बाँधकर मुझसे मुहल्ले में किसी तरह पहुँचने को कहता तो शायद ही मुझसे ग़लती होती। मैंने उस मुहल्ले के गली, कूचों को ही नहीं पहचाना था, उसमें रहने वालों को भी देखा-जाना और उनसे एक प्रकार के अपनेपन का अनुभव किया था। मुहल्ला तो मुझसे मेरे यौवन में ही छूट गया था; जिस नगर में वह मुहल्ला था वह भी प्रायः पन्द्रह वर्षों से मुझसे छूट गया है; मुहल्ला भी बिलकुल बदल गया है—नए रास्ते, नए मकान, नए लोग, लोगों के नए रहन-सहन, उनके चेहरों पर नए ज़माने के नए ख्यालों की नई मुहर-छाप—फिर

भी कभी वहाँ गया हूँ तो नया सब स्वप्निल-सा होकर अन्तर्धान हो गया है और पुराना सब एक-एक रेख, एक-एक रंग में साकार होकर सामने खड़ा हो गया है, और मुझे उस जादू से निकलने में कुछ समय लगा है। निकलने के लिए कुछ कोशिश करनी पड़ी है।

हमारा मकान उत्तर-मुख था। सामने खुला ऊँचा-नीचा मैदान; बाबा के ज़माने में हाते की जो कच्ची दीवार उठाई गई थी वह बरसों की बरसात से ढहकर छोटे-बड़े ढूहों में परिवर्तित हो गई थी; पार, पूरब-पच्छिम जाती एक गली; गली के पार फिर खुला मैदान; बाद को उसपर एक बूढ़ी काछिन ने लकड़ी की टाल लगा ली थी—बूढ़ी, पर तगड़ी और दबंग, आवाज़ दे तो मील-भर पर सुनाई दे, टाल पर काम करनेवाले लकड़-चिरवे उससे थर-थर काँपते थे; मजाल है कि काम के वक़्त कोई सुस्ती दिखलाए, बुढ़िया खा जाती थी। टाल के उस पार नीम का एक बड़ा पेड़, पेड़ के सामने गिरधारी काछी का दो कोठरियों का घर, मुन्दर नाम की एक पासिन बैठाले हुए थे, बाल-बच्चा कोई न था; बस एक काम, एक शौक़; काम—घर के पीछे पड़ी ज़मीन पर साग-सब्ज़ी उगाने का, और शौक़—कुश्ती लड़ने का। घर के पूरब एक कच्ची दीवार के सहारे उत्तर-दक्खिन दो फूस की परछतियाँ—एक के नीचे उनके बैल और लढ़िया, और दूसरे के नीचे एक बढ़िया अखाड़ा, जो उनके दादा-परदादा के वक्त से चला आ रहा था। मेरे परबाबा और बाबा ने निश्चय उस अखाड़े में ज़ोर किया होगा। मिट्टी उसकी बड़ी ही चिकनी, मुलायम और पीली थी; साल में कई बार गिरधारी उसमें कड़ू तेल छिड़कवाते थे। नीम के पेड़ के नीचे पत्थर की एक भारी नाल पड़ी रहती थी—पहलवानों के लिए एक बड़ी चुनौती। जो उसको उठा लेता था, नक़्क़ाश को बुलाकर उस पर उसका नाम खुदवा दिया जाता था। उसपर कई अक्षर खुदे हुए थे, पर साफ़ किसी का नाम पढ़ पाना मुश्किल था, शायद नाम के प्रथमाक्षर भर खोदे जाते थे। उसपर मैंने 'म' खुदा हुआ देखा था; सम्भव है मेरे परबाबा मिट्ठूलाल ने कभी वह नाल उठाई हो। कहते हैं, एक बार किसी पहलवान ने नाल उठाई तो उसके पाँव की नस चटख़ गई और नीचे की धरती खून से तर हो गई। मैंने उस नाल को उठाते किसी को नहीं देखा था; हाँ, कुश्ती लड़ने के लिए जब लोग अखाड़े में जाते थे तो नाल को हाथ लगाकर अपना कान ज़रूर पकड़ते थे। बरसों से एक ही जगह पड़ी रहने से उसका कुछ हिस्सा ज़मीन में धँस गया था। गिरधारी नाटे पर कसे, गँठे बदन के थे, वैसे ही तगड़े उनके बैल थे, जिन्हें वे गुड़िया के दिन लड़ाते थे, और सारा मुहल्ला देखने को जमा होता था। जब दोनों बैल सींग में सींग फँसाकर आमने-सामने डट जाते थे, एक-दूसरे को आगे-पीछे ठेलते हुए, तब गिरधारी में ही दम था कि उनकी एक-एक सींग पकड़कर अलग कर दें। मुन्दर सुन्दर थी, पर सुकुँवार नहीं—वह गिरधारी के साथ खेती का सारा काम करती, जब वे गली पार कुएँ पर पुरवट लगाते तो वह अकेले मोट पकड़ती, फ़सल के दिनों में खेत निराती, साग-सब्ज़ी खेत से निकालकर लढ़िया पर लादती, जिसे हाँककर गिरधारी मंडी में बेचने जाते। और जब कुछ भी करने को न रहता तब वह टाल वाली बुढ़िया काछिन से लड़ती—यह लड़ाई हाथापाई की न होती, सिर्फ़ गाली-गलौज की। मिले-मिले खेत टाल; कभी बुढ़िया की टाल से लकड़ी ग़ायब हो जाती, कभी मुन्दर के खेत से सब्ज़ी, और कभी लड़ाई के और बहाने निकल आते। बुढ़िया टाल के किसी

कुन्दे पर बैठ जाती, मुन्दर नीम तले पड़ी नाल पर, और हाथ हिला-हिलाकर दोनों घण्टों एक-दूसरे को गरियाती जातीं, जब तक उनका गला ही जवाब न दे देता। मेरा ऐसा ख़्याल है, कभी-कभी वे बग़ैर किसी बहाने के भी लड़ती थीं—वक़्त काटने के लिए; और कभी-कभी शायद इसलिए भी कि अगर वे बहुत दिनों तक न लड़ीं तो कहीं ऐसा न हो कि वे अपनी गालियाँ ही भूल जाएँ। इस कारण, आपस में जैसे सलाह करके, वे वक़्तन-फ़-वक़्तन एक-दूसरे के सामने बैठकर अपने ज्ञान-कोष की सारी गालियाँ गर्दान जाती थीं।

गिरधारी के खेत के पार बाबू मुक्ता प्रसाद का मकान था। वे आर्यसमाजी थे; लाट साहब के दफ़्तर में काम करते थे; गर्मियों में शिमला जाते थे। गर्मियों में पहाड़ पर जानेवाले मुहल्ले के वे एकमात्र व्यक्ति थे, और इस कारण गर्मियों के बाद लौटकर वे मुहल्लेवालों से ऐसे बात करते थे जैसे अब भी पहाड़ पर चढ़कर बोल रहे हों और हम मैदान में खड़े होकर, मुँह ऊपर करके, उनकी बात सुन रहे हों। आदमी बुरे नहीं थे; जब सारा मुहल्ला गर्मी की लू-लपट में झुलस रहा हो तब शिमले की ठंडी-ठंडी हवा का मज़ा लेते रहने पर अपनी ख़सूसियत का कुछ ग़रूर होना स्वाभाविक है। आर्यसमाज का प्रचुर साहित्य उन्होंने अपने घर में जमा कर रखा था, जिसे वे उदारतापूर्वक लोगों को पढ़ने को दिया करते थे। आर्यसमाजी विचारधारा से मेरा प्रथम परिचय उन्हीं के पुस्तकालय से हुआ। लुई-कूने की स्नान-चिकित्सा के भी वे बड़े ज़बरदस्त पैरोकार थे—उसपर उनके लम्बे-लम्बे प्रवचन सुनने की मुझे याद है—बाद को वे मेरे कुछ काम भी आए। लड़का उनके कोई न था, दो भतीजे थे—ज्योति प्रकाश और ओम् प्रकाश, जिन्हें वे अपने लड़कों की ही तरह मानते थे। दोनों ही अपने चाचा की लघु अनुकृतियाँ थे—ऐसा सटीक उन्होंने दोनों को अपने मानसिक ढाँचे में ढाला था। जिस लब-लहजे में चाचा बोलते, उसी लब-लहजे में भतीजे। दोनों भाई स्वामी सत्यदेव परिव्राजक के साहित्य के बड़े प्रेमी और संग्रही थे। उन्हीं से लेकर पहले-पहल मैंने स्वामी जी की कृति, 'अमरीका-पथ-प्रदर्शक' और 'अमरीका-भ्रमण' पढ़ी थी, जिसके कवर पर स्वामी जी के चित्र के नीचे छपा था, 'एक चवन्नी जेब में लेकर अमरीका भ्रमण करनेवाले' या इसी आशय का कुछ; और उस पुस्तक को पढ़कर मुझे लगा था कि जब मैं चवन्नी से ज़्यादा इकट्ठा कर सकता हूँ तब मेरे लिए ऐसी यात्रा क्यों कठिन होनी चाहिए। मेरी कल्पना ने उन दिनों अमरीका पहुँचने के लिए ज़मीन-आसमान के कैसे-कैसे कुलाबे जोड़े थे ! नियति का भी क्या व्यंग्य है कि मैं आधी दुनिया की यात्रा कर चुका हूँ पर अमरीका ही जाने का योग नहीं लग सका, जहाँ पहुँचने का स्वप्न मैंने सबसे अधिक देखा। शायद अब भी कभी लग जाए। न भी लगे तो क्या। पुस्तक पढ़नेवाले कितने गए होंगे ?—ओम् और ज्योति ही नहीं गए। अब मैं यह मानता हूँ कि मस्तिष्क के विकास में कल्पना जाग्रत् करनेवाले साहित्य का भी महत्त्वपूर्ण योग होता है, भले ही वह कल्पना कभी साकार न हो।

मुक्ता प्रसाद की कोठी मुहल्ला चक की उत्तरी सीमा थी। उसके पास मोहतशिमगंज था; लोग उसे संक्षेप करके मोसिमगंज कहते थे। 'मोहतशिम' शायद फ़ारसी का शब्द है, पता नहीं, क्या अर्थ है, क्यों यह नाम उस मुहल्ले को दिया गया था। मुक्ता प्रसाद

के मकान के पच्छिम श्रमजीवी मुसलमानों के छोटे-छोटे, प्रायः कच्चे घर थे—भिश्ती, हज्जाम, जर्राह, चिकवे, नैचा बाँधनेवाले, कुन्जी लगानेवाले, छाता मरम्मत करने वाले, क़लई करनेवाले, पतंगसाज, काग़ज़ी खिलौने बनानेवाले वग़ैरह, वग़ैरह। उनके घरों में मुर्ग़ियाँ पली होतीं, और उधर से निकलो तो 'चुक्-चुक्' करती कभी इधर से निकल जातीं, कभी उधर से। किसी-किसी के घर के सामने 'क्वक्-क्वक्' करती बत्तख़ें भी फिरती दिखाई देतीं। ज़्यादातर मर्द दिन को फेरी पर निकल जाते, औरतें परदे में रहतीं। छोटे-से-छोटे भी घर के दरवाज़े पर, फटा-पुराना-मैला ही सही, परदा ज़रूर लटकता रहता। बाहर छोटे बच्चे, बच्चियाँ ही दिखलाई पड़तीं; कोई औरत कभी बाहर निकलती भी तो सिर से पाँव एक लम्बा, सफ़ेद बुर्क़ा डाले—सुन्नी औरतें सफ़ेद बुर्क़ा डालतीं, शिया, काले बुर्क़े—इधर तो सब सुन्नी ही थीं। लड़कपन में मुझे इन-बुर्क़ेवालियों को देखकर बड़ा डर लगता—उल्लू की-सी जालीदार दो आँखों वाले चोग़े के अन्दर पता नहीं क्या है ! बहुत छुटपन में मुझे सड़क पर निकल जाने से रोकने के लिए कहकर डराया जाता था कि बुर्क़ेवालियाँ छोटे बच्चों को अपने घाँघरे में छिपाकर उठा ले जाती हैं। बुर्क़ा जहाँ रूप को दूसरों की नजरों से बचाने का साधन है, वहाँ कुरूपता को भी ढकी-मुँदी रखने का। इस सम्बन्ध में एक मनोरंजक प्रसंग याद आ गया। हमारे इलाहाबाद में एक डाक्टर मुकर्जी थे—ईसाई; बड़े अच्छे डाक्टर, पर अप्रिय सत्य बोलने में बिलकुल बे-झिझक। एक बार कोई मुसलमान सज्जन अपनी बीमार बीवी को इक्के पर बिठाकर उन्हें दिखाने लाए। इक्के पर भी पर्दा, बीवी भी बुर्क़े में। डाक्टर साहब से उन्होंने दरख़्वास्त की कि बीवी पर्दानशीन हैं, डाक्टर साहब इतनी तकलीफ़ फ़रगाएँ कि इक्के तक चलकर उनको देख लें। बीवी ने इक्के के पर्दे से नब्ज़ दिखाने के लिए कलाई बाहर निकाल दी। डाक्टर साहब ने कहा, ज़बान दिखाइए। अब तो बीवी को इक्के का पर्दा भी हटाना पड़ा और चेहरे से बुर्क़ा भी। बीवी साहबा निहायत बदसूरत थीं। डाक्टर साहब व्यंग्य से मुस्कराकर मियाँजी से बोले, "अब मैं समझा कि आप अपनी बीवी को क्यों इतने पर्दे में रखते हैं !"—ख़ैर, शग़ल उस मुस्लिम बस्ती के मर्दों का था—कबूतरबाज़ी, तीतरबाज़ी या बुलबुलबाज़ी—शाम को उधर से कोई तीतर का पिंजरा लिए हुए निकलता,—दीमक लगी दीवारों की खोज में—दीमक तीतरों का प्रिय भोजन है—कोई बुलबुल का अड्डा लिए हुए; उनके घरों पर लम्बे-लम्बे बाँसों पर कबूतरों के उतरने के लिए छतरियाँ होतीं जो दूर से दिखाई देतीं। शाम को कबूतरों के ग़ोल के ग़ोल आसमान में चक्कर लगाकर उड़ते हुए दिखाई देते, पता नहीं कैसे लोग अपने-अपने ग़ोलों को पहचानते और कैसे उनपर बाज़ी लगाते। तीतर और बुलबुल भी लड़ाए जाते और उनपर भी बाज़ी लगती। उनकी औरतों का शग़ल ?—अल्ला मियाँ ही जाने, शायद बच्चे पैदा करने के अलावा और कुछ नहीं। पर, सम्भवतः, मैं उनके प्रति अन्याय कर रहा हूँ; बेचारियाँ घर के सौ काम-काज तो करती ही होंगी। बाहर या तो कामकाज के लिए निकला जा सकता है या आमोद-प्रमोद के लिए। काम-काज के क्षेत्र उनके लिए कहाँ खुले थे ? और आमोद-प्रमोद के भी साधन उस समय उनके लिए बाहर क्या उपलब्ध थे ? उपलब्ध भी होते तो उनकी निर्धनता उनका उपभोग करने का अवसर उन्हें कहाँ देती ?

अब मुहल्ले के उत्तर-पच्छिम कोने में बने इमामबाड़े और उससे लगी उपर्युक्त

मुस्लिम बस्ती से फिर दक्खिन लौट आऊँ। जिस गली से लौट रहा हूँ, गिरधारी का खेत अब उसके बाईं ओर है। दाईं ओर को है कच्ची मिट्टी की आदम-क़द मुँडेर से घिरा एक बाग़ जिसे मेरे लड़कपन में कल्याण चन्द (जैनी सेठ के किसी वंशज) का बाग़ कहा जाता था। वास्तव में बाग़ के दो हिस्से थे—एक हिस्सा कुएँ तक, जिसके पास ही बाग़ के अन्दर जाने के लिए दरवाज़ा था, दूसरा हिस्सा कुएँ से लेकर वहाँ तक जहाँ हमारे मकान का सामना था। कुएँ से उत्तर का हिस्सा सब्ज़ी बाग़ था, दक्खिन का फूल बाग़, एक तीसरा हिस्सा भी था फल बाग़, फूल बाग़ के ठीक पच्छिम, जिसका दरवाज़ा चाहचन्द के कुएँ के सामने खुलता था, जो महाजनी टोले में लगता था। मेरे लड़कपन में ही मालिकों की तरफ़ से इस बाग़ की देख-रेख बन्द कर दी गई थी। सब्जी बाग़ को गिरधारी मामूली किराए पर ले लेते थे, बरसात में थोड़ी गोड़ाई कर उसमें चरी बो देते थे जिससे उनके बैलों के लिए साल भर का चारा मिल जाता था, सब्ज़ी के लिए उनका अपना ही खेत काफ़ी था। फूल बाग़ को देखकर कोई भी कह सकता था—खँडहर बता रहे हैं इमारत बुलन्द थी। उसके उत्तर-पश्चिम के कोने में एक पक्का कुआँ था, जगत के नीचे एक बड़ी पक्की टंकी भी थी, पानी इकट्ठा करने के लिए, जिसमें मोटे पाइप का एक नल लगा था। बाग़ भर में पानी ले जाने के लिए पक्की नालियाँ बनी थीं, जगह-जगह से खुलीं, जिससे जा-ब-जा क्यारियों में पानी पहुँचाया जा सके। बीचोंबीच एक ऊँचा, पक्का, चौकोर चबूतरा था जिस पर चार-पाँच आरामकुर्सियाँ मज़े में पड़ सकती थीं। चारों ओर चढ़ने-उतरने के लिए छोटी-छोटी सीढ़ियाँ थीं। फूल बाग़ का सबसे बड़ा आकर्षण था उसके पूरब-दक्खिन के कोने पर खड़ा दुमंज़िला पक्का बँगला—उत्तर-मुख फाटक के अन्दर प्रवेश करें तो सामने पक्का चौखुँटा आँगन, तीन तरफ़ चौड़े चबूतरे, उनके पीछे खम्भों पर पक्की दालानें, सामने की दालान के पीछे तीन कमरे, अगल-बग़ल के छोटे, बीच का बड़ा, दाहिनी-बाईं ओर की दालान से ऊपर जाने के लिए ज़ीने, तीन दालानों पर तीन खुली छतें, सामने की ओर नीचे जैसे तीन बड़े कमरे, टाइलों से छाए हुए। मेरे मकान के आगे के मैदान के ठीक दूसरी तरफ़, गली पार, बँगले से लगा अस्तबल जिसके लम्बे लौह कपाट पर ज़ंग लगा ताला पड़ा हुआ, उसी से लगी एक बड़ी कोठरी, साईस की, जिसका दरवाज़ा ईंट से चुना हुआ। क्या आप विश्वास करेंगे कि वह बड़ा-सा बँगला, बे-मरम्मती हालत में, बिलकुल ख़ाली पड़ा था—जो चाहे उसमें आए-जाए, अस्तबल और साईस की कोठरी को छोड़कर सारे-के-सारे दरवाज़े खुले हुए ? लड़कपन में उस उजड़े बाग़ में खेलते, उसके पेड़ों पर चढ़ते, अँखमुँदोल में उस ख़ाली बँगले की दालानों में, छतों पर, खम्भों के पीछे छिपते, अथवा उसके कमरों में तरह-तरह की शरारतें करते हमें यह ख़्याल भी नहीं आया था कि इतना बड़ा बँगला क्यों बनवाया गया और क्यों लावारिस की तरह छोड़ दिया गया।—पर एक दिन इसका रहस्य खुला।

फल बाग़ में आम, इमली, अमरूद, जामुन, आँवले, शरीफ़े, करौंदे के पेड़ थे जिनमें बिना सींचे, बिना खाद-वाद दिए भी, मौसम आने पर फल लगते, और कच्चे से ही हम उन्हें तोड़ते, गिराते, फेंकते, खाते, घर लाते—न कोई मना करता, न कोई रोकता। लड़कों के साथ कभी-कभी बड़के भी शामिल हो जाते, झुँझलाते, सिखलाते, पकने तो दिया करो; पर तब इतना सब्र कहाँ था, और हमारे लिए कच्चे में जो मज़ा

था वह पके लोग क्या समझ सकते थे ! बड़ों के बाग़ में आने के दो ख़ास मौक़े होते, विशेषकर स्त्रियों के; एक तो मुहल्ले में जब किसी के यहाँ शादी-ब्याह होता तब कुआँ पूजने के लिए—वह सूखा उजड़ा बाग़ थोड़ी देर के लिए राग-रंग से गुंजित-रंजित हो जाता, खुलकर अश्लील गीत गाए जाते और हम पेड़ों पर चढ़कर सुनते। एक गीत मुझे याद है—'लीप ले चौपड़िया भगतिन, लीप ले चौपड़िया !'...आगे बहुत फूहड़ है। दूसरा मौक़ा होता जाड़े में किसी समय, किसी विशेष तिथि को; स्त्रियाँ आँवले के पेड़ की पूजा करतीं, उसके तने में कच्चा सूत लपेटतीं और उसे ब्राह्मण को दान देतीं; बाद को आँवले के तले बैठकर खाना खातीं, कोई-कोई परिवार आँवले के पेड़ के नीचे ही रसोई तैयार करते, फिर खाते। मैंने हरिवंश पुराण में पढ़ा था कि श्री कृष्ण जब पारिजात वृक्ष स्वर्गलोक से उखाड़कर द्वारिका लाए थे तब सत्यभामा ने अखंड सुहाग के लिए श्री कृष्ण को पारिजात से बाँधकर नारद जी को दान कर दिया था। क्या उसी की स्मृति में यह पूजा होती है ? क्या आँवला ही पारिजात था ? ख़ैरियत है कि पति को स्मरण करके पेड़ ही बाँधा जाता और दान दिया जाता है; कहीं पति को भी बाँधने की प्रथा चल पड़ती तो पुरुषों की बड़ी मुसीबत होती।

यह मेरे काफ़ी बड़े हो जाने के समय की बात है। कभी-कभी गर्मी की रातों में अपने मकान के आगे के मैदान में सोते हुए नींद टूट जाने पर मुझे अस्तबल से 'छुन-छुन' की आवाज़ सुनाई पड़ती। पहले तो मैंने इसकी उपेक्षा की, पर जब कई रातों को वह सुन पड़ी तो मैंने पड़ोस के एक बुजुर्ग से उनकी चर्चा की। उन्होंने कुछ गम्भीर होकर कहा, "तुम्हीं को नहीं, औरों को भी यह आवाज़ सुनाई दे चुकी है, 'देअर इज़ ए हिस्ट्री आफ़ दिस छुन-छुन' "; (इस 'छुन-छुन का एक इतिहास है) और उन्होंने मुझे वह 'हिस्ट्री' इस प्रकार बताई।

महाजनी टोले के जैनी सेठ के परिवार में एक लाला कल्यान चन्द हुए। वे बड़े अय्याश-तबीयत थे, घर में अटूट धन था। उन्होंने एक वेश्या के लिए, जिसके रूप-यौवन पर वे लट्टू थे, वह बँगला बनवाया, यह बाग़ लगवाया था। वह ऊपर वाले कमरे में रहती थी। हर संध्या को सेठ उससे मिलने को बाग़ में आते, और काफ़ी रात गए अपनी हवेली को लौट जाते। वेश्या की देख-रेख के लिए कई नौकर-चाकर थे जो नीचे रहा करते थे, बाग़ में कई माली काम करते थे। पर वह वेश्या सेठ के साईस के ऊपर आसक्त हो गई—छरहरा, गबरू छैला था। साईस आधी रात को अस्तबल से टमटम निकालकर छत के नीचे खड़ी कर देता और हाँकने की ऊँची बैठकी पर खड़े होकर वेश्या को नीचे उतार लेता और सवेरा होने से पहले उसी तरह उसे छत पर चढ़ा देता। 'बैर-प्रीति नहिं दुरै दुराए।' सेठ को कुछ शक पड़ गया। एक रात क़रीब दो बजे अचानक बाग़ में आ पहुँचे। वेश्या अपने कमरे में नहीं थी। छत से उन्होंने देखा तो नीचे टमटम खड़ी पाई। सारी बातें समझ गए। साईस की कोठरी भीतर से बन्द थी। सेठ ने बहुत आवाज़ें दीं पर भीतर से कोई न बोला, न किसी ने साँकल खोली। सुबह दरवाज़ा चीरा गया तो दोनों की लाशें छत से लटक रही थीं—दोनों ने खुदकुशी कर ली थी। अकाल मौत मरे थे। दोनों भूत हो गए हैं। आधी रात को साईस अस्तबल में आकर बैठता है और वेश्या उसके आगे नाचती है। उसी के घुँघुरुओं की 'छुन-छुन' सुनाई पड़ती है। तभी से साईस की कोठरी का दरवाज़ा ईंट से चुन दिया गया, अस्तबल पर ताला

डाल दिया गया और सेठ फिर कभी बाग़ में न आए !

टमटम का ज़ंग-खाया अंजर-पंजर अस्तबल के बाहर पड़ा था, जिसपर हम बच्चे न जाने कितनी बार चढ़े होंगे, न जाने कितनी बार यह कल्पना की होगी कि उसमें हवा से भी तेज़ जानेवाले घोड़े जुते हैं और उसपर बैठकर हम सारी दुनिया की सैर कर आए हैं। बुजुर्ग ने यह भी बताया था कि साईस कभी-कभी वेश्या को टमटम पर बिठाकर घुमाने भी निकलता है—लोगों ने रात-बिरात ऐसा देखा है। मुझे तो कभी ऐसा दृश्य दिखाई न पड़ा, पर 'छुन-छुन' की आवाज़ मैंने बहुत बार सुनी—यह 'हिस्ट्री' सुनने के बाद कुछ अधिक ही—शायद सच, शायद कल्पना में।

जिस समय यह कहानी सुनी थी उस समय मन का सारा कौतूहल वेश्या और साईस के भूत होने, और उनकी भूत-योनि के क्रिया-कलाप पर केन्द्रित हो गया था। जीवन के अनुभवों से भीगने पर जब-जब यह कहानी याद आती, उनके भूत होनेवाला पक्ष नितांत नगण्य लगता। मन सोचने लगता, अपने किन सुख-स्वप्नों को साकार करने के लिए सेठ ने वह बँगला बनाया होगा—'इक बँगला बने न्यारा !' अपनी प्रेयसी की किन इच्छाओं की पूर्ति के लिए वह सब्ज़-बाग़ लगाया होगा—'हे राजा, बगिया लगैयो जतन से।' और एक दिन उस प्रेयसी की आँख कहाँ जाकर अटकी होगी कि तन के सौ सुख, सौ सुविधा में उसका मन बनवास दिया-सा लगा होगा। और एक रात कितनी विवश होकर उसे अपनी भावना अपने मनभावन के समक्ष व्यक्त करनी पड़ी होगी—'हार नहीं स्वीकार हुआ तो प्यार रहेगा ही अनजाना।' और मनभावन के मुख से कितनी बेखुदी से यह निकला होगा—'हे धन्य धरा जिस पर मन का धन धोखे से मिल जाता है !' और दूसरे ही क्षण नियति ने निर्मम स्वर में माँग की होगी—'मूल्य दे सुख के क्षणों का।' और उन दोनों ने निर्णय किया होगा,

इससे आओ कर विषपान
आपस में भुजहार पिन्हाएँ,
फिर चिर-चुम्बन में मिल जाएँ,
कर दें जीवन द्वै-द्वीपों का साथ-साथ निर्वाण।

और सेठ ने इन द्वै-द्वीपों के निर्वाण को देखकर कितने मोहभंग की मुद्रा में कहा होगा—नारि, नाम तेरा छलना है ! (फ़्रेल्टी, दाई नेम इज़ वुमन)।

अस्तबल और साईस की कोठरी से मिला हुआ, उसी लाइन में सरबराकार का मकान था। मुझे पता नहीं सरबराकार का ओहदा क्या है, किस मुहकमे का। मेरे बचपन में तो सरबराकार ज़ईफ़ हो गए थे। मैं उनको दिन में कई बार अपनी बैठक के दरवाज़े पर बैठकर वज़ू करते और गली की ओर पीठ करके नमाज़ पढ़ते देखता था। दिन में रेहल पर रखकर कुरान शरीफ़ पढ़ते या काली गुरियों की एक छोटी-सी माला फेरते। सरबराकर शिया थे; शियों के और कई मकान उस मुहल्ले में थे; उनमें प्रसिद्ध हुए ज़ामिन अली जो आगे चलकर इलाहाबाद युनिवर्सिटी में उर्दू के प्रोफ़ेसर हुए। शियों की आर्थिक स्थिति अच्छी थी। अच्छे मकानों में रहते थे, साफ़ कपड़े पहनते; प्रायः सभी पढ़े-लिखे, सभी तहज़ीबयाफ़्ता, रंग में गोरे; सुन्नियों से कम ही मिलते-जुलते थे। सरबराकार कभी-कभी मेरे पिता और चाचा लोगों के साथ गंजीफ़ा खेलने के लिए हमारे

यहाँ आते थे। गंजीफ़ा एक प्रकार का गोल ताश होता था। उसका खेल कभी मेरी समझ में नहीं आया। एक पत्ता आफ़ताब होता था जिसे हर खेलने वाला चाहता था कि उसके पास आ जाए। गंजीफ़े के एक-एक पत्ते अलग-अलग हाथ से बनाए, रंगे, चित्रित किए जाते थे, राजस्थान में कहीं, शायद जयपुर में। छपे ताशों ने हथबने गंजीफ़े को उखाड़ दिया; अब तो शायद ही कहीं गंजीफ़ा खेला जाता हो। ताश घर-घर में पहुँच गया है।

सरबराकार ज़िन्दगी में ग़मज़दा आदमी थे। उनके एक जवान बेटे की मृत्यु हो गई थी, बेटी पागल हो गई थी। शादी हो चुकी थी, कहते हैं कि उसके एक बच्चा हुआ, पर जल्दी ही मर गया, उसी सदमे में वह पागल हो गई। ससुरालवालों ने कुछ दिन तो अपने यहाँ रखा, फिर बाप के यहाँ छोड़ गए। नब्बन उसका नाम था, कमसिन, बड़ी सुन्दर, रंग की गोरी, पर दिमाग़ ख़राब; फटे-पुराने कपड़े पहने वह मुहल्ले-भर में घूमा करती; तार, रस्सी के टुकड़े, पुराने चिथड़े, जो भी पाती अपने गले में डाल लेती, चिड़ियों के पर नाक-कान में खोंसती, धूल उठा-उठाकर अपने बालों पर बिखेरती; कभी उससे बात करो तो, जी में आने पर, बड़ी नाज़ुक-सी आवाज़ में बोलती; किसी को न मारती-पीटती थी, न किसी को गाली-गुफ़्ता देती थीं; प्रायः चुप रहती थी या अपने से ही धीमे-धीमे कुछ बुदबुदाती रहती थी; पर बच्चे उसे 'आपा-आपा' कहकर छेड़ते थे, और बच्चे क्या छेड़ते थे जितना बड़े छेड़ते थे; इंसान कितना हैवान होता है !

मोहर्रम की रातों में सरबराकार अपने आँगन में मर्सिया-ख़्वानी कराते; ऊपर चाँदनी तनती, नीचे दरियाँ बिछतीं, एक कोने में गैस का हण्डा जलता, बीच में एक तख़्त पर मर्सिया-गो बैठते, अगल-बग़ल उनके अगरबत्तियों का धुआँ उठता। मर्सिया की लय ही कुछ ऐसी होती कि शब्द न समझने पर भी मन में उदासी छा जाती। बीच-बीच में लोग एक ताल में छाती पीटते। कायस्थ घरों के बहुत-से मर्द लोग मर्सिया सुनने जाते, और समूह के प्रवाह में या मुसलमान दोस्तों के साथ सद्‌भावना दिखाने के लिए वे भी मातम मनाने की इस प्रथा में शामिल हो जाते। बरामदे में चिकों के पीछे बैठी औरतों में से बीच-बीच में सिसकियाँ उठतीं; कभी-कभी अचानक रोने का स्वर भी फूट पड़ता। मर्दों में किसी किसी को हाल आ जाता, लोग मुँह पर पानी छिड़ककर पंखा करके उसे होश में लाते। मैंने किसी से सुना था कि अनीस, दबीर का मर्सिया उर्दू एम. ए. के कोर्स में था। प्रो. ज़ामिन अली क्लास में मर्सिया पढ़ाते जाते और रोते जाते ! गाँधी जी की शहादत पर मैंने एक लम्बी कविता मर्सिया की ट्यून में लिखी थी : 'सूत की माला' की पहली कविता है :

उठ गए आज बापू हमारे,
झुक गया आज झंडा हमारा !

शायद इस ट्यून में मैंने यही एकमात्र कविता लिखी है। लिखते समय मर्सिया-ख़्वानी की लय बराबर कान में गूँजती रही।

सुन्नी लोग खुले में कभी-कभी 'मालूद' कराते; चारों ओर बाँस गाड़कर झंडियाँ लगाई जातीं, ज़मीन पर फ़र्श लगता और कोई लम्बी दाढ़ीवाले मौलवी साहब खड़े होकर फ़र्राटे से प्रवचन करते। उनकी ज़बान की सफ़ाई मुझे बड़ी अच्छी लगती। हमारे पुरोहित

लोग अटक-अटककर कथा कहते, 'जो है सो' बीच-बीच में लगाकर, और 'कहते भए', 'जाते भए' आदि से वाक्य समाप्त करते, पर अब धाराप्रवाह हिन्दी बोलनेवाले कथाकार भी हैं। मैंने पंडित रामकिंकर को रामायण पर प्रवचन करते सुना है, और उनके विचारों पर ही नहीं, उनकी वाक्‌शक्ति पर भी मुग्ध हुआ हूँ।

सरबराकार की मृत्यु के बाद पता नहीं उनका परिवार कहाँ चला गया। उस घर में कई वर्ष मेरे चाचा मोहनलाल रहे। मकान आसेवी समझा जाता था। सरबराकार ने हर दरवाज़े-खिड़की पर क़ुरान की कोई आयत छोटे-छोटे काग़ज़ों पर लिखकर चिपका रखी थी। मोहन चाचा उसमें रहने के लिए गए तो उन चिप्पियों के ऊपर दूसरी चिप्पियाँ चस्पाँ कर दी गईं। उनपर लिखा था,

'भूत-पिशाच निकट नहिं आवें,
महाबीर जब नाम सुनावें।'

इन बातों को याद कर अब हँसी आती है। घर वही—मुसलमान उसमें रहे तो उसको मुसलमान जिन सताए और क़ुरान की आयत से उससे बचाव किया जा सके; हिन्दू उसमें रहे तो उसको हिन्दू भूत सताए और हनुमान चालीसा की चौपाई से उससे त्राण पाया जा सके ! पर यह भी ग़नीमत थी कि मुसलमान को हिन्दू पिशाच और हिन्दू को मुसलमान जिन्नात ने सताना अभी नहीं शुरू किया था। घर बहुत बड़ा था, आगे पक्का, पीछे कच्चा, कोने में एक जैयद पीपल का पुराना पेड़। आँगन उसका पक्का था, बड़ा, पत्थर-जड़ा, दो फ़ुट गहरा, चारों ओर चबूतरा; जब ज़ोरों का पानी बरसता हम उसकी एकमात्र नाली को उसमें कपड़े ठूँसकर बन्द कर देते और आँगन छोटा-मोटा तालाब बन जाता जिसमें मनमानी हम खेलते, नहाते, तैरते, दुंद मचाते। दो-तीन दिन बाद जब हम नाली खोलते, गली में गंगा-जमुना बह जातीं। पीपल के पेड़ की डाल में मोटे रस्से का झूला डाल दिया जाता और पास-पड़ोस की लड़कियाँ झूला-झूलने आतीं—

झूला पड़ा कदम की डाली
झूलैं राधा प्यारी नाऽऽऽ...

उन दिनों झूलों का एक चलतू गाना यह भी था,

अरे रामा कच्ची कली कचनार
छुअत डर लागै रे हरीऽऽऽ...

यह तो बहुत बाद को समझा कि लोकगीतों में शब्दों से जितना कहा जाता है, लय-ध्वनियों में उससें कहीं अधिक; व्यंजनार्थ भी उसमें कितने गहरे और मार्मिक होते हैं—कच्ची के कितने अर्थ हैं ? कली का इशारा किधर है ? कचनार की कली देखी है ? उसे देखकर कुछ और याद आता है ?

'मधुवन की छाती तो देखो,
सूखीं कितनी उसकी कलियाँ'

'कचनार' में ज़रा 'कच' और 'नार' को अलग तो कर दीजिए, और उन्हें विशेषण-विशेष्य बनकर खड़े होने दीजिए। 'कच' में फिर कच्ची होने का भाव दुहराया गया है; और 'नार' से 'नारि' को भी क्या स्पष्ट करने की ज़रूरत होगी ? और 'छुअंत' से जो व्यक्त

किया गया है क्या वह स्पर्श करने से अधिक नहीं है ? यह वही है,

नहिं पराग नहिं मधुर मधु नहिं बिकास इहि काल,
अली कली ही सो बँध्यो...

शायद वही नहीं है। यह अली का कली से बँधने के पहले का संकोच है। बिहारी की आत्मा मुझे क्षमा करे, उनसे कहीं अधिक बारीकी से व्यक्त। भाषाओं की यह बहु-संकेती शक्ति बड़ी परिपक्वता माँगती है। खड़ी बोली हिन्दी में अभी वह शक्ति कहाँ ! तुलसी और शेक्सपियर इससे कहीं अधिक सूक्ष्म और सारगर्भी ध्वनि-संकेतों से भरे पड़े हैं।

मोहन चाचा जब वह घर छोड़कर फिर अपने छोटे भाई के साथ रहने को चले आए तब उसमें दो कायस्थ परिवार आए—हमारे दूर के रिश्तेदार, दो भाई बड़ी उम्र के; बड़े किसी वकील के मुहर्रिर—पियक्कड़, लोग उन्हें ढालू लाला कहते थे—उनकी बुढ़िया पत्नी, पूरी कंकालिन, मौजूद थी। छोटे, किसी सरकारी सेवा से अवकाश-प्राप्त विधुर; दोनों के दो-दो लड़कियाँ, दो-दो लड़के। बड़े भाई की लड़कियों की शादी हो चुकी थी—छोटी की, बाबू उमाशंकर वकील से, जिनका मकान, उसी लाइन में, बीच का एक मकान छोड़कर था; बड़ी की, कहीं और। बड़े लड़के की कुछ समय पूर्व मृत्यु हो चुकी थी। उसकी विधवा, किसी पूरबी ज़िले की, साथ ही रहती थी, उसके कोई बच्चा न था। छोटा लड़का भी विवाहित था पर उसकी बीवी सास के व्यवहार से संत्रस्त होकर अपने मायके बेगमसराय भाग गई थी। उसकी माँ ज़िमींदारिन थी, पक्की चाँड़, नाम उसका उमराई था, इक्के में ही बैठी-बैठी, अपनी समधिन को सौ तरह की खरी-खोटी सुना जाती थी। ढालू लाला की पत्नी गालियों से अपना आँगन गुँजाती। न एक भीतर पैठती; न दूसरी बाहर निकलती।

छोटे भाई के दोनों लड़के आवारा थे। पढ़ने-लिखने में उनका मन न लगा; बाप की पेंशन पर खाते और मटरगश्ती करते थे, कोई ऐब न था जो उनमें न हो; बाद को एक ने स्टेशनरी की दुकान कर ली, दूसरा म्यूनिसिपैलिटी में सफ़ाई का दारोग़ा हो गया। उनके विपरीत, लड़कियाँ खाना बनाने, सीने-पिरोने, गाने बजाने—सबमें निपुण थीं—एक का नाम कमला था, दूसरी का सुधि से उतर गया है; मेरी बड़ी बहनों की उम्र की थीं, फिर भी उनके साथ मेल-मिलाप, लड़ाई-झगड़े की कुछ स्मृतियाँ मेरे साथ हैं।

विधवा पतोहू उस घर में नौकरानी की तरह रहती थी—सबसे मैले-मोटे उसके कपड़े, सबसे अधिक उस पर काम—रसोई, चौका-बर्तन, कुटाई-पिसाई सब उसके सिर। ज़ीने की कोठरी में एक जाँत गड़ी थी; जँतसार के बहुत-से गीत उसे याद थे। कभी-कभी उसके पास बैठने और श्रम-स्वेद-वेदना में भीगे उसके गीतों को सुनने की मुझे याद है। कभी उसका श्रम कम करने की गरज़ से जाँत की मुठिया में हाथ लगाने की भी, कभी उससे मेरे हाथ में छाले भी पड़ जाते थे—गीत सुनने के लोभ में देर तक मुठिया चलाने से। कितना दर्द उसके गीतों से टपकता था ! पूरब में नारी को ससुराल में क्यों इतना दुख दिया जाता था, यह मैं समझ नहीं सका। सैकड़ों गीतों में उसका रोदन आज भी सुना जा सकता है—उससे मेहनत ली जाती है, उसका अपमान किया जाता है, उसे मारा-पीटा जाता है, उसके मायके वालों को गाली दी जाती है; वह चुप रहती

है, सब सहती है, अपनी करुण-कथा अपने माँ-बाप के कानों तक भी नहीं पहुँचने देती कि सुनकर उनको दुख न हो, उनकी छाती न फट जाए। इन गीतों में कहीं-कहीं भाई का रूप बड़ा मार्मिक उभरता है, वही तो है जो बहन की ससुराल जाकर उसकी दुर्दशा देखता, आँसू बहाता है और उसे अपनी संवेदना देता है, और इतने से ही बहन जैसे सब कुछ बर्दाश्त करने की शक्ति पा जाती है। उसकी इस दयनीय दशा का कारण शायद यह है कि वह साधिकार कहीं नहीं है—न मायके में, न सासुरे में—दोनों जगह अभिभावकों की उदारता, दया, करुणा पर निर्भर। नए कानून ने उसे जो अधिकार दिए हैं, क्या उनसे वह अब भी परिचित हो सकी है ?

मैं इस बात को भूल ही गया था कि वह परिवार कहाँ गया। जिन दिनों मैं विदेश मंत्रालय में था एक नव दम्पती मेरे कमरे में आए। पत्नी ने बताया कि वह कमला की बेटी है—और बेटी के चेहरे में माँ की कुछ-कुछ मुखाकृति बिम्बित देखने में मुझे देर न लगी। उसने इलाहाबाद युनिवर्सिटी में एम. ए. किया था, उसके पति विज्ञान में शोध कर रहे थे, और इस कार्य को आगे बढ़ाने के लिए उन्हें कनाडा में कोई स्कालरशिप मिली थी। वहाँ जाने के लिए जरूरी था कि कोई प्रामाणिक व्यक्ति दस हज़ार की सिक्योरिटी ले। वह मैंने ली। उसी लड़की से मुझे मालूम हुआ कि कमला अभी मौजूद हैं, वृद्धा हो गई हैं, मेरे यत्किंचित् काव्य और उपलब्धियों से अपरिचित नहीं हैं और बहुत हर्ष-विभोर होकर उन दिनों की याद करती हैं जब मैं घुंघराले बालों वाला, सुन्दर नटखट किशोर था, और घुंघरुओं के अभाव में पाँव में कुंजियों के गुच्छे बाँधकर उनके साथ नाचा करता था। स्त्रियों ने मुझे बहुत नचाया है। उनके सम्बन्ध में मुझे कुछ अप्रिय प्रसंग भी याद थे। ख़ैरियत है कि उन्होंने उनको भुला दिया है।

सरबराकार के मकान के बाद जो मकान था उसे मैंने सदा अधबना ही देखा—किसी ने बनवाना शुरू किया था और अधूरा ही छोड़ दिया था। बरसातों में उसपर जंगली घास उगती और गर्मियों में सूख जाती।

उसके आगे बाबू उमाशंकर वकील का मकान था। वे मुहल्ले के पुराने बाशिंदे न थे, इससे मुहल्लेवाले उनसे कुछ अलगाव का भाव रखते थे। वे बाँदा के गाँव तेरही भुजरक से अपनी विधवा माँ के साथ इलाहाबाद आए थे और अपने श्रम-स्वाध्याय से बी. ए. करके उन्होंने वकालत पढ़ी थी। अपने पेशे से खूब पैसे भी उन्होंने कमाए। उनकी उन्नति प्रगति के प्रति ईर्ष्या की भावना सँजोए रखने पर भी लोग अपने लड़कों को उनका उदाहरण देते थे। जब चक पर ज़ीरो रोड बनी तब उनका मकान प्रस्तावित सड़क के किनारे पर होने से बच गया। तब भी लोग उन्हें सुनाने से न चूके कि पुराने-पुराने उजड़ गए, नए आकर बस गए।

जिस गली से हम आ रहे थे वह सीधे दक्षिण जाकर ग्रैंड ट्रंक रोड से मिलती थी, और उसके उस पार मुहल्ला ऊँचा मण्डी शुरू होता था; पता नहीं 'ऊँचा मण्डी' क्यों जबकि होना चाहिए 'ऊँची मण्डी'। मेरे लड़कपन में भी ऊँची तो ज़रूर थी, पर मण्डी वहाँ कोई नहीं थी, किसी समय रही हो तो मैं नहीं कह सकता। नीचे उतरकर नाला था जिस पर जो पुल था उसको 'टक्कर साहब का पुल' कहते थे, और पुल के दोनों ओर बाँस मंडी थी; पुल पर से जाती हुई सड़क सीधे जमुना जी को चली

जाती थी। बरसातों में बढ़ी हुई जमुना का पानी नाले-नाले टक्कर साहब के पुल तक आ जाता था और वहाँ नावें चलती थीं।

उमाशंकर का मकान चौराहे के एक कोने पर था, दूसरे पर चकेसरी देवी का मन्दिर, तीसरे पर बाबू जीवनलाल वकील का मकान—उमाशंकर के पूर्व मुहल्ले के एकमात्र वकील, कायस्थों में मुहल्ले के सबसे प्रसिद्ध और सबसे समृद्ध व्यक्ति—चौथे कोने पर जयनारायण, महानारायण के मकान के आगे का चबूतरा था, जिसके कोने पर नीम का एक बड़ा पेड़ था। बरसात में किसी दिन नीम के पेड़ में झूला डाल, पटरे पर खड़े हो महानारायण 'पलंगा' झूलते थे और झूले का पटरा नीम की डालों को छू-छू आता था, और मुहल्ले भर के बच्चे उनकी इस साहसिकता और निर्भीकता पर खुश होकर ताली बजाते, शोर मचाते थे।

चौराहे से पच्छिम को जाने वाली गली महाजनी टोले को चली जाती थी। इसपर उमाशंकर के मकान के बग़ली पिछवाड़े के बाद पहला मकान ठकुराइन का था; आगे कुछ शियों के मकान, फिर शहीद मर्द की क़ब्र' क़ब्र मुहल्ले की पच्छिमी सीमा थी। यह मर्देमोमिन कैसे यहाँ शहीद होने के लिए आ गया था, मुझे पता नहीं। मेरा अनुमान है, जब मुसलमानों ने चकेसरी देवी का मन्दिर तोड़ा होगा उस समय की लड़ाई में यह शहीद हुआ होगा। अब उसकी क़ब्र पर हिन्दू-मुसलमान दोनों मत्था टेकते थे।

गली की दक्षिणी पंक्ति में कई कायस्थों के मकान थे; उनमें बाबू द्वारिका प्रसाद कुछ प्रसिद्ध हुए, बाबू केदारनाथ अग्रवाल मुख़्तार के मुहर्रिर थे, जिनकी मुख़्तारी से बहुत-से वकीलों की वकालत ईर्ष्या करती थी। गाँधी जी के 1920 के असहयोग आन्दोलन के समय द्वारिका प्रसाद ने अवधी भाषा में 'असहयोगी फाग' नाम की एक किताब लिखी, छपाई, और मुहल्ले के लड़कों ने उसकी हज़ारों प्रतियाँ शहर में घूम-घूम कर बेचीं। बाद को वह किताब सरकार ने ज़ब्त कर ली। द्वारिका प्रसाद के घर की तलाशी हुई और बहुत-से मुहल्ले के लड़कों के बस्तों की भी। मुझे अब तक याद है कि जब उन्होंने फागें लिखी थीं तब सबसे पहले उन्होंने स्वयं गा-गाकर मेरे पिताजी को सुनाई थीं। फागों की भाषा में प्रवाह था, उससे अधिक सामयिक उल्लारा। एक समय उसकी बहुत-सी फागें मुझे याद थीं और मैं उनको अनुकूल लयों में गा सकता था। दो-चार पंक्तियाँ आज भी स्मृति में अटकी हैं,

जागा, जागा, जगावा देश, बिदेसिया
छोरेस हाथ का काँऽगऽनऽ !

(जागो, जागो, देश को जगाओ, विदेशी ने हाथ का कंगन छीन लिया है। विदेशी के हाथ का कंगन छीनने की कल्पना में कुछ कवित्व भी है) असहयोग आन्दोलन में सरकारी कचहरियों का बाईकाट करने को कहा गया था। एक फाग वकीलों के ख़िलाफ़ थी,

बीचऽ कचहरी डाका उकिलवा
डाइ रहे भारत माँऽ

ठाकुरों की उस मुहल्ले में कोई बस्ती न थी। विधवा ठकुराइन को एक कायस्थ महोदय कहीं उड़ा लाए थे। उनकी अपनी ब्याहता पत्नी भी थी, कई बच्चे थे, जो

दूसरे मुहल्ले में रहते थे। ठकुराइन के एक लड़की अपने पूर्व पति से थी; एक लड़की दो लड़के मुंशी जी से हुए। ठकुराइन, मझोले क़द, भरे बदन, गोरे रंग की स्त्री थीं; उनका सौन्दर्य उनकी चाल में था। मशहूर था कि एक बार एक कत्थक किसी शादी में नाचने गाने के लिए मुहल्ले में आया और ठकुराइन के पीछे-पीछे घूमने लगा। मुंशी जी को पता लगा तो उसे बुलवाकर उससे बोले, ''हाथ-पाँव तोड़वाकर (खुद तोड़कर नहीं !) बैठाल दूँगा। ख़ैरियत इसी में है कि मुहल्ले में अब दिखाई न पड़ो।'' वह हाथ जोड़कर बोला, ''सरकार मैं फ़ैज़ाबाद का कत्थक हौं; कसूर माफ होय, ठकुराइन गजगामिन हैं; मैं गजगामिन की चाल सीखै क उनके पीछे-पीछे घूमत हौं, दुइ-चार रोज़ में उनकर चरन छुई के चला जाबूँ।'' अपनी ठकुराइन की यह विशेषता सुनकर मुंशी जी की बाँछें खिल गईं और उन्होंने कत्थक को बख़्श दिया। जब मुझे ठकुराइन को देखने की याद है वह बुढ़ा गई थीं, पर उनकी चाल में कुछ बात तब भी थी। लड़के उनके किसी काम के नहीं निकले। बड़ा लड़का तो एक बार जेल भी गया, पता नहीं किस जुर्म में। उसके छूटने पर ठकुराइन ने ऐसा जश्न मनाया जैसे वह कोई मुहिम फ़तह करके आया हो। लड़कियाँ उसकी दोनों सुन्दर थीं, पर उनका विवाह अच्छे घरों में नहीं हो सका। ऐसे वर्ण-संकरों की भी नगर में एक बिरादरी थी और उनकी शादियाँ उसी के बीच होती थीं। बड़ी का पति विशेष कुरूप और भद्दा था; जब वह ब्याहने आया तब मुहल्ले में किसी ने फबती कसी, 'कौए की चोंच में अंगूर'; किसी ने व्यंग्य से कहा, 'छछूँदर के सिर में चमेली का तेल !'

ठकुराइन के घर के ठीक सामने दक्षिण को एक गली जाती थी जो आगे दाहने मुड़ बाईं ओर बड़ा रौज़ा छोड़ती हुई त्रिपौलिया को चली जाती थी। पता नहीं वह बड़ा रौज़ा किस बड़े आदमी की क़ब्र पर बना था; लड़कपन में तो हम उसे ताज बीबी के रौज़े का छोटा भाई ही समझते थे। रौज़े के चौगिर्द नायबान था जिसमें एक बूढ़े दढ़ियल मौलवी साहब मकतब लगाते थे। टाट पर क़तार लगाकर मैले-कुचैले कपड़ों में बैठे लड़के अपनी-अपनी किताबों पर झूल-झूलकर—जैसे पीठ-छाती की लहर चल रही हो—उच्च किन्तु लयपूर्ण स्वर में कुछ पढ़ते रहते थे, शायद कुरान-शरीफ़। मौलवी साहब के कान इतने सधे थे कि पचास-साठ लड़कों में कोई ग़लती करता तो वे फ़ौरन तड़पकर शुद्ध पाठ का उच्चारण करते। एक बार सब लड़के स्तब्ध होकर उनको सुनते और फिर अपनी घोखंत शुरू कर देते। दक्षिण की गली में बाईं ओर कई तवायफ़ों के मकान थे, जिनमें नाचने-गानेवाली भी थीं, पेशेवाली भी; दाहनी ओर हलवाई, पनवाड़ी, माली, चुड़िहार, रंगरेज़ की दूकानें। रंगरेज़ की दूकान की रंगीनी अब भी आँखों में बसी है। तरह-तरह के रंगों में रंगी साड़ियाँ सूखने को बाँसों पर टँगी रहतीं या रंगरेज़ के लड़के उनको सुखाते रहते और गली में रंगों की तरंग-सी उठती-गिरती रहती। तवायफ़ें प्रायः ख़ास-ख़ास की होकर रहती थीं; और कौन किसकी है, लोग जानते थे। कुछ तो अपने सम्बन्ध की शृंखला पीढ़ी-दर-पीढ़ी बाँधतीं। गली की गुलनार नायब साहब के पूर्व पारिवारिक सम्बन्ध की शृंखला में मेरे पिता जी को अपने बड़े भाई का दर्जा देतीं। जब कभी वे गली से निकलते वह मुँह पर घूँघट लेती या कमरे के अन्दर चली जाती। कहते हैं, एक बार गुलनार को शहर की किसी शादी में नाचने को बुलवाया गया। उस शादी में मेरे पिता जी भी शिरकत कर रहे थे। गुलनार ने जो पिता जी

को महफ़िल में देखा तो दाँतों से जीभ काट ली, बोली, "हाय दैया, मैं इस महफ़िल में नहीं नाच सकती; यहाँ हमारे भैया बैठे हैं !" पिता जी को जब इस स्थिति का पता लगा तो वे ही महफ़िल से हट आए।

जयनारायण-महानारायण बड़े-छोटे भाई थे, गुण-स्वभाव में एक-दूसरे के बिलकुल विपरीत—जयनारायण दुबले-पतले सीधे; महानारायण पहलवानी काठी के, बाँके। संध्याओं को जब जयनारायण अपने बरामदे में बैठे माला फेरते रहते थे, महानारायण दक्षिणी गली में फेरे दिया करते थे; उसे राम-गली भी कहा जाता था; प्रायः तवायफ़ों के मुहल्ले रामगंज कहलाते हैं; वेश्याओं को राम-जनी कहा जाता है; हिन्दुओं की व्यंग्य-वृत्ति (सेन्स आफ़ ह्यूमर) का कोई जवाब नहीं।

उनके घर के बाईं ओर एक खत्रानी अपने लड़के और लड़की के साथ रहती थी—मुहल्ले में खत्री का भी यह एकमात्र मकान था—लड़के का नाम राजा था, लड़की का खिल्लो। खत्रानी मुहल्ले में खिल्लो की अम्मा के नाम से पुकारी जाती थी। उस परिवार में एक बड़ी त्रासदी घटी। राजा की संगत मुसलमान लड़कों की थी, जिनके यहाँ वह खाता-पीता भी था। बिरादरी वालों को, गो वे दूर के मुहल्ले में रहते थे, जब यह पता लगा तो उन्होंने घोषणा कर दी कि राजा मुसलमान हो गया और धमकी दी कि अगर वह घर में आए-जाएगा तो खिल्लो से शादी करने को कोई खत्री परिवार तैयार न होगा। खिल्लो की अम्मा ने अपनी छाती पर पत्थर धर कर राजा को घर से निकाल दिया—ब्याहने योग्य बेटी का भी तो ध्यान रखना था। राजा कभी-कभी आता तो बाहर बैठता; माँ, जो कुछ भी घर में खाने-पीने को होता, उसके सामने रखती, और ड्योढ़ी पर बैठकर बिरादरी के इस अत्याचार पर आठ-आठ आँसू बहाती। राजा कम्पनी बाग़ के जिमख़ाना क्लब में साहबों को टेनिस खेलाता था। उसने अपनी कमाई से अपनी बहन की शादी के लिए रुपया जोड़ा, सारा सामान जुटाया, बिना घर में पाँव रखे। विदा के समय वह नीम के पेड़ के नीचे खड़ा रो रहा था। बहन जब डोली में बैठने लगी तो अपने भाई से भेंटने के लिए नीम की ओर बढ़ी पर ससुराल वालों ने उसे रोक दिया; राजा को नीम के तने पर सिर पटक-पटककर बिलखते मैंने अपनी आँखों से देखा था। बाद को खिल्लो की माँ कहीं चली गई, राजा भी गली में न दिखाई देता; लोगों का ख्याल था कि राजा अपनी माँ को लेकर किसी दूसरे शहर चला गया। हिन्दुओं की छुआ-छूती नीति ने कितने अनर्थ किए हैं, और उनकी सामाजिक रूढ़ियाँ कितनी क्रूर और निर्मम हो सकती हैं !

ग्रैंड ट्रंक रोड को जानेवाली गली में आगे चलकर दाहनी ओर को छोटू अहीर का मकान था। उनके घर के आगे बड़ी खुली जगह थी जिसमें उनकी गाय-भैंसें बँधी रहती थीं—सानी-पानी के समय बाँ-बाँ करती—फ़र्श पर हर तरफ़ गोबर-ही-गोबर—चारों ओर गोबर-गंध। छोटू को आल्हा गाने का शौक़ था जिसकी बावनों लड़ाइयाँ उनको बरज़बानी याद थीं। बरसात के दिनों में वे मचिया पर बैठ जाते और ढोलक को घुटने से दाब कर आल्हा छेड़ते—ढोलक की 'दुइ-दुइ पनहीं' वाली ताल पर उनका अंग-अंग लहराता,

सुमिरन करिकै श्री गनपति को। औ गिरिजा के चरन मनाय॥
लिखौं लड़ाई अब जम्बै की। यारो सुनियो कान लगाय॥

× × ×

इतना सुनिकै राजा बोले। पंडित सुनौ हमारी बात॥
एक दिन मरना है सब ही को। खटिया परिके मरै बलाय॥
सन्मुख रन में हम मरि जैहैं। होइहैं जुगन-जुगन लौं नाम॥
डोला माँगत हैं बेटी को।...

आल्हा में पंक्तियाँ सम-विषम क्रम में पढ़ी जाती हैं...यानी 'औ गिरजा के चरन मनाय।। लिखौं लड़ाई अब जम्बै की।'—इतना एक साथ पढ़कर ढोलक पर 'दुइ-दुइ-पनहीं' की ताल दी जाएगी। आख़िरी पंक्तियाँ इस प्रकार सुनाई देंगी, 'होइहैं जुगन-जुगन लौं नाम।। डोला माँगत हैं बेटी को।' 'तक्-धिन, तक्-धिन'—'दुइ-दुइ, पनहीं'।

मेरी चकवाली कविता में छोटू का भी वर्णन था। कुछ पंक्तियाँ याद हैं,

'मचिया पर बैठा करता था जमकर छोटू ग्वाला,
और बजाकर ढोलक गाया करता था वह आल्हा।
स्वर के साथ हिला करती थी उसके सिर की पगड़ी,
देख-देखकर मुसकाती थी उसकी जोरू तगड़ी।'

आल्हा सुनने को बहुत-से अहीर लोग इकट्ठे होते थे—बड़ी-बड़ी लाठियाँ लेकर। अहीरों के कुछ घर मुहल्ले के पूरब-उत्तर के कोने पर भी थे। सुनते-सुनते लोगों को इतना जोश आता कि कई जोड़े खड़े होकर ढोलक की ताल पर लकड़ी भाँजने लगते और कभी-कभी सचमुच ही लाठी चल जाती और दो-चार का खोपड़ा-भंजन हो जाता।

अहीर के घर के आगे ज़ामिन अली और कुछ मुसलमानों के मकान थे। बीच की बहुत-सी ज़मीन ख़ाली पड़ी थी, बड़े रौज़े के पूरब की, जिस पर ताड़-खजूर के पेड़ खड़े थे। आख़ीर में कई ब्राह्मणों के मकान थे। एक पण्डित जी रामलीला में परशुराम बनते थे और उनक़ी आवाज़ से हम पहचान लेते थे कि ये हमारी गली वाले पण्डित जी हैं। ख़ाली ज़मीन से बाईं ओर पूरब को एक गली बाबू राजाराम की कोठी को चली जाती थी। शायद वह चक की दक्षिणी-पूर्वी सीमा थी। बाबू राजाराम पण्डित मोतीलाल नेहरू के मित्रों में थे। बहुत बाद को मैं उनके परिवार के किसी लड़के की ट्यूशन करता था। कमरे में मैंने दोनों की फ़्रीमैसोनरी सोसाइटी के सदस्यों की विशेष पोशाक में एक फ़ोटो देखी थी। क़हते हैं, यह एक प्रकार की आध्यात्मिक संस्था थी, जिसकी कार्रवाई बिलकुल गोपनीय रखी जाती थी, केवल सदस्य ही उसमें भाग ले सकते थे। इसका सम्बन्ध किसी मध्ययुगीन योरोपीय रहस्यवादी संघ से था। केवल धनी-मानी व्यक्ति ही इसके सदस्य हो सकते थे। सदस्य हर हालत में एक-दूसरे की सहायता करने को प्रतिबद्ध थे। अपने को सदस्य बताने के कुछ गुप्त संकेत भी थे। कहा जाता था कि एक बार कोई जज किसी अभियुक्त को फाँसी की सज़ा सुनाने जा रहा था। जज फ़्रीमैसन था। अभियुक्त ने जज को संकेत से बताया कि वह भी फ़्रीमैसन है, और जज ने उसको छोड़ दिया। मैसोनिक लाज की कोई इमारत नगर में कहीं देखने की मुझे याद है। पण्डित मोतीलाल नेहरू की ऐसी संस्थाओं में रुचि थी। बाद को वे थियोसोफ़िकल सोसाइटी की ओर भी आकृष्ट हुए।

कोठी के उत्तर की गली में कुछ गुजरातियों, कुछ बंगालियों, कुछ कायस्थों की

बस्ती थी। बंगालियों में एक महेन्द्र मेरा साथी था। एक दिलचस्प आदमी उस गली के मुंशी रामप्रसाद थे। उनकी तीन बीवियाँ थीं, अंग्रेज़ों को हिंदुस्तानी पढ़ाते थे। कई किताबें लिखी थीं। लड़कों के नाम डिप्टी-कलेक्टर रखे थे। डिप्टी मेरा सहपाठी था। खुद न डिप्टी थे, न कलेक्टर, पर डिप्टी-कलेक्टर के बाप तो कहे जाते थे ! लड़के भी नाम बड़े दर्शन थोड़े ही रह गए।

ग्रैंड ट्रंक रोड को जानेवाली गली की पूर्वी पंक्ति में नाई, बारी, दर्ज़ी, फेरीवाले, बिसाती, इक्केवाले और ऐसे ही लोगों के छोटे-छोटे घर थे। इसी पंक्ति में बुद्धी और महारानी का घर था, राधा का भी, जीवनलाल वकील के बड़े दुमंज़िले मकान की छाया में जैसे। जीवनलाल के मकान के सामने और हमारे घर के पिछवाड़े के बीच एक गली जाती थी, गो अब उसके पीछे के हिस्से बनिया और कई लोगों के कब्ज़े में थे। यह गली पूरब को होती, जिधर कुछ कायस्थों और ब्राह्मणों की बस्ती और थी, हमारे मकान की आधी परिक्रमा कर उत्तर को चली जाती थी। हमारे मकान के सामने की गली जहाँ उससे मिलती थी उसके नुक्कड़ पर एक शिवाला था जो सड़कों और बस्तियों के परिवर्तन के बावजूद अब भी अपनी जगह पर, ज़ीरो रोड पर खड़ा है। इस गली के पूर्व महादेवन का खेत था, लंबा-चौड़ा, जिसमें कई फ़सलें उगती थीं। पार मस्जिद थी, जिससे उठी अज़ानें हमारे घर तक सुनाई देतीं। मेरी नाड़ महादेवन के खेत में गड़ी थी। जहाँ गड़ी थी, मेरी माँ प्रतिवर्ष मेरे जन्मदिन को उस जगह की पूजा किया करती थीं, और महादेवन की घरवाली को कुछ निछावर देती थीं। गलियों के बीच में द्वीप की तरह होकर भी हमारा घर तीन तरफ़ से खुला था—पच्छिम की ओर कल्याण चन्द का बाग़, उत्तर की ओर बुढ़िया काछिन की टाल और गिरधारी का खेत और पूरब की ओर महादेवन का खेत। बाद को जब सिटी वाई.एम.सी.ए. बना तब महादेवन का खेत ले लिया गया और उसमें खेलने का मैदान बन गया। उत्तर को जाने वाली गली सीधे मोहतशिमगंज, और दाहने मुड़कर शहरारा बाग़ चली जाती थी। जनसाधारण में वह सलालाबाद के नाम से जाना जाता था। बाग़ वहाँ कोई न था।

मोहतशिमगंज वाले अलँग पर बाबू सोनार का मकान था। काम में अच्छा था; पर वादा पूरा करने की चीज़ है, इसे उसने सीखा ही न था। लोग कहते थे कि जब लड़की पैदा हो तभी बाबू को ज़ेवर बनाने को दे दिया जाए, मुमकिन है कि उसकी शादी तक वह बनाकर दे दे। उसके बारे में एक कहन मशहूर थी :

घड़ी-घड़ी के पख-पखवारा, चौघड़िया के साल,
जेका बाबू क [illegible] दिहेन तेकर कउन हवाल !

शहरारा बाग़ वाले अलँग [illegible] महाशय ओंकारनाथ वाजपेयी का मकान था, सामने सरजू तेली का मकान, उसके बग़ल में कहारों का हाता। होली के दिनों में कहार हुड़क पर गीत गाते। एक गीत याद है...'छउबै ढिहवा पर मड़ैया गोरिया तोहके लैके ना, गोरिया तोहके लैके ना।' सँकरी गलियों में डोलियाँ ही जा सकती थीं और कहार अच्छी कमाई करते थे।

वाजपेयी जी मुहल्ले के ही नहीं, नगर के आर्यसमाजियों में प्रमुख थे। अच्छे क़द के, भरे बदन के, गोरे रंग के; धोती, क़मीज़ पर खुले कालर का रेशमी या ऊनी

कोट पहनते थे; सिर पर रेशमी पगड़ी, आँखों पर चश्मा, बड़ी-बड़ी काली मूँछें ऊपर को उठी हुईं, पाँवों में जूते-मोज़े। उनका व्यक्तित्व बड़ा ही मनोज्ञ और आकर्षक था। समाज-सुधार और समाज-सेवा को उन्होंने अपने जीवन का लक्ष्य बनाया था।

प्रयाग में लड़कियों की शिक्षा के लिए आर्य कन्या पाठशाला जिन लोगों के प्रयत्न से खुली थी उनमें वाजपेयी जी का भी नाम था। घर-घर जाकर उन्होंने लोगों से आग्रह किया कि वे अपनी लड़कियों को पढ़ने के लिए पाठशाला भेजें। चचेरी और सगी, मेरी सब बड़ी बहनें आर्य कन्या पाठशाला में पढ़ने जाती थीं। एक बड़ी उम्र की दाई लड़कियों को बुलाने आती थी और उनका गोल बनाकर स्कूल लिवा जाती थी; छुट्टी होने पर फिर सबको लिवा लाती थी और घर-घर पहुँचा जाती थी। वाजपेयी जी ने ओंकार प्रेस नाम से एक प्रेस भी खोला था जहाँ से लड़कियों के लिए 'कन्या मनोरंजन' नाम की एक मासिक पत्रिका निकलती थी। पत्रिका हमारे यहाँ आती थी। प्रथम पृष्ठ पर पं. प्रतापनारायण मिश्र लिखित एक ईश्वर-प्रार्थना छपा करती थी, 'शरणागत पाल कृपाल प्रभो हमको इक आस तुम्हारी है', उसकी अन्तिम पंक्ति थी, 'परताप नरायन तो तुम्हारे पद पंकज पै बलिहारी है।' और उसे पढ़कर मैं समझता कि यह प्रार्थना मेरे पिता जी की ही लिखी है। पत्रिका में मनोरंजक कहानियाँ और उपदेशात्मक लेख छपा करते थे। पहले बहनें पढ़कर मुझे सुनाती थीं। बाद को मैं खुद पढ़ने लगा था। उसकी वार्षिक फ़ाइलें बनाकर रखी जाती थीं। पत्रिका बन्द हो गई तो भी पुरानी फ़ाइलों को उलटने-पुलटने में हमें मज़ा आता था। आगे चलकर वाजपेयी जी ने 'ओंकार चारु चरितावली' के नाम से देश के महान व्यक्तियों, नेताओं, समाज-सुधारकों—स्वामी रामतीर्थ, गोपालकृष्ण गोखले, महादेव, गोविन्द रानाडे आदि—की जीवनियाँ प्रकाशित की थीं, लगभग सौ पृष्ठ की पुस्तक होती थी, शायद आठ आने की। उस चरितावली की प्रायः सभी पुस्तकें मैंने कभी पढ़ी थीं। वाजपेयी जी ने मुहल्ले में एक सेवक-मंडली की भी स्थापना की थी, जो लोगों से थोड़ा-थोड़ा चन्दा इकट्ठा करके ग़रीबों को साधारण रोगों की दवा, जाड़ों में कम्बल, उनके लड़कों की पाठ्य-पुस्तकें, या छोटे-मोटे वज़ीफ़े देने का प्रबंध करती थी। मेरे पिता जी उसकी अन्तरंग सभा के सदस्य थे, और कभी-कभी सेवक-मण्डली की बैठकें हमारे घर पर भी हुआ करती थीं।

मेरे पिता, कट्टर तो नहीं कहूँगा, पर आस्थावान सनातनी थे। हमारे यहाँ 'सनातन धर्म पताका' नाम की एक पत्रिका भी आती थी, जो शायद मुरादाबाद से निकलती थी, पर उसकी सामग्री इतनी गरिष्ठ होती थी कि हम बच्चे उसे सूँघकर ही छोड़ देते थे। मेरी बड़ी बहन भगवान देई जब आर्य कन्या पाठशाला से आर्यसमाजी विचार भी घर में आयात करने लगीं कि मूर्ति-पूजा नहीं करनी चाहिए, राम-कृष्ण महापुरुष हैं, ईश्वर के अवतार नहीं, ईश्वर तो कभी अवतार ही नहीं लेता, तो मेरे पिता जी के कान खड़े हुए। एक दिन उन्होंने बहन को 'संगीत-रत्न-प्रकाश'—आर्यसमाजी भजनों का संग्रह—पढ़ते सुना। तुलसी, मीर, हाफ़िज़ जिन कानों में बसे थे उनको 'संगीत-रत्न-प्रकाश' के शब्द बड़े नीरस-कर्कश लगे। उन्होंने बहन को समझाया कि यह किताब पढ़ोगी तो तुम्हारी रुचि बिगड़ जाएगी। बहन ने अपने पैसे बचा कर 'प्रकाश' ख़रीदा था। पिता जी ने दुगने दाम देने का प्रलोभन देकर वह पुस्तक उनसे ले ली और कहीं छिपाकर

रख दी। थोड़े दिन बाद उन्होंने आर्य कन्या पाठशाला से बहन को हटा लिया। इस पर मेरी चचेरी बहनें भी वहाँ से हटा ली गईं। इन सब लड़कियों को स्कूल के जीवन में कुछ रस आने लगा था। उनका स्कूल जाना बन्द हुआ तो सबों ने मिलकर बड़ी नाराज़गी दिखाई, किसी ने दो दिन खाना नहीं खाया, कोई तीन दिन कोठरी से न निकली, किसी ने बर्तन-भाँड़े पटके। बाद को जब तब वे अपने स्कूली जीवन की सुखद स्मृतियाँ यों शुरू करके जगाया करतीं, '...जब हम स्कूल में पढ़ती थीं...' छोटी बहनें स्कूल भेजी ही न गयीं; उनकी जो कुछ शिक्षा हुई, बड़ी बहनों द्वारा, घर पर ही।

अपनी बड़ी बहनों के सम्पर्क में हिन्दी अक्षरों को पहचानना, उन्हें लिखना या मिलाकर पढ़ना मुझको अनायास ही आ गया। उर्दू हरूफ़ों को पहचानना और लिखना मेरी माँ ने मुझे पहले ही सिखा रखा था। विधिवत् मेरी पढ़ाई शुरू होने के पहले घर में कुछ उत्सव हुआ, कुछ पूजा हुई, पुरोहित जी ने पट्टी पर एक ओर मुझसे लिखवाया 'श्री गणेशाय नमः', मौलवी साहब ने दूसरी ओर, 'बिस्मिल्लाहिर्रहमाँनिर्रहीम'; और दोनों को मेरे हाथ से एक-एक रुपया दिलाया गया। मैंने पण्डित जी के चरण छुए, मौलवी साहब को बन्दगी की। इसके बाद पण्डित जी तो न दिखाई दिए, पर मौलवी साहब रोज पढ़ाने के लिए आने लगे।

मौलवी साहब की न शक्ल अपरिचित थी, न उनसे हमारे घर का सम्बन्ध नया था। मेरे पहले वे मेरे चचेरे बड़े भाई शिवप्रसाद को पढ़ा चुके थे। गँजी, गोरी चाँद पर कुब्बेनुमा सफ़ेद टोपी, जिससे उनका लम्बा क़द कुछ और लम्बा जान पड़ता था, छोटी कटी मूँछों पर भरी हुई खिचड़ी दाढ़ी, आँखों की पुतलियाँ निलछर, कोए जैसे बाहर को निकलने को आतुर हों। गरारेदार पाजामे पर ढीला-ढाला छकलिया अंगा, पाँवों में सुलेमशाही जूती, हाथ में डण्डा। जाड़े के दिनों में अंगे के नीच रुईदार मिर्जई पहन लेते, जिससे उनकी वैसे ही भारी काया कुछ और भारी-भरकम हो जाती।

मकान के आगे छप्परदार दालान में दीवार से लगा एक पुराना तख़्त पड़ा रहता था। मौलवी साहब आते, आवाज़ देते, और जूती उतार कर दीवार के सहारे तख़्त पर बैठ जाते, मैं उनके सामने पालथी मारकर बैठ जाता। शुरू के दिनों में राधा अपनी रुई-बत्ती की छितनियाँ लिए हुए कहीं पास ही बैठ जातीं, इसलिए कि मौलवी साहब से मुझे डर न लगे, और अगर वे मुझे ज्यादा मारें-पीटें तो वे मुझको बचा सकें। मौलवी साहब अपनी सख्ती के लिए मशहूर थे। सुनता था कि जब वे किसी लड़के को पढ़ाना शुरू करते थे तो उसके वालिदैन से कह देते थे कि चमड़ी हमारी और हड्डी तुम्हारी। मुझे याद नहीं कि कभी उन्होंने सबक़ न याद रखने के लिए मुझे मारा-पीटा हो। पढ़ते वक़्त किताब से आँखें उठा कर मैं कभी दूसरी ओर देखता, और खुले में बैठे हुए आकर्षित करने को सौ तरह की चीज़ें इधर-उधर होतीं, तो वे धीमे से मेरा कान पकड़कर फिर मेरा सिर किताब पर झुका देते। दो-डेढ़ बरस बाद की बात है; मेरे छोटे भाई शालिग्राम ने मेरे पास बैठकर कुछ शैतानी की, मौलवी साहब ने डाँट दिया; उन्होंने फिर शैतानी की, अब मौलवी साहब मारने को बढ़े तो वे कुछ दूर हट गए, मौलवी साहब के लिए जल्दी उठना आसान न था, और उन्होंने फिर शैतानी की; मौलवी साहब उनको पकड़ने को उठे तो वे भगे और मौलवी साहब ने उनको दौड़ाना शुरू किया, पर शालिग्राम

कहाँ हाथ आनेवाले थे। आख़िरकार मौलवी साहब ही हाँफते हुए लौट आए। आगे-आगे शालिग्राम, पीछे-पीछे भद-भद भागते मौलवी साहब–जैसे हिरन के पीछे हाथी–वह दृश्य याद करके मैं आज भी अपनी हँसी नहीं रोक पाता। उस दिन भला क्या रुकनी थी, और मौलवी साहब ने शालिग्राम का गुस्सा मेरे ऊपर उतारा।

उस समय की पढ़ाई रटत विद्या थी। एक साल तक तो मुझे 'ख़ालिकबारी' ही रटाई गई। इबारत को पढ़कर मैं न रटता, रटते-रटते इबारत को पहचानने लगा। और एक दिन बड़ी खुशी हुई जब मैं उस पुस्तक के आख़िरी बन्द पर पहुँचा। लीजिए, हमारे मौलवी साहब का नाम भी उस बन्द में आता था ;

'मौलवी साहब सरन पनाह,
गदा भिखारी ख़ुसरो शाह।'

मौलवी साहब को शायद दो रुपए, माहवारी दिए जाते थे। जिस दिन किताब ख़त्म हुई उस दिन मेरे हाथ से एक रुपया अलग से उन्हें दिलाया गया, और शीरीनी–जो बिगड़कर अब सिन्नी हो गई थी–मँगाकर बच्चों को बाँटी गई। 'ख़ालिकबारी' के बाद मौलवी साहब ने मुझे एकदम 'करीमा' पर उतार दिया। फिर वही रटंत–

करीमा बबख़्शाय बरहालमा,
कि हस्तम असीरे कमंदे हवा।
निगहदार मारा ज़राहे ख़ता,
ख़ता दरगुज़ारों सवा बम नुमा।

और बहुत-सी पंक्तियाँ मुझे अब भी याद हैं। इनका अर्थ न मैंने तब जाना था, न आज तक जानता हूँ। कभी सुना था कि फ़तहपुर के इक़बाल वर्मा 'सेहर' ने, जिन्होंने रुबाइयात उमर ख़ैयाम का अनुवाद सीधे फ़ारसी से किया था, 'करीमा' का भी अनुवाद किया था, शायद कहीं से प्रकाशित भी कराया था। एक बार इच्छा हुई थी कि अनुवाद पढ़कर जानूँ तो 'करीमा' में क्या है, पर वक़्त से किताब हाथ न लगी और बात दिमाग़ से उतर गई। 'करीमा' के बाद मुझे 'मामकीमा' पढ़ाई गई। वह भी मैंने पूरी रटी थी, पर अब उसका इतना ही याद है कि उसकी बहर 'करीमा' से भिन्न थी। 'करीमा' की बहर में कुछ तेज़ी थी, 'मामकीमा' की बहर में कुछ धीमापन; पहली में जैसे मृग चौकड़ी भरता भाग रहा हो, दूसरी में जैसे गजराज सहज-गम्भीर गति से चला जा रहा हो। फ़ारसी की कुछ कहावतें और सूक्तियाँ भी मौलवी साहब ने मुझे रटाई थीं, कुछ का अर्थ भी बताया था; एक सूक्ति क़लम पर इस वक़्त याद आ गई,

'क़लम गोयद कि मन शाहे जहानम,
क़लम कसरा बदौलत मीरसानम,
अगर बदबख़्त बाशद मंचिदानम,
वले एकबार बर दौलत रसानम।

पहली पंक्ति का अर्थ है–क़लम (फ़ारसी में 'क़लम' पुल्लिंग माना जाता है) कहता है कि मैं दुनिया का बादशाह हूँ। यह पंक्ति पहले भी अच्छी लगती थी, आज भी अच्छी लगती है; जी चाहता है, इसे गुनगुनाऊँ, इसके अर्थ पर विचार करूँ; पर मन

अब इसकी सच्चाई को पूरी तरह ग्रहण नहीं करता। क़लम तो बहुत हैं, बहुतों के हाथों में, सब कैसे राजा बनेंगे, कोई छोटा राजा बनेगा, कोई बड़ा राजा, कोई महाराजा, कोई महाराजाधिराज ! क़लम के राज में कुछ क़लमों को, 'कुछ' क्यों, ज़्यादातर को, शायद प्रजा बनकर ही सब्र कर लेना पड़े। मेरा क़लम तो, शायद प्रजा वर्ग में ही एक हो। क़लम के राज में प्रजा बनना भी कम सौभाग्य की बात नहीं है। पर अभी दुनिया में क़लम का राज है कहाँ ? क़लम के अर्थ हैं सच्चाई, क़लम के अर्थ हैं ईमानदारी, क़लम के अर्थ हैं न्याय, क़लम के अर्थ हैं आत्म-सम्मान। क़लम का राज कभी आएगा, इसमें मुझे सन्देह, है, पर एक बात का विश्वास भी है कि जब तक क़लम क़लम है वह लाठी के राज को पूरी तरह कभी स्वीकार नहीं करेगा। क़लम का नाम निर्भीकता है, साहस है, विरोध है, विद्रोह है; पर क़लम नकारात्मक ही नहीं है, वह सकारात्मक भी है, वह संगीत है, शृंगार है, शोभा है, शान्ति है। वह जीवन की जीवन्तता है, लाठी तो जड़ता है, जड़ता न भी हो तो असन्तुलन, एकांगिकता, विकृति।

कुछ फ़ारसी की कहावतें भी दिमाग़ में उतरा आई हैं—मन तुरा हाज़ी बगोयम, तू मरा हाज़ी बगो—भाव वही है जो संस्कृत की इस पंक्ति में, 'परस्परं प्रशंसन्ति अहो रूपं अहो ध्वनिः; खुदरा फ़ज़ीहत दीगरा नसीहत—'पर उपदेस कुसल बहुतेरे, जे आचरहिं ते नाहिं घनेरे'—आदि-आदि। कभी सोचता हूँ कि जब फ़ारसी इस देश में आई होगी तो उसने यहाँ की धरती की मनीषा में अपनी कितनी प्रतिध्वनियाँ पाई होंगी। मैंने अपने यत्किंचित् अनुभव से पाया है कि वेदना और विवेक का रंग, कहीं भी पाया जाए, एक-दूसरे से ज़्यादा अलग नहीं होता। मानवता अपनी पीड़ा और प्रकाश के क्षण में प्रायः एक स्वर में बोलती है। हैमलेट जब होरेशियो को आदर्श मनुष्य का गुण बताता है तब उसकी वाणी गीता की वाणी की प्रतिध्वनि हो जाती है। गेटे ने शकुन्तला में अपनी ही फ़ाउस्ट की ग्रेशेन की करुण कथा प्रतिबिम्बित देखी थी। विभाजन की बहुत-सी रेखाओं के बीच, यह कम सन्तोष की बात नहीं है, मानवता कतिपय बिन्दुओं पर मिलती है, एक है।

इस बीच गिनती और जोड़-बाक़ी-गुणा-भाग मुझको माँ और बड़ी बहनों ने सिखाया था। मेरे हिन्दी ज्ञान की भी वृद्धि की थी। पढ़ने-लिखने की ओर मेरी स्वाभाविक रुचि थी। और लड़कों को खेल-कूद से हटाकर पढ़ने-लिखने की ओर लगाया जाता था, मुझे पढ़ने-लिखने से हटाकर खेलने-कूदने की ओर। उस समय एक कहावत कही जाती थी, 'पढ़ोगे-लिखोगे तो होगे नवाब, खेलोगे-कूदोगे होगे ख़राब।' बचपन में किसी नवाब को तो मैंने न देखा था, उसका वैभव और अधिकार भी न जानता था, पता नहीं मेरा बाल-मन नवाब की कैसी कल्पना करता होगा। निश्चय ही वह खेल-कूदकर ख़राब होने की स्थिति से बिलकुल विपरीत होगी। यह नहीं कि मैं खेला-कूदा नहीं, या कम खेला, पर खेलों में मेरा मन कभी पूरी तरह नहीं रमा, जैसे-जैसे उमर बढ़ती गई खेलों से खिंचता गया; ज़िन्दगी को जीना ही यदि खेल नहीं तो एक समय मैं खेलों की दुनिया से बिलकुल दूर चला गया। काश उस समय मुझे किसी ने यह कहावत भी सुनाई होती—'आ॰ल वर्क ऐंड नो प्ले मेक्स जैक डल ब्वाय।' इसकी सत्यता मैंने अपने जीवन में देखी है। मुझे अपने जीवन के ऐसे बहुत-से दिन याद हैं जिनको मैं 'आल वर्क'

और 'नो प्ले' के दिन कह सकता हूँ। निश्चय उन्होंने मुझे 'डल' बनाया है। काम में पिलकर जो बना, जो सीखा जा सकता है उसमें मैंने कभी कोताही नहीं की, पर खेल में रुचि लेकर जो बना, जो सीखा जा सकता था उससे मैं वंचित रह गया। रह गया तो रह गया, उसका परिहार अब नहीं हो सकता। काम ही अब सहज मालूम होता है, खेलना मुश्किल। काम से राहत पाने के लिए अब यही कर सकता हूँ कि छड़ी उठाऊँ और एक-दो मील घूम जाऊँ। शरीर घूमता है, मन काम की चिन्ता में रहता है। अब पेट में 'अल्सर' है। लोग कहते हैं, गाल्फ़ खेलो; कैसे खेलूँ, गाल्फ़ के लिए फ़ुटबाल, क्रिकेट हाकी की आधारशिला चाहिए, वह मैंने नहीं बनाई। वृद्धावस्था में भी जो खेल सकते हैं चाहे, गाल्फ़, चाहे ताश, मुझे उन सबसे ईर्ष्या है। कभी-कभी मुझको उनपर क्रोध आता है जिन्होंने जीवन को इतनी गम्भीरता से लेने के संस्कार मुझ पर डाले। पर, शायद जैसे मैं उनसे संस्कार ग्रहण करने को विवश था, वैसे वे भी मुझपर संस्कार डालने को विवश थे। पिताजी को अपने दफ़्तर के काम से कभी फ़ुर्सत नहीं मिली कि वे हम लोगों को विशेष पढ़ा-लिखा सकें। इसलिए घर पर हमको पढ़ाने को मौलवी, मास्टर, पण्डित बराबर लगे रहे और अपनी योग्यता-क्षमता, अयोग्यता और अक्षमता की भी, सीमा में हमारा निरूपण और दिशा-निर्देशन करते रहे। हम अपने बचपन में अपने को जहाँ, और अपने चारों ओर जिन्हें पाते हैं वे हमारे भाग्य को शायद अधिक प्रभावित करते हैं बनिस्बत उन ग्रह-नक्षत्रों के जो जन्म-समय पर आकाश में रहते हैं। वास्तव में वे ही ग्रह-नक्षत्र हैं। मैंने कहीं पढ़ा था कि हमारा जन्म ही हमारा भाग्य है। उसका वरण तो हम नहीं कर सकते; इसीलिए अपने को समझने के लिए मैं जहाँ हूँ, जिनके बीच हूँ, उसको और उनको समझने के लिए मैंने विशेष प्रयत्न किया है।

जब मैं आठ बरस का हो गया तो पता नहीं किसकी सलाह पर या क्या सोचकर मुझको मोहतशिमगंज म्युनिसिपल स्कूल में डाला गया। शायद इसलिए कि वह स्कूल मेरे घर के सबसे पास पड़ता था और दूर के रिश्ते के मेरे एक मामा बाबू बिहारीलाल वहाँ हेडमास्टर थे। म्युनिसिपल स्कूल उन दिनों दो तरह के होते थे, लोअर प्राइमरी, दर्जा चार तक वाले, और अपर प्राइमरी, दर्जा छह तक यानी मिडिल तक वाले; पढ़ाई इन स्कूलों में वर्नाक्यूलर अर्थात् हिन्दी और उर्दू के माध्यम से होती थी। मोहतशिमगंज का स्कूल लोअर प्राइमरी था। फ़ीस इन स्कूलों में नाम मात्र ली जाती थी, नीचे दर्जों की एक पैसा, बीच के दर्जों की दो पैसे, सबसे ऊँचे दर्जों की एक आना।

पहले दिन मुझे स्कूल जाने की याद है। माँ ने मुझे साफ़-धुले कपड़े पहनाए थे। कर्कल मुझे स्कूल तक पहुँचाने गए थे। बग़ल में मैंने तख़्ती, स्लेट दबा रखी थी, क़लम मेरी जेब में थी, स्याही का बोदका हाथ में। मामाजी स्कूल में मामा के रूप में नहीं रोबदार हेडमास्टर साहब के रूप में मिले। उनकी पहली हिदायत मेरे लिए यही थी कि स्कूल में उन्हें मैं मामाजी नहीं, हेडमास्टर साहब कहकर सम्बोधित करूँ। इतना बड़ा नाम ज़बान पर चढ़ाने में मुझे कुछ दिक़्क़त महसूस हुई, और शुरू-शुरू में मैंने कोशिश की कि उनको सम्बोधित करने का अवसर ही न आए। पहले दिन तो मुझे उन्हीं के कमरे यानी क्लास में ले जाकर बिठा दिया गया। उनकी पीठ के पीछे 'संयुक्त

प्रान्त आगरा व अवध' का एक नक़्शा टँगा था जो मुझे झाँसी और मिर्ज़ापुर ज़िलों की टाँगों पर खड़ा एक कुत्ता-सा लगा जिसका मुँह देहरादून था। उनकी मेज़ पर एक बेंत रखा था और एक ओर तीन-चार लड़के मुर्ग़ा बने झुके थे। यह एक विचित्र सज़ा थी। खड़े हो, पाँव फैला, कमर से आगे झुक, हाथों को पीछे से टाँगों के बीच ला, सिर नीचाकर कानों को पकड़ना पड़ता था। उर्दू और हिसाब में मेरा इम्तहान लिया गया; उर्दू मेरे लिए पानी थी मैं तो फ़ारसी पढ़ा था, हिसाब में ज़रूर कमज़ोर पड़ा। मेरा दाख़िला दर्जा एक में करा दिया गया। उसके पहले दो दर्जे और होते थे 'अ' और 'ब'।

जिस इमारत में स्कूल था वह कोई बड़ा रिहायशी मकान भर था। छोटे-बड़े कमरे, दालान, रसोईघर—जहाँ भी जगह थी क्लास लगते थे। दर्जा दो तक लड़के टाट पर बैठा करते थे, मास्टर साहब कुर्सी पर, छोटी-सी मेज़ कुर्सी के सामने, जिससे दो काम लिए जाते थे। लड़के जब शोर करते थे तो उन्हें चुप कराने के लिए मास्टर साहब उस मेज़ पर 'धप्प' 'धप्प' हाथ मारते थे और जब लड़कों को वे किताब से कुछ नकल करने का काम दे देते थे तो उस पर पाँव रखकर एक झपकी ले लेते थे। दर्जा तीन और चार के लड़के बेंचों पर बैठते थे और उनके आगे लम्बे डेक्स होते थे। तीन और चार को हेडमास्टर साहब पढ़ाते थे।

नए और अजनबी को छेड़ने की प्रवृत्ति बच्चों में शायद स्वाभाविक होती है। ज़्यादातर लड़के दर्जा एक में मुझसे ज़्यादा ही उम्र के होंगे। किसी ने मुझे आँख मारी, किसी ने मुझे मुँह चिढ़ाया, पास बैठने वालों में किसी ने चुटकी काटी, किसी ने गुदगुदाया, किसी ने कुर्ते पर स्याही डाल दी, किसी ने धोती में क़लम पोंछ दी—यह छोटे पैमाने पर 'रैगिंग' थी जो कॉलेजों और बड़ी-बड़ी युनिवर्सिटियों में भी होती है और कभी-कभी तो अशोभन और भद्दा रूप भी लेती है। एक मर्यादा के अंदर शायद इससे नए और पुराने के बीच संकोच और झिझक दूर करने में सहायता मिलती है। स्कूल बन्द होने का समय आया तो कर्कल मुझे लिवाने आए। छुट्टी के बाद मुझे और छेड़ने का जो मौक़ा मिलना था उससे अपने को वंचित लड़के कर्कल को ही छेड़ने बनाने लगे, 'गोद में ले जाओ मुन्ना को, गोद में !' यह क्रम दो-चार रोज़ चला; फिर मैं अकेले स्कूल आने-जाने लगा। गाली देनेवाले को गाली देना, छेड़-छाड़ करने वालों से छेड़-छाड़ करना, मार-पीट करने वालों से मार-पीट करना मैं भी सीख गया था।

स्कूल दस बजे से लगता था और साढ़े-तीन बजे छुट्टी होती थी, गर्मियों में सुबह का स्कूल हो जाता था, साढ़े छह से साढ़े दस तक। गर्मियों का स्कूल हमें ज़्यादा अच्छा लगता था—दिनभर छुट्टी—खेलो-कूदो, धमा-चौकड़ी मचाओ। स्कूल सामूहिक प्रार्थना से आरम्भ होता था, प्रार्थना अब तक मुझे याद है;

'हे प्रभो आनन्ददाता, ज्ञान हमको दीजिए,
शीघ्र सारे दुर्गुणों को दूर हमसे कीजिए,
लीजिए हमको शरण में, हम सदाचारी बनें,
धर्मरक्षक, ब्रह्मचारी, वीर व्रतधारी बनें !'

इसके बाद एक और प्रार्थना कराई जाती थी,

'भगवन् हमारे जार्ज पंचम को चिरायू कीजिए।'

जार्ज पंचम और क्वीन मेरी की तस्वीर दफ़्ती पर चिपकाई हुई कमरे-कमरे में टँगी रहती थी। प्रथम विश्व-युद्ध का समय था, राजभक्ति जगाए रखने की उस वक़्त विशेष आवश्यकता होगी। गीत किसी ऐसे का लिखा था जिसे छन्द-मात्रा का भी ज्ञान ध्यान नहीं था, पर तब इस पर किसी का ध्यान शायद ही जाता हो।

दर्जा दो तक हिसाब के लिए स्लेट और ख़ुशख़त के लिए पट्टी का इस्तेमाल होता था। कापियों पर लिखना दर्जा तीन से शुरू होता था। दो तरह के काग़ज़ मिलते थे। सफ़ेद और बादामी। बादामी काग़ज़ की कापियाँ हिसाब के लिए और सफ़ेद काग़ज़ की, सुलेख के लिए प्रयुक्त होती थीं। हिन्दी के विद्यार्थी काली पट्टी पर खड़िया मिट्टी के घोल से लिखते थे। उर्दू के, मुल्तानी मिट्टी से पुती तख़्तियों पर काली स्याही से। स्कूल का काफ़ी वक़्त पट्टियों को धोने, पोतने, सुखाने में सर्फ़ होता था। लड़के लाइन में खड़े होकर, हवा में झुला-झुलाकर पट्टियाँ सुखाते थे; साथ गाते थे। विश्वास था, गाने से पट्टी जल्दी सुखेगी,

सूख-सूख पट्टी, चंदन-गोट्टी,
राजा लाया, महल बनाया,
एक अनोखी रानी लाया,
राजा-रानी खड़े झरोखे,
सूरज चमके, पट्टी सोखे !

यों तो स्कूल ढीलम-ढालम गति से चलता था, पर जब डिप्टी साहब का दौरा होने को होता था तो ख़ासा तनाव आ जाता था। दौरे की तारीख़ पहले से मालूम होने पर स्कूल की ख़ास सफ़ाई होती थी। एक दिन पहले टाट झड़वाए जाते थे, लड़कों से ही (क्या गर्द-स्नान होता था उस दिन !)। जाले-माले निकलवाए जाते थे। स्कूल की आराम घड़ी का वक़्त ठीक किया जाता था। लड़कों को धुले साफ़ कपड़े पहनकर आने का आदेश दिया जाता था, फिर भी कोई लड़का मैले कपड़े पहनकर आता तो उसको छुट्टी दे दी जाती थी, और हमारे साफ़ कपड़ों को उनके मैले कपड़ों से ईर्ष्या होती थी। मास्टर लोग तो जैसे बारात में जाने को आते थे। अगर डिप्टी साहब का दौरा एकाएकी हो जाता तो स्कूल भर थर-थर काँपने लगता था, और राहत की साँस तभी लेता था जब डिप्टी साहब विदा होते थे।

मोहतशिमगंज म्युनिसिपल स्कूल में मैंने दर्जा दो तक पढ़ा; इस बीच स्कूल सड़क उस पार से सड़क इस पार आया, और फिर मुहल्ला शहराराबाग़ के एक मकान में चला गया, पर नाम उसका मोहतशिमगंज पर ही रहा।

जब मैं स्कूल जाने लगा, मौलवी साहब से माफी माँग ली गई। मुझे घर पर अंग्रेज़ी पढ़ाने को मास्टर रख दिए गए। शालिग्राम ने फ़ारसी पढ़ने की ओर कोई रुचि नहीं दिखलाई। मौलवी साहब से न जाने क्यों वे बहुत चिढ़ते थे। जो मास्टर साहब मुझे अंग्रेज़ी पढ़ाने आते थे वही उनको भी हिन्दी और गिनती-पहाड़ा पढ़ा देते थे।

उन दिनों अंग्रेज़ी की पहली किताब 'किंग रीडर' पढ़ाई जाती थी। कवर पर जार्ज पंचम की तस्वीर छपी रहती थी; अन्तिम दो पाठ 'क्वीन' और 'प्रिंस आफ़ वेल्स' पर होते थे, जिनकी तस्वीरें भी होती थीं; और सबके अंत में होता था अंग्रेज़ी नेशनल ऐनथेम—'गॉड सेव द किंग'—यानी शुरू से बच्चे के दिमाग़ पर तख़्त की पीढ़ी-दर-पीढ़ी के प्रति राजभक्ति के संस्कार डालने की सारी तरकीबें !

उन्हीं दिनों किसी इतवार को पण्डित रामचरण शुक्ल हमारे घर आए—अपने निजी, नए-से दिखते इक्के पर—घोड़ा कुम्मैत, साईस ठस्सेदार। उनको देखने का यह मेरा पहला मौक़ा था। पण्डितजी वास्तव में देवस्वरूप थे—देव-से ऊँचे और दिव्य; जहाँ तक मुझे याद है वे बड़े से सिर पर ऊँची फ़ेल्ट कैप पहने थे, बन्द कालर का पारसी कोट, सफ़ेद ढीला पाजामा और फ़ीताबन्द जूता। उनके जेब से निकलती हुई सोने की एक चमचमाती चेन कोट के बीच के एक काज से अटकी थी—निश्चय ही घड़ी की होगी। वे अप्रत्याशित ही आ गए थे, और उन्हें देखकर मेरे पिताजी घबरा-से गए थे। झट घर के अन्दर जाकर खाट निकाल लाए, उस पर कोई दरी बिछा दी और पण्डितजी को बिठलाया, स्वयं उनके चरण छुए और हम लोगों को उनके चरणों में सिर रखकर प्रणाम करने को कहा। मेरी बहनों ने भी आकर उनको प्रणाम किया, उन्हें पाँव छूने को उन्होंने मना कर दिया। मेरी माँ ने भी भीतर से बहनों के हाथ पान के साथ अपना प्रणाम भेजा। पण्डितजी ने पिताजी से कुछ बातें कीं, हम लोग तो दूर जाकर खड़े हो गए थे। उन्होंने बाहर से टूटे-फूटे हुए हमारे मकान का मुआयना किया, फिर भीतर आकर भी कुछ देखा, और हम लोगों को आशीर्वाद देकर चले गए।

थोड़े ही दिनों बाद बैल-गाड़ियों में ईंट-चूना पत्थर आकर हमारे मैदान में गिरने लगा और बहुत-से राज-मज़दूर आए, नींवें खोदी-भरी गईं, दीवारें उठीं, छत पड़ी, गा-गाकर पीटी गईं, ज़ीना बना, जो बड़ा कमरा बना था उसके आगे पक्के फ़र्श का बरामदा बना, मैदान को पक्की मुँडेर से घेरा गया और देखते-ही-देखते हमारे घर के सामने की शक्ल बदल गई।

बाद को मुझे पिताजी ने बताया था कि पण्डितजी को हमारे घर का टूटा-गिरा सामना देखकर दुख हुआ था। उन्होंने पिताजी को सलाह दी कि बड़ी बेटी ब्याहने योग्य हो रही है। लड़की देखने से पहले लोग लड़की वाले का घर देखेंगे। घर इन्सान की हैसियत बताता है। इस घर को देखते ही वे बिचक जाएँगे। बेटा-बेटी ब्याहकर आदमी सामाजिक सम्बन्ध का विस्तार करता है। आए दिन चार लोग आते-जाते रहेंगे। इस घर में तो किसी को बिठाने योग्य जगह भी नहीं है; फिर लड़के भी बड़े हो रहे हे; उनके पढ़ने-लिखने के लिए भी कोई कमरा चाहिए। यह ज़रूरी है कि बाहर एक बड़ा कमरा बनवा लिया जाए और मकान का सामना दुरुस्त करा दिया जाए। पर पैसा ? पण्डितजी को पता था कि पैसा प्रताप नारायण के पास नहीं है। जो कुछ थोड़ा-बहुत दफ़्तर में जमा है वह उस वक़्त निकालना ज़रूरी होगा जब भगवानदेई का ब्याह करना होगा। शायद उतने से पूरा न पड़ेगा, कुछ बाहर से भी क़र्ज़ लेना पड़ेगा। पण्डितजी ने पाँच सौ रुपए मेरे पिताजी को घर ठीक कराने के लिए दिए और छोटी क़िस्तों में उनकी तनख़्वाह से काट लिए—ब्याज में एक पाई न ली। घर के रहन-सहन में कुछ

किफ़ायत करनी पड़ी। पर दो साल में क़र्ज़ उतर गया और एक ज़रूरत भी पूरी कर ली गई। पण्डित जी ने इससे भी बड़ा एहसान प्रताप नारायण के ऊपर भगवानदेई के ब्याह के समय किया। मेरे पिताजी उनके प्रति सर्वदा कृतज्ञता से नत-मस्तक रहे।

अब हमारे पढ़ने-लिखने के लिए एक बड़ा पक्का कमरा हो गया, जिसे हम लोग बैठक कहते थे, सामने की ओर दो खिड़कियाँ, एक दरवाज़ा, एक खिड़की पच्छिम की गली की ओर खुलती हुई, घर का सबसे अच्छा कमरा, बरोठे की ओर खुलने वाला दरवाज़ा बन्द कर दें तो सबसे अलग, स्वतन्त्र, बिल्कुल निजी। उसमें मोटा टाट डालकर उस पर जाज़िम बिछ गई, बीच में दो मुंशी-डेस्क हम दोनों भाइयों के लिए लग गए। पिताजी मुंशी-डेस्क के फ़ायदे बताते न थकते थे–देखो, कुर्सी पर तो बस एक तरह से बैठा जा सकता है, पर मुंशी-डेस्क पर कई तरह से; एक तरह से बैठे-बैठे ऊब गए तो आसन बदल लिया। लड़कपन में तो मैंने मुंशी-डेस्क पर पढ़ा-लिखा ही, बड़े होने पर भी जब-जब मुझे लगातार कई-कई घण्टे काम करना पड़ा है, मैंने मुंशी-डेस्क का आश्रय लिया है। दो तो मैंने दिल्ली आकर बनवाए–एक ज़मीन पर रखकर काम करने के लिए, दूसरा हल्का टेबिल पर रखकर खड़े होकर काम करने के लिए, जब कुर्सी पर बैठे-बैठे कमर के जोड़ों में दर्द होने लगे।

मिट्टी के तेल का एक टेबिल लैंप भी हम लोगों के लिए ख़रीदा गया। उसकी चिमनी साफ़ करने की ड्यूटी हमारी रखी गई थी–कितनी चिमनियाँ हमने लड़कपन में तोड़ी होंगी ! कमरे की दीवार में एक आलमारी थी जिसमें हम अपनी किताबें, पढ़ने-लिखने का सामान–सब एक जगह रख सकते थे, जो अब तक घर में कभी यहाँ, कभी वहाँ बिखरा रहता था। पिताजी ने कमरे में कुछ देवताओं की तस्वीरें लगवाई थीं, बाद को हमने देश के कई नेताओं की तस्वीरें लगाईं। मेरा तो अधिकतर समय इस कमरे में ही बीतता था, आगे चलकर जाड़ों में मैं उसी में सोने भी लगा, एक कोने में तख़्त डालकर। गर्मी में हम बाहर मैदान में सोते थे, बरसातों में कमरे के आगे के बरामदे में।

मेरी बड़ी बहन का विवाह ज़िला परताबगढ़ के परसीपुर ग्राम के बाबू त्रिलोक नाथ के साथ तय हुआ। एक बहन तीन भाइयों में वे सबसे बड़े थे; मैट्रिक्युलेशन उन्होंने पास किया था और घर पर रहकर ज़िमींदार का काम देखते थे; हमारे मुहल्ले के बाबू द्वारिका प्रसाद के भाँजे थे। उन्हीं के सुझाव और बीच-बचाव से यह रिश्ता पक्का हुआ था। उन दिनों दहेज तय करने की प्रथा थी, किंतु त्रिलोकनाथ की विधवा माता ने किसी राशि-विशेष पर ज़ोर न दिया, केवल इतना पिताजी से कहला दिया कि लेन-देन ऐसा रखें जो दोनों परिवारों की हैसियत के अनुरूप हो; भाई के बीच में पड़ने का कुछ लिहाज़ तो उन्हें रखना ही था। पिताजी ने अपनी हैसियत से ज़्यादा किया, पर वह भी शायद लड़के के परिवार की हैसियत से कम समझा गया। और इस अव्यक्त असन्तोष की काली छाया मेरी बहन के वैवाहिक जीवन पर बराबर बनी रही।

मैंने उस छोटी-सी उम्र में उन दिनों तो इतना ही जाना कि घर में मनों अनाज आया। मुहल्ले की बहुत-सी स्त्रियों ने मिलकर, महीनों गा-गाकर उसे बीना, चाला, पछोरा, दरा, पीसा और मटकों में भरा। बहुत-से कपड़े घर में लिए-रँगे गए, बहुत-से दर्ज़ी-रँगरेज़

से सिलाए-रँगाए गए। सोनार से कई सोने-चाँदी के गहने गढ़ाए गए। चाँदी से लेकर पीतल-ताँबे तक के बर्तन आए—कलसे, थाल, थाली, कटोरे, लोटे, गिलास; मकान की सफ़ेदी-सफ़ाई कराई गई; सामने के दर, दीवार पर चित्रकारी हुई। निमन्त्रण-पत्र छपे और बँटवाए गए। कई दिनों तक विविध देवी-देवताओं की पूजा हुई—अदेवताओं की भी, सिल की, हरिस की, कुएँ की; ब्याह गाए गए, ढोलक पर माता के भजन, सुहाग के गीत। निकट-दूर के मेहमान आए, परजा-पुरोहित आए और एक शाम को प्रत्येक द्वार पर आम के पल्लव बँधे, बाहर छिड़काव हुआ, गैस के हंडे टँगे, नाते-रिश्तेदार, दोस्त इकट्ठे हुए और 'कड़क-कड़क-कड़ झैयम झैयम' करके बारात दरवाज़े लगी। दो-तीन दिन तक विवाह की रस्में होती रही—गाने-बजाने, मन्त्र-पाठ, हँसी-ठिठोली, और कभी-कभी वाद-विवाद और तड़प-झड़प के बीच; और एक सबेरे बहन की विदा की बेला आ गई—बहन रोई, माँ रोई, घर की, सम्बन्धियों की, पास-पड़ोस की स्त्रियाँ रोईं, पिता जी की भी आँखें गीली हुईं, और, बहन की डोली चली गई कि घर में ढोलक पर गाना बैठ गया,

'मैं राजा तोरे खेलन को गेंदा बनूँगी।'

जैसे यह सिद्ध करने के लिए कि जो रोना-धोना अभी हो चुका है वह शकुन का रोना-धोना था, मातम का नहीं। लड़की की विदा के फ़ौरन बाद गाने की प्रथा शायद इसी विचार से चलाई गई है।

बाद को पिताजी ने बताया था कि बहन के विवाह में तीन हज़ार रुपए ख़र्च हुए थे; केवल एक हज़ार उनके पास थे; दो हज़ार पण्डित रामचरण शुक्ल ने दिए थे; न उन्होंने कोई काग़ज़ लिखाया था, न लौटाने की कोई मीयाद पूछी थी। शायद पण्डित जी ने ये रुपए वापस लेने के इरादे से दिए ही न थे, पर मेरे पिताजी के स्वाभिमान का यह धन दान-स्वरूप स्वीकार करना गवारा न हुआ। मेरे पिताजी के सनातनी संस्कार इतने प्रबल थे कि ब्राह्मण की एक पाई भी लेना वे पाप समझते। उन्होंने पण्डित जी के चरण पकड़े और विनती की कि आपका इतना ही बड़ा उपकार होगा कि पिछली बार की तरह इस बार भी आप मुझसे ब्याज न लें, मूलधन की पाई पाई मैं क़िस्तों में अदा कर दूँगा। और विवाह के दूसरे ही मास से घर के ख़र्च की सभी मदों में निर्ममतापूर्वक कटौती कर उन्होंने अदायगी की क़िस्त देनी शुरू कर दी। इस कटौती का कष्टकर अनुभव हमारे परिवार के प्रत्येक सदस्य को कई वर्षों तक हुआ।

पिताजी के बचत अभियान के सम्बन्ध में एक घटना मुझे याद है जो बड़ी मार्मिक है। हमारे अँग्रेज़ी के मास्टर विश्वनाथ प्रसाद को आठ रुपए महीने दिए जाते थे। पिता जी ने कुछ और बचत के ख़्याल से यह निश्चय किया कि वे मास्टर साहब को छुड़ा देंगे। वे यह भी नहीं चाहते थे कि मास्टर साहब को अहसास हो कि उनके काम से असन्तोष के कारण उन्हें जवाब दिया जा रहा है, क्योंकि वे बड़े श्रम और रुचि के साथ हम लोगों को पढ़ाते थे। साथ ही उनके सामने अपनी असमर्थता व्यक्त करने में भी उन्हें संकोच होता था। उन्होंने अँग्रेज़ी में एक चिट्ठी लिखी और उसमें सारी स्थिति स्पष्ट कर दी कि लड़की की शादी में उन पर काफ़ी क़र्ज़ चढ़ गया है; अदायगी के लिए रुपए बचाने के ख़्याल से उन्हें बड़े अफ़सोस के साथ मास्टर साहब की ट्यूशन

बन्द करनी पड़ रही है। यह चिट्ठी मैंने ही ले जाकर मास्टर साहब को दी थी। मास्टर साहब को सोचने में एक क्षण का भी समय नहीं लगा। उन्होंने दूसरी तरफ़ लिख दिया, आप इस विषय में चिन्ता न करें, मैं बिना तनख़्वाह के आपके लड़कों को पढ़ाऊँगा। मास्टर साहब साल-भर बग़ैर तनख़्वाह के पढ़ाते रहे। जब तनख़्वाह पाते थे तब चाहे किसी-किसी दिन न आते हों, कभी-कभी देर से आते हों, पर जब उन्होंने तनख्वाह लेना बन्द कर दिया तो न किसी दिन उन्होंने नाग़ा किया, न देर से आए। अन्त में पिताजी ने उनसे प्रार्थना की कि लड़के अब बड़े हो गए हैं, आप स्वयं आने का कष्ट न करें, जब उनको कुछ पूछने की ज़रूरत होगी, आपके घर पर जाकर पूछ लेंगे। वे मान गए। हम जब भी उनके घर जाते, वे बड़े स्नेह से हम लोगों की कठिनाई दूर करते, और हम कुछ दिन उनके पास न जाते तो वे खुद घर पहुँच जाते। कहते, यह तो बड़ी अच्छी बात है कि तुम अब इतने तेज़ हो गए हो कि तुम्हें कुछ पूछने की ज़रूरत ही नहीं होती। मास्टर साहब ने लम्बी उमर पाई। जब मैं युनिवर्सिटी में लेक्चरर हो गया था तब वे वृद्ध और बेकार हो गए थे। मुझे बड़ा सन्तोष हुआ कि उनकी कुछ सेवा कर मैं उनसे यत्किंचित् उऋण हो सका।

उन दिनों की एक और घटना मुझे याद है, इलाहाबाद नगर में लोकमान्य तिलक और एनी बेसेंट का आगमन। उसके विषय में मुहल्ले के बड़ों से मैंने इतना सुना था कि उनका जलूस देखने को मैं भी चौक पहुँच गया। कर्कल मेरे साथ थे। ऐसे सब कामों में मुझे उनका बड़ा सहारा रहता था। वे उमर में मुझसे बड़े ही न थे, शरीर से भी पोढ़े थे। तिलकजी और एनी बेसेंट को एक टमटम में बिठाकर जलूस में निकाला जाना था। टमटम आकर खड़ी हुई तो हिन्दू बोर्डिंग हाउस के विद्यार्थियों ने घोड़े खोल दिए। लम्बी-लम्बी रस्सियाँ उसमें बाँध दीं और स्वयं उनकी गाड़ी खींची। मेरे बहनोई के छोटे भाई त्रिभुवन नाथ उन दिनों हिन्दू बोर्डिंग हाउस में रहते थे। यदि मैं अपने जीवन में कुछ भी न कर पाता तो इतना ही मुझे अपने पर गर्व करने के लिए पर्याप्त होता कि जिन लड़कों ने लोकमान्य तिलक की गाड़ी खींची थी उनमें मैं भी था ! उनके 'गीता रहस्य' ने, जिससे मैं बहुत बाद को परिचित हुआ, मध्ययुगीन हिन्दू-मनीषा की धारा को कलियुगी तमिस्रा के गह्वर से बाहर निकालकर कर्मयुग के आधुनिक, प्रशस्त और प्रकाशपूर्ण पथ पर लगने में अभूतपूर्व योग दिया।

दर्जा दो पास करने के बाद मोहतशिमगंज म्युनिसिपल स्कूल से मेरा नाम कटाकर ऊँचामण्डी म्युनिसिपल स्कूल में लिखा दिया गया और वहीं दो बरस पढ़कर मैंने तीसरा और चौथा दर्जा पास किया। इसके पीछे थे पण्डित विश्राम तिवारी; उन दिनों वे ऊँचा मण्डी में हेडमास्टर थे।

पण्डित विश्राम तिवारी ज़िला इलाहाबाद की तहसील हँडिया के गाँव मर्रों के निवासी थे। हँडिया के तहसीली स्कूल से उन्होंने मिडिल पास किया था। और उनके बारे में यह कहा जाता था कि जब वे नार्मल पढ़ने के लिए,—नार्मल, मिडिलचियों के लिए टीचर्स-ट्रेनिंग कोर्स था—अपने गाँव से पैदल चलकर इलाहाबाद आए थे तो जमुना के पुल को देख उन्होंने अचरज से मुँह बा दिया था।—रेल का इतना बड़ा पुल देखने का उनके जीवन में यह पहला अवसर था—कहा था, 'ओऽखोः, सौ रुपया के तो ए

में लोहै लाग होई !'—यानी मज़दूरी ऊपर से !! पण्डितजी के दिमाग़ की सीमा, सँकरी सूझ-बूझ और गावदीपने की कल्पना उनके इस एक वाक्य से ही की जा सकती है; पर प्रायः ऐसे ही लोगों पर शहर का रंग बड़ी जल्दी चढ़ता है। घुटने तक धोती के ऊपर गजी का कुर्ता, सिर पर मुरेठा, और पाँव में चमौधा पहनने वाले 'तेवारी' नार्मल पास करते ही बाबू जी बन गए थे। अब वे पाँव में काली स्लिपर पहनते—जिससे तेज़ चलकर 'स्लप-स्लप' आवाज़ निकालने में जैसे वे अपनी महत्ता का उद्‌घोष करते हों—चमौधे के 'चर्रमर्र' के ऊपर यह स्वर निश्चय ही उन्नति के क्रम में था। घुटने तक की धोती ढीली होकर स्लिपर की गर्द झाड़ने लगी; गजी का कुर्ता लंकलाठ की बुर्राक़ क़मीज़ में बदल गया; घुटी खोपड़ी पर माँगदार बुलबुलिया उगी; मुरेठे की जगह फ़ेल्ट कैप ने ले ली, जो उन दिनों सभी नव-सभ्य लोगों के सिर पर आ बैठती थी। पुरानेपन की कोई निशानी बची थी तो हाथ पर मलकर सुरती फाँकने की आदत। पण्डितजी निहायत रट्टू और घोटू आदमी थे। नार्मल का इम्तहान उन्होंने बहुत अच्छे नम्बरों से पास किया और पास करते ही शहर के स्कूल में नौकरी पा, दो ही चार साल नायब मुदर्रिसी कर, ऊँचामण्डी के लोअर प्राइमरी स्कूल में हेडमास्टर के पद पर पहुँच गए। हेडमास्टर बनकर एक प्रकार से उन्होंने अपनी महत्वाकांक्षा की सीमा छू ली, पर वे तो चरमबिन्दु पाने के अभिलाषी थे। उनकी कामना थी कि उनका स्कूल शहर के सब लोअर प्राइमरी स्कूलों से अच्छा हो। सबसे अधिक उसके विद्यार्थियों की संख्या हो। सबसे अधिक प्रतिशत से उसके परीक्षार्थी पास हों और सबसे अच्छी रिपोर्ट डिप्टी साहब उनके स्कूल के मुआयने की लिखें। पण्डित में बड़ी 'एनर्जी' थी—'शक्ति' से वह बात व्यक्त नहीं होती—हर क्षण सक्रियता—नवयुवक थे, गाँव के शुद्ध घी-दूध-मट्ठे पर पले—दूध-मट्ठा तो प्रतिदिन शहर न आ सकता था, पर एक हँडिया भैंस का घी वे प्रतिमास अपने लिए मँगाते थे। पण्डितजी विवाहित थे, पर एक तरह से ब्रह्मचारी। उनका विवाह एक बहुत छोटी उम्र की लड़की से हुआ था जिसका नाम बभना था। पण्डित जी अट्ठाईस के होंगे तो बभना आठ की। घर में 'छोटा-सा बलमा मोरा आँगना में गिल्ली खेले' के विपरीत वाली स्थिति। पण्डितजी की वृद्धा माता जिनको वे 'मावा' कहते थे बभना को अपने पास लेकर रोती थीं—'सुन्दर बधुन्ह सास ले सोई।' तिवारी को सूझ न पड़ता था कि अपनी 'एनर्जी' का क्या करें। तीन बजे उठकर गंगा नहाने जाते थे। दो-तीन ट्यूशनें सुबह करते। दिनभर स्कूल में तीन और चार दर्जे को पढ़ाते। नीचे के दर्जों का मुआयना करते। नायब मुदर्रिसों के काम में नुक़्स निकालते—आख़िर हेडमास्टर ही थे—दो-तीन ट्यूशनें शाम को करते; और रात को बड़ी देर तक उच्च स्वर से रामायण बाँचते। तीन व्यक्तियों का उनका परिवार स्कूल की इमारत के ही एक हिस्से में रहता था। खूब पैसे कमाते थे—घड़ी ली, साइकिल ख़रीदी, मावा और बभना के लिए ज़ेवर बनवाए और पोस्ट आफ़िस के सेविंग्स बैंक में एकाउण्ट खोला। एक दोहा उठते-बैठते उनकी ज़बान पर रहता था—

पुरुष सिंह जो उद्यमी, लक्ष्मी ताकरि चेरी
भाग्य भरोसे जे रहैं कुपुरुष भाषहिं टेरी।

मेरे पिताजी से उनकी मैत्री सम्भवतः दोनों के ब्राह्म मुहुर्त में गंगा-स्नान से हुई, हालाँकि पण्डितजी मेरे पिता से 15-16 वर्ष छोटे थे। जिन दिनों वे हमारे यहाँ आए

उन दिनों ऊँचामण्डी स्कूल में विद्यार्थियों की संख्या बढ़ाने का उनका अभियान चल रहा था। वे आस-पास के मुहल्लों में घर-घर जाते और जहाँ भी लड़के पाते, उनके अभिभावकों से उन्हें अपने स्कूल में भेजने का आग्रह करते; दूसरे स्कूलों से विद्यार्थियों को तोड़कर अपने स्कूल में ले जाने का भी वे प्रयत्न करते, मेरे छोटे भाई का तो नया-नया दाख़िला होना था; मेरे पिताजी को कह-सुनकर उन्होंने मना लिया कि वे उसको उन्हीं के स्कूल में भेजेंगे। फिर उन्होंने मेरे पिताजी को समझाया कि दो बच्चे हैं, दोनों का एक ही स्कूल में पढ़ना ठीक रहेगा, साथ-साथ आएँगे, साथ-साथ जाएँगे। उनकी बात में कुछ तर्क था। मेरे पिताजी ने मोहतशिमगंज से मेरा नाम कटाकर मुझे ऊँचामण्डी में भरती करा दिया। शालिग्राम का नाम दर्जा एक में लिखा गया, मेरा दर्जा तीन में, जिसे पण्डितजी स्वयं पढ़ाते थे।

पण्डितजी खुद मेहनत करते थे और विद्यार्थियों से मेहनत लेते थे। क्रोधी भी बड़े थे; लड़कों को सज़ा देने में उन्हें मज़ा आता था। ज़बान भी उनकी चलती थी और हाथ भी उनका चलता था। स्कूल के चपरासी को उनकी हिदायत थी कि सुबह-सुबह नीम के दो गोदे लाकर उनकी मेज़ पर रख दे, जिनको पण्डित जी अपने चाकू से छील-काटकर तैयार करते और उनके प्राथमिक परीक्षण में ही किसी-किसी विद्यार्थी को बिना किसी अपराध के एकाध सड़ाके लग जाते थे। उनका मोटो ही था, 'बिना कसूरम चार गोदाहम'। इमले की एक ग़लती पर एक गोदे, और एक सवाल ग़लत होने पर पाँच गोदे की सज़ा नियत थी—पढ़ते समय की ग़ल्तियों पर तमाचे-कनेठी काफी समझे जाते थे। कापियाँ देखने के बाद तुरन्त सज़ा का भी भुगतान कर दिया जाता था। सज़ा देने का उनका अपना तरीका था। जिस लड़के को सज़ा देनी होती उसका एक हाथ एक तरफ़ से कोई और लड़का पकड़ता दूसरा हाथ खुद पण्डित जी अपने बाएँ हाथ से पकड़ते और दाहिने हाथ से एक-दो-तीन-चार...गिन-गिनकर चूतड़ पर गोदे लगाते जाते; जिससे ज़्यादा नाराज़ होते उसको एक-दो घिलवे में भी लगा देते। पण्डितजी को हाथ में गोदे लप-लपाते देखकर ही कुछ लड़के हाथ जोड़कर ही माफी माँगने लगते, या रोने लगते। इस पर पण्डितजी तुलसीदास की ये चौपाइयाँ दहाड़ते,

'मोरे हृदय कृपा करि काऊ'

या

'जौं नहिं दण्ड करौं खल तोरा,
भ्रष्ट होइ श्रुति मारग मोरा।'

और अपना काम शुरू कर देते। कोई-कोई लड़के मार के डर से स्कूल छोड़ देते। पण्डित जी उनको कायर समझते; जो उनकी मार को सह जाते उनको बहादुर। वे अक्सर दुहराते,

'जेकर होय बजर का टाना
सो आवै विश्राम की शरणा।'

'टाना' शायद टाँग से बना है, पर अवधी में उसका प्रयोग सारी काठी के लिए होता है—अर्थ स्पष्ट है कि जिसका वज्र का शरीर हो वह विश्राम की शरण में आए। 'टाना' और 'शरणा' की तुक नहीं मिलती। क़िस्सा मशहूर है। तेली ने जाट से कहा,

"जाट, जाट, जाट, तेरे सिर पर खाट।" जाट ने जवाब दिया, "तेली, तेली, तेली, तेरे सिर पर कोल्हू।" तेली बोला, "तुक तो मिली ही नहीं।" जाट ने कहा, "तुक चाहे मिले-न-मिले, बोझों तो दबेगा।" पण्डितजी से कोई त्रुटिपूर्ण तुक की बात करता तो वे भी शायद यही उत्तर देते–गोदों की चोट तो पड़ेगी। यों तो पण्डितजी किसी को नहीं बख़्शते थे, पर मैंने नोटिस किया था कि वे वर्गभेद की एक सूक्ष्म नीति बरतते थे। अच्छे घरों के लड़कों पर वे हल्के-फुल्के हाथ छोड़ते थे, साधारण घरों के लड़कों पर पूरे ज़ोर से। मेरी गिनती अच्छे घरों के लड़कों में की जाती थी। ठोंक-पीट कर लद्धड़ लड़के को क़ाबिल बना देने के लिए वे मशहूर थे, इसलिए उनके मारने-पीटने की कोई शिकायत न करता था। मुझे उन्होंने सही-ग़लत कई तरीक़ों से प्रभावित किया।

ऊँचामण्डी के स्कूल में पढ़ते हुए मैंने अपने जीवन का प्रथम और सम्भवतः सबसे महत्त्वपूर्ण निर्णय लिया। अब तक मुझसे बड़े जो कहते थे वही मैं करता चला जाता था। कर्कल एक दिन ख़बर लाए कि विद्यामंदिर स्कूल में स्वामी सत्यदेव परिव्राजक का व्याख्यान है। शाम को जब वे व्याख्यान सुनने जाने लगे तो मुझे भी साथ ले गए। सभा में विद्यार्थी बड़ी संख्या में उपस्थित थे। स्वामी जी ने मेज़ पर बैठकर व्याख्यान दिया था। हृष्ट-पुष्ट शरीर, गेरुआ वस्त्र, बेलमुड शीश, आँखों पर धूप का चश्मा। स्वामी जी के भाषण में ओजस्विता थी–माइक-वाइक उन दिनों कहाँ थे, पर उनकी आवाज़ दूर पर भी साफ़ सुनाई देती थी। उनका भाषण 'हिन्दी–हमारी राष्ट्रभाषा' पर था। मुझ पर उनके व्याख्यान का बड़ा प्रभाव पड़ा; सच कहूँ तो मैं उनकी वक्तृता के प्रवाह में बह गया। मैंने सभा में बैठे-ही-बैठे निर्णय किया कि अब मैं उर्दू छोड़कर हिन्दी ले लूँगा। लौटते समय कर्कल से मैंने सलाह की तो उन्होंने भी इसका समर्थन किया। उनकी पढ़ाई संस्कृत से शुरू हुई थी। वे हिन्दी को कोई महत्व ही न देते थे। उस दिन उन्होंने भी हिन्दी की महत्ता समझी और स्वीकारी। उस समय मैं चौथे दर्जे में पहुँच गया था जिसका स्तर काफ़ी ऊँचा था–'सवादे उर्दु' नाम की किताब कोर्स में थी; क़वायाद यानी व्याकरण की भी एक किताब पढ़ाई जाती थी। भाषा बदलने से मेरे परीक्षा में असफल होने का भय था, हालाँकि घर पर ही पढ़ी हिन्दी मेरी बहुत कमज़ोर न थी; 'कन्या मनोरंजन' और बहनों की पाठ्य-पुस्तकें मैं उल्टा-पल्टा ही करता था। अब घर में 'सरस्वती' आती थी जिसे भी मैं देखता था, पर हिन्दी में विधिवत् मेरी शिक्षा नहीं हुई थी, यह तो मानना ही पड़ेगा। पिताजी ने मेरे प्रस्ताव का विरोध किया। स्कूल में पण्डित जी के सामने मैंने अपनी इच्छा व्यक्त की तो उन्होंने भी उससे अपनी असहमति प्रकट की और कठिनाइयों की ओर मेरा ध्यान आकर्षित किया। सालाना इम्तहान को कुछ ही महीने बाक़ी थे। साथ ही भाषा के साथ माध्यम बदलने के लिए डिप्टी इन्स्पेक्टर से भी अनुमति लेनी आवश्यक थी। जब मैं किसी तरह पीछे हटने को तैयार न हुआ तो पण्डितजी ने पिताजी से सलाह-मशविरा करके डिप्टी साहब के नाम एक प्रार्थना-पत्र मुझसे लिखवाकर भेज दिया।

उन दिनों डिप्टी इन्स्पेक्टर बाबू शिवकुमार सिंह थे। वे स्वयं हिन्दी के बड़े प्रेमी थे। नागरी प्रचारिणी सभा, काशी के संस्थापकों में थे, गो यह बात मुझे उन दिनों न मालूम थी। उन्होंने मुझे मिलने को अपने घर पर बुलवाया। मैं पण्डित जी के साथ

गया। उन्होंने मुझे ग़ौर से देखा, मुझसे कुछ प्रश्न किए जिनके शायद मैंने ठीक उत्तर दिए, पर सबसे अधिक मेरा उत्साह देखकर उन्होंने उर्दू छोड़कर हिन्दी लेने की मुझे अनुमति दे दी। मेरी खुशी का ठिकाना न रहा। मैंने पूरी लगन के साथ विधिवत् हिन्दी पढ़ना आरम्भ किया। मुझे अतिरिक्त सहायता देने के लिए पिताजी ने पण्डितजी को घर पर हिन्दी पढ़ाने के लिए रख दिया। कुछ उनके निर्देशन और अधिक उनके प्रोत्साहन से मैंने परीक्षा-समय पहुँचते-पहुँचते हिन्दी की पूरी तैयारी कर ली और कक्षा में सबसे तेज़ लड़कों से होड़ लेने लगा। पण्डितजी का सिद्धान्त था कि मनुष्य को तुल भर जाना चाहिए, फिर दुनिया में कोई चीज़ ऐसी नहीं जो वह प्राप्त न कर सके। आगे इसका पोषण इस कहावत से हुआ–'ह्वेअर देअर इज़ ए विल देअर इज ए वे'। इस विश्वास से मैंने जीवन में सदा बल संचय किया, गो अब मैं उसकी सीमा भी जानता हूँ। इच्छा-बल हो तो दरवाज़े को धक्का देकर आप खोल सकते हैं; पर ठोस दीवार के बीच से होकर जाना चाहेंगे तो सिर फोड़ लेने के अलावा आप क्या कर सकेंगे ? परीक्षा मैंने अच्छे नम्बरों से पास की। मुझे प्रथम स्थान की प्रत्याशा थी; भाषा बदल देने के कारण मेरा द्वितीय स्थान आया, पर मुझे सन्तोष था कि मैंने सही दिशा में क़दम रखा था।

बीस-बाईस वर्ष बाद काशी के एक कवि-सम्मेलन में मैं कविता पाठ कर रहा था। श्रोताओं में, मुझे मालूम नहीं था, बाबू शिवकुमार सिंह बैठे हुए थे। वृद्ध हो गए थे। सरकारी सेवा से रिटायर हुए कई वर्ष हो चुके थे। कवि-सम्मेलन समाप्त हुआ तो वे मेरे पास आए और उन्होंने मुझे पूछा कि क्या मैं वही हूँ जो एक दिन उर्दू छोड़कर हिन्दी लेने की अनुमति माँगने को उनके पास आ गया था, जब वे इलाहाबाद में डिप्टी इन्स्पेक्टर थे ? मैं उनकी स्मृति पर दंग रह गया। उन्होंने मेरी पीठ पर हाथ रखकर कहा, "उस दिन के निर्णय पर आज मुझे गर्व है।" मैंने उनके चरण छूकर उनसे विदा ली। उन्होंने लम्बी उमर पाई। हाल ही में मैंने कहीं पढ़ा कि नब्बे से अधिक की अवस्था में उनका देहावसान हुआ।

उन्हीं दिनों की एक और घटना मुझे याद है जिसका मेरे जीवन पर बहुत प्रभाव पड़ा। ऊँचामण्डी स्कूल के पास ही 'भारती-भवन' पुस्तकालय था। पण्डित विश्राम तिवारी किसी दिन पुस्तकालय में पहुँचे तो उनके मुँह से निकल गया, "ओऽखो; दुनिया में इतनी किताबें हैं !" एक दिन मुझे भी वे उस पुस्तकालय में ले गए, बाहर-बाहर से उसे मैंने कई बार देखा था, और बोले, "जेहिया ई कुलि किताब तू पढ़ि डावा।" जैसे इनके पढ़ने मात्र से कोई ज्ञानी या बुद्धिमान हो जाएगा। मंशा उनकी अच्छी ही थी। वे दिल से चाहते थे कि मैं जीवन में कुछ बनूँ पर उनके दिमाग़ की सीमाएँ थीं और मैं अपनी उस उम्र में उन्हें अपने शुभचिन्तक और पथ-प्रदर्शक के अतिरिक्त और समझ ही क्या सकता था। मैंने भारती भवन की सारी पुस्तकों को पढ़ डालने का व्रत लिया। हिन्दी की पुस्तकें उन दिनों भारती भवन में अधिक न थीं–शायद तीन-चार आलमारियों में, बाक़ी में संस्कृत और अँग्रेज़ी की किताबें थीं। ख़ैर, मैंने एक सिरे से किताबों को पढ़ना शुरू किया। शायद उसी क्रम में जिसमें वे सूचीपत्र में दी थीं या जिस क्रम में वे आलमारी में रखी थीं। मेरी सालों की सन्ध्याएँ भारती भवन ने खाईं। जब मेरी उम्र के लड़के मैदान में खेलते रहते थे मैं भारती भवन के कम प्रकाश वाले हाल में बैठा किताबें पढ़ता रहता था–किताबें, जो एक विषय से किसी दूसरे बिलकुल असम्बद्ध

विषय पर मुझे उछाल देतीं,—उपन्यास से वैद्यक पर, वैद्यक से धर्मोपदेश पर, धर्मोपदेश से काव्य पर, काव्य से जीवनी पर—किताबें, जिनका सिर-पैर मैं कुछ भी न समझता; किताबें जो शायद पढ़ने योग्य तो थीं, पर बुद्धि के अधिक परिपक्व होने पर; किताबें—जिनको मुझे छूना ही नहीं था। काश उस समय कोई मेरा पठन व्यवस्थित कर पाता ! इस पर मैं बहुधा पछताया। अब तो मैं यह सोचकर कुछ सन्तोष का अनुभव करता हूँ कि शायद वह सारा अव्यवस्थित पठन भी बिलकुल व्यर्थ नहीं गया। शायद कोई अनजान शक्ति बहुत कुछ अव्यवस्थित में से भी कुछ व्यवस्थित सँजोती रही है। हमारे जीवन का निरूपण बहुत कुछ अनजान शक्ति से होता है। यदि यह शक्ति अनजान अपना सर्जनात्मक कार्य न करती तो जो बहुत कुछ अज्ञात, अकस्मात्, भाग्यवशात् हमारे संसर्ग में आता रहता है वह हमें विक्षिप्त बनाकर छोड़ जाता।

जुलाई 1919 में मेरा नाम स्थानीय कायस्थ पाठशाला हाई स्कूल में छठे दर्जे में लिखा दिया गया। मेरे पिताजी भी कायस्थ पाठशाला के विद्यार्थी रह चुके थे; घर में अब भी कुछ किताबें पड़ी थीं जिन पर पिताजी का नाम, दर्जा और स्कूल के साथ लिखा हुआ था। जिस स्कूल में मेरे पिता पढ़ चुके हैं उसी में मैं पढ़ने को आया हूँ, यह सोचकर अपने ऊपर कुछ गर्व होना, और स्कूल के साथ एक विशेष लगाव अनुभव करना स्वाभाविक था। दोनों भाइयों को साथ-साथ स्कूल भेजने के विचार से उसी साल मेरे छोटे भाई के दर्जा दो पास कर लेने पर उसका भी नाम कायस्थ पाठशाला में लिखा दिया गया, दर्जा चार में—हिन्दी स्कूलों में भाषा और गणित का स्तर ऊँचा होता था, और अँग्रेज़ी अच्छी जानने वालों का नाम आसानी से अँग्रेज़ी स्कूलों में एक-दो दर्जे ऊपर लिखा जा सकता था। उन दिनों पाठशाला में दो भाइयों के साथ पढ़ने पर एक भाई की फ़ीस आधी ली जाती थी, शायद इसका भी ख़्याल किया गया हो। पण्डित विश्रामं तिवारी हमारे घर पर एकाध साल और पढ़ाते रहे; वे केवल हिन्दी और हिसाब पढ़ा सकते थे, पर मेरे पिताजी की दृष्टि से हम पर उनकी निगरानी का भी बड़ा महत्त्व था।

ऊँचामण्डी स्कूल से कायस्थ पाठशाला हाई स्कूल में हम क्या आए मानो एक दरबे से निकलकर खुली हवा में आ गए—बड़े-बड़े पक्के कमरों में क्लास, आगे-पीछे खेलने के लिए लम्बे-चौड़े हरी दूब के लॉन-मैदान, हर विषय को पढ़ाने के लिए अलग-अलग अध्यापक जो टाइम-टेबिल के अनुसार अपने-अपने घण्टे में खुद क्लास में आते। पढ़ाई यहाँ भी प्रार्थना से आरम्भ होती थी, पर 'वन्दे मातरम्' से। केन्द्रीय हाल में सब लड़के इकट्ठे होते। प्रो. खुशहालकर हारमोनियम पर 'वन्दे मातरम्' गाते। उसके पश्चात् लड़के पंक्तियों में अपने-अपने क्लास में जाते। 'वन्दे-मातरम्' का अर्थ, महत्त्व और इतिहास हमने बाद को जाना।

उन दिनों कायस्थ पाठशाला की इमारतें शहर से कटरा को जानेवाली सड़क पर, सूरजकुण्ड के आगे, बिजलीघर के बाद से शुरू होती थीं—सूरजकुण्ड सड़क पर बने रेलवे-पुल का नाम है; कुण्ड वहाँ कोई नहीं है; कुण्ड का दृश्य हम पुल के नीचे केवल बरसातों में देखते थे जब दोनों ओर से पानी बहकर वहाँ इकट्ठा हो जाता था; शायद वहाँ किसी समय पर कुण्ड रहा हो; ज़मीन वहाँ की नीची है; बाद को शायद

सड़क में आ गया हो। पाठशाला की इमारतें दो हिस्सों में थीं—एक हिस्से में, जो एकतला था, हाई स्कूल था; दूसरा हिस्सा दो-मंज़िला था; नीचे का हिस्सा कालेज का छात्रावास था, ऊपर के हिस्से में कालेज के क्लास होते थे। स्कूल के छात्रावास की इमारत अलग थी। स्कूल के हेडमास्टर और कालेज के प्रिंसिपल के रहने के लिए भी छोटे-बड़े मकान थे।

कायस्थ पाठशाला का विद्यार्थी मैं 1919 से 1925 तक रहा, जिस वर्ष वहीं से मैंने हाई स्कूल की परीक्षा पास की; यानी अपनी बारह वर्ष की अवस्था से लेकर अठारह वर्ष की अवस्था तक—कैशोर्य-प्रवेश की ड्योढ़ी से लेकर यौवन-प्रवेश के द्वार तक। किसी भी व्यक्ति के जीवन में ये वर्ष बड़े महत्त्व के माने जाते हैं, अंग्रेज़ी में इन वर्षों को 'फ़ारमेटिव पीरियड' कहते हैं, अर्थात् निर्माण का समय। पर मै इन्हें केवल निर्माण का समय मानकर सन्तुष्ट नहीं हो पाता। ये वे वर्ष हैं जो मनुष्य को एक संज्ञा, एक इयत्ता, एक इकाई, एक व्यक्तित्व प्रदान करते हैं। स्वाभाविक है कि उसके निरूपण में उसका समय, उसका परिवेश, उसकी परिस्थितियाँ—सब अपनी भूमिका अदा करती हैं, पर शायद सबसे बड़ी भूमिका अदा करता है स्वयं उसका क्रमशः अधिकाधिक सजग, सचेत, जागरूक होता हुआ अहं। इसलिए इन वर्षों को मैं निर्माण का समय न कहकर आत्मनिर्माण का समय कहना चाहूँगा। किसी का बचपन कोई भी रूप ले ले तो उसके लिए उसे उत्तरदायी नहीं ठहराया जा सकता, पर उसका यौवन जो रूप लेगा उसका दायित्व उसे उठाना पड़ेगा। यह सत्य है कि मेरे निर्माण में मेरे युग का, स्थानीय वातावरण का, मेरी शिक्षा-संस्था का, मेरे परिवार का, मेरे पास-पड़ोस का हाथ है—मनुष्य का विकास शून्य में नहीं होता—पर एक हाथ ऐसा भी है जो सबको एक विशिष्ट रूप से मुझे निर्मित करने को प्रेरित, प्रभावित और कभी-कभी बाध्य करता रहा है। यह मेरा अपना ही हाथ है। अपने हाथ से अपना हाथ टटोलना मुश्किल है, पर बिना इसको टटोले अपने विकास का इतिहास लिखना या तो दम्भी होना है या फिर दयनीय। मेरी लेखनी मुझे इन दोनों स्थितियों से बचाए, क्योंकि न तो यही सत्य है कि सारी परिस्थितियाँ दासी बनकर सब कुछ मेरे अनुकूल करती गईं, और न यही कि उन्होंने मुझे अपना दास समझकर जैसा चाहा, बना दिया।

सम्बद्ध काल की घटनाओं ने इस देश का इतिहास बदला है, शायद किसी-न-किसी अंश में संसार के इतिहास को भी। इस रूप में उन्हें देखना इस लेखन का लक्ष्य नहीं है। सूरज की किरणें समुद्र पर पड़ती हैं और ओस की बूँद पर भी; यहाँ शायद उनकी उतनी ही चमक दिखाई दे जितनी ओस की बूँद से प्रतिबिम्बित होती है। ओस की बूँद पर सूरज का चमकना बिलकुल महत्त्वहीन नहीं; हो तो, जो मैं यह सब अपने बारे में लिख रहा हूँ बिलकुल बेमानी है।

प्रथम विश्वयुद्ध के दिनों में शायद मैंने इतना ही जाना कि दुनिया के किसी दूर-सुदूर भाग में अंग्रेज़ों की जर्मनों से लड़ाई हो रही है। पता नहीं किस सूक्ष्म प्रचार अथवा किस आत्म-तोषप्रद कल्पना का यह परिणाम था कि समझा जाता था कि जर्मन दुनिया के सब से बहादुर लोग हैं और अंग्रेज़ उनको पराजित नहीं कर सकेंगे। हमारे यहाँ 'पायनियर' अख़बार आता था और बड़े लोग बड़े ध्यान से उसे पढ़ते और परस्पर

लड़ाई की अगति-प्रगति की चर्चा करते थे। उनकी आधी-तीही बातें हमारे कानों में पड़ जाती थीं जिनसे हम नतीजा निकालते थे कि लड़ाई अभी चल रही है और हार-जीत का फ़ैसला नहीं हुआ। उन दिनों एक चित्रमय 'ज़ंगी अख़बार' निकलता था, वह भी किसी तरह हमारे घर आ जाता था। चित्रों के नीचे उर्दू-हिन्दी के छोटे-छोटे वाक्यों में कुछ लिखा रहता था। उनसे लड़ाई की कुछ शक्लें भी हमारे सामने आती थीं। चित्रों ही जैसी लड़ाई होती है तो लड़ाई तो बड़ी चिकनी, साफ़, सुन्दर और रंगीन चीज़ है। लड़ाई का कितना ग़लत रूप हमने जाना था !

हमारे बड़ों ने लड़ाई के प्रभाव के रूप में केवल यह जाना था कि चीज़ें महँगी होती जा रही हैं; और इस महँगाई का प्रभाव कितनी सूक्ष्म रीति से जीवन के कितने पक्षों पर पड़ता होगा। उन दिनों की एक घटना याद है। तब घर-घर प्रयाग में पिड़ोर-मिट्टी यानी गंगा जी की मिट्टी बेचने वाली आया करती थीं घर के लीपने-पोतने, पूजा वेदियाँ, पार्थिव आदि बनाने के लिए पिड़ोर मिट्टी का उपयोग होता था। एक पैसे की डलिया चार पैसे में मिलने लगी। माँ ने झुँझलाकर एक दिन कहा था, "क्या मिट्टी भी लड़ाई पर भेजी जाती है जो वह भी महँगी हो गई है !" इस पर पिता जी ने समझाया था कि पिड़ोर-मिट्टी इसलिए महँगी हो गई है कि अनाज महँगा हो गया है। मिट्टी बेचने वाली को भी मिट्टी बेचकर अन्न ही तो ख़रीदना होगा।

हमारे नगर में लोकमान्य तिलक ने आकर होमरूल लीग की शाख़ा खोल दी थी। अपने घर में अपनी माँ के साथ मुहल्ले के माधो के इक्के पर सवार हो जब हम अपने मामा के घर जाते थे तब रास्ते में बाएँ हाथ को उसका दफ़्तर दिखाई देता था। शाखा का साइन बोर्ड मैं पढ़ता था, उसका अनुवाद करता था, घर की हुकूमत की माँग करने वाली सभा, शायद बाहर की हुकूमत के विरोध में खड़ी की गई। तिलक जब इतने बड़े थे कि आदमी की सीमा में न समा सकने के कारण उन्हें भगवान तिलक कहा जाता था, तो उनकी बनाई सभा निःसन्देह किसी बड़े काम के लिए होगी। हमारे मुहल्ले में शायद ही कोई लीग का सदस्य हो, जो होंगे सिविल लाइन में रहने वाले लोग होंगे। आजादी अभी उच्च वर्ग की चर्चा का विषय थी।

महात्मा गाँधी भी हमारे नगर में पाँव डाल गए थे। अभी टिड्डी-दल की तरह जनता का उनके नाम पर उमड़ने का समय तो न आया था, पर जिन चार-पाँच सौ लोगों ने उन्हें देखा और उनका व्याख्यान सुना था वे उनकी सादगी, सौम्यता, सन्त कोटि की नैतिकता और किसी प्रकार के अन्याय के विरुद्ध दृढ़ता से खड़े होने की उनकी क्षमता की चर्चा करते फिरते थे। थोड़े ही दिनों में उनके यशः सौरभ से सारा नगर गमक उठा था। इत्र चुल्लू, दो चुल्लू नहीं मलना होता। किसी किताब में तभी काठियावाड़ी पाग बाँधे कुर्सी पर बैठे उनकी तस्वीर देखने की भी याद है, साथ में कस्तूरबा गाँधी की भी। पहले-पहल उनके विषय में सुनकर उन्हें मैंने कोई बड़ा कवि समझा था, शायद इसलिए कि बड़े के नाम पर हमारे घर में केवल कवियों की चर्चा होती थी। अब सोचता हूँ, मैं बहुत ग़लत नहीं था। उनकी सारी राजनीति प्रतीकात्मक कविता थी। आजकल तो उनका किया-धरा सब कुछ कल्पना की कोटि में चला गया-सा प्रतीत होता है।

युद्ध की समाप्ति पर ब्रिटेन और मित्र-राष्ट्रों की विजय मानने का आदेश हर सरकारी संस्था, सरकारी स्कूल को भेजा हुआ था। ऊँचामण्डी स्कूल को मेरे साथियों ने और मैंने उसी उत्साह से सजाया था जिस उत्साह से मैं अपनी बैठक में प्रतिवर्ष कृष्ण-जन्माष्टमी पर झाँकी सजाता था। उस रात नगर की बहुत-सी सड़कों और इमारतों पर रोशनी हुई थी। कर्कल और मुहल्ले के कई लड़कों के साथ मैं रोशनी देखने निकला था। बहुत-सी जगहों पर जार्ज पंचम और क्वीन मेरी की तस्वीरें और यूनियन-जैक झण्डे लगे थे, कहीं-कहीं 'गाड सेव दि किंग' भी लिखा था। होमरूल लीग के दफ़्तर में रोशनी हुई थी पर वहाँ बिजली के बल्बों से एक बड़े लम्बे पट पर लिख दिया गया था, 'इण्डिया फ़ार इण्डियन्स' और इतना कहना भी उस समय बड़े साहस का काम था। दूसरे दिन जगह-जगह इसकी चर्चा थी, जैसे कोई नया और क्रान्तिकारी नारा उठाया गया हो।

रौलट ऐक्ट के विरोध में गाँधी जी ने देशभर में चौबीस घण्टे का अनशन करने का आदेश दिया था। मुझे कुछ पता नहीं कि यह बिल क्या बला थी—बिल के नाम से हम सिर्फ उसे जानते थे जिसे चूहे बनाते हैं—किसी ने कहा था कि यह रौलट बिल नहीं, रौलट भंभड़ है जिसमें यह सारा देश समा जाएगा और फिर कभी नहीं निकल सकेगा—सुनकर सिर्फ़ हँसी आई थी। उस दिन हमारे घर में चूल्हा ही नहीं जला था, बड़ों से लेकर छोटों तक—सबने व्रत रखा था। संध्या को मुहल्ले के सारे मर्द मीटिंग में गए थे। पण्डित मदनमोहन मालवीय भारती भवन से पैदल चलकर होमरूल लीग के मैदान तक आए थे—हज़ारों लोग उनके पीछे। पहले राष्ट्रीय सार्वजनिक सभाएँ वहीं होती थीं; बाद को सड़क पार, उसके बग़ल के पार्क में होने लगीं, जिसको पुरुषोत्तमदास टण्डन के नाम से सम्बद्ध किया गया। छोटे-मोटे व्याख्यान तो उस संध्या को चौक में कई हुए थे जिनमें लोगों ने जोशोख़रोश के साथ सरकार की निंदा की थी। मालवीय जी का भाषण सुनने की मुझे याद है। वे बड़े गम्भीर स्वर में, बड़ी ही संयत शैली में बोले थे। उनके अन्तिम वाक्य की गूँज अब तक मेरे कानों में है—हम भगवान से प्रार्थना करते हैं, वह सरकार को सुबुद्धि दे कि वह यह बिल वापस ले ले !

जलियानवाला बाग़ के हत्याकाण्ड का समाचारपत्रों में बड़ों ने पढ़ा होगा, हमने तो छेदी चाचा से उसका आँखों देखा हाल सुना था। हुकूमत करने वाली सरकार, जान-माल की रक्षा करने वाली सरकार क्या अपनी प्रजा पर ऐसा अत्याचार कर सकती है !—और मेने बाल-मन पर से प्रश्नों का एक झोंका सर्र से निकल गया था—अचानक जनता पर गोलियाँ चलने लगी होंगी तो उसने क्या सोचा होगा ? उस दिन मालवीय जी की सभा पर गोलियाँ चलने लगतीं तो हम क्या करते ? क्या सरकार जब जनता पर चाहे गोलियाँ चला सकती है ? क्या दुनिया में सब जगह शासक और शासितों में यही ज़ोरावर और कमज़ोर का सम्बन्ध है ? क्या सबल दुर्बल को जब चाहेगा ऐसे ही सताएगा ? क्या दुर्बल के पास उससे बचने का कोई उपाय नहीं ?

और हमारे मन पर छाए हुए अवसाद को जैसे और गहरा करने के लिए समाचार आया था कि लोकमान्य तिलक का स्वर्गवास हो गया। गंगा में प्रवाहित करने के लिए उनकी अस्थियों का कलश प्रयाग आया था।—'ऊँचा-से-ऊँचा भी अन्तिम बार यहाँ

रजकण बन आता।' चौक से उनके अस्थि-कलश का जलूस निकला था। केवल सफ़ेद फूलों से बनी एक चौकी, बीच में लोकमान्य की एक बड़ी तस्वीर, सामने अस्थि-कलश, चौकी में लम्बे-लम्बे बाँस, जिससे अधिक-से-अधिक लोग आसानी से काँधा दे सकें। तेरह वर्ष की उम्र में मैंने अच्छी बाढ़ ली होगी कि और मर्दों के साथ मैं भी चौकी को काँधा दे रहा था। हज़ारों लोग आगे-पीछे, सब नंगे सिर, एकदम शान्त गंगा किनारे सभा हुई थी और पण्डित मोतीलाल नेहरू ने एक ऊँची जगह पर खड़े होकर भाषण दिया था। अस्थि-प्रवाह से ऐसे लौटा था जैसे कोई तीर्थ करके लौटा हूँ।

एक सूर्य अस्त हुआ, एक उदय होने लगा। एक दिन नगर भर में ख़बर फैल गई, महात्मा गाँधी आ रहे हैं—साथ में आ रहे हैं मुहम्मद अली, शौकत अली—अली ब्रदर्स के नाम से विख्यात। होमरूम लीग के मैदान में जितनी संख्या में लोग इकट्ठे हैं उतनी संख्या में पहले कभी नहीं इकट्ठे हुए—प्रत्येक उन्हें देखने को उत्सुक। वे मंच पर आए हैं—अर्जुन और भीम के बीच में कृशकाय सुदामा—तब गाँधी जी स्वयं खादी टोपी, कुर्ता, धोती पहनते थे। लोगों को आश्चर्य होता है कि यह दुबला-पतला हड्डी का ढाँचा ब्रिटिश साम्राज्यवाद से होड़ लेने जा रहा है। अली भाई तूफ़ान उठाते हैं—गाँधी जी नपी-तुली भाषा में नपी-तुली बात कहते हैं—न स्वर में कोई उतार-चढ़ाव, न शैली में कहीं श्रृंगार-अलंकार न सिर झटकते हैं, न हाथ फेंकते हैं, पर एक-एक शब्द में इस्पाती दृढ़ता है—जैसे कोई लोहे की क़लम से पत्थर पर लिख रहा हो। वे अपने अहिंसात्मक असहयोग की व्याख्या करते हैं, स्कूल-कालेज, कचहरी-अदालत, सरकारी नौकरी, विधान सभाएँ और सरकारी ख़िताबों का बहिष्कार करने को कहते हैं। चर्ख़ा चलाने, खादी पहनने और हिन्दू-मुस्लिम एकता बनाए रखने की अपील करते हैं। अन्त में वादा करते हैं कि अगर जनता उनके बताए कार्यक्रम पर अमल करे तो वे एक साल में स्वराज प्राप्त करा सकते हैं।

वे चले जाते हैं। नागरिकों के चेहरों पर निर्भीकता, आत्म-विश्वास, आशा, कुछ करने की लगन के चिह्न दिखाई पड़ते हैं। सड़कों पर खादी पहनने वालों, गाँधी टोपी लगाने वालों की संख्या बढ़ती दिखाई देती है। कुछ लड़के पढ़ाई छोड़ते हैं, कुछ लोग वकालत, कुछ सरकारी नौकरियाँ। नगर में ख़बर फैलती है, आज नेहरू-परिवार आन्दोलन में कूदा, कल टण्डन-परिवार, परसों फ़लाने, नरसों ढिमाके। गाँधी जी जो कुछ भी कहीं कहते हैं सैकड़ों मुखों से प्रतिध्वनित होता है। शहर में एक चमत्कार की ख़बर फैलती है, गाँधीजी एक समय पर दो दूर-दूर की सभाओं में बोलते हुए पाए गए (शायद छापे की ग़लती के आधार पर), फिर ख़बर फैलती है कि नीम के पेड़ में रुई लग रही है, कुछ लोग रुई लगी देखते हैं—जनता अफ़वाहों की सच्चाई पर विश्वास करके खुश होती है।

हमारे परिवार में कोई वकील नहीं, कोई सरकारी नौकर नहीं। हम बच्चे स्कूल छोड़ने के लिए छटपटाते हैं, पर ऐसा करने से रोक दिए जाते हैं; हाँ चर्ख़ा चलाने, ख़ादी पहनने की आज़ादी है। मोहन चाचा घर पर चर्ख़े, करघे का कारखाना ही खोल देते हैं। हम उसमें अपने-अपने योग्य काम करते हैं, और भीतर-भीतर कुछ सन्तोष का अनुभव करते हैं कि हम गाँधीजी के आन्दोलन में किसी-न-किसी रूप में तो भाग

ले रहे हैं। सभाओं में जाते हैं; नेताओं का व्याख्यान सुनते हैं। भारत माता की, महात्मा गाँधी की जय बोलते हैं, घर पर गाँधीजी के पत्र 'यंग इण्डिया', 'नव जीवन' पढ़ते हैं; दोनों मेरे पिताजी मँगाते हैं।

पत्र में आन्दोलन की ख़बरें आती हैं। घर पर अंग्रेज़ी का दैनिक अख़बार 'पायनियर' ही आता है, पर मैं अब अंग्रेज़ी भी कुछ समझने लगा हूँ। सातवें-आठवें में पहुँच गया हूँ। शाम को भारती-भवन जाता हूँ, वहाँ कई हिन्दी दैनिक, साप्ताहिक भी आते हैं। रुचि और उत्सुकता से एक-एक ख़बर पढ़ता हूँ, किस सभा में किस नेता ने क्या कहा, कहाँ कौन गिरफ़्तार हुआ, किसको कितनी सज़ा मिली, कहाँ दफ़ा 144 लगी, किस सभा पर लाठी चली, किस जलूस पर गोली, वग़ैरह-वग़ैरह; और इन ख़बरों से कैसी भावनाओं का आलोड़न-विलोड़न होता है !

एक दिन समाचार पढ़ता हूँ, चौरीचौरा में पुलिस थाने को आग लगा दी गई। बीस-बाईस पुलिसमैनों को मौत के घाट उतार दिया गया। गाँधी जी आन्दोलन स्थगित कर देते हैं। कुछ दिन बाद ख़बर पढ़ता हूँ कि वे गिरफ़्तार हो गए, फिर कि उन्हें छह वर्ष की सज़ा हुई, फिर कि जेल में उनका आपरेशन हुआ, फिर कि वह छोड़ दिए गए। सन् '24 पहुँच गया है। आन्दोलन की आग ठण्डी है। आज यहाँ कल वहाँ, हिन्दू-मुस्लिम दंगे हो रहे हैं। गाँधीजी का प्रायश्चित उपवास भी उन्हें नहीं रोक पाता। एक पराजय की भावना देश भर पर छा गई है। एक कवि गाता है,

आज खड्ग की धार कुण्ठिता है, खाली तूणीर हुआ,
विजय पताका झुकी हुई है, लक्ष्यभ्रष्ट यह तीर हुआ।

1925 जनसाधारण की दृष्टि से राजनैतिक शिथिलता, स्थिरता का वर्ष।

कायस्थ पाठशाला में शिक्षण का अर्थ सिर्फ़ पढ़ाई नहीं था। विद्यार्थियों के चरित्र-निर्माण और व्यक्तित्व के विकास की ओर भी ध्यान दिया जाता था—एक पीरियड 'ड्रिल' और संगीत के लिए होता था—सप्ताह में तीन दिन 'ड्रिल' तीन दिन संगीत—बालकों की शरीर-साधना भी हो, स्वर साधना भी। प्राचीन यूनानी अपने लड़कों को 'म्यूज़िक' और 'मार्चिंग' में दक्ष कराते थे—सम्भव है, किसी ने वहीं से प्रेरणा ली हो। ड्रिल में हमको प्रायः मार्चिंग ही सिखाई जाती—हम सीधे तनकर, सीधी पंक्ति में क़दम मिलाकर चल सकें। सेना से अवकाश-प्राप्त एक हवलदार-मेजर हमको ड्रिल कराते थे; लड़के उनको सिर्फ़ मेजर साहब कहते थे, शायद उन्हीं के खुद सिखाने से। यह तो हमको बहुत बाद को मालूम हुआ कि फ़ौज में मेजर, हवलदार-मेजर से बहुत ऊँची श्रेणी का अफ़सर होता है। वे फ़ौजी और ग़ैर-फ़ौजी मिली-जुली पोशाक पहनते और हाथ में एक छोटा-सा बेटन रखते। जब स्कूल में कोई उत्सव आदि होता तो वे पूरी फ़ौजी वर्दी में आते, जो जगह-जगह से सिकुड़ी-मिकुड़ी, कहीं-कहीं से फटी भी होती, सीने पर तीन-चार चमकाए हुए तमग़े लटकते होते।

प्रोफ़ेसर खुशहालकर हमको संगीत की शिक्षा देते थे। मराठी थे, पण्डित विष्णु दिगम्बर पलुस्कर के शिष्य, टाई-सूट-बूट में आते; और यह पोशाक उन्होंने गाँधीजी के असहयोग आन्दोलन के बाद भी न बदली; बम्बैया हिन्दी बोलते थे, पर भजन आदि गवाते तो मात्रा-मात्रा शुद्ध उच्चारण करते। हारमोनियम पर स्वर-साधना के पश्चात्

उन्होंने हमको कई गीत सिखाए—'गाइए, गणपति जगवंदन', 'रघुवीर तेरो ही ध्यान धरूँ', 'नाम जपन क्यों छोड़ दिया' आदि जो मैं आज भी सस्वर गा सकता हूँ। कुछ गीतों को हारमोनियम पर निकालना भी हमको सिखाया गया था। एक हाथ से हवा धौंकते, दूसरे हाथ की उँगलियों को पर्दों पर चलाते, और उनसे निकले स्वरों के साथ स्वर मिलाते जड़-चेतन के बीच एक ऐसे अद्भुत समन्वय, और अन्तर में एक ऐसी पुलक का अनुभव होता था जो रोम-रोम तक व्याप्त हो जाती थी। प्रो. खुशहालकर ठीक ही कहते थे, जिसने संगीत नहीं जाना उसने सुख नहीं जाना। बीज तो डाल दिया गया था, पर न मैं पौधा उगा सका, न उसे वृक्ष का रूप दे सका। संगीत के प्रति जो मेरी प्रवृत्ति थी उसको विकसित न करने का मुझे बड़ा मलाल है, और उसके लिए मैं अपने को दोषी ठहराता हूँ। किसी गायक या वादक के सामने बैठा हूँ तो वह मुझे अपने ही एक सपने-सा लगा है जिसको मैं साकार न कर सका। मेरी स्वर-साधना किसी अंश में मेरे काव्य-पाठ में सहायक हुई, ताल का कुछ ज्ञान लोक-गीत धुनों पर लिखते समय काम आया; ढोल के एकाध बोल पर मैं उँगलियाँ चला सकता हूँ, पर वह मैंने अपनी माँ और चाचियों से सीखा था।

इसी प्रकार चित्रकला में भी मेरी रुचि अविकसित ही रह गई। रंग-मोह मुझे शुरू से था। बचपन में रामगली के रँगरेज़ की दूकान मेरे लिए सबसे बड़ा आकर्षण थी। घण्टों खड़ा मैं हौदों में घुले तरह-तरह के रंगों, रँगे-टँगे, तहाए कपड़ों या सुखाई जाती साड़ियों की रंग-तरंग-माला को हवा में उठती-गिरती देखता रहता था। ड्राइंग मुझे एक विषय की तरह पढ़ाई जाती थी। ड्राइंग मास्टर का एक कमरा ही अलग था, जिसमें उन्होंने अपने हाथ से बनाए कई चित्र टाँग रखे थे। बिना किसी विशेष प्रशिक्षण के मैं रंगीन चित्र बनाने लगा। कृष्ण-जन्माष्टमी की झाँकी से सजाने के लिए मैं कार्ड बोर्ड पर चित्र बनाता, फिर उन्हें काटता। चित्रकला का शौक़ खर्च तलब भी था—रंग, कैनवस, कूची—सब महँगे, प्रोत्साहन किसी ओर से नहीं। रंग-चित्र बना सकने की अक्षमता पर मेरी उँगलियों को थोड़ी निराशा हो, पर पश्चात्ताप नहीं होना चाहिए, क्योंकि मैंने अपनी लेखनी से बहुत-से शब्द-चित्र बनाकर उन्हें अपना शौक़ पूरा कर लेने के पर्याप्त अवसर दिए हैं। कभी पढ़ा इमर्सन का एक निबन्ध याद आता है—फ़िलासफ़ी आफ़ कम्पेनसेशन्स' जिसके अनुसार प्रकृति और जीवन मनुष्य की हर त्रुटि, हर हानि, हर अभाव का कोई-न-कोई मोआविज़ा, किसी-न-किसी रूप में अदा कर देते हैं। इश्क़ ने ग़ालिब को बेशक निकम्मा कर दिया, पर उसे आला दर्जे का शायर बनाकर क्या पूरा मुजाविज़ा नहीं भर दिया ? मैं संगीतज्ञ नहीं हो सका, चित्रकार नहीं बन सका तो क्या जीवन ने मुझे कवि बनाकर उस अभाव की थोड़ी-बहुत पूर्ति नहीं कर दी ? जीवन के मुआविज़े सदा ही प्रदर्शनात्मक नहीं होते। जीवन ऊपर-ऊपर से बहुत कुछ हर कर कोई ऐसी आन्तरिक निधि दे सकता है कि उससे बड़े-बड़े धनाधिपतियों को ईर्ष्या हो।

कायस्थ पाठशाला की हर कक्षा में एक डिबेटिंग सोसाइटी होती थी, और हर शनिवार को आधे दिन की पढ़ाई के बाद उसकी बैठक होती थी; क्लास टीचर आकर बैठते थे और विद्यार्थी किसी विषय के पक्ष में अथवा विपक्ष में बोलते थे। मास के

अन्तिम शनिवार को पूरे स्कूल की डिबेटिंग सोसाइटी की बैठक बड़े हाल में होती थी। प्रायः उसमें ऊँचे दर्जे के लड़के ही बोलते थे, पर नीचे दर्जे के तेज़ लड़कों को भी उसमें बोलने के लिए प्रोत्साहित किया जाता था। पूरे स्कूल की डिबेटिंग सोसाइटी की बैठकों में कई बार अच्छा बोलने के लिए इनाम पाने की मुझे याद है।

स्कूल के बाद खेलने का भी पूरा प्रबन्ध था। एक अध्यापक गेम सेक्रेटरी होते थे और खेलने वाली टीमों को बैट-बाल, हाकी, फुटबाल आदि खेलने का सामान देते थे। पण्डित विश्राम तिवारी के नियन्त्रण में खेलों में समय न बर्बाद करने की मुझे सख़्त ताकीद थी। स्कूल से लौट, जल्दी-जल्दी कुछ नाश्ता-पानी कर मैं पुस्तकालय में जा बैठता था।

पाठशाला में ब्वॉय-स्काउटों का भी एक दल था और छुट्टी के बाद उसका प्रशिक्षण होता था। एक स्काउट मास्टर, जो वाजपेयी जी के नाम से विख्यात थे, लड़कों को स्काउटिंग की शिक्षा देते थे। ख़ाक़ी वर्दी, गहरे हरे रंग की पगड़ी, और गले में वासन्ती रंग के स्कार्फ़ में ब्वॉय-स्काउट्स मुझे बड़े अच्छे लगते थे। स्कूल में जब कोई उत्सव आदि होता तो प्रबन्ध के लिए लम्बी-लम्बी लाठियाँ लेकर वे खड़े होते। शहर के मेले-ठेले में भी स्काउट लोगों की ड्यूटी लगती। स्काउटिंग दल में भी प्रवेश लेने से मुझे रोका गया। तिवारी जा का तर्क था–अपनी शक्तियों को कई ओर बिखेरने से कोई लाभ नहीं; एकै साधे सब सधै; बस तुम अपने को पुस्तकों के लिए और पुस्तकों को अपने लिए समझो। और मैंने समझा। ख़ाक़ी वर्दी पहनकर चुस्त खड़े होने की मेरी साध तब शायद कुछ पूरी हुई जब मैं बहुत वर्षों बाद युनिवर्सिटी के आफिसर्स ट्रेनिंग कोर में दाख़िल हुआ।

स्कूल में एक हिन्दी-समिति थी। उसमें समय-समय पर हिन्दी में व्याख्यान होते, कविताएँ, कहानियाँ पढ़ी जातीं। निबन्ध पढ़े जाते। ऊँचे दर्जे के हिन्दी-प्रेमी विद्यार्थियों में उस समय ठाकुर यादवेन्द्र सिंह थे–रीवा के–बाद को उनकी कहानियों के दो संग्रह प्रकाशित हुए; पहले का नाम 'हार' था, जिससे मैंने अपने प्रथम काव्य-संग्रह 'तेरा हार' के नाम के लिए प्रेरणा ली थी; उनके दूसरे संग्रह की भूमिका मैंने लिखी थी, नाम इस समय ध्यान से उतर गया है। अपने निजी जीवन के एक कटु प्रसंग पर उन्होंने दो भागों में 'उषा बनाम प्रकाश' नाम से एक पुस्तक छपाई थी, उसके कवर पृष्ठ पर मेरी ये पंक्तियाँ दी थीं :

'मैं छिपाना जानता तो जग मुझे साधू समझता,
शत्रु मेरा बन गया है छल-रहित व्यवहार मेरा।'–

ठाकुर विक्रमादित्य सिंह थे, जो छायावादी शैली में कविता लिखते थे, नाटक भी; उनके लिखे कई नाटक कायस्थ पाठशाला में अभिनीत हुए थे। उनके 'ध्रुव' नाटक में भगवान के स्वर में मैं ही पर्दे के पीछे से बोला था, क्योंकि मेरा उच्चारण शुद्ध समझा जाता था; भगवान चतुर्भुजी रूप में मंच पर नहीं प्रकट हुए थे। भगवान के मंच पर आने के स्थान पर केवल उनकी वाणी सुनाई देना अधिक प्रभावकारी सिद्ध हुआ। उनके 'सुदामा' नाटक के अभिनीत होने की भी मुझे याद है। खेद है कि विक्रमादित्य सिंह का लिखा कुछ भी प्रकाशित न हो सका, नहीं तो उनकी कविता और नाटकों का निश्चय

ऐतिहासिक महत्त्व होता। मैंने अपनी हिन्दी की पहली कविता उन्हीं से शुद्ध कराई थी; उन्हीं से मैंने मात्रा-ज्ञान पाया था;—और थे श्री आनन्दी प्रसाद श्रीवास्तव जिनकी कविताओं का एक छोटा-सा संग्रह 'झाँकी' या 'अछूत' के नाम से निकला था, बाद को वे कायस्थ पाठशाला में अध्यापक हो गए थे। समिति की ओर से एक हस्तलिखित हिन्दी पत्रिका निकलती थी जिसका नाम 'आदर्श' था। मेरी लिखावट बड़ी साफ़-सुथरी थी—अक्षर मोती जैसे चुने। विश्राम तिवारी ने सिखाया था, 'घन अक्षर बिड़र पाँती; यहै आय लिख़बे की भाँति'; मैंने शब्दों को भी बिड़र लिखने की रीति चलाई थी। 'आदर्श' में आए लेखों को सुन्दर लिपि की एकरूपता देने के लिए मुझ से समान आकार-प्रकार के क़ाग़ज़ों पर नक़ल कराया जाता था। यह सब मेरे मौलिक लेखन के लिए अनजान तैयारी थी, आज मैं निःसन्देह कह सकता हूँ। मैंने कहीं पढ़ा था कि एक यूनानी इतिहासकार ने अपनी शैली को सुधारने के लिए अपने एक पूर्वज इतिहासकार का पूरा ग्रन्थ नक़ल कर डाला था। नक़ल अगर अक़ल के साथ की जाए तो नक़ल करना मौलिक लेखक की विचार-प्रक्रिया से होकर गुज़रना है। इसके लाभों का सहज अनुमान नहीं किया जा सकता।

कायस्थ पाठशाला में ही मैंने अपनी पहली पूरी हिन्दी कविता लिखी, किसी अध्यापक के विदाभिनन्दन पर, जब मैं सातवीं में था। थोड़ी-बहुत तुकबन्दी मैंने ऊँचामण्डी स्कूल में ही शुरू कर दी थी। विश्राम तिवारी जब निबन्ध लिखाते तब कहते, अन्त में कोई दोहा लिख देना चाहिए। विषय से सम्बद्ध दोहा याद न होने पर मैं स्वयं कोई रचकर लगा देता था। इन्हीं दोहों में मेरे काव्य का उद्गम हुआ। नवीं, दसवीं कक्षा में तो मैंने कविताओं से एक पूरी कापी भर डाली; 'भारत-भारती' से गुप्त जी की पद्यावली, 'सरस्वती' के पृष्ठों से पन्त जी की कविता और 'मतवाला' के अंकों से निराला जी के मुक्त छन्द से मेरा परिचय हो चुका था। पर मेरी वे कविताएँ इतनी निजी थीं कि जब मेरे एक साथी ने चोरी से उन्हें देख लिया तो मैंने गुस्से में पूरी कापी टुकड़े-टुकड़े करके फेंक दी। मेरे घर से गिरधारी के खेत तक कापी के टुकड़े गली में फैल गए थे, इसका चित्र मेरी आँखों के सामने अब भी ज्यों-का-त्यों है। कविताएँ मैंने आगे भी बिल्कुल अपनी और निजी बनाकर रखीं, और मेरे कई साथी उनके साथ ताक-झाँक करने का प्रयत्न करते रहे।

अपने स्कूली विद्यार्थी-जीवन में मैं बहुत तेज़ नहीं था पर इसका मुझे अफ़सोस नहीं है। तेज़ के मानी यही तो होता कि मैं अपने क्लास में प्रथम-द्वितीय स्थान पाता। छठे दर्जे में मुझे प्रथम स्थान अवश्य मिला था; मुझे आगे भी मिल सकता था अगर मैं अपने पाठ्यक्रम को ही रटता-घोटता रहता। पण्डित विश्राम तिवारी की चलती तो शायद वे मुझसे यही करा छोड़ते। पर धीरे-धीरे उनका नियन्त्रण मेरे ऊपर कम होता गया। पढ़ने की तो जैसे उन्होंने मुझे लत लगा दी थी, वह मुझसे न छूटी; पर नगर, देश-दुनिया में क्या हो रहा है, इसमें मैं बराबर रुचि लेता रहा, और मेरा बहुत-सा समय और बहुत-सा ध्यान उस ओर बँटता रहा। आगे के दर्जों में मुझे द्वितीय श्रेणी के नम्बर मिलते रहे, पर मुझे यह सोचकर सन्तोष होता था कि मैं पाठ्यपुस्तकों के अतिरिक्त और बहुत कुछ पढ़ रहा हूँ—किताबें, पत्रिकाएँ, 'सरस्वती', 'यंग इण्डिया', 'नवजीवन',

और मेरे ज्ञान का क्षितिज प्रथम श्रेणी के नम्बर पानेवाले कूप-मंडूकों से विस्तृत है। अब तो बहुत-से प्रथम-द्वितीय श्रेणीवालों से मैं साक्षात्कार कर चुका हूँ। मैं अपने अनुभव से इस परिणाम पर पहुँचा हूँ कि प्रथम श्रेणी पानेवाले से द्वितीय श्रेणी पानेवाले अधिक बुद्धि-प्रवण होते हैं। प्रथम श्रेणी वाला प्रायः सीमित ज्ञान का रट्टू तोता होता है, द्वितीय श्रेणीवाला अधिक व्यापक क्षेत्र की जानकारी रखता है; प्रथम श्रेणीवाला प्राप्त ज्ञान को सँजोकर रखता है, द्वितीय श्रेणीवाला ज्ञान को अर्जित करता है। हमारी सभ्यता में मध्यम मार्ग की महत्ता बहुत सोच-विचारकर स्थापित की गई है। 1924 में मैट्रिक्युलेशन की परीक्षा में मैं फ़ेल हो गया, पर उसका एक विशेष कारण था। मेरे हाथ में जीवन की एक पुस्तक आ गई थी जो काग़ज़ी किताब से अधिक आकर्षक, अधिक रहस्यमय, अधिक अपने में डुबोनेवाली थी। दुनिया की नज़रों में मेरा उस पुस्तक में रम जाना शायद ग़लती थी, पर वह तो कुछ ग़लती करने की उमर ही थी—'कुछ अवगुन कर ही जाती है चढ़ती बार जवानी।' मैं जवानी की सीढ़ियों पर चढ़ रहा था—पन्द्रह, सोलह, सत्रह—लड़खड़ाया, गिरा, पर सँभल भी गया। पर उस गिरने से मैंने जो पाया वह शायद बहुतों ने पहाड़ की चोटी पर चढ़कर भी न पाया हो। 1925 में मैंने द्वितीय श्रेणी में हाईस्कूल की परीक्षा पास की—उस वर्ष से ही शायद मैट्रिक्युलेशन की परीक्षा का नाम हाईस्कूल हो गया।

इन सात-आठ वर्षों में हमारा घर बहुत-सी प्रिय और अप्रिय घटनाओं का केन्द्र रहा। उम्र में मुझसे बड़े सब भाई-बहनों का ब्याह हो गया। सबसे पहले शायद कर्कल का विवाह हुआ था; ब्राह्मणों में बहुत छोटी उम्र में विवाह करने की प्रथा थी। बारात कीटगंज गई थी; कर्कल दूल्हा बनकर पालकी में बैठे थे, मैं शहबाला बना था, पर मौर मुझे नहीं पहनाया गया था, और इससे मैं बहुत निराश हुआ था--क्या नियति का छद्म संकेत आरम्भ हो गया था ? उनका विवाह बुदुल नाम के एक पंडा की लड़की से हुआ था। लड़की का नाम चम्पा था। विवाह के समय चम्पा को देखने की मुझे याद नहीं। सुना जाता था कि आग भभूका जैसा उसका रंग है, और वह बहुत सुन्दर है। बुदुल की दो शादियाँ हुईं थीं, चम्पा पहली पत्नी से थी, जिसका स्वर्गवास हो गया था। कर्कल का विवाह तो हो गया था, पर उनका गौना पाँच-छह साल बाद होने को था। विवाह की सिर्फ़ एक बात मुझे याद है; लड़की वाले के यहाँ खाना जो परोसा गया था अलोना था—रामरस यानी नमक अलग से परोसा गया था। ब्राह्मणों के यहाँ यह रिवाज था कि सब्ज़ियाँ इत्यादि बग़ैर नमक के पकाई और परोसी जाती थीं, ऐसा विश्वास था कि अलोने भोजन को छूत नहीं लगती।

कर्कल के विवाह के थोड़े ही दिनों बाद मंगल पण्डित की मृत्यु हो गई। कुछ मास पहले से वे कहने लगे थे, "भैया, हमरा समय अब नगिचाय रहा है, बेटे का ब्याह अब कर देना चाहता हौं।" बेटे का ब्याह उन्होंने बड़े उत्साह से किया। बाद को किसी काम से अपने गाँव गए, वहीं बीमार पड़े और चल बसे। गाँव से लौटने पर कर्कल का मुँडा सिर देखकर मुझे बड़ा अजीब-सा लगा, एक बार तो मैंने उनको पहचाना ही नहीं। उनके बाल बड़े होने पर सहज घुँघराले हो जाते थे। कर्कल गोरे थे, बाल उनके भूरे-सुनहरे। सुन्दर बुआ तो बहुत टूटी हुई लौटीं। घर-परिवार वालों ने उन्हें सलाह

दी कि वे अब गाँव पर ही रहें, पर कर्कल का भविष्य बनाने की चिन्ता में वे शहर चली आईं। मनुष्य की दृष्टि कितनी सीमित होती है ! कर्कल त्रिपौलिया के धर्मज्ञानोपदेश पाठशाला में संस्कृत पढ़ते थे। सुन्दर बुआ को खाना बहुत अच्छा बनाना आता था, उनको दारागंज की बड़ी कोठी में रसोईदारिन का काम मिल गया। उसी से दो प्राणियों का भरण-पोषण होने लगा। सुन्दर बुआ बहुत तड़के घर से निकल जातीं। दारागंज में गंगा-स्नान करतीं, वहीं से कोठी पर खाना बनाने चली जातीं, और दूसरे वक़्त का खाना बनाकर लौटतीं। वे तो कोठी पर ही खा लेतीं और कर्कल के लिए दूध में बनी पाँच पूरियाँ एक डिब्बे में बाँध लातीं। कर्कल सुबह-सुबह उठकर पाठशाला चले जाते, घर से एक अँगोछे के कोनों में आटा-दाल-चावल की कई छोटी-मोटी पोटलियाँ लटकाए हुए। उनके साथी भी ऐसे ही सीधे का सामान साथ ले जाते। पाठशाला में सात-आठ विद्यार्थी पढ़ते थे। वहाँ बस एक दालान थी, सामने अखाड़ा, कुआँ, और एक छोटा-सा हनुमान जी का मन्दिर। पहले सब लड़के और गुरु जी अखाड़े में कुश्ती लड़ते, फिर कुएँ पर नहाते, फिर सब विद्यार्थियों के लाए सीधों को मिलाकर रसोई बनती। विद्यार्थी ही मिल-जुलकर बनाते, इस बीच गुरु जी अपना पूजा-पाठ करते रहते, फिर सब साथ बैठकर भोजन करते और 12 बजे के बाद गुरु जी डण्डा लेकर अपने बटु-समुदाय को पढ़ाने बैठते। उन्होंने अपने डण्डे को एक नाम दे रखा था—सुखेश्वरनाथ ! पढ़ाने का आधा काम गुरु जी करते, आधा सुखेश्वरनाथ ! सुखेश्वरनाथ की झोर आस-पास के मुहल्लों में मशहूर थी।

शिवप्रसाद दादा की शादी शहर में ही हुई थी—उनकी ससुराल वाले माँडा से आकर शहर में बस गए थे। उनके दो सालों ने असहयोग आन्दोलन में अपनी पढ़ाई छोड़ दी थी और उनका जीवन बड़ा संघर्षमय रहा।

दुर्गा दीदी का ब्याह फतहपुर में हुआ था—गो उनके ससुराल वाले इलाहाबाद में आ बसे थे, कैलाशा दीदी का कानपुर में, द्रौपदी दीदी का नागपुर में, भगवानदेई, मेरी अपनी सगी बहन का, पहले कह चुका हूँ, परसीपुर में हुआ था—बाद को रामकुमारी का भी परसीपुर और शैलकुमारी का, अनूपपुर में हुआ। हमारे घर में कहा जाता था कि इस घर की बेटियाँ सब 'पुर' में गईं। मेरी बहनों की समवयस्क पड़ोस की लड़कियों की भी शादियाँ हो गईं।

मैं कई बार अपनी बहन की ससुराल, परसीपुर गया। मेरे साथ कभी बलदेव कहार और कभी घर का नौकर माताभीख बारी जाता। भदरी स्टेशन पर उतरना होता था। गाड़ी रात को पहुँचती थी। हम लोग रात को स्टेशन के पास पक्के कुएँ पर सोते; सुबह परसीपुर से मेरे लिए कभी पालकी आ जाती, कभी घोड़ी। स्टेशन से गाँव दो-तीन मील होगा, पर मुझे बहुत दूर मालूम होता था। एकाध बार घोड़ी-पालकी न आने पर पैदल जाने की भी याद है। मैंने अपने जीवन में जो पहला गाँव देखा, वह शायद परसीपुर था ! गाँव बहुत अप्रत्याशित नहीं लगा; हमारा मुहल्ला भी आधा गाँव ही था। मेरे बहनोई परसीपुर के सबसे बड़े ज़िमींदार थे। उन्हीं का घर आगे से पक्का और दो मंज़िला था, बाक़ी गाँव के सब घर कच्चे, फूस से छाये, घर के आगे गाय-गोरू बँधे। देसी कुत्ते गाँव भर में घूमते थे जो किसी अजनबी के गाँव में घुसने पर भूँकना शुरू कर

देते थे। मुझे कुत्तों का घर भर में जगह-जगह लेटे-बैठे रहना बहुत बुरा लगता और मैं रहठे की सोंटी से उन्हें मार-मारकर भगाता रहता। मेरे बहनोई कहते, जब से मेरे साले साहब आए हैं घर में कहीं कुत्ते नहीं दिखलाई देते। गाँव के बीचों-बीच एक गड़ही थी जिसके किनारे कीचड़ में सुअरों के लेहँड़े लोटते रहते। विभिन्न मौसमों में परसीपुर जाने की मुझे याद है, कभी मैं बहन को लिवाने जाता, कभी उनको देखने। होली के दिनों में गाँव पर बड़ी मस्ती छाई रहती। रातों को ढोलक पर फाग होती। दिन को लोग कबीर उड़ाते...अरररर...कबीऽर !...''भैया अपने खेत में बोयों एसौं सरँगवा ऊख !'' 'ऊख' की तुक 'बंदूख' से मिलाई गई थी, पर बीच में बड़ी फूहड़ गाली थी। गाँव में गाए जानेवाले बहुत-से जोगीड़े, कबीर, फाग आदि मुझे याद हो गए थे—सादे भी और गालीवाले भी। शहर में सुना देता तो पिट जाता। लगान वसूली के दिनों में भी परसीपुर जाने की याद है। शिव बालक हमारे बहनोई के कारिंदा थे, वे हिसाब की बही लेकर बैठते, बहुत-से ग़रीब असामी फटे-पुराने कपड़े पहने, गठरी-मोटरी बाँधे आकर मकान के सामने हाथ जोड़कर खड़े होते। जो न आते उनको घर से पकड़ मँगाया जाता, प्रायः असामी पूरी मालगुज़ारी चुकाने में असमर्थ होते, उनको मेरे बहनोई और उनके छोटे भाई बेरहमी से पीटते, किसी-किसी, के मुँह-नाक से खून निकल पड़ता। एक बाँस की कमाची मेरे हाथ में देकर मुझसे कहते, तुम भी पीटो, जैसे पीटना कोई सुखद अनुभव हो और उसका रसास्वादन वे अपने मेहमान-साले को भी करा देना चाहते हों। मैं अपनी बहन के पास घर के अन्दर जा बैठता।

मेरी बहन का वैवाहिक जीवन सुखी न था। उनकी सास उनको मिले दान-दहेज से असन्तुष्ट थीं। मेरे बहनोई पढ़-लिखकर भी शहर में नौकरी न कर घर बैठे थे। उनकी माँ अक्सर ताने देतीं, अपने पति की ओर संकेत करके, जो फ़लाने मर-चुरकर कमाकर धर गए हैं उसको सपूत मौज से उड़ा रहे हैं ! एक दिन उनकी बातों से ऊबकर अपनी पत्नी और अपने एकमात्र पुत्र को लेकर वे लखनऊ चले गए, पी. एम. जी. के दफ़्तर में कोई छोटी-मोटी नौकरी कर ली, किराए का छोटा-सा मकान ले लिया। त्रिभुवननाथ भी लखनऊ युनिवर्सिटी से वकालत पढ़ने को उनके पास आ गए। कम तनख़्वाह, ज़्यादा ज़रूरतें; गिरिस्ती तकलीफ़ से चलती, पर घर से वे लोग रुपए न मँगाते। बहन बीमार रहने लगीं, उनका बच्चा भी बीमार हो गया, किसी की दवा-दरमत ठीक से न होती। बहन ने अपनी कष्ट-कथा पिताजी को लिख भेजी। पिता जी अचानक लखनऊ पहुँचे और बहन की दशा देखकर बहुत दुखी हुए। दोनों भाई बहन पर बहुत बिगड़े कि क्यों उन्होंने अपना हाल अपने मायके लिखा। बहन ने बहुत अपमानित अनुभव किया और अपने बेटे की सौगन्ध खाई कि अब वे कभी क़लम नहीं छुएँगी। घर पर चिन्ता के दिन बीते। अन्त में पिताजी गए और बीमारी की अवस्था में बहन और उनके बच्चे को घर लाए। माँ ने वैद्य, हकीम, डाक्टर सबसे उनका इलाज कराया, पर उन्होंने खाट न छोड़ी और एक रात उनका देहावसान हो गया। माँ ने उनके बच्चे को पाला। परसीपुर से हमारा नाता टूट गया। राम, उनके बच्चे, का पालन-पोषण, उसकी शिक्षा-दीक्षा हमारे घर में हुई। राम ने फुटबाल खेलने में नाम किया।

बहन की मृत्यु से मैंने मृत्यु का निकटतम अनुभव किया। उनका मृत शरीर आँगन

में पड़ा था, घर के सब लोगों ने अन्तिम बार उनका मुख देखा था; पर मेरी हिम्मत उनका मरा मुँह देखने की न हुई। 'मरा मुँह देखना' उस समय हमारे बोलचाल के मुहावरों में था—'हमारा ही मरा मुँह देखो जो ऐसा करो।' इसकी भीषणता उस दिन जान पड़ी। मेरी घबराहट देखकर मुझे अर्थी के साथ श्मशान घाट भी न जाने दिया गया। लाश तो घर से चली गई, पर मुझे लगता, विशेषकर रातों को कि उनका धुआँ का बना शरीर कभी इस दरवाज़े से निकल रहा है, कभी उस दरवाज़े से। बहन की मृत्यु से मुझे जितना दुःख हुआ शायद उतना ही डर भी लगा। मृत्यु जिस प्रकार के प्रश्नों को उठाती है उसी प्रकार के प्रश्न मेरे मन में उठने और बिना समाधान पाए घुमड़ने लगे। किसी ने मुझे सुझाया कि इन प्रश्नों का उत्तर गीता में है और एक दिन मैंने चोरी से पिताजी की पूजा की कोठरी में जाकर गीता पढ़ी—टीका-टीका। गीता उन दिनों कम उम्र के लोगों से छिपाई जाती थी, ऐसा समझा जाता था कि गीता पढ़कर लड़के वैरागी हो जाएँगे। मुझे न मेरे प्रश्नों का उत्तर मिला, न वैराग हुआ।

बहन की मृत्यु के दो महीने बाद महारानी की मृत्यु हुई। बहुत दिनों से बीमार चली आती थीं। उनके प्रति मेरे घरवालों की भावना अच्छी न थी, पर मैं उनकी इज़्ज़त करता था। उन्होंने एक प्रतिज्ञा की थी—हमारे घर में पाँव न धरने की—और उन्होंने वह मरते दम तक निभाई। काम-काज, दुख-तकलीफ़ में वे घर आतीं, बाहर बैठतीं, ड्योढ़ी न लाँघतीं; कोई पूछता तो कहतीं, 'मैंने अपने पति की सौगन्ध लेकर प्रतिज्ञा की थी, तोड़ूँगी तो उनकी आत्मा मुझे क्षमा नहीं करेगी''; और उनकी सौगन्ध को तुड़वाने का कोई प्रयत्न न करता, शायद पुरानी कटुता न उनके मन में रह गई थी, न घरवालों के मन में। एक वे थीं कि उनको आत्मा का स्वरूप इतना स्पष्ट था, और एक मैं था कि मेरे अन्दर आत्मा को लेकर सौ प्रश्न उठते थे, और उत्तर शायद तब जितनी दूर था, उतनी दूर अब भी है। ऐसे मामलों में किसी तरह का विश्वास ही—सही या ग़लत—कुछ शान्ति दे सकता है। जिज्ञासा केवल अशान्त रखेगी।

महारानी की मृत्यु के दो-एक महीने बाद ही राधा की मृत्यु हुई—वे अपनी आयु के दसवें दशक में थीं, न उनको आँख से ठीक दिखाई देता था, न कान से सुनाई, फिर भी वे लाठी लेकर चल-फिर लेती थीं। बेटी की मृत्यु का आघात वे न सह सकीं। उसके मरने के बाद जितने दिन जीं यही रटती रहीं, 'जाय क मोका रहा महरनिया चली गै !' आख़िर एक दिन उनके जाने का भी समय आ गया। राधा की मृत्यु से मुझे बहन की मृत्यु से भी अधिक दुःख हुआ। उनके साथ मेरे जीवन की न जाने कितनी स्मृतियाँ जुड़ी थीं, उन्हें न जाने कितनी बार मैंने अपने मन में माला की तरह फेरा है, शायद अन्तिम बार यह संस्मरण लिखते हुए। वे हमारे परिवार की ही नहीं, मुहल्ले के बहुत-से परिवारों की जीवित इतिहास थीं। उनके जाने से जैसे एक युग से हमारा सम्बन्ध कट गया। कभी-न-कभी तो कटना ही था। कुछ पुरातन अजीरन हो जाता है। हम उससे ऊब उठते हैं। उसकी उपस्थिति एक प्रकार का हस्तक्षेप बन जाती है। हम चाहते हैं, किसी तरह उससे हमारा पिण्ड छूटे। आधुनिक युग में यह अधिक देखा जाता है। हमारे पुराने लोगों को नयों के साथ सह-जीवन की कला मालूम थी। वे नये-से-नयों के लिए अन्त समय तक आकर्षक बनी रहीं। मैं जैसे-जैसे बड़ा होता गया था,

शरीर से उनसे दूर होता गया था, पर मन से नहीं; उनके पास बैठना, उनकी बात सुनना, उनकी राय जानना, उनसे सीख लेना मुझे सदा सुखद या विनोदपूर्ण लगता। गांधीजी के आन्दोलन की सफलता में उन्हें विश्वास न था। जब हम लोग उनके सामने गांधीजी की फ़िलासफ़ी का बयान करते, वे सब टुकुर-टुकुर सुनतीं, पर अन्त में कह देतीं, 'बौरही बात; केहू धन्नौरी दिहें आपन राज छोड़त है !'–भोलेपन की बात; कोई धरना देने से अपना राज छोड़ता है। पर हमें अपने मन का करने देतीं, अपने विश्वास पर चलने देतीं। हमारी निकटता पाकर वे भी सांत्वना, शान्ति और सुख का अनुभव करतीं, गो अपने अन्तिम वर्षों में उन्होंने अकेली बैठी या लेटी रहने का अपने को अभ्यस्त बना लिया था। अन्तिम अभिलाषा उनकी मेरे सिर पर मौर देखने की थी। उन्होंने तो लोगों के तेरह-चौदह में ही विवाह देखे थे। उनकी समझ में मेरे विवाह में देर करने का कोई कारण न था। बड़े-बूढ़ों की मृत्यु मातम का अवसर नहीं समझी जाती। मुहल्ले के सभी बड़े-बूढ़े–हिन्दू-मुसलमान, उनको अन्तिम प्रणाम करने आए थे–वृद्धा-बुजुर्ग थीं, उनकी दुआ सब मुहल्ले वालों को लगे, सबकी ज़बान पर था। उनकी मृत्यु पर आँसू केवल मेरी आँखों में थे और बुद्धी की आँखों में। बुद्धी की अन्तिम आड़ छिन गई थी। उन्होंने विधिपूर्वक अपनी नानी की क्रिया कराई, पिताजी ने जो सहायता सम्भव थी दी। श्राद्ध के दिन सब नाते-रिश्तेदारों, अपरिचितों-परिचितों ने उनके नाम का कौर निकाला और उनका प्रसाद पाया। बुद्धी को फिर एक बार उनके देवर के पास भेजने का प्रयत्न किया गया। जेठ उनके स्वर्गवासी हो चुके थे, पर वे तैयार न हुईं और अन्त में पिताजी ने उन्हें रहने को अपने पास बुला लिया।

बुद्धी कई वर्ष हमारे यहाँ रहीं। उनका अन्त बड़ा करुण हुआ। मेरी छोटी बहन की शादी होनेवाली थी। वे भीषण रूप से बीमार पड़ीं। पिताजी ने उनके देवर से कहा कि विवाह समाप्त होने तक वे बुद्धी को अपने यहाँ रख लें, क्योंकि विवाह की चहल-पहल में उनकी ठीक देख-रेख न हो सकेगी। देवर उनके लिवाने आए, बुद्धी को कुछ आभास हो गया था कि अब वे लौटकर इस घर में न आएँगी। चलते समय उन्होंने एक बड़ी मार्मिक बात कही, हमारी तीन पीढ़ियाँ इस घर में रहीं, पर किसी की मौत इस ड्योढ़ी पर नहीं बदी थी, शायद इसीलिए मैं भी अन्त समय पर इसे छोड़े जा रही हूँ। उन्होंने बड़ी-बड़ी आँखें फाड़-फाड़कर घर में चारों तरफ़ दौड़ाईं। सबसे हाथ जोड़कर कहे-सुने की माफ़ी माँगी, और इक्के में जा बैठीं। देवर उनके उन्हें अपने घर न ले जाकर किसी ख़ैराती अस्पताल में ले गए और वहीं अजनबी बीमारों के बीच ठीक उस समय उनकी मृत्यु हो गई जिस समय मेरी बहन की बारात चढ़ रही थी। सर्वथा असमर्थ होकर अपनी नियति की स्वीकृति जो घर से जाते समय मैंने उनकी आँखों में देखी थी, वह मुझे आज तक नहीं भूली।

राधा की मृत्यु के कुछ ही महीनों बाद हमारे परिवार में एक और मृत्यु हुई–कैलाशा की माता–हमारी विधवा चाची की। हमारे घर की स्त्रियों में ठेठ देहात से आने वाली एक वही थीं–सिराथू तहसील के नारा गाँव की, और हम लोग उनको नरईवाली चाची कहते थे। उनमें गाँव का एक भोलापन था, और वे हमारी सब चाचियों से अधिक मिलनसार थीं। मृत्यु अब इतनी जल्दी-जल्दी हमारे सम्पर्क में आ रही थी कि दहशत

फैल गई थी कि इसका सिलसिला कब तक चलने वाला है और अगली किसकी बारी होगी। जैसे कुछ समय पहले शादियाँ एक-के-बाद दूसरी हो रही थीं वैसे ही अब मौतें तर-पर-तर हो रही थीं। नरईवाली चाची की मृत्यु से सम्बद्ध विशेष बात जो अब मुझे याद है वह यह है कि उनके दसवें के दिन मुझे अपने लम्बे और घुँघराले बाल मुँडाने पड़े थे।

अपने मामा के घर के सामने से जाने वाली कटरे की पीले शिवाले की गली में होकर पण्डित सुमित्रनन्दन पन्त को आते-जाते मैंने अक्सर देखा था। वे उन दिनों हिन्दू बोर्डिंग हाउस में रहते थे, पर अपने किसी पहाड़ी सम्बन्धी से मिलने के लिए उधर आया करते थे जो गली के ही एक मकान में, मामा के पड़ोस में रहते थे। पहाड़ी परिवार की स्त्रियाँ मेरी मामी-नानी के पास आती थीं, और पन्त जी की सर्वप्रथम चर्चा मैंने अपने ननिहाल में ही सुनी। उन्हें मैंने पहली बार देखा तो उनके अभूतपूर्व सौन्दर्य से अभिभूत हो गया, उनके 'घने-लहरे रेशम' के केशों पर मुग्ध। जब मुझसे कुछ तुकबन्दी सधने लगी और मैं अपने कवि होने की सम्भावना से पुलकाकुल होने लगा तो मैंने भी अपने काकुलों को बढ़ने के लिए छोड़ दिया। अनुकरण उस अवस्था की सहज प्रवृत्ति होती है। इसे मैं अपना सौभाग्य समझता हूँ कि मेरा अनुकरण उनके बालों तक ही सीमित रहा, यदि मैं उनकी शैली का अनुकरण करता तो डूब गया होता। मेरे समकालीनों में पं. नरेन्द्र शर्मा उनकी शैली के भँवर में फँस गए थे और उससे निकलने के लिए उनको बड़ा प्रयत्न करना पड़ा। प्रारम्भिक संस्कार बड़े प्रबल होते हैं; अब भी कभी-कभी वे उस भँवर में जा पड़ते हैं और उनकी पंक्तियों में पन्तजी की गति-ध्वनियों की प्रतिध्वनियाँ पहचानना कठिन नहीं होता। पन्तजी के समान ही अपने काव्य-जीवन के अन्तिम चरण में वे दर्शनानुगामी होते जा रहे हैं, जब कि कवि को आदि से अन्त तक जीवनानुगामी होना चाहिए। ख़ैर। गांधीजी ने कहा था कि वे एक साल में स्वराज दिला देंगे। बहुत जगहों पर ऐसे मोटो लगा दिए गए थे 'स्वराज इन वन इयर' 'एक वर्ष के अन्दर स्वराज'। मुझे याद है, नगर के कई लोगों ने यह प्रतिज्ञा कर के बाल रख लिए थे कि जब तक स्वराज्य न मिल जाएगा वे बाल नहीं कटवाएँगे। हिन्दू अपनी बग़ावत का झण्डा प्रायः अपने सिर पर फहराता है। चाणक्य ने अपनी चोटी खोल दी थी कि जब तक नन्द-वंश का नाश नहीं कर दूँगा तब तक अपनी शिखा में गाँठ नहीं दूँगा। गुरु गोविन्दसिंह ने सम्भवतः इस्लामी सत्ता को तोड़ने की याद अपने शिष्यों को दिलाते रहने के लिए उनके सिर पर जूड़े रखा दिए थे। कर्कल पहले अपने बालों की तरफ़ से हमेशा लापरवाह रहते थे; चार-छह महीने में जब वे बड़े हो जाते तब वे उनको अनासक्त भाव से छँटा देते। अब वे अपने बालों में तेल लगाने, कंघी करने, बीच से माँग निकालने लगे थे। दोनों कन्धों पर और पीछे पीठ पर घुंघरवाले लहराते उनके बाल वैसे ही थे जैसे बहुत बाद को मैंने गांगेय नरोत्तम शास्त्री के देखे थे। शास्त्रीजी के बाल काले थे—भँवराले; कर्कल के भूरे-सुनहले। कर्कल ने शायद मेरी देखा-देखी अपने बाल बढ़ा लिए थे, पर उनके बाल मेरे बालों से अधिक सुन्दर थे, गो मेरे बाल भी कम छल्लेदार नहीं थे। अपने उन सुन्दर बालों को मुँड़ाने का मुझे शायद चाची के मरने से अधिक दुःख हुआ था। मुझे याद है लट के लट मेरे बाल नाई के निर्मम उस्तरे से छिल-छिलकर मेरे सामने गिर रहे थे—और उन्हें देखकर मेरे आँसू नहीं थमते थे;

लोग सोच रहे होंगे कि मैं अपनी चाची के नाम पर आँसू बहा रहा हूँ, पर मैं अपने बालों के लिए रो रहा था। जब तक मेरे बाल फिर नहीं बढ़ गए, मैं अपने अभाव के प्रति बराबर सचेत रहा, विशेषकर जब मैं कर्कल की केश-राशि को ज्यों-की-त्यों लहराती, बलखाती देखता था।

चाची की मृत्यु के महीने-दो महीने बाद ही घर में एक और मृत्यु हुई। मेरे सबसे बड़े चचेरे भाई शिवप्रसाद की पत्नी की। उनके मरा बच्चा हुआ और उसके घण्टे-दो-घण्टे बाद उनकी मृत्यु हो गई। मैंने इधर-उधर कहते सुना कि भगवानदेई पाँचक में मरी थीं; पाँचक कोई अशुभ मुहूर्त होता है, ऐसा अन्धविश्वास है कि अगर पाँचक में किसी के घर मृत्यु हो तो साथ में घर-परिवार के पाँच और व्यक्तियों की मृत्यु होती है। बच्चे को लेकर उनके अतिरिक्त यह इस घर की पाँचवीं मृत्यु थी। साल भर से कम अवधि में छह-छह मौतें किसी भी परिवार को हिला सकती हैं। मैं अपने अन्दर एक अजीब-सी शून्यता और ख़ालीपन का अनुभव करने लगा।

बढ़ना, मेरा मतलब उम्र में बढ़ने से है, कष्टकर प्रक्रिया है, विशेषकर किशोरावस्था से यौवन की ओर बढ़ना। जैसे-जैसे मैं यौवन की ओर बढ़ने लगा मैं अनुभव करने लगा कि मैं अकेला होता जा रहा हूँ। बहनें अपनी ससुरालों को चली गई थीं, पास-पड़ोस की लड़कियों की भी शादियाँ हो गई थीं–उनमें मेरी कितनी सहेलियाँ थीं। साल भर में जो मृत्युएँ हुई थीं उनसे भी लगता था कि मेरे निकट के कई स्थान रिक्त हो गए हैं, मुझसे सम्बन्ध बनाए रखने वाली बहुत-सी कड़ियाँ टूट गई हैं। विश्राम तिवारी एकाध साल मेरे छोटे भाई को पढ़ाते रहे, फिर उनसे माफ़ी माँग ली गई और उनका आना-जाना भी हमारे यहाँ प्रायः समाप्त हो गया। कायस्थ पाठशाला में हर विषय के अलग-अलग अध्यापक थे। किसी से कोई व्यक्तिगत सम्बन्ध या निकटता मेरी स्थापित न हो सकी। ऐसे समय कर्कल ने मुझे अधिकाधिक अपना स्नेह दिया, अधिकाधिक मेरे निकट आते गए। वे बचपन से ही मुझे बहुत प्यार करते थे, अब वे मेरे लिए अनिवार्य हो गए। उनका भी और कोई न था। सहपाठियों से उनका, जैसा मेरा, पाठशाला के समय तक का साथ रहता था। मेरे सहपाठियों में श्री मोहन अवश्य थे जो क्लास में मेरे साथ बैठते थे; भावुक कम, व्यावहारिक अधिक, पर आत्मकेन्द्रित नहीं; दूसरों को समझने का प्रयत्न करते थे और प्रायः उन्हें ठीक समझते थे। एक समय तो उन्होंने मुझे जितना समझा उतना मैं स्वयं अपने को न समझ सका था।

कर्कल के और मेरे परस्पर लगाव के बावजूद एक समय यह लगता था कि हम दोनों विपरीत दिशाओं में जा रहे हैं। कर्कल संस्कृत पढ़ते थे, मैं फ़ारसी पढ़ता था; बाद को हम दोनों का झुकाव हिन्दी की ओर हुआ। मैंने तो विधिवत् हिन्दी पढ़ी, पर कर्कल स्वच्छन्दतापूर्वक जो जब उनके हाथ पड़ता उसे पढ़ते और उससे अपना ज्ञान बढ़ाते। जीवन में सब कुछ नियमानुसार ही नहीं सीखा जाता। सातवीं में पहुँचकर जो मैंने अतिरिक्त विषय के रूप में संस्कृत ली तो निश्चय ही कर्कल के प्रभाव में। संस्कार से ही संस्कृत से उनका लगाव था, और देववाणी की दिव्यता, सौन्दर्य, गुण, वैभव के प्रति किसके मन में सन्देह हो सकता है; फिर भी संस्कृत की शिक्षा उन्हें शुरू-शुरू में अतीतोन्मुखता, परम्पराप्रियता, रूढ़ि-पूजा, नकारात्मक नैतिकता और प्रदर्शनात्मक

पवित्रता की ओर ले जा रही थी। इस नीरस प्रभाव से उन्हें मुक्त करने में उन्हें उदार और खुला बनाने में जहाँनाबादी मन्दिर के गोसाईं जी का हाथ था, जिनसे कर्कल ने वल्लभ सम्प्रदाय की दीक्षा ली थी। मंगल पण्डित की कृष्ण-भक्ति उजागर थी।

प्रयाग के हिन्दुओं की इष्ट देवी तो गंगा मैया हैं, गंगा-शिर-धारी शिव हैं, शिव के आराध्य राम हैं, राम के दास हनुमान हैं—राम ते अधिक राम कर दासा—और इसके प्रमाण गंगा-स्नान पर्व और दशहरा हैं जो प्रयाग में बहुत बड़े पैमाने पर मनाए जाते हैं; साथ ही कृष्ण जन्माष्टमी जितने उत्साह से मनाई जाती है उतने उत्साह से रामनवमी नहीं। राधाकृष्ण के मन्दिर प्रयाग में बड़ी संख्या में हैं। श्रावण मास में झूला झाँकी हज़ारों घरों में सजती हैं। हमें न भूलना चाहिए कि वल्लभाचार्य के चरण प्रयाग में भी पड़े थे। गंगा पार अरैल में उन्होंने बहुत दिनों तक निवास भी किया था, जहाँ महाप्रभु की गद्दी अब भी मौजूद है और नित्य उसकी पूजा-अर्चना की जाती है। तुलसीदास के समय में तो शायद कृष्ण ही प्रयाग के आराध्य देवता थे।

सादर मज्जहिं सकल त्रिवेनीं।।

पूजहिं माधव पद जलजाता। परसि अखय बटु हरषहिं गाता।।

× × ×

तीरथराजु दीख प्रभु जाई।।

सचिव सत्य श्रद्धा प्रिय नारी। माधव सरिस मीतु हितकारी।।

माधव यानी श्रीकृष्ण—राधा-माधव।

राम और कृष्ण को भारतीय मनीषा ने जिस रूप में विकसित किया है वे अन्तिम विश्लेषण में मेरे मत में, संयमन (ला) और प्रस्फुरण (इम्पल्स) के प्रतीक हैं—संयमन बाहर से, प्रस्फुरण भीतर से। 'बाहर', 'भीतर', में बहुत कुछ निहित है। व्याख्या में न जाऊँगा। केवल संयमन मनुष्य को जड़-शुष्क बना देता है, केवल प्रस्फुरण, उच्छृंखल। कर्कल अपने हनुमान-भक्त शिक्षा-गुरु के प्रभाव में शायद संयमन से ही चिपककर जड़ बन जाते; उनके दीक्षा-गुरु ने प्रस्फुरण को उनके हृदय में प्रतिष्ठित कर उन्हें जड़-शुष्क होने से ही नहीं बचाया।, उन्हें एक बड़ा ही सरस-मनोज्ञ व्यक्तित्व प्रदान किया। मेरे व्यक्तित्व का विकास कई नियन्त्रणों के बीच हो रहा था। कर्कल के ऊपर कोई नियन्त्रण नहीं था। उनका विकास स्वच्छन्द स्वाभाविक गति से हो रहा था, और कभी-कभी मैं सोचता हूँ कि अगर गोसाईं जी का संसर्ग उन्हें प्राप्त न होता तो भी वे अपना सहज-सरस रूप किसी दिन प्राप्त कर लेते। प्रकृति अपने साथ चलनेवालों को धोखा नहीं देती—'धरती धोखा कभी न देगी, माता है।' पर कर्कल का सान्निध्य मुझे न मिलता तो शायद मैं वह न बन पाता जो मैं बन सका। अपने नियन्त्रणों को ढीला करने, उनका विरोध करने और उनके प्रभाव से निकलने में गांधीजी के असहयोग आन्दोलन ने भी मेरी सहायता की थी, इसमें मुझे सन्देह नहीं। सरकार ही नहीं, अब कोई अधिकार सबल-से-सबल ऐसा न था जिसे दुर्बल-से-दुर्बल चुनौती न दे सके।

वल्लभ सम्प्रदाय में श्रीकृष्ण के रस स्वरूप की आराधना की जाती है। आराधक में आराध्य के गुणों की छाया पड़ना स्वाभाविक है। गोसाईं जी का वर्णन एक शब्द

में करना चाहूँ तो कहूँगा कि वे रसिक थे। उनके भगवान को अच्छे-से-अच्छे व्यंजनों का भोग लगता था; अच्छे-से-अच्छे वस्त्रों, इत्र-पुष्पों, आभूषणों से उनका शृंगार किया जाता था। गोसाईं जी भी खाने-पहनने के शौक़ीन थे; रेशम से कम पहने मैंने उनको कभी नहीं देखा; गले में कण्ठी तो काठ की होती थी पर वे एक सोने की चेन भी पहना करते थे। बाल उनके बड़े और सजीले थे जिनमें वे कोई ऐसा तेल लगाते थे—शायद केश रंजन था—कि उसकी सुगन्ध दूर ही से आने लगती थी। तीस के ऊपर होंगे, गोसाँइन या उनके बच्चों को कभी देखने की मुझे याद नहीं। कण्ठ उनका बहुत ही मधुर था और हारमोनियम भी अच्छा बजा लेते थे। संध्या के समय जब भगवान की शृंगार-आरती हो जाती तब वे मन्दिर के सामने की दालान में बैठकर एक-से-एक सरस पद गाया करते थे—प्रायः ब्रजभाषा के, कभी-कभी संस्कृत के, शायद 'गीत गोविन्द' से। कर्कल प्रायः शाम को मन्दिर जाते, कभी-कभी मुझको भी ले जाते; विशेषकर झूला के दिनों में। कर्कल के प्रति गोसाईं जी का बड़ा स्नेह था, उनके पहुँचाते ही वे उन्हें सामने बिठा लेते; तब उनकी आँखों में एक विशेष आभा छा जाती, उनके गाने में एक अपूर्व तन्मयता आ जाती। कर्कल तो काठ हो रहे थे; गोसाईं जी ने रस से सींच-सींचकर लता-सा सुकुमार और कोमल बनाया था।

और इस कोमलता और सुकुमारता का अनुभव मैं उनके-अपने सम्बन्धों में भी करने लगा था। अब वे मेरे साथी, पड़ोसी, धर्म के भाई ही नहीं थे, मेरे प्रेमी भी थे। और मेरा भी उनके प्रति अनन्य प्रेम था। हम एक-दूसरे से अभिन्न थे। अब हम दोनों में बहुत-सी निजी और गोपनीय बातें भी होतीं। यौवन के अधखुले द्वारों से जो अस्पष्ट, स्वप्निल, अद्‌भुत और आकर्षक झलक मारता था उसे समझने का हमारे पास इसके सिवा कोई साधन न था कि हम अपने अनुभवों, भूलों, सूझों को एक-दूसरे के सामने रखें। बहुतों को हमारी इस निकटता से ईर्ष्या होती, और कुछ बड़े भी हमें सन्देह की दृष्टि से देखते। इसी समय मेरे पिता ने न जाने क्या सोचकर मुझे रामानन्दी सम्प्रदाय में दीक्षित कराना चाहा।

हमारे परिवार में न साम्प्रदायिक एकता थी, न कट्टरता। मर्द गंगा नहाने जाते, औरतें जमुना, विशेषकर कार्तिक के महीने में। रामानन्दी सम्प्रदाय में तो हमारे पुरखा मनसा के समय से पीढ़ी-दर-पीढ़ी दीक्षित होती चली आई थी। नायब साहब ने महादेव जी का मन्दिर बनवाया था। घर की स्त्रियाँ प्रायः माता भवानी की पूजा करतीं; चकेसरी देवी का मन्दिर घर से लगा था। नवदुर्गों में, और भी साल में कई बार, उन्हें नेवज-नारियल चढ़ता; जब मुहल्ले में बच्चों को माता निकलती तब देवी को प्रसन्न करने के लिए आधी रात को विशेष पूजा होती। स्त्रियाँ लोटों में पैसा, फूल, तिल, लौंग डालकर गोल दायरे में खड़ी होतीं, चौराहे पर जल चढ़ातीं और फिर ताली बजा-बजाकर इस बोल पर चक्कर दे-देकर नाचतीं :

'सेर सवैया माली का,
झूमर खेलैं कालिका !'

माली ढोल और थाली बजाता। रात को नींद खुल जाने पर खुले बालों वाली स्त्रियों का वह नृत्य बड़ा भयानक लगता। मोहन चाचा की माता बड़की से कृष्ण-भक्ति हमारे

यहाँ आई थी। मेरे जन्म के लिए हरिवंश पुराण सुना गया था और 'देवकी सुत गोविन्द वासुदेव जगत्पते' का मन्त्र-जाप हुआ था। जन्माष्टमी पर झाँकी बड़े घर में और मेरे यहाँ दो जगह, अलग-अलग सजती थी। मुहर्रम में मुझे इमाम साहब का फ़कीर बनाया जाता था और गाजी मियाँ भी हमारे कुल देवताओं में थे। साल में एक दिन, और विवाहादि शुभ कार्यों में, उंनके नाम के मलीदे की पत्तल निकलती, बालदार झण्डा लिए—कुछ लोग बालों को हिन्दुओं की चोटियाँ कहते—मुजावर आते और मंजीरे लगे चंग पर नकिया-नकियाकर गाते :

'अपने हज़रत के करत हौं बड़ाई,
कुफुर का छोड़ौ भाई।'

वे मलीदा खा, निछावर टेंटिया चलते बनते, और घर में कुफ़्र और इस्लाम साथ-साथ चले जाते।

अपने परिवार से जो धार्मिक संस्कार मुझे मिले थे वे उदार के अतिरिक्त हो भी क्या सकते थे। श्रीकृष्ण के प्रति मेरे मन में अधिक आकर्षण था तो सम्भवतः इस कारण कि उनके चारों ओर उनसे सम्बद्ध सब कुछ सुन्दर मधुर, मनोहारी था—'मधुराधिपतेरखिलं मधुरम्।' पिताजी ने रामानन्दी सम्प्रदाय में दीक्षित होने के लिए मुझसे कहा तो मैं तैयार न हुआ। इस समय तो मैं बहुत-से कारण सोच सकता हूँ। शायद मेरे अन्दर जो रागात्मिका वृत्ति थी उसकी सन्तुष्टि कृष्ण-प्रेम से ही हो सकती थी, शायद बाहरी संयमन की अपेक्षा आन्तरिक प्रस्फुरण से मेरा मन अधिक परिचालित होना चाहता था, और अन्त में शायद इसीलिए कि कर्कल, मेरे अभिन्न, कृष्ण-प्रेमी थी, और उनसे मुझे भिन्न करने वाली कोई चीज़ मुझे सह्य न थी। उस समय मैंने ऐसा कुछ नहीं सोचा था, बस कह दिया था कि मैं गुरुमुख नहीं होना चाहता। पिताजी ने समझा कि मैं अपने निर्णय में गम्भीर नहीं हूँ, केवल मैंने अपनी लड़क-बुद्धि में ऐसा कह दिया है, या यों ही। उन्होंने इस कार्य के लिए एक तिथि नियत कर दी। गुरु महाराज को तिलहर से आमन्त्रित कर लिया, पूजा का सामान आदि भी घर आ गया। पर मैं अपनी बात पर अड़ा रहा। पिताजी ने मुझे सौ तरह से समझाया, पर मैं न माना तो न माना। वे मुझसे बहुत नाराज़ हुए, माँ भी हुईं। इस सारे प्रसंग में अगर कोई सहज शान्त रहा तो गुरुजी महाराज—वृद्ध थे, घनी-सफेद दाढ़ी-मूँछें, दिव्य नेत्र, भव्य ललाट, जिस पर त्रिशूलाकार तिलक, अगल-बगल से दो श्वेत रेखाएँ नासिका से ऊपर को जाती हुईं, बीच की रेखा लाल, शरीर पर रामनामी चादर, पाँव में खड़ाऊँ। उन्होंने बड़े मीठे स्वर में पिताजी को समझाया, "प्रताप नारायण, गुरुमुख होने के लिए लड़के पर ज़ोर मत डालो। न उस पर क्रोध करो, न उसके प्रति किसी प्रकार की दुर्भावना रखो। यह जो दीक्षा लेने के लिए तैयार नहीं हुआ इसके पीछे अदृश्य का कोई प्रयोजन है। दीक्षा का विरोध यह स्वयं नहीं कर रहा है, इसके अन्तर में बैठा कोई और कर रहा है। हरिवंश पुराण सुनने से इसका जन्म हुआ है; इसके अन्दर वृष्णि वंश की कोई आत्मा है, यह लीक-लीक नहीं चलेगी, बहुत कुछ अपने मन का करेगी, पर यह कुमार्ग पर नहीं जाएगी, इससे असन्तुष्ट मत होना, इसका भविष्य उज्ज्वल और मंगलमय होगा। चिन्ता न करो !"

गुरु महाराज ने मेरी पीठ पर हाथ फेरा और पिताजी का विरोध करने के कारण मेरे मन में जो उद्विग्नता उभरी थी वह शान्त हो गई। मेरे पिता के चेहरे पर फिर भी एक उदासी और निराशा छाई थी, पर गुरु महाराज जैसे प्रसन्नवदन आए थे वैसे ही प्रसन्नवदन लौट गए। तब गुरु महाराज को पहचानने या उनकी क़द्र करने की योग्यता मुझमें न थी। आज मैं उनका स्मरण करता हूँ और चाहता हूँ कि वे मेरे सामने होते और मैं उनके चरणों में सिर रखता। उस दिन मेरे मन में भले ही यह दम्भ हुआ हो कि मेरी ज़िद ऊपर रही, कि मैंने पिताजी की बात नहीं मानी, कि मैंने दीक्षा नहीं ली, पर गुरु महाराज ने दीक्षा मुझे उसी दिन दी थी। उन्होंने अपने थोड़े-से शब्दों से जैसे मेरे स्वभाव से मुझे अवगत करा दिया था, मेरे अन्दर किसी विशिष्टता के प्रति मेरा विश्वास जगा दिया था। मुझे पता नहीं कि रामानन्दी सम्प्रदाय की औपचारिक दीक्षा क्या होती है पर जो गुरु महाराज मुझे दे गए थे वह दीक्षा नहीं थी तो क्या थी ? शायद सहजोबाई का एक दोहा है जिसकी प्रथम पंक्ति है, 'गुरु तो ऐसा चाहिए करै निसाने चोट'। जब पहली बार मैंने यह दोहा पढ़ा था, गुरु महाराज मुझे याद आए थे; अब भी जब-जब पढ़ता हूँ वे याद आते हैं। उन्होंने निशाने पर चोट की थी। मेरे माता-पिता तो उनके मुख से निकली वाणी भगवान के मुख से निकली वाणी समझते थे। उनका दृढ़ विश्वास हो गया कि मेरे अन्दर कुछ विशिष्ट है, और इसी को ध्यान में रखकर उन्होंने मेरा बहुत कुछ प्रिय-अप्रिय सहा। मेरे बहुत-से उचित-अनुचित कार्य-व्यवहार के प्रति सहिष्णु रहे और मुझसे निरन्तर कुछ असाधारण, असामान्य और सविशेष की प्रत्याशा करते रहे। मुझे पता नहीं उनकी प्रत्याशा कहाँ तक पूरी हुई, पर मैं अपने को देखता हूँ तो पाता हूँ कि विशिष्ट बनने के अपने सारे प्रयत्नों के बावजूद मैं एक साधारण-सा ही मनुष्य बनकर रह गया हूँ।

मैं श्रीकृष्ण का प्रेमी हूँ इसलिए गोसाइयों के हर काम को ठीक समझूँ, यह मैं न मानता था। वास्तव में उनके प्रति में एक आलोचनात्मक दृष्टि रखता था। कर्कल तो अपने गोसाईं-गुरु के अन्ध-भक्त थे और उनमें किसी प्रकार का दोष देखना पाप समझते थे। मुझे गोसाइयों से एक कटु अनुभव हुआ। बड़की के कृष्ण-मन्दिर में अन्नकूट के दिन भगवान को कच्ची रसोई का भोग लगता था और बहुत-से कृष्ण-भक्त मन्दिर में जाकर ही प्रसाद पाते थे। माँ ने मुझे भी प्रसाद पाने को भेजा। मैं जाकर सब लोगों की पंगत में बैठ गया। प्रसाद परोसने के पूर्व एक गोसाईं जी मेरे सामने आए, बोले, ''कायस्थ हो ? कायस्थ ?—यह अग्रवालों की पंगत है, तुम अलग बैठ जाओ।'' 'सब तें अधिक जाति अवमाना।' मुझे बहुत बुरा लगा, मैंने कहा, ''भगवान के मन्दिर में या तो भगवान हैं या भक्त। जात-पाँत बाहर के लिए हैं, भगवान के दरबार के लिए नहीं; यहाँ भी जात-पाँत, ऊँच-नीच का भेद-भाव किया जाता है तो यह भगवान का मन्दिर नहीं, गोसाईंख़ाना है।'' क्रोध में उठकर बग़ैर प्रसाद पाये मैं घर चला आया और माँ को सारी स्थिति बता दी। माँ तो थर-थर काँपने लगीं, बोलीं ''दरिद्री हो जाओगे, दरिद्री; तुम मन्दिर में भगवान का प्रसाद पाने गए थे कि जात-पाँत मिटाने; तुमने भगवान के प्रसाद का निरादर किया है, दरिद्री हो जाओगे। जाओ, जहाँ भक्तों की जूठी पत्तल फेंकी गई हो वहाँ से दो चावल के दाने उठाकर अपने सिर पर रखो।'' माँ को सन्तुष्ट करने के लिए, दरिद्री होने के भय से नहीं, मैंने उनके आदेश का पालन तो कर दिया,

पर गोसाईंख़ाने से मेरी आस्था हटने लगी। बाद को मैंने गोसाइयों के बारे में कुछ और बातें सुनीं—वे ग़लत भी हो सकती हैं—और किसी समय मन्दिर जाना मैंने बिल्कुल छोड़ दिया। राष्ट्रीय आन्दोलन का ज़माना था और आराधना की हमारी बाह्य भावना भारत-माता के मन्दिर में केन्द्रित हो गई, जहाँ वन्देमातरम् का मन्त्र गूँजता था, और जिसमें 'हिन्दू, बौद्ध, सिख, जैन, पारसी, मुसलमान, क्रिस्तानी' सब साथ बैठकर पूजा कर सकते थे। आन्तरिक भावना की जो लहरें मुझमें उठ रही थीं और जिनकी हर अदा का प्रत्युत्तर मुझे कर्कल के अन्तर में उठी लहरों से मिलता था उनमें मानव, मानव के बीच न कहीं भेदभाव की जगह रह गई थी, और न किसी ऐसी सत्ता की ओर देखने की आवश्यकता, जिसके प्रति अपने भावों का समर्पण एकतरफ़ा ही हो सकता था—'ये यथा माँ प्रपद्यन्ते तांस्तथैव भजाम्यहम्, का विश्वास होना तो दूर, अभी उसका ज्ञान भी मुझे नहीं हुआ था। अनुभूति तो अभी तक नहीं हो सकी।

मेरे पिताजी और मुहल्ले के दो-एक बड़ों ने सुन्दर बुआ को सुझाव दिया कि वे अब लड़के का गौना करा लें। अठारह पार कर चुका है। उधर बुदुल भी ज़ोर दे रहे थे कि लड़की सयानी हो रही है, अब उसे बिदा करा लिया जाय। सुन्दर बुआ को घर में बहू देखने की अभिलाषा ने भी गुदगुदाया होगा। वे राज़ी हो गईं। कर्कल चाहते थे कि वे काशी जी से शास्त्री की परीक्षा दे आएँ तब उनका गौना हो, पर उनकी न चली, और गौने की तिथि निश्चित हो गई।

यह बात कुछ इतनी अप्रत्याशित और आकस्मिक ढंग से तै हुई कि कर्कल को लगा जैसे वे बिना किसी तैयारी के पकड़े गए हों। कई रोज़ वे घबराए-घबराए-से रहे। कई रोज़ इस ख्याल में खोए-खोए कि अब जब एक दिन नारी के समक्ष आना ही है—जैसे नारी के सामने जाना किसी शेरनी के सामने जाना हो—तो क्या-क्या तैयारियाँ करनी चाहिए। व्यायाम वे नियमित रूप से करते थे, उन्होंने अपने दण्ड-बैठक की संख्या बढ़ा दी, प्रतिदिन दस बादाम भिगोकर खाने लगे, और रात को सोने से पहले पिसा हुआ माजूफल दूध में मिलाकर पीते। उनकी मसें भीग चुकी थीं और दाढ़ी के बाल भी गोल गोल, मुलायम-मुलायम निकल आए थे; मुँह पर मुँहासे थे, जो उन दिनों जवानी की निशानी समझे जाते थे। मुँहासे कुछ मेरे मुँह पर भी थे। उन्होंने अपनी दाढ़ी साफ़ कराई, बाल क़ायदे से कटाये। दिन में वे कई बार शीशे के सामने खड़े होते, जैसे अपने को किसी दूसरे की आँखों से देखने का प्रयत्न कर रहे हों। मैं कभी-कभी उनसे हँसी करता, "दादा, जँच रहे हो !" और वे वास्तव में जँच रहे होते। गौने के पहले उनके ऊपर रूप चढ़ आया था।

एक दिन वे एक बस्ता-सा बग़ल में दाबे मेरे घर आए और उन्होंने मुझे अपने घर चलने के लिए आँख मारी। उनके घर और मेरे घर के बीच मोहन चाचा का घर था, एक-दूसरे से मिले, पहले कभी एक ही घर के तीन हिस्से। घर उनका छोटा ही था। दरवाज़े में घुसने पर लम्बा आँगन, पीछे एक कमरा, एक दरवाज़ा, दो खिड़कियों वाला, सामने खुला बरामदा, इनके ऊपर पटी छत, आधी पर परछती, आधी खुली, बरामदे के ही एक कोने से ऊपर जाने का ज़ीना, आँगन के दाहनी ओर गुसलखाना वग़ैरह और एक छप्पर छाई कोठरी। सुन्दर बुआ कोठरी में रहतीं, कर्कल सामने के

कमरे में। गर्मियों में वे छत पर सोते, बरसातों में परछती के नीचे या नीचे खुले बरामदे में और जाड़ों में कमरे में। छत की मुँडेर बहुत ऊँची नहीं थी।

सुन्दर बुआ अपने काम पर चली गई थीं और रात से पहले लौटने वाली नहीं थीं। कर्कल ने कमरे में पहुँचकर पहले भीतर से दरवाज़े की साँकल लगाई, थोड़ी रोशनी आने के लिए एक तऱफ़ की खिड़की खुली रहने दी और साथ लाए बस्ते को ऐसे खोला जैसे कहीं से अशर्फ़ियों की थैली चुरा लाए हों और गिनने के लिए उन्हें चुपचाप निकाल रहे हों। बस्ते में एक किताब थी और कुछ तस्वीरें–किताब थी कोकशास्त्र–किसी क़ी पुरानी प्रति–और तस्वीरें संभोग के आसनों की–कुछ हाथ से बनाई, कुछ फ़ोटो जैसी। जल्दी-जल्दी हमने तस्वीरें देखीं–प्रतिक्रिया की कल्पना सहज ही की जा सकती है–जैसे हमने जीवन की एक ऐसी सतह की खोज कर ली हो जो अब तक हमारी आँखों से छिपी हुई थी। हमने किताब को पढ़ना शुरू किया। पंक्तियों पर हमारी आँखें ऐसे टूट रही थीं जैसे कोई बहुत दिन का भूखा स्वादिष्ट व्यंजनों पर टूटे। इससे पूर्व हमने शायद ही कोई किताब इतनी उत्सुकता और इतनी शीघ्रता से पढ़ी हो–चन्द्रकान्ता और किशोरीलाल गोस्वामी के तिलिस्मी उपन्यास भी नहीं। हमने चित्रिणी, शंखिनी आदि स्त्रियों के चार भेद जाने–हमारे पूर्वज कितने भोले थे ! हर स्त्री एक अलग भेद है !–ख़ैर, शशक, मृग, आदि चार भेद पुरुषों के जाने; और यह कि कौन किस प्रकार के पुरुष के लिए अनुकूल पड़ती है। फिर तो हमने जान-पहचान की सारी स्त्रियों और सारे पुरुषों का वर्गीकरण कर डाला। हमने अपने को मृग वर्ग में रखा। हम दोनों की विशेष जिज्ञासा थी चम्पा का वर्ग जानने की, पर वह अभी कल्पना की पुतली बनी हमारे आगे आँखमिचौनी खेल रही थी। बहुत-सी यौन सम्बन्धी शब्दावली से भी हम परिचित हुए–ऋतुमती, रतिक्रीड़ा, समरति, विपरीत रति, नरूक्षता, दंतक्षत, स्तम्भन, स्खलन, सहतृप्ति और न जाने क्या-क्या ! निश्चय ही पुस्तक स्त्री को योनि मात्र मानकर लिखी गई थी–'योनि मात्र रह गई मानवी'। स्त्री योनि मात्र होती तो भी उसे समझ लेना या उसे वश में कर लेना शायद सहज न होता, पर वह उसके अतिरिक्त भी बहुत कुछ है और वह इसी कारण आदि सृष्टि से पुरुष के लिए अनबूझ पहेली बनी हुई है और शायद सदा-सदा के लिए बनी रहेगी,

जगत है पाने को बेताब
नारि के मन की गहरी थाह,
किए थी चिन्तित औ' बेचैन
मुझे भी कुछ दिन ऐसी चाह,
मगर उसके तन का भी भेद
सका है कोई अब तक जान ?

लेकिन वह सब मौखिक ज्ञान था; ज्ञान नहीं अर्द्धज्ञान–किसी पुरानी दुष्प्राप्य पोथी पर आधारित होने के लिए विज्ञापित–जैसे पुरानी होने से ही वह प्रामाणिक मान ली जाएगी, पर आश्चर्य तो यह है कि बहुत-से लोगों के लिए इसी में प्रामाणिकता होती है और किताब लिखनेवाले पाठक की इस दुर्बलता को समझते हैं। जब शरीर से स्थूल और मन से सूक्ष्म रूप में नारी सामने आकर खड़ी हुई तब हमें आभास हुआ कि हमने

किताब से जो सीखा था वह केवल किसी छिछले छीलर में तैरने के समान था और उस बचकाने अनुभव के बल पर हम उस सागर में पैठने का साहस नहीं कर सकते थे जो हमारे समक्ष फैला था—शान्त पर अथाह, और किसी भी समय अशान्त होने की सम्भावना लिए।

जैसे-जैसे कर्कल के गौने का दिन निकट आने लगा मैं उनके भविष्य-जीवन की कल्पना कर अपने लिए विचलित होने लगा—कर्कल और चम्पा की एक अपनी दुनिया होगी जिसमें वे एक-दूसरे के लिए होंगे, एक-दूसरे के लिए पर्याप्त, एक-दूसरे से सन्तुष्ट। चम्पा आकर कर्कल को मुझसे छीन लेगी और मैं एकाकी, निरीह, निःसंग रह जाऊँगा। एक दिन कर्कल के सामने अपनी आशंका व्यक्त करते हुए—शायद कई दिनों से मुझे उदास देखकर उन्होंने ही मुझसे कारण जानने का आग्रह किया था—मैं अपने को न सम्भाल सका, मैं फूट पड़ा, मेरे आँसू बह चले और मेरी हिचकियाँ बँध गईं। उन्होंने मुझे अपनी बाँहों में कस लिया, मुझे प्यार किया और मेरी आँखों में सीधे देखते हुए, जैसे अपने-आपको ही मुझमें उँडेलते हुए, मुझसे कहा, "जो मेरा होगा वह तुम्हारा भी होगा। हम शरीर से ही दो हैं, प्राण से एक !" ये शब्द उन्होंने किसी आवेश में नहीं सँभल-सँभलकर कहे थे। वे मुझे हृदय की इतनी गहराई से निकले हुए लगे कि मेरा मन शान्त हो गया और मैं दो की एक स्वप्निल दुनिया की जगह तीन के एक स्वप्निल संसार की कल्पना करने लगा।

नव-वधू की मुँह दिखाई करके जो स्त्रियाँ आई थीं उन्होंने उसकी प्रशंसा से मुहल्ला गुँजा दिया। लोक-लाज का भय न होता तो कर्कल अपनी सुहागरात को मुझे भी साथ ले जाते। वे संध्या से बड़ी रात तक मेरे साथ रहे, बेले की दो मालाएँ लाए थे, घर जाने लगे तो मुझसे कहते गए, एक माला मैं तुम्हारी तरफ़ से चम्पा के गले में डाल दूंगा। गर्मी के दिन थे, सुहाग-शय्या छत पर मसहरी डालकर लगाई गई थी, नीचे मेहमान स्त्रियाँ ठहरी थीं—'मत देख नजर लग जाएगी यह चिड़ियों का सुख-धाम, सखे।' रात मेरी तरह-तरह की कल्पनाओं में बीती। सुबह मेरी आँखें भी रात्रि-जागरण की कहानी कह रही थीं, कर्कल की भी। कर्कल को तो अपनी रात के विषय में बहुत कुछ कहना था। उन्होंने चम्पा से मेरी बात भी की थी और चम्पा ने मुझसे मिलने की उत्सुकता दिखाई थी। दो-तीन दिन बाद जब घर के सब मेहमान विदा हो गए तो कर्कल मुझको चम्पा से मिलाने लिवा ले गए।

चम्पा कनक-छरी-सी इकहरे बदन की, लमछर, गौर वर्ण की लड़की थी; सहज-प्रसन्नता उसके चेहरे पर न थी, न चुलबुलापन, जिसकी प्रत्याशा उसकी अवस्था की लड़कियों में की जाती है। इसके विपरीत उसके चेहरे पर अवसाद की रेखा थी—शायद अपनी सौतेली माँ के नियन्त्रण में किसी प्रकार का कष्ट भोगने से—जो सहानुभूति की कामना-सी करती थी और सहानुभूति देने को तत्पर भी थी। पर मैंने चम्पा को जिस परिस्थिति, जिस परिवेश में सर्वप्रथम देखा शायद उसमें उसका स्वाभाविक रूप व्यक्त नहीं हुआ था। मैंने उसका स्वाभाविक रूप तीन-चार महीने बाद देखा जब वह हल्के नीले रंग की साड़ी में, बिना कोई आभूषण पहने अपने छत की मुँडेर पर उस ओर आकर बैठ गई थी जिस ओर मोहन चाचा के घर का आँगन था। छत के ठीक

कोने पर नीचे आँगन में लसोढ़े का एक पेड़ था जिसकी शाखें मुँडेर से कुछ ऊँची चली गई थीं। लसोढ़े की डाल-पत्तियों में कुछ मुँदा, कुछ खुला रूप ही उसका सहज स्वरूप था। उसे ठीक अभिव्यक्त करने को तब शब्द मुझे न मिले थे। मिले थे तब जब कई वर्ष बाद मैं कीट्स का 'ओड टु द नाइट-इन गेल' पढ़ रहा था, जिसमें वह बुलबुल को 'ड्राइएड आफ़ द ट्रीज़' कहता है—'वृक्ष-परी'। 'वृक्ष-परी' तो वह थी ही, इसी से तो वह पलक मारते ही उड़कर अनन्त आकाश में विलीन हो गई थी !

कई बार तो चम्पा ने मुझे भर आँख देखा भी नहीं—स्वाभाविक है लज्जावश—गो कर्कल चाहते थे कि वह मेरे सामने निःसंकोच हो, खुले; और जब एक दिन उसने रातों की अधसोई भारी-भारी पलकों के नीचे अपने अधखुले लम्बे नेत्रों से मुझे देखा तो मुझे लगा जैसे वह मुझे अपनी आँखों से पी रही है—मानो मैं कोई मदिरा की प्याली हूँ—और इस भय से कि कहीं नशे में उसके पैर लड़खड़ा न जाएँ उसने लपककर कर्कल की आजानु भुजा पकड़ ली। उसने एक बार कर्कल को देखा, और एक बार फिर मुझे देखकर कहा था, "आप दोनों जुड़ुआँ लगते हैं।" और मैंने उत्तर में कहा था कि माँ को तो हमेशा से शिकायत रही है कि कर्कल दा उनके पेट से क्यों नहीं पैदा हुए।

मुझे अगले वर्ष मैट्रिक्युलेशन की परीक्षा देनी थी, कर्कल को शास्त्री की; हमें तो अपने पाठ्यक्रमों से डूब जाना चाहिए था, पर हमारे हाथों में जो एक सजीव और सरस पुस्तक आ गई थी उसके सामने पाठ्य-पुस्तकें नीरस थीं। वह तो उस पुस्तक से भी हज़ार गुना आकर्षक और कौतूहलवर्द्धक थी जिसे कर्कल और मैंने उसी कमरे में बैठकर पढ़ा था। स्कूल से लौटकर अब मैं भारती भवन न जाता, चम्पा के यहाँ पहुँच जाता। सुबह भी मैं एकाध बार चम्पा को ज़रूर मिल आता। अब मेरा किसी भी तरफ़ का रास्ता चम्पा के घर होकर जाता था। कर्कल भी अब किसी-न-किसी बहाने अपने गुरु जी से जल्दी छुट्टी लेकर घर आ पहुँचते। कभी वे पहुँचते तो देखते कि मैं चम्पा के पास बैठा हूँ, कभी मैं पहुँचता तो देखता कि कर्कल उसके पास पहले से पहुँच गए हैं। कर्कल ने शायद ही कभी मुझे यह भान होने दिया हो कि जब वे चम्पा के साथ हों मेरी उपस्थिति उनके निकट अवांछित है। मेरे समक्ष वे चम्पा से अपने व्यवहार में उतने ही निःसंकोच होते जितने शायद अपनी परछाईं के समक्ष, और कभी-कभी मैं ही कुछ बहाना बना उनके पास से चला आता और उन्हें अकेला छोड़ देता। आज पैंतालीस वर्षों बाद मैं यह सोचकर चकित रह जाता हूँ कि उस अधपढ़ी-सी लड़की में ऐसा क्या था जो उसने अपने को काफ़ी पढ़ा-लिखा समझने वाले दो नवयुवकों को अपनी बातों में उलझा रखा था; और समय मिला होता तो शायद जीवन-भर उलझा रखती। मेरी माँ एक कहावत कहती थीं, "जो पाँड़े के पाँचों वेदों में वह पँडाइन की छिगुनियाँ मैं"। 'दिनकर' की 'उर्वशी' की कुछ पंक्तियाँ याद हो आईं :

'और त्रिया जो अबल, मात्र आँसू, केवल करुणा है,
वही बैठ सम्पूर्ण सृष्टि के महामूल निस्तल में
छिगुनी पर धारे समुद्र को ऊँचा किए हुए है।'

चम्पा और कर्कल के बीच अपनी स्थिति की मुझे इतनी ही बात याद आती है कि शुरू-शुरू में चम्पा के मन में सम्भवतः यह सन्देह था कि कर्कल उससे अधिक मुझे

प्यार करते हैं, और अन्त में—हाय, वह कितनी जल्दी आ गया !—कर्कल के मन में शायद यह शंका थी कि चम्पा उनसे अधिक मुझे प्यार करती है, पर मुझे छोड़कर उन दोनों ने अपने प्यार की दुनिया की शायद ही कभी कल्पना की हो।

उन थोड़े-से दिनों में हम जिस तूफ़ान से गुज़रे, जिस सैलाब में बहे, जिन भावनाओं की हमने सघनता जानीं, गहराइयाँ छुईं, जिन तनावों का कसाव झेला, खिंचाव सहा उन्हें यत्किंचित् वाणी देने का दायित्व यदि मेरी कविता ने न ले लिया होता तो गद्य तो हाथ पर हाथ धर, हार मानकर बैठ जाता।

हमारे छोटे-से जग से—जिसकी स्वर्ग बलाएँ लेता था—बड़े-से संसार को ईर्ष्या होनी स्वाभाविक थी। उससे तो नभ के नक्षत्रों को, नियति को भी ईर्ष्या थी।

आलोचना, व्यंग, निन्दा, भर्त्सना, दोषारोपण, दूषणारोपण, आक्रोश, अभिशाप—सब हमने साहसपूर्वक, या दुनिया की नज़रों में बेहयाई से, ओढ़ लिए थे।

पर वज्राघात तो बलि लेता है।

और पहली बलि कर्कल ने दी।

इलाहाबाद में अक्तूबर के अन्त और नवम्बर के प्रारम्भ में किसी समय वर्षा होती है और तभी से जाड़ा शुरू हो जाता है। उस साल भी ऐसी अचानक वर्षा हुई, और कर्कल भीगकर घर लौटे। बारिश में भीगने का वे मज़ा लेते थे। कोई पुस्तक हाथ में हो तो कुर्ता उतार, उसी में उसको लपेट, मज़े-मज़े भीगते वे घर चले आते; घर आकर कपड़े बदल डालते और दस-पाँच डण्ड-बैठक लगा बदन गरमा लेते, चाय-वाय पीने का रिवाज उस समय नहीं था। उस दिन जब वे भीगकर लौटे थर-थर काँप रहे थे, रात को उन्हें ज़ोर का बुख़ार आया और छाती में दर्द उठा जो तीन दिन तक बढ़ता ही गया। इक्के में ले जाकर उन्हें वैद्य को दिखाया गया। उन दिनों वैद्य घर तभी बुलाए जाते थे जब आदमी मृत्यु शय्या पर पहुँच जाए, कि वे मकरध्वज आदि देकर आदमी को घण्टे, दो घण्टे जिला रखें। वैद्य जी ने कहा, "छाती सर्दी खा गई है, दो-चार रोज़ में ठीक हो जाएगी।" चौथे रोज़ शाम को उनका बुख़ार उतर गया, रात से हाथ-पाँव ठण्डे होने लगे; आधी रात को उनकी छाती में घरघराहट होने लगी और बोलने में तकलीफ़; और सुबह होते-होते उन्होंने शरीर छोड़ दिया। उनकी खाट के एक ओर मैं खड़ा था, एक ओर चम्पा खड़ी थी, उनके मुँह के निकट झुके। उनके अस्पष्ट अन्तिम शब्द थे, "चम्पा को सँभालना !" और मेरे मुँह से निकल पड़ा था, "...और मुझे कौन सँभालेगा ?" इस पर उन्होंने मुझे जिस दृष्टि से अन्तिम बार पलक उघारने का प्रयत्न करके देखा था उसे बताने का माध्यम, कुछ और हो, शब्द नहीं है। किसी की समझ में कुछ न आ रहा था कि यह हो क्या रहा है, पर जो होना था, वह हो चुका था। मृत्यु का कठोर सत्य कर्कल की लाश बनकर सामने पड़ा था और उसे झुठलाया नहीं जा सकता था !

सुन्दर बुआ के रोने से धरती फटने लगी। चम्पा एक चीख़ मारकर बेहोश हो गई। पड़ोस की स्त्रियाँ उसके मुँह में एक-एक बूँद पानी डालती जातीं। सुन्दर ने अपनी छाती कितनी कड़ी कर ली थी ! चम्पा को होश में न आते देखकर उन्होंने एक बार

कह दिया था कि "भागमानी होइहैं तो अपने आदमी के साथ एऊ चली जइहैं !" चम्पा को होश तब आया जब कर्कल की अर्थी ले जाने का समय आ पहुँचा। उसने पागल की तरह आँख फाड़कर चारों ओर अपना सिर घुमाया और बोली, "मैं सबके सामने कहे देती हूँ कि मेरे पेट में बच्चा है !" मेरी हालत एक यन्त्र की तरह हो गई थी। शव के सम्बन्ध में बहुत कुछ करना था और मैं न जाने किसके घुमाने से मशीन की तरह सब प्रबन्ध कर रहा था। मैं शोकार्त नहीं था, स्तम्भित था—ऐसे तड़ित्वेग से जीवन बदलता है ! कर्कल की मृत्यु से पास-पड़ोस का हर आदमी स्तब्ध रह गया था और कई हफ़्ते मुहल्ले की छाती पर मौत का आतंक और औदास्य बैठा रहा।

पर दुनिया दुनिया है। दुनिया के लिए कोई अनिवार्य नहीं। इधर लाश उठती, उधर दुनिया के काम यथापूर्व होने लगते हैं। घाव लगते ही घाव भरने की प्रक्रिया आरम्भ हो जाती है। जितना दर्द आज है उतना कल नहीं, जितना कल है उतना परसों नहीं। दस दिन बाद गाँव से आए भाई-बन्द वापस चले गए, सुन्दर बुआ सुबह अपने काम पर जाने और रात को लौटने लगीं—पेट पापी है, उसे भाठने को तो हाथ-पाँव डुलाना ही होगा। हफ़्ता-दस रोज़ मुहल्ले की स्त्रियाँ मातमपुर्सी करने आती रहीं, फिर उनका आना भी बन्द हो गया। चम्पा दिन-भर अपने कमरे में पड़ी रहने लगी। मुझे जब भी अवसर, समय मिलता मैं चम्पा के पास जा बैठता। मैं जानता था कि चम्पा को शान्ति मिलेगी तो मेरे सान्निध्य में। मुझे भी कहीं शान्ति मिल सकती थी तो चम्पा के पास ही। चम्पा चुपचाप खाट पर चित पड़ी रहती, कभी अपलक मूर्तिवत्, ऊपर देखती, कभी पलकें बन्द किए; दिन भर न कुछ खाती, न पीती; रात को जब सुन्दर बुआ लौटतीं उसके लिए कुछ लेती आतीं, वह वही खा लेती और सो रहती। मैं उसके पास जाता तो कभी उसके सिरहाने बैठ जाता, कभी उसके पैताने। चाहे मैं उसके सिर के बाल सहलाता, चाहे पाँव के तलवे, न वह हिलती-डुलती, न बोलती, और मेरी भी हिम्मत उससे कुछ कहने की न होती। कभी-कभी उसकी बन्द आँखों के कोनों से आँसू की बूँदें निकलकर उसकी कनपटियों पर बहने लगतीं और कभी मेरे आँसू भी मेरे चेहरे पर होते हुए मेरे होठों पर आ, मुँह में रिस, खारेपन का स्वाद देने लगते। न कोई उसके आँसू पोंछता न मेरे, वे सूखते तो अपने-आप ही। कई महीने बीत गए, जाड़े के महीने थे, न एक शब्द उसने मुझसे कहा, न एक शब्द मैंने उससे। हम क्या कहकर एक-दूसरे को समझाते ? हम जिन भावनाओं में ऊभ-चूभ रहे थे उनके लिए शब्द नहीं बने। जहाँ शब्द हार मानते हैं वहाँ मौन बोलता है। बाद को कभी-कभी वह मेरा हाथ पकड़कर अपनी छाती पर धर लेती और मेरे निर्जीव-से हाथ उसके श्वास-प्रश्वास के साथ उठते-गिरते या उसकी धड़कनों से स्फुरित होते या उन्हें सुनते रहते जैसे हथेली में कान हों ! कभी वह मुझे झुकाकर मेरा सिर अपनी छाती पर धर लेती, और मेरे बालों में चलती उसकी उँगलियाँ धीरे-धीरे निस्पंद हो जातीं और मुझे लगता कि मैं किसी अतल शून्य में डूब गया हूँ। कभी मैं पाता कि उसने मुझे अपनी रज़ाई में खींच लिया है, और या तो वह मेरी छाती में दुबककर सिसक रही है या मेरी बाँहों में बेहोश हो गई है; या मैं उसकी छाती में दुबक कर सिसक रहा हूँ या मुझे कुछ होश नहीं है कि मैं कहाँ हूँ—जैसे डूबते हुए कोई दो व्यक्ति एक-दूसरे को तिनके की तरह पकड़ने का प्रयत्न कर रहे हों। कोई शायद ही विश्वास करे कि छह महीने के अन्दर वह मुझसे

एक शब्द भी न बोली—न मैं ही एक शब्द उससे बोला।

कुछ लोगों को चम्पा से सहानुभूति थी। मेरे घरवालों को थी, पर उसके पास मेरा रहना, अकेले रहना, किसी को भी नहीं सुहाता था। कुछ उसे अपनी प्रारम्भिक और औपचारिक संवेदना देकर उसके प्रति कटु भी हो गए थे, मुझे अपना लेने, मुझे अपने मोहपाश में बाँध लेने के कारण—जिसके लिए वे कर्कल के जीवनकाल में भी उसकी निन्दा करते थे—हालाँकि मैं यह कह देना चाहता हूँ कि उसने एक बार भी न मुझे अपने पास आने के लिए कहा था, न अपने पास बैठने के लिए—संकेत से भी कभी नहीं। वे अपनी दिन-दिन बढ़ती कटुता में कर्कल की मृत्यु को उसके तथाकथित 'असतीत्व' का दण्ड कहने लगे—'विधवा होय पाइ तरुनाई।' बाबा तुलसीदास, जो नुस्ख़े आप दे गए हैं उसका लोग कैसा-कैसा उपयोग करते हैं ! ख़ैर, मुझे परीक्षा की निकटता की याद दिलाई जाती, मुझे अपने भविष्य का ध्यान रखने को कहा जाता; पर मेरा विरोध करते, मुझसे ज़बर्दस्ती करते, सबको संकोच होता। मैं अपने मन की करने को आया था। परीक्षा आई तो मैंने परीक्षा देने की फ़र्ज़अदाई कर दी।

मैं आज तक नहीं समझ पाया कि कर्कल की लाश पर चम्पा ने अपने गर्भवती होने की घोषणा क्यों की थी, शायद भ्रमवश, शायद भयवश, शायद अपनी दुर्बलता की सम्भावनाओं को ध्यान में रखकर एहतियातन, शायद जानबूझ कर भी। भाग्य ने उसके साथ दगा की थी, क्या उसने भाग्य के साथ दगा करने का निश्चय उसी क्षण कर लिया था ? पर बदला लेने का साहस करने में उसे देर लग गई। वह कर्कल की स्मृतियों की पकड़ से अपने को मुक्त करने में इतनी जल्दी सफल न हो सकी जितनी जल्दी उसने समझा था कि वह कर लेगी—या वह कर्कल को पुनर्जीवित, पुनः प्राप्त करने के पागलपन में मुझी को कर्कल समझ बैठी ? क्या कर्कल ने उससे भी कहा था कि हम शरीर से ही दो हैं, प्राण से एक ? क्या उसने इसको अक्षरशः सत्य मान लिया था ? क्या उसने मुझसे वह सब पा लिया था जो उसे कर्कल से मिला था ?

सच्चाई तो यह थी कि कर्कल की मृत्यु से मेरा अर्द्धांग ही कटकर मुझसे अलग हो गया था; कदाचित् चम्पा भी अपने लिए ऐसा ही महसूस करती थी; और हम दोनों ही शायद अपने खोए आधे अंगों को खोजने की आतुरता में एक-दूसरे से आ जुड़े थे—एक हो गए थे।

गर्भवती होने के लक्षण तो उसके शरीर पर मई में दिखाई दिए और वृद्धा सुन्दर की अनुभवी, पैनी और पैठू आँखें पल-भर में तह तक पहुँच गईं। उस समय उस लोकलाज-भीता, असहाया, विधवा सास पर क्या बीती होगी, इसकी कल्पना मैं नहीं कर सकता।

उसने मुझे बुलाया और एक बार चम्पा की ओर देखकर अपनी कील-सी चुभने वाली ब्रह्म तेजमयी आँखों से मुझे ऐसे देखा जैसे वह मुझे वहीं दग्ध करके क्षार कर देगी।

चम्पा ने मन्द, गम्भीर स्वर में कहा, "दोषी मैं हूँ !"

इसके पूर्व कि मैं कुछ कहूँ वृद्धा ब्राह्मणी ने अपनी प्रबल भुजा उठाकर तर्जनी से द्वार की ओर संकेत किया, और मानो उसके झटके से ही, खुद चलकर नहीं, मैं

दरवाज़े के बाहर हो गया।

दूसरे दिन उसने चम्पा के साथ बदरीनाथ की यात्रा पर जाने के अपने इरादे की मुहल्ले-भर में घोषणा कर दी।

तीसरे दिन सास-पतोहू याचिकाएँ बनकर मुहल्ले-भर में घूमीं। उन दिनों ऐसी प्रथा थी कि जो तीर्थयात्रा पर जाता था, अमीर हो चाहे ग़रीब, याचक बनकर घर-घर जाता था और यात्रा-सम्बल माँगता था। विश्वास यह था कि सम्बल रूप में कुछ देने से तीर्थ-यात्रा का कुछ पुण्य-फल दाता को भी मिल जाएगा। सुन्दर और चम्पा मेरे घर भी सम्बल माँगने आईं। दान, गुप्त रूप से झोली में डाल दिया जाता था। काश, मैं भी चम्पा के साथ बदरीनाथ जा सकता ! काश, मैं भी दोनों के साथ याचक बनकर घर-घर घूमता ! काश, समाज सामान्य से परे के लिए भी कोई सम्मानपूर्ण स्थान रखता ! काश, वह अपने अपवादों को समझने का भी कुछ प्रयत्न करता ! न जाने क्या सोचकर अपनी उँगली में पिन चुभोकर मैंने अपने रक्त से एक काग़ज़ पर अपना नाम लिखा और सुन्दर की आँख बचाकर उसे चम्पा की झोली में डाल दिया।

चौथे दिन सुन्दर और चम्पा हरिद्वार के लिए प्रस्थान कर गईं।

ठीक सालभर पहले चम्पा नव-वधू बनी इन्हीं महीनों में अपने हृदय में कैसे-कैसे अरमान, कल्पनाएँ, सपने लिए इस घर में आई थी और आज इसी घर से भिखारिणी के भेस में अपनी कोख में अपनी दुर्बलता, अपनी असमर्थता, अपना लांछन छिपाए चली गई।

उस गर्मी में इलाहाबाद की तपन और लू असह्य हो गई। मैं दुहरी आग के बीच में था। एक भट्ठी-सी हृदय में जल रही थी, लपटों का एक बवंडर अन्दर उठता था और गले, आँख, दिमाग़ में घुमड़ कर फिर अन्दर ही बैठ जाता था।

'उर तै उठि आवै गरे ते फिरै मन की मन ही में सिरैबौ करै,
सहते ही बनै कहते न बनै मन ही मन पीर परैबौ करै !'

मैं कभी कल्याणचन्द के उजड़े बाग में, कभी वाई. एम. सी. ए. के लॉन के कोने पर खड़े मौलसिरी के पेड़ के नीचे बैठ बोधा की इन पंक्तियों को उच्च स्वर से गाता, दुहराता, एक बार, दो बार, दस बार, सौ बार !—मुझे इन पंक्तियों को पढ़ते हुए लगता जैसे एक मोती है और कोई उसे एक बड़े-से खरल में डालकर लोढ़े से रगड़ रहा है ! और कभी-कभी मुझे उस मोती में चम्पा की शक्ल झलक जाती।

और कभी-कभी मैं अपनी कापी खोलता जिसमें पिछले वर्ष न जाने कितने क्षणों को मैंने वाणी दी थी—कभी छन्दोबद्ध रूप में, कभी गद्य की छोटी-बड़ी पंक्तियों में—कभी कुछ उसमें जोड़ता, जिन्हें तब मैं कविता समझता था। कविता वे क्या रही होंगी। चार-पाँच बरसों बाद की मेरी जो तुकबन्दियाँ 'प्रारम्भिक रचनाएँ' भाग–1 और भाग–2 में संगृहीत हैं उन्हें भी कविता कहते आज मुझे संकोच होगा। वे केवल मेरी विवशता की अभिव्यक्तियाँ थीं, न प्रेषण, न उद्‌बोधन। वे कविताएँ थीं ही नहीं, वे कविता से कुछ बड़ी चीज़ थीं, वे जीवन थीं। मैंने जीवन प्रकाश जोशी को लिखे गए अपने एक पत्र में लिखा था, "शब्दों में कवि होने से पूर्व मैं जीवन में कवि बन गया था।" ओह,

जीवन में कवि बनने के लिए कितना मूल्य चुकाना पड़ता है !

चम्पा का कोई समाचार जानने की न सम्भावना थी, न उसका कोई पत्र पाने की प्रत्याशा। मैंने सुन रखा था, बदरीनाथ की यात्रा बड़ी कठिन है। हरिद्वार तक रेल जाती है। उसके आगे कहीं लछमन झूला है—रस्सियों का पुल—एक रस्सी पर आदमी पैर धरता है, एक रस्सी को हाथों से पकड़ता है और क़दम-क़दम बढ़ते पुल पार करता है, नीचे हर-हर करती प्रचण्ड वेग से भागीरथी बहती हैं, रस्सी हाथ से छूटी कि आदमी नीचे गिरा, और फिर उसकी हड्डी-पसली का पता नहीं लगता—आदमी रस्सी पर चलते हैं और मुँह से कहते जाते हैं—"पंछी, मुख राम-राम, हियाँ कोऊ काहू का नाहीं, पंछी मुख राम-राम !" आगे ऊँचे, बर्फ़ीले, भयावने पहाड़ों की महीनों की चढ़ाई है। तब कहीं जाकर बदरी विशाल के मन्दिर का ध्वज दिखाई पड़ता है। गर्मी की रातों में खुले में खाट पर पड़ा, आसमान को ताकता, मैं कल्पना करता—चम्पा और सुन्दर लछमन झूले पर से जा रही हैं—पुल डगमग-डगमग हिल रहा है—और चम्पा अब गिरी कि तब गिरी, और लो वृद्धा सुन्दर भी गिरी ! और अब उनका पता नहीं ! और नीचे हिल्लोल-कल्लोल करती हहराती जाती नदी की धारा ने उन्हें निगल लिया है,—और मेरे मुँह से एक चीख़ निकल गई है। और कभी मेरी आँखों के आगे आते,

मारग अगम भूमि-धर भारे,
कंदर खोह नदी-नद नारे
अगम अगाध न जाहिं निहारे।

और मैं कल्पना करता, चम्पा किसी पहाड़ पर चढ़ती हुई या किसी बर्फ़ीली चट्टान से फिसल कर गिर गई है—नीचे, बहुत नीचे खंदक में, और उसका गुड़िया-सा छोटा-सा दिखता शरीर निःसहाय पड़ा है, उसका सिर फूट गया है, वह रक्त से नहा उठी है, उसके हाथ-पाँव टूट गए हैं, वह मर गई है और उसे सांसारिक यातनाओं से मुक्ति मिल गई है। शरीर रहने तक मनुष्य को क्या-क्या सहना पड़ता है। शरीर छूटा कि सारे दुख-दर्द, चिन्ताएँ, शोक-संताप विलुप्त !

मैं सोचता चम्पा निश्चय इस भयंकर यात्रा की कठिनाइयों को सहन नहीं कर सकेगी। वह निश्चय वहीं समाप्त हो जाएगी। जीती नहीं लौटेगी। उसके लांछन के निराकरण का और उपाय ही क्या हो सकता है। इसीलिए बूढ़ी इन नदी-नद, पर्वतों, खोह-खंदकों से जूझने के लिए उसे लिवा ले गई है। बूढ़ी शायद लौट भी आए, उसमें बड़ी जान, है, पर चम्पा नहीं लौटेगी।

मुझे तब नहीं मालूम था कि इन तीर्थों में और क्या-क्या जघन्य पाप होते हैं।

जून का तीसरा सप्ताह आ गया।

एक दिन मैट्रिक्युलेशन का परीक्षा-फल घोषित हुआ। जिस मनःस्थिति में मैंने परीक्षा दी थी उसमें बड़े अच्छे परिणाम की प्रत्याशा नहीं की जा सकती थी।

पास मैं हो सकता था। उससे खुशी क्या होनी थी, शायद कुछ आँसू पूँछ जाते।

मैं अपनी बैठक में लेटा था। पिताजी दफ़्तर से लौटे तो बरोठे की ओर के दरवाज़े पर क्षणभर रुक, सूखे मुँह 'फ़ेल' कहकर अन्दर चले गए। उनके लहजे से ऐसा लग

रहा था। जैसे कह रहे हों, 'जैसा किया वैसा भोगो।' न कोई मेरे पास आया, न किसी ने मुझसे सहानुभूति दिखाई। केवल माँ रात को खाने के लिए पूछने आईं, खाना मैंने न खाया। रात को आँधी, गरज, तड़प के साथ मानसून की पहली वर्षा हुई। मैं बाहर निकलकर मैदान में बैठ गया, जैसे आसमान मेरे ही आँसुओं में बरस रहा हो, जैसे बहुत दिनों का बँधा-बन्द कुछ खुल गया हो, जैसे बहुत दिनों की जलती आग पर अखंधारा पानी पड़ा हो, और आग शान्त ही न हो गई हो, सब कोयला-राख बह गया हो, ज़मीन पर कुछ काली-मटमैली रेखाएँ छोड़कर। प्रातःकाल मेरी सत्ता, मेरे अस्तित्व का शायद यही रूप बचा था।

पिछले दो-ढाई वर्षों से मेरे चारों ओर बहुत कुछ ऐसा हो रहा था जिसे न मैं रोक सकता था और न जिसके प्रभाव से अपने को बचा सकता था; जैसे मैं तेज़ी से चलती हुई एक मशीन में फँस गया था, और उससे निकलने में अपने को असमर्थ पाता था, और इसीलिए उसी के बीच रहने का प्रयत्न करता था। जो मुझे निकालना चाहते थे मैं उनका विरोध करता था, और जो मेरी निन्दा-नौंधरी होती थी उसको सहता-झेलता था। पर मेरे उस सारे संघर्ष और सहन की परिणति क्या थी ? कर्कल की राख गंगा की धारा में बह गई थी, चम्पा आँख ओट, पहाड़ ओट हो गई थी, और जीवन की प्रथम प्रामाणिक परीक्षा में मैं असफल हो गया था। ऐसे समय में कुछ देर के लिए जीवन की अर्थहीनता का आभास होना अस्वाभाविक नहीं था। न-कुछ, नगण्य, निःसंज्ञ, न-किसी-का, न-किसी काम का मैं जहाँ-तहाँ घूमने लगा उस समय अपने को कुछ भी कर डालना मेरे लिए बिल्कुल निरायास होता। यदि मैं अपने कपड़ों में आग लगा लेता तो शायद बिना ताप का अनुभव किए मैं भस्म हो जाता। अगर मैं पानी में डूबता तो तह में ऐसे जाकर चुपचाप बैठ जाता जैसे कोई पत्थर का टुकड़ा।

एक दिन न जाने क्यों मैं जमुना के किनारे निकल गया। शायद इसमें नियति का कोई हाथ था। नियति के सोद्देश्य हाथों का परिचय मैं जीवन में कई बार पा चुका हूँ। पैण्ट-क़मीज़ पहने, साँवले-से, कुछ भरे बदन के एक सज्जन मेरे पास आए। न जाने मुझमें क्या देखकर वे मेरी ओर आकर्षित हुए। शायद उन्होंने मेरी सारी मनःस्थिति पल मात्र में समझ ली। वे मुझे अपने घर या दफ़्तर ले गए पर इतना याद है वहाँ और कोई नहीं था। वे क्रिश्चियन कालेज के कोई अध्यापक मिस्टर एडम्स थे। उन्होंने मुझसे जो-जो पूछा मैं बताता गया; पता नहीं उन्होंने क्या-क्या पूछा। मुझमें कुछ भी छिपाने या बनाने की बात न थी—सच कहना ही सहज-स्वाभाविक लगा। उन्होंने मुझे जो स्नेह-सहानुभूति दी, एक अजनबी से वह अप्रत्याशित थी। उन्होंने मुझे धीरज दिया, मुझमें आशा बँधाई, मुझे फिर से संघर्ष करने के लिए प्रेरित किया। उन्होंने कहा—न कुछ नष्ट हुआ है, न व्यर्थ गया है; वह जीवन की वाटिका की खाद हो गया है जो किसी फूल के रूप, रंग, रस, गंध में फिर कभी सारवान-सार्थक होगी। आशावादिता की ऐसी प्रचलित शब्दावली से मैं अपरिचित न था, पर उनकी बातों पर उनके मधुर और कोमल व्यक्तित्व की ऐसी छाप थी कि मेरे घावों पर मरहम-सा लगता गया। अन्त में उन्होंने कहा कि अज्ञात के गर्भ में बहुत कुछ है, हमें प्रतीक्षा करने से नहीं ऊबना चाहिए। एक शुभ सौ अशुभों का प्रतिकार कर सकता है। मैं सोच-विचार करने के

लिए बहुत-सा मसाला लेकर लौटा।

सात या आठ जुलाई होगी, किसी ने सबेरे-सबेरे आकर ख़बर दी, सुन्दर और चम्पा बदरीनाथ की यात्रा से वापस आ गई हैं। सुन्दर में अधिक परिवर्तन न दिखाई पड़ा, पर चम्पा को देखकर आँखों को अपने ऊपर विश्वास नहीं हुआ। चम्पा के सिर पर छोटे-छोटे बाल थे, तीर्थ में उसका सिर मुँड़ा दिया गया था, शरीर हड्डी-हड्डी रह गया था, त्वचा का रंग झाँवें जैसा, आँखें फटी-फटी, जैसे जीवन में अब वे किसी चीज़ से सरस अथवा आर्द्र नहीं हो सकेंगी—पथराई-पथराई। जाते ही समय हरिद्वार में उसके शरीर के साथ बड़ा अत्याचार हुआ था। कमज़ोरी की हालत में ही पहाड़ी-यात्रा आरम्भ कर दी गई थी। उसे स्वयं आश्चर्य था कि वह किस बल पर इतनी अपाढ़ यात्रा करके लौट आई। उसके खूँट में एक गाँठ बँधी थी। इसमें वही काग़ज़ बँधा था जिस पर अपना नाम लिखकर मैंने उसकी झोली में डाल दिया था।

उसने मेरा नतीजा पूछा।

मैं कुछ नहीं बोला।

वह समझ गई, बोली, "दोषी मैं हूँ। पर प्रायश्चित्त भी कर आई हूँ।"

कुछ देर चुप रही, फिर बोली, धीमे-धीमे शब्द-शब्द अलग—जैसे बोलने में उसे कुछ कष्ट हो रहा हो, "आज स्कूल खुल रहा है ! स्कूल जाओ। खूब पढ़ना। मैं सब कुण्ड-नदियों में तुम्हारे नाम की डुबकी लगा आई हूँ। सब देव मन्दिर-देहरियों पर तुम्हारे नाम से सिरदा पढ़ आई हूँ। तुम बहुत दिन जिओगे, बहुत कुछ करोगे, देखने को मैं न रहूँगी। मेरा समय आ गया है। आज संध्या को मैं अपने पिता के यहाँ जा रही हूँ। यहाँ लौटकर शायद ही आऊँ। जिस धरती पर जन्मी थी उसी पर अपना शरीर छोड़ना चाहती हूँ। अब मेरी भेंट शायद ही फिर हो सके। अच्छा, अब जाओ। बदरी विशाल तुम्हारा मंगल करेंगे।"

मुझे लगा चम्पा जैसे मेरी माँ की उम्र की हो गई है।

मुझसे ऐसे बोल रही है जैसे माँ बेटे से बोले।

बेटे की ही तरह उसे प्रणाम कर मैं स्कूल चला गया। स्कूल खुलने का पहला दिन था। अपने-अपने अभिभावकों के साथ नए-नए लड़के—कहीं फ़ार्म-भराई, कहीं नाम लिखाई, कहीं फ़ीस जमा कराई। नवें के लड़के दसवें में आ गए थे, उनके साथ बैठने में कुछ संकोच होता है; कोई मैं अकेले तो फेल नहीं हुआ था, कुछ और फ़ेल हुए लड़के थे; सबके पास कुछ-न-कुछ बात करने को है, मैं ही खोया-खोया-सा हूँ; सौ तरह के शोर-शराबे के बीच उदास घर लौट आता हूँ। बैठक में लेट जाता हूँ; एडम्स की बात सोचता हूँ, मुझे नया जीवन आरम्भ करना है; चम्पा की बात सोचता हूँ, मुझे खूब पढ़ना है; फिर चम्पा का आज देखा चेहरा आँखों के सामने आता है, फिर उसके ऊपर वह चेहरा जिसमें वह बदरीनाथ गई थी, फिर उस पर कर्कल की मृत्यु के बाद का चेहरा—शोक में शुभ्र, फिर उस पर वह चेहरा जिसमें वह नव-वधू बनकर आई थी, फिर सब पर उस 'वृक्ष-परी' का फिर वृक्ष-परी के पर उगते हैं और वह फुर्र से उड़ जाती है। दस बजे रात को खबर आती है सुन्दर चम्पा का दाह-कर्म करा के लौटी

हैं। पिता के घर पहुँचते ही चम्पा की मृत्यु हो गई थी। मैं रात भर कपड़ा मुँह में दबाकर रोता हूँ–'चोर नारि जिमि प्रकट न रोई।'–कई रातों को रोता हूँ। और एक दिन, जैसे दुनिया का क्रम है, मेरे आँसू सूख जाते हैं।

मौत ने बड़ी कृपा की कि सुन्दर को भी जल्दी उठा लिया।

स्टीवेन्सन, अंग्रेजी के प्रसिद्ध निबन्धकार, ने कहीं कहा है कि पुस्तकें जीवन की रक्तरहित स्थानापन्न हैं। इसमें कुछ अतिश्योक्ति हो सकती है, पर यह असत्य नहीं है। अब मेरे लिए रक्तरहित पुस्तकों के सिवा रह क्या गया था। सुबह घर पर पढ़ाई, दिन में स्कूल में पढ़ाई, शाम को भारती भवन में पढ़ाई, रात को अपनी बैठक में मुंशी-डेस्क पर पढ़ाई या लिखाई। 1925 की जून में मैं हाई स्कूल की परीक्षा में द्वितीय श्रेणी में पास हो गया जिसको मैं व्यापक योग्यता की दृष्टि से सबसे अच्छी श्रेणी समझता था।

कर्कल और चम्पा के सम्पर्क में जिन अनुभवों की आग से होकर मैं निकला था और उसके परिणामस्वरूप जो दाग़ और फफोले मेरे मन पर पड़े थे उनको मेरे पिता ने ही न देखा हो, यह असम्भव है, गो उन्होंने मेरे रवैये में कोई सीधा हस्तक्षेप करने का प्रयत्न नहीं किया था। उन दिनों माता-पिता अपने लड़कों पर बड़ा रोबदाब रखते थे। मुझे स्वीकार करना चाहिए कि मेरे माता-पिता ने मेरे प्रति जो सहिष्णुता और उदारता दिखाई उसकी क़द्र मैंने उस समय भले ही न की हो, पर आज करता हूँ। वे मेरे हितेच्छु के अतिरिक्त और हो भी क्या सकते थे। उन्होंने मेरे मन पर छाए हुए अवसाद को हटाने के लिए यह उपाय सोचा–और शायद ठीक ही–कि वे मेरा विवाह कर दें। मेरे पिता गाँव को शहर पर तरजीह देते थे। मेरी बड़ी बहन का विवाह उन्होंने आग्रहपूर्वक गाँव में किया था। मेरे लिए कई प्रस्ताव आए, नगर के भी, गाँव के भी। उन्होंने गाँव से आए एक प्रस्ताव को मंजूर कर लिया। तब विवाह माता-पिता की पसन्द और स्वीकृति से होते थे। प्रस्ताव शायद सोराँव के तहसीलदार की बेटी के लिए था। हमारे यहाँ शादी की सबसे पहली रस्म बरिच्छा या बरच्छा की होती थी। शायद यह 'वर-रक्षा' का बिगड़ा हुआ रूप था, यानी इस रस्म से अमुक कन्या के लिए अमुक वर रक्षित हो गया; अब आगे की रस्में समय-सायत के अनुसार होती रहें। मैंने 'बरिच्छा' का एक दूसरा अर्थ निकाला, बर+इच्छा=बरिच्छा, यह रस्म विवाह के सम्बन्ध में बर की इच्छा जानने का साधन है और वर की इच्छा अर्थात् मेरी इच्छा अभी शादी करने की नहीं है, इसलिए वरिच्छा के लिए भेजा गया उपहार मैं स्वीकार नहीं करता। घर में बड़ी बहसें हुईं, मामा, चाचा इकट्ठे हुए। लड़की के पिता और अन्य सम्बन्धी आए, पर मुझे बरिच्छा स्वीकार करने को तैयार न कर सके। एक बार फिर मेरे पिताजी मुझसे हारे, पर इसके लिए वे तैयार थे; गुरु महाराज कह गए थे कि लड़का लीक-लीक नहीं चलेगा, बहुत कुछ अपने मन की करेगा, उनकी वाणी मृषा कैसे होती।

श्री मोहन को जिनकी चर्चा मैं पहले कर आया हूँ, कर्कल और चम्पा के सम्बन्ध में कभी मैंने अपने विश्वास में नहीं लिया था, पर मैं किसी अत्यन्त अप्रिय अनुभव से होकर निकला हूँ, इसे वे भाँप गए थे। उन्होंने मेरे स्वभाव, मेरी आवश्यकता, मेरी दुर्बलता और मेरी शक्ति समझी थी। उन्होंने इस पर भी ग़ौर किया था कि किस

गुण-स्वभाव-रुचि की संगिनी मेरे अनुकूल होगी।

उन दिनों बाई के बाग में एक कायस्थ परिवार रहता था, दो भाइयों—बाबू रामचन्द्र और बाबू रामकिशोर—का। रहनेवाले तो थे वे सिराथू तहसील के रूप-नारायणपुर गाँव के, पर एक अरसे से इलाहाबाद शहर में आकर बस गए थे। बाई के बाग़ का मकान उनका अपना था। बाबू रामचन्द्र राजा पडरौना के लड़कों के अध्यापक थे और पडरौना में 'मास्टर साहब' के नाम से प्रसिद्ध थे, बाबू रामकिशोर स्थानीय हाई कोर्ट में अनुवादक के पद पर काम करते थे। बाबू रामचन्द्र के एक लड़का—महावीर प्रसाद—और दो लड़कियाँ थीं, बाबू रामकिशोर के दो लड़के, दो लड़कियाँ, जिनमें श्यामा सबसे बड़ी थी। श्री मोहन की बहन महावीर प्रसाद को ब्याही थी, और इस नाते वे अक्सर अपनी बहन के यहाँ जाते थे, और श्यामा को भी देखते थे। उन्होंने मुझको जैसा जाना-समझा था उससे श्यामा उनको मेरे लिए सबसे अनुकूल संगिनी प्रतीत हुई। उन्होंने श्यामा को जैसा जाना-समझा था उससे मैं उनको श्यामा के लिए सबसे अनुकूल संगी प्रतीत हुआ। मुझसे बिना बताए मेरा एक चित्र भी उन्होंने श्यामा के परिवार में पहुँचा दिया, और एक दिन किसी बहाने से मुझे वहाँ ले जाकर परिवार वालों को दिखा भी दिया, शायद श्यामा को भी। जब उन्हें अपनी बहन के द्वारा इस बात का विश्वास हो गया कि श्यामा मुझे पसन्द करती है तब उन्होंने मेरे सामने एक प्रस्ताव रखा। उन्होंने निश्चयपूर्ण शब्दों में कहा कि तुम्हें जैसी जीवन-संगिनी की आवश्यकता है जो तुम्हारे अनुकूल होगी, जिसे पाकर तुम अपने को सौभाग्यशाली समझोगे, उसकी खोज मैंने कर ली है। यदि तुम चाहते हो कि तुम्हारा जीवन सुखी हो तो जिस लड़की से मैं कहूँ उससे तुम अपनी शादी कर लो। इस सम्बन्ध के लिए तुम आजीवन मुझे धन्यवाद दोगे, मेरे ऋणी रहोगे। फिर उन्होंने मज़ाक किया, हाँ, तुम्हें तो मैं उसके योग्य नहीं समझता, पर उसमें इतनी शक्ति है कि वह तुम्हें अपने योग्य बना लेगी। लड़के-लड़कियों में अब कोई न रह गया था जिससे मेरी निकटता हो, और ऐसी निकटता के लिए मैं तरस रहा था। श्री मोहन के निर्णय और उससे अधिक उनकी सद्भावना में मुझे विश्वास था। मैंने अपनी स्वीकृति दे दी। अब बड़े आपस में बातें तय कर लें। बाबू रामचन्द्र और बाबू रामकिशोर मेरे घर आए, उन्होंने पिताजी से बातें कीं। पिताजी ने मुझसे पूछा तो मैंने स्वीकृति दे दी; पर एक शर्त के साथ, जिसे वे मान गए। वे समझ गए कि सालभर पहले विवाह का इतना विरोध करने पर भी जो मैं अब इतनी जल्दी शादी करने को तैयार हो गया उसके पीछे कोई कारण तो होगा ही। इस सम्बन्ध को पक्का करने में श्री मोहन ने जो भूमिका अदा की थी, बाद को उससे वे अवगत हो गए; पर इसको उन्होंने बुरा नहीं माना। श्री मोहन की सद्भावना के वे भी कायल थे।

मेरे पिता की अपने लड़कों के बारे में कोई महत्त्वाकांक्षा न थी। मेरे मैट्रिक्युलेशन में फ़ेल होने के बाद अगर उनकी चलती तो मुझे नौकरी करने को बाध्य कर देते; उन्होंने स्वयं मैट्रिक्युलेशन फ़ेल होने पर नौकरी करनी शुरू कर दी थी। पायनियर प्रेस में मुझे क्लर्की का काम दिला देने में उनको कोई मुश्किल न होती। पण्डित रामचरण शुक्ल के मरने के बाद वे हेड क्लर्क या दफ्तर के बड़े बाबू हो गए थे। उनके रिटायर होने के अभी दो-तीन वर्ष थे और उसके पूर्व वे कम-से-कम एक लड़के को—ज़ाहिर

है कि बड़े लड़के को—नौकरी-चाकरी में लगा देना चाहते थे। दूसरी बार परीक्षा देने पर भी मैं द्वितीय श्रेणी में पास हुआ था, जिससे शायद उन्हें कुछ निराशा हुई हो। इतना पढ़-पुढ़, मर-चुरकर भी जब मैं द्वितीय श्रेणी ही ला सका तो मुझसे आगे क्या उम्मीद की जा सकती थी। नतीजा आने पर एक बार उन्होंने मुझसे पायनियर प्रेस में औपचारिक रीति से प्रार्थना-पत्र देने के लिए कहा था, लेकिन मैंने आगे पढ़ने की इच्छा प्रकट की। उन्होंने मुझे समझाया कि वे शीघ्र सेवा-मुक्त होंगे, पेन्शन जो थोड़ी-बहुत मिलेगी उससे घर का ख़र्च न चल सकेगा। इधर ख़बर है, जल्द ही घर सड़क में आने को है, सिर छिपाने के लिए कहीं ज़मीन लेकर गुज़र-बसर करने लायक़ घर बनवाना होगा, और इस काम में निश्चय ही मोआवज़े में मिले रुपए से ज़्यादा ख़र्च होगा। फिर शालिग्राम की पढ़ाई अभी चल रही है और शैल कुमारी भी ब्याहने योग्य हो रही है। मेरे आगे पढ़ने का विरोध तो उन्होंने न किया, क्योंकि, वे जानते थे कि विरोध से मेरी इच्छा और ज़िद्द पकड़ेगी, पर यह ज़रूर कहा कि अगर मैं अपनी पढ़ाई का ख़र्च ट्यूशन आदि करके चला सकूँ तो बे-शौक़ पढ़ूं। खाने-कपड़े का प्रबन्ध वे जैसे-तैसे करते जाएँगे। उस समय तो उनके प्रस्ताव का मैंने स्वागत न किया था, पर एक तरह से यह अच्छा ही था। मैंने कुछ अपने पर निर्भर होना सीखा, अपने में विश्वास जगा कि मेहनत करके मैं कुछ कमा सकता हूँ, हालांकि ट्यूशन में देने का समय अगर मैं पढ़ने में लगा सकता तो मुझे ज्यादा खुशी होती। ट्यूशन मुझे मिल गई—आठ या दस रुपए महीने की—और मैंने गवर्नमेण्ट कालेज में इण्टरमीडिएट प्रथम वर्ष में अपना नाम लिखा लिया। इण्टरमीडिएट के दर्जे कायस्थ पाठशाला में भी थे, पर मैं छह वर्ष एक ही स्कूल में पढ़ते-पढ़ते ऊब गया था और अपने को किसी नए परिवेश में रखना चाहता था। कायस्थ पाठशाला में सिर्फ़ कायस्थ के लड़के नहीं पढ़ते थे, सब द्विजधर्मी हिन्दू उसमें प्रवेश पा सकते थे, पर शूद्रों, मुसलमानों और ईसाइयों के लड़कों के लिए वहाँ प्रवेश वर्जित था। कुछ असहयोग आन्दोलन, कुछ गांधीजी के प्रभाव, कुछ अपने स्वाध्याय से मेरा दृष्टिकोण अब अधिक उदार हो गया था, और किसी प्रकार की संकीर्णता से मुझे घुटन होती थी। गवर्नमेण्ट कालेज में सभी धर्म, सभी जातियों के लड़के पढ़ सकते थे। अंग्रेज़ी तो उन दिनों अनिवार्य विषय था, ऐच्छिक विषयों में मैंने लॉजिक, गणित और इतिहास लिया। मेरे सहपाठियों में विशेष प्रसिद्धि पाने वाले डॉक्टर कैलाश नाथ काटजू के सुपुत्र शिवनाथ काटजू हुए जो आजकल प्रयाग में हाईकोर्ट के उच्चकोटि के वकीलों में हैं और श्री ब्रज कुमार नेहरू जो आई. सी. एस. में आए और बहुत दर्जों की सरकारी सेवाओं, विदेश में राजदूतों के पदों को सुशोभित कर आजकल असम के राज्यपाल हैं। इन दोनों के नाम एक विशेष सन्दर्भ में 'खैयाम की मधुशाला' की भूमिका में आए हैं। मुझसे एक साल नीचे आदित्य नाथ झा थे जो आजकल दिल्ली के लेफ्टिनेन्ट गवर्नर हैं। प्रथम वर्ष में उन्होंने और मैंने अपने कालेज के लिए युनिवर्सिटी हिन्दी वाद-विवाद प्रतियोगिता में ट्राफ़ी जीती थी—उन्हें द्वितीय और मुझे प्रथम पुरस्कार मिला था।

अपने विवाह के सम्बन्ध में जो शर्त मैंने लगाई थी वह यह थी कि मेरी शादी बहुत सादे तरीके से की जाए, चढ़ावे के लिए ज़रूरी-ज़रूरी कपड़े-गहने बनवाए जाएँ, बारात में फुलवारी-आतिशबाज़ी पर रुपए न फूँके जाएँ और न बहुत-से बाजों-गाजों पर। दहेज माँगा न जाए, जैसा उन दिनों आम रिवाज था, जो भी नक़द रुपए मिलें

उनमें से अधिक-से-अधिक बचाने की कोशिश की जाए और ये रुपए मेरी और मेरे छोटे भाई की पढ़ाई पर ख़र्च किए जाने के लिए अलग जमा करा दिए जाएँ। पिताजी को मेरी यह सलाह पसन्द आई थी, और उन्होंने तदनुसार किया भी था। मेरे एक साल फ़ेल हो जाने से शालिग्राम अब मुझसे सिर्फ़ एक साल पीछे थे। उनके भी आगे पढ़ने की वही शर्त रखी गई। कभी हमें ट्यूशन न मिलती, कभी छूट जाती और फिर मिलने में कई-कई महीने लग जाते। परीक्षाओं के समीप हम खुद ट्यूशनें छोड़ देते, सारा समय हम चाहते अपने पाठ्यक्रम की तैयारी में लगाएँ। कभी हमें किताबें ख़रीदने के लिए रुपयों की ज़रूरत होती। दहेज में बचाए रुपए ऐसे वक्तों पर हमारे काम आए और इससे हमारी पढ़ाई निर्बाध गति से चलती गई। शालिग्राम एक बार में ही हाई स्कूल पार कर गए—शायद द्वितीय श्रेणी में—और किताबों पर ख़र्च बचाने के ख़्याल से इण्टर में उन्हें भी वही विषय दिला दिए गए जो मेरे थे।

श्यामा के साथ मेरा विवाह मई 1926 में हो गया—ठीक तिथि दिमाग़ से उतर गई है। उस समय मेरी अवस्था उन्नीस से कुछ नीचे थी, श्यामा की चौदह से कुछ ऊपर। अठारह की उम्र कम नहीं होती, फिर अपने से बड़ी उम्र वाले कर्कल की मैत्री और मृत्यु से, चम्पा के साथ अपने असाधारण सम्बन्ध से, और अन्ततः जीवन के एक बड़े करुण-मार्मिक, पश्चात्तापपूर्ण अनुभव से होकर गुज़रने के कारण मैं अधिक परिपक्व हो गया था, या अपने को ऐसा समझता था। श्यामा मेरे सामने बिल्कुल बच्ची थी—भोली नन्हीं, नादान, अनजान, हँसमुख, किसी ऐसे मधुवन की टटकी गुलाब की कली—'नवल कलिका थी वह'—जिसमें न कभी पतझर आया हो, और न जिसने कभी काँटों की निकटता जानी हो। चम्पा मुझे कीट्स की 'नाइट-इन-गेल' लगी थी—'ड्राइएड आफ़ द ट्रीज़'—वृक्ष-परी—तो श्यामा मुझे शेली की 'स्काई-लार्क लगी—हवालवा—'ऐन अनबाडीड ज्वाय हूज़ रेस इज़ जस्ट बिगन'—एक अमूर्त आनन्द जिसका अभियान अभी आरम्भ ही हुआ है, अर्थात् जिसने अभी जीवन यात्रा की किसी कठिनाई को जाना नहीं। अपने पिछले गम्भीर अनुभवों से मेरा हृदय अब भी भारी-भारी था। मैंने अपनी सुहागरात को जो अवगुंठन उठाया था उसके पीछे मैं एक ऐसा चेहरा देखना चाहता था जो मुझको समझ सके, जिसके उर में मैं कुछ अपने उर का भार उतार सकूँ; जिसके समक्ष मैं कुछ अपना संताप-पाप स्वीकार करके हल्का हो सकूँ। लेकिन चारों ओर से बन्द उस सुहाग-कक्ष के माटी के दीवों के झिलमिलाते मन्द प्रकाश में जिस मुख से मैंने आवरण हटाया था वह तो 'बालिका ही थी—सरलपन ही था उसका मन।' और उसमें कोई 'निरालापन' था तो वह उसकी स्वाभाविकता थी, अकृत्रिमता थी। उसे उस रात कुछ सजाया-सँवारा गया था, पर वह तो ऐसा ही था जैसे कोई फूल को फूलों से सजा-सँवार दे। एक बार तो मुझे श्री मोहन की समझदारी पर सन्देह हुआ; उसकी बुद्धि पर तरस आया; इसी अबोधा में उसने मेरे योग्य और अनुकूल संगिनी होने की सम्भावना देखी थी ! बलिहारी ऐसी अक्लमन्दी की ! पर मेरे सामने जो स्थिति थी उसका सामना तो करना ही था। मैं अपने पिछले जीवन की कुछ बातें करूँ भी तो वह बेचारी क्या समझेगी। इसके सामने ऐसी चर्चा छेड़ना क्रूरता भी होगी, नासमझी भी। न जाने कैसे बिजली की धारा की तेज़ी से एक विचार मेरे मन में कौंध गया। यह मेरे स्तर तक नहीं उठ सकती तो मैं तो इसकी सतह पर उतर सकता हूँ। यौवन

के एक जटिल अनुभव से गुज़र चुका हूँ, पर अभी अपने कैशोर्य से इतनी दूर नहीं चला गया हूँ कि उसे बिल्कुल भूल गया हूँ। चम्पा अपने जीवन के अन्तिम दिन, शायद हर नारी में अन्तर्निहित, अपना मातृस्वरूप मुझे दिखाकर जैसे एक बार फिर मुझे बालक-सा बन जाने की दीक्षा दे गई थी। इस भोली में अभी इतनी सूझ-बूझ नहीं कि मेरे अभिनय को भाँप सके। अभिनेता जिसका अभिनय करता है कभी-कभी उसके मूल भाव में बहने लगता है। पर इस भोलेपन का अभिनय करना मेरे लिए बहुत आसान नहीं था। मेरी इस पंक्तियों में वह कठिनता शायद कुछ प्रतिबिम्बित हुई है—जवान की, लड़के-सा व्यवहार करने की,

> **उस लड़कपन औ' जवानी के शुरू की**
> **उलझनों को क्या बताऊँ,**
> **भूलने का नाम वे लेती नहीं हैं**
> **मैं उन्हें कितना भुलाऊँ**

कभी-कभी मुझे ऐसा भी लगता था कि इस बालिका को मैं वात्सल्य तो दे सकता हूँ, पर प्रेम नहीं। यह संघर्ष भी शायद मेरी इन पंक्तियों में व्यक्त हुआ है,

> **सुमुखि, तब मैं प्यार कर सकता तुम्हें था।**
> **सीख माँ की, बाप की, अध्यापकों की,**
> **बात पुस्तक से उठाई,**
> **चुटकुले हमजोलियों ने जो सुनाए—**
> **बस यही जिनकी कमाई,**
> **कान को ऐसे चुराता यदि तुम्हारे**
> **और ले जाता वहाँ पर**
> **स्वर्ग का उल्लास, नरकोच्छवास दोनों**
> **साथ सुन पड़ते जहाँ पर;**
> **सुमुखि, तब मैं प्यार कर सकता तुम्हें था।**

श्यामा के कान अभी तो स्वर्गोल्लास और नरकोच्छवास दोनों सुनने के लिए अक्षम थे, जिन्हें मैं साथ-साथ सुन ही नहीं, नस-नाड़ी में जी-भोग चुका था।

पर शायद मैंने श्यामा को निराश नहीं किया। उस बच्ची के साथ मैं बच्चा बन गया। उसे पत्नी समझना उस पर अत्याचार करना होता। मैंने उसे अपने खेल की सहेली बनाया। मेरे खेल की यह सहेली किसी दिन मेरे सुख-दुख, आशा-निराशा, सुकून और संघर्ष—सबकी सहभागिनी और सहभोगिनी बनेगी, इसका मुझे विश्वास हो गया। एक रात गली से कोई गाता हुआ चला जा रहा था,

> **'छोटी से बड़ी होबै धीरज धरो, राजा !'**

मेरे लिए इन शब्दों में उससे कहीं ज्यादा गहरे अर्थ थे जिनका संकेत प्रायः इनमें समझा जाता है।

विवाह के बाद विदा होकर जब वह पहली बार मेरे घर आई थी तब वह एक सप्ताह से अधिक मेरे पास नहीं रही। उन दिनों हमारे घर में पति-पत्नी के लिए कोई

अलग कमरा नहीं था। हम रात को ही एक-दूसरे से मिल पाते, जब सारा घर सो जाता या हमारे ऊपर कुछ कृपा कर घर के लोग सोने का बहाना बना मुँह फेर कर लेट जाते, और मैं दबे पाँव एक बन्द कमरे में चला जाता जहाँ श्यामा मेरी प्रतीक्षा करती होती। कभी-कभी तो मुझे भय होता कि हम दोनों की खिलखिलाहट निश्चय बाहर सुनाई पड़ रही होगी और लोग अगर जागते होंगे तो क्या सोचते होंगे। उन दिनों अपने जीवन को मैं पंतजी की इन पंक्तियों से ही सबसे अच्छी तरह व्यक्त कर सकता हूँ–'उच्छ्वास' से मेरा परिचय हो चुका था, और बाद को मुझे ऐसा लगा कि जो मैं जीने-भोगनेवाला था जैसे उसकी अभिव्यक्ति उन्होंने कई वर्ष पूर्व कर रखी थी, ऐसे ही अनुभव किसी कवि को प्रिय बना देते हैं,

उसके उस सरलपने से
मैंने था हृदय सजाया,
नित मधुर मधुर गीतों से
उसका उर था उकसाया।
कह उसे कल्पनाओं को
कल कल्प-लता, अपनाया;
बहु नवल भावनाओं का
उसमें पराग था पाया।
मैं मंद हास-सा उसके
मृदु अधरों पर मँडराया;
औ' उसकी सुखद सुरभि से
प्रति 'निशि' समीप खिंच आया

पंतजी क्षमा करेंगे, मैंने उनके 'प्रति दिन' को 'प्रति निशि' कर दिया है। मुझे अपने अनुभव के प्रति सच्चा होना चाहिए; उनके और मेरे अनुभव में बस 'दिन', 'रात' का फ़र्क़ था।

जब वह जाने लगी तब शेली की पंक्ति का स्मरण कर, "लाइक ऐन अनबाडीड ज्वाय हूज़ रेस इज़ जस्ट बिगन," जिसका सत्य इन सात रातों में उस पर अधिकाधिक लागू होता मुझे प्रतीत हुआ था, मैंने उसे 'ज्वाय' नाम दे दिया और जब तक वह जी मैंने उसे इसी नाम से सम्बोधित किया। हिन्दुओं के यहाँ पत्नियाँ पतियों का नाम नहीं लेतीं; हमारे परिवार में पति भी पत्नी का नाम नहीं लेते थे। मैंने अपने पिता को कभी मेरी माता का नाम लेते नहीं सुना था और न चाचा लोगों को, चाचियों का। मेरे परिवार में शायद ही कोई, और मित्रों में एकाध ही जानते होंगे कि मैं श्यामा को इस नाम से पुकारता था। जीवन ने उसे सदा 'ज्वाय' तो नहीं रहने दिया था, पर अपने को कष्ट में, असन्तुष्ट अथवा दुखी रहने की चर्चा तो दूर, उसका संकेत भी शायद ही उसने कभी किसी से किया हो। मैं जानता हूँ उसने कष्ट उठाए, उसके असन्तोष के कारण भी उपस्थित हुए। उसने लम्बी-लम्बी बीमारियाँ पाईं, बड़ी तकलीफ़देह बीमारियाँ पाईं, पर उसके मुख से कभी मैंने शिकवा-शिकायत, आह-कराह न सुनी; और एक बार जब मैंने उसकी 'हाय' सुनी तब मैं जान गया था कि अब यह नहीं बचेगी। श्यामा

ने भी मुझे एक निजी नाम दिया था, पर उसका समय अभी नहीं आया था।

मेरे नाते-रिश्तेदारों में यह नियम-सा बन गया था कि जिस साल जिसकी शादी होती उसके अगले साल वह अवश्य परीक्षा में फ़ेल हो जाता। मैंने अपने को अपवाद सिद्ध किया। अगले वर्ष यानी जून 1927 में इण्टर में द्वितीय श्रेणी में पास हुआ, हालाँकि मेरे इण्टर का दूसरा वर्ष बड़ी अव्यवस्था में बीता। इसी वर्ष हमें अपने पुश्तैनी घर से हटना पड़ा, हटकर एक किराए के घर में जाना पड़ा, इसी बीच पिताजी ने कटघर में राजा बारा से कुछ ज़मीन सालाना किराए पर लेकर उस पर मकान बनवाना शुरू किया, अभी मकान अधबना ही था कि हमको किराए का मकान छोड़कर कटघर आ जाना पड़ा। हमारे वहाँ आ जाने पर भी महीनों काम लगा रहा। इण्टर की परीक्षा देने मैं अपने नए घर से ही जाता था। जिस ज़मीन पर हमारा घर बना वह कटघर में कही जाती थी, पर म्युनिसिपैलिटी की नाप-जोख के हिसाब से वह मुट्ठीगंज में आती थी; जब हमारा मकान म्युनिसिपल बोर्ड में रजिस्टर हुआ तब उस पर 255, मुट्ठीगंज का नम्बर लगा। इधर कई वर्षों से नम्बर बदल गया है, नया नम्बर मुझे याद नहीं है।

हमारा पुश्तैनी मकान सड़क में लिया जा रहा है तो सरकार को हमें मकान बनाने के लिए दूसरी जगह देनी चाहिए, पर उस समय न किसी ने अधिकार का यह प्रश्न उठाया और न सरकार ने इसका कोई प्रबन्ध किया। आज का वक्त होता तो कितनी सभाएँ होतीं, कितने जुलूस निकलते, और ज़मीन छुड़वाने के पहले शायद सरकार को एकाध बार गोलियाँ भी चलानी पड़तीं। उस समय तो एक दिन मकान छोड़ने की नोटिस आ गई, एक दिन मोआवज़ा ले लेने की तारीख़ दे दी गई—मोआवज़ा जो सरकार ने अपने मन से निश्चित किया था—और एक दिन हमारे नलके काट दिए गए—'बिन पानी सब सून'। और लोग अपने सूने मकानों को छोड़कर ज़मीन की तलाश में इधर-उधर घूमने लगे, और जिसको जहाँ जगह मिल गई वहीं जा बसा। ज़मीन की भी कीमत देनी पड़ती तो पिताजी मकान खड़ा करने में असमर्थ होते; तब तो हमें फूस के झोंपड़ों में ही रहना होता। पता लगा कटघर में गणेशबाग़ के पूरब और जमुना रोड के उत्तर वारा के राजा की बहुत-सी ज़मीन ख़ाली पड़ी है। पिताजी ने वहीं कुछ ज़मीन 32 रुपये साल किराए पर ले ली; पट्टा स्थाई था, यानी किराया कभी बढ़ाया जाने को नहीं था, पर ज़मीन पर बने मकान को बेचने की हालत में एक चौथाई रक़म ज़मीन-मालिक को देनी थी और मकान के नए मालिक को पट्टे की पुरानी शर्त मान्य होनी थी। ज़मीन प्राप्त करने और उस पर मकान बनवाने की ज़िम्मेदारी पिताजी की थी। हम लोगों को एक बार ले जाकर उन्होंने ज़मीन दिखा भर दी, और हमें उसकी स्थिति पसन्द आई। हम लोग अपने पुराने मकान में भी खुलेपन के अभ्यासी थे और वह यहाँ भी था। उस ज़मीन पर बनने वाला हमारा पहला मकान था, उत्तर और पूरब में बड़ा-सा खाली मैदान पड़ा था; अब तो वहाँ एक इंच ज़मीन ख़ाली नहीं है। पश्चिम में गणेशबाग़ का अहाता था—अब उसमें भी बहुत-से मकान बन गए हैं। दक्षिण में कुछ छोटे-छोटे खपरैल-छाए मकान थे, जिनके पार जमुना रोड थी, रोड पर मिशन स्कूल-कालेज का लम्बा-चौड़ा कम्पाउण्ड था, जिसके नीचे जमुना बहती थी—चौड़ा पाट, फिर रेतीला किनारा, फिर पेड़ों की क़तार।

मिशन कम्पाउण्ड में बहुत कुछ था—जमुना मिशन हाई स्कूल, स्कूल का छात्रावास, ईविंग क्रिश्चियन कालेज जिसके टावर पर बड़ी घड़ी लगी थी, कालेज का छात्रावास, हेडमास्टर और प्रिंसिपल के रिहायशी बँगले, छात्रावासों के अधीक्षकों के क्वार्टर, गिरजाघर ('निशा निमन्त्रण' के गीत 'गिरजे से घण्टे की टन-टन' में उसी गिरजे का संकेत है।), एक ख़ैराती दवाख़ाना, पादरी और डाक्टर के मकान, बड़े-बड़े टेनिस कोर्ट, फिर भी खेलने के लिए कई मैदान और बहुत-सी जगह फूल-पौधों के लिए ख़ाली। जमुना रोड, कम्पाउण्ड के सामने से होती जमुना पुल को चली गई थी, जो शायद दुनिया का सबसे लम्बा दुहरा पुल है—ऊपर दोनों पर रेल की पटरियाँ, नीचे एक पुल आदमियों के आने-जाने के लिए, एक सवारी गाड़ियों के लिए जैसे इक्के, ताँगे, मोटर, आदि। मेरे घर से सड़क पार कर, मिशन स्कूल के हाते में होते हुए तीन मिनट में जमुना के तट पर खड़ा हुआ जा सकता था—दाहनी ओर राजा बनारस की कोठी, बलुआ घाट, आगे नहाने का पक्का घाट, जिसे बारादरी कहते थे; बाएँ को दूर तक जमुना का खुला किनारा, फिर ठीक जमुना-पुल के नीचे गऊ घाट जहाँ संगम को जाने के लिए नावें मिलती थीं। दूर पर गंगा-जुमना के संगम पर बने अकबर के क़िले की दीवारें दिखाई देती थीं।

जमुना में यहाँ एक विचित्र गरिमा और गम्भीरता है। थोड़ी दूर पर—मील-डेढ़ मील पर—वह गंगा से मिलती है। जुमना का पाट यहाँ बहुत चौड़ा हो गया है, वह यहाँ ख़ूब गहरी भी है, जल उसका गहरे नीले रंग का। यहाँ जमुना समाप्त होती है, यह उसकी आख़िरी मंज़िल है, उसकी लम्बी और विविधतापूर्ण यात्रा का अन्तिम चरण—उस जल धारा की आठ सौ मील लम्बी यात्रा का, जो हिमालय की यमुनोत्री में जन्म लेकर मीलों शृंग-मालाओं के बीच चक्कर काटती, घने जंगलों में फिरती, चौरस मैदानों में उतरती, न जाने कितनी भूमि को उर्वरा बनाती, न जाने कितने खेतों को सींचती, अनेकानेक ग्राम, नगर, महानगर को धन्य करती, कितनों को पावन तीर्थों का गौरव देती, सतत सवेग प्रवहमान, अन्त में क्रमशः क्वचित् श्रांत-शिथिल होती गंगा के वक्षस्थल से संपृक्त, भुजपाशों में आबद्ध, उसी में खो जाती है, उन्हीं में समा जाती है। यहाँ कहीं बैठकर आप ध्यान से उसकी धारा को देखें तो आप उसमें गंगा से—अपनी बड़ी बहन से—हिमालय की बेटियाँ होने के कारण वे दोनों बहनें ही तो हुईं—मिलने की एक हर्षोत्फुल्लता भी पाएँगे और अपनी सत्ता, अपना अस्तित्व मिटाकर गंगा में सदा के लिए विलीन होने का एक औदास्य भी; और कभी-कभी दोनों के अन्तर्मिलन से एक विमुक्ति का भाव भी, जो हर्ष-शोक दोनों से परे हैं। जमुना के किनारे न जाने कितनी बार शान्त बैठकर कभी उसे मैंने पहली, कभी दूसरी, कभी दोनों में एक साथ और कभी तीसरी अभिवृत्ति (मूड) में देखा है।

नए मकान का नक़्शा बनवाने में पिताजी ने नए समय की आवश्यकताएँ भी ध्यान में रखी थीं। मकान दो तल्ले का बनवाया गया था। ऊपर दो बड़े कमरे, दो छोटे कमरे, दो छतें, दो परछतियाँ—एक छोटा, एक बड़ा कमरा मेरे और मेरी पत्नी के लिए; एक छोटा, एक बड़ा कमरा मेरे छोटे भाई और उनकी भावी पत्नी के लिए, एक-एक छत-परछतियाँ ऋतु के अनुसार खुले या छाया में अलग-अलग सोने के लिए। नीचे अलग-अलग कमरे उनके अपने और माता जी के लिए थे—बहन का कोई ख़ास

कमरा नहीं था; वह तो किसी दिन इस घर से जाने वाली थी—और घर के आवश्यक स्थान थे, पूजाघर, भण्डारा, रसोई, स्नानघर आदि। घर का एक मर्दाना हिस्सा भी उन्होंने बनवाया था, पर बाहर बैठकें दो बनवाई थीं—शायद इस विचार से कि एक बैठक उनकी और उनकी उम्र के मित्रों की होगी और एक जवान लड़कों की, जो शायद अपने साथ बड़े-बूढ़ों का बैठना पसन्द न करें। सामने एक बरामदा पढ़ने को था, पर वह न बन सका; आगे जो थोड़ी-सी ज़मीन खुली पड़ी थी वह मुँडेर से घेर दी जाने को थी, पर मुँडेर के भी बनने की नौबत न आई। आँगन तो था ही, बिना आँगन के हिन्दुस्तानी घर की कल्पना नहीं की जा सकती; उसके आगे एक सायबान था, कभी घर में गाय आदि पाली जाए तो उसके बाँधने के लिए। गाय पालने का पिताजी को शौक़ था, एकाध बार उन्होंने पाली भी थी, पर जानवर पालने की बहुत-सी झंझटें भी थीं जो उनकी अकेली जान झेल नहीं पाती थी। नौकरी से रिटायर होने पर एक गाय पालने और उसकी सेवा करने का अरमान वे अपने मन में लिए थे।

घर को बहुत बड़ा या शानदार तो नहीं कह सकते, पर हमारी सुविधा और निजीपन (प्राइवेसी) के लिए उसमें सब कुछ था। तीन तरफ़ से अब भी मकान किसी से मिला नहीं। चौथी तरफ़ एक वकील साहब ने अपना मकान बनवाया। मैंने कहीं पढ़ा था कि अच्छा वकील बुरा पड़ौसी होता है। मकान के पीछे एक बंसवट था और उसके लम्बे-लम्बे बाँस हमारे ऊपर वाले कमरों से भी ऊपर चले गए थे; खिड़की से सुन्दर दिखते थे। ऊपर के कमरों की खिड़कियाँ दक्षिण की ओर थीं और मेरे कमरे की एक खिड़की तो ऐसी जगह थी कि उसके सामने कुर्सी पर बैठने से जमुना को, जब वे बाढ़ पर होतीं, देखा जा सकता था। और यह मुझे बहुत अच्छा लगता था। बहता हुआ पानी और उठती हुई आग देखना मुझे बहुत भाता है, पानी चाहे नाली का हो, चाहे नदी का; आग चाहे होली की हो, चाहे चिता की। पिताजी को विशेष सन्तोष इस बात से था कि हमारे मकान के ठीक सामने गली पार गणेश बाग़ में एक मन्दिर था। मन्दिर का एक द्वार हमारे घर के सामने था, पर वह किसी कारण स्थाई रूप से बन्द रहता था, पिताजी ने बहुत प्रयत्न किया कि वह दरवाज़ा खुल जाए और वे अपने घर से निकल, गली पार करके मन्दिर में पहुँच जाया करें, पर वे असफल रहे; जयपुर से गणेश जी की एक मूर्ति मँगाकर उन्होंने मुख्य द्वार पर अवश्य लगवाई थी जो आज तक लगी है।[1]

चक के घर को छोड़कर कटघर में आना हमारे लिए एक घर को छोड़कर दूसरे घर में आना भर नहीं था। यह हमारा पुराने परिवेश से कटकर नए परिवेश में आना था, शहर के बीच मुहल्ले से उठकर शहर की सीमा पर। इससे हममें एक सूक्ष्म मानसिक परिवर्तन भी आया। चक के घर-घर, परिवार-परिवार के बीच पुश्त-दर-पुश्त का सम्बन्ध चला आता था। प्रेम, पहचान, मित्रता, कृतज्ञता से लेकर ईर्ष्या, द्वेष, मनोमालिन्य, मनमोटाव तक का। वहाँ हर काम के लिए एक रूढ़ि बनी थी, एक परम्परा, जिससे तिलभर हटकर कुछ करना असम्भव था। कोई-न-कोई बूढ़ा, खोढ़ा, दकियानूस, पुराने

---

1. वह मूर्ति अब 'प्रतीक्षा' बम्बई में स्थापित है।

पचड़ों-प्रपंचों को जानने वाला हाज़िर हो जाता था और दादा-परदादा के ज़माने की दुहाई देकर किसी तरह के भी नए पर व्यंग्य करता था या उसका विरोध। उसकी बात न भी मानी जाती थी तो एक प्रकार की कटुता तो उत्पन्न हो जाती थी, और वह बहुत दिनों तक बहुत रूपों में बिम्बित हुआ करती थी। बहुत-सी बातें निःसार, बेकार, बेमतलब सिर्फ़ इसलिए की जाती थीं कि अड़ोसी-पड़ोसी क्या कहेंगे, या न करने से किसी का दिल दुखेगा या कोई बुरा मानेगा। एक-दूसरे की आलोचना के डर से अपने मन का, चाहे अच्छा ही क्यों न हो, करते हर एक डरता था। नए मुहल्ले, नए पड़ोसियों के बीच वे सब सड़े-गले, गले-पड़े सम्बन्ध टूट गए थे और हम बाहर-बाहर ही नहीं, भीतर भी एक खुलेपन का अनुभव करते थे। जमुना पार से आती ताज़ी हवाओं का हम जैसे स्वागत करते थे वैसे ही अब हम नए-ताज़े विचारों का भी निर्भय स्वागत कर सकते थे। मेरे माता-पिता को पुराने से टूटना, ज़ाहिर है, प्रिय नहीं हो सकता था। नए पड़ोसियों से सम्बन्ध बना लेना या अपनत्व स्थापित करना उनके लिए कठिन था। पर हम नई जगह कुछ अजनबीपन अनुभव करके भी खुश थे, कम-से-कम मैं था, क्योंकि पुराना मुझे खलने लगा था और मैं अपने मन की करने की आज़ादी चाहता था।

इण्टर पास होने के बाद पिताजी ने मुझसे एक बार फिर पढ़ाई बन्द करके नौकरी करने का आग्रह किया। वे इसी वर्ष पायनियर से रिटायर होने वाले थे और हटने के पूर्व वे मुझे वहाँ लगा देना चाहते थे। मोहन चाचा ने भी आख़िर इण्टर पास करके नौकरी शुरू कर दी थी। गंसी चाचा के बी. ए. में कई वर्ष फ़ेल होने से बी. ए. की डिग्री के प्रति परिवार में एक भय और आशंका ने जन्म ले लिया था। हिन्दुओं के यहाँ अन्धविश्वास बड़ी जल्दी जड़ जमाता है। मेरे चचेरे बड़े भाई शिवप्रसाद उस डिग्री के निकट नहीं गए थे। मुझे भी आगाही दी गई, किस झगड़े में पड़ोगे। यों तो अब तक मैं अपने मन से निर्णय लेने का आदी हो गया था, पर अब मेरे सास-ससुर भी थे जिनका मन मैं जानना चाहता था, और शायद सबसे बढ़कर मेरे खेल की सहेली, मेरी श्यामा थी—मेरी 'ज्वाय', जिससे मुझे परामर्श करना था। ससुराल जाना तो निमन्त्रित होने पर ही सम्भव था, पर मैं श्यामा को पत्र लिखने लगा था। मेरे एक बार फ़ेल होने से श्री मोहन मुझसे एक दर्जे आगे चल रहे थे। उन्होंने पिछले वर्ष बी. ए. में नाम लिखा लिया था। उनके ज़रिए मेरे सास-ससुर की राय मालूम हुई कि मैं भी युनिवर्सिटी में नाम लिखा लूँ। श्यामा से मैंने न जाने किस तरह पूछा था कि उसने लिखा मैं अवश्य बी. ए. पास करूँ और इसकी आशंका बिल्कुल छोड़ दूँ कि वह किसी तरह मेरे पथ की बाधा बनेगी। पत्र के साथ ही उसने सौ रुपए का एक नोट रख दिया था कि उससे मैं युनिवर्सिटी में अपना नाम लिखा लूँ और कोर्स की किताबें ख़रीद लूँ। ये रुपए उसके किसी सम्बन्धी ने उसे अपने लिए स्वर्ण कुण्डल बनवा लेने के लिए दिए थे। उसने मुझे बस एक वाक्य लिखा था कि कुण्डल से जरूरी यह है कि आपकी पढ़ाई जारी रहे। श्यामा साल भर में कितनी परिपक्व हो गई थी—कितनी जल्दी छोटी से बड़ी। रुपए की मुझे ज़रूरत थी, मैंने रुपए ले लिए, और पहली बार मुझे आभास हुआ कि श्यामा साधारण लड़की नहीं है, श्री मोहन ने उसके बारे में जो राय बनाई थी वह बिल्कुल ठीक है। ऐसी लड़की के योग्य बनने के लिए शायद मुझे ही साधना करनी पड़ेगी।

मैंने जुलाई 1927 में युनिवर्सिटी में नाम लिखा लिया। इलाहाबाद युनिवर्सिटी की इमारत बड़ी भव्य और प्रभावकारी है। अब तो खूब ऊँचे टावरवाला म्योर कालेज भी उसमें शामिल हो गया था। कायस्थ पाठशाला में हम लोग फ़र्शी कमरों में पढ़ते थे, कालेज वाले लड़के, दुमंज़िले पर। म्योर कालेज के टावर को अपने लड़कपन में देखकर मैं कल्पना करता था कि विद्यार्थी जैसे-जैसे ऊँचे दर्जों में पहुँचते जाते होंगे वैसे-वैसे टावर की ऊँची और ऊँची मंज़िलों पर पढ़ते होंगे, और एक दिन वहीं बैठकर पढ़ने का मैं सपना देखा करता था ! युनिवर्सिटी की इमारत मेरी बहुत पहले की देखी थी। मेरे मामा जी के घर से बड़े कुएँ पर चढ़ मुँडेर फाँद एक मिनट में हम पी. सी. बनर्जी होस्टल के कम्पाउण्ड में पहुँच जाते थे; वहाँ से युनिवर्सिटी तक जाने में बस दो मिनट और लगते थे। युनिवर्सिटी की बड़ी घड़ी के घण्टे मामा जी के घर से भी सुनाई पड़ते थे। वह पन्द्रह मिनट पर चार घण्टे, तीस मिनट पर आठ, पैंतालीस मिनट पर बारह, और साठ मिनट पर सोलह घण्टे बजाकर जितना बजा हो उतने घण्टे और बजाती थी। हमारे विशेष कौतूहल की वस्तु थी उसकी बड़ी सुई, वह मिनट-मिनट नहीं चलती थी, बल्कि पाँच मिनट होने पर मछली की तरह तैर कर एक संख्या से दूसरी संख्या पर पहुँच जाती थी। म्योर कालेज में साइंस पढ़ाई जाती थी; युनिवर्सिटी की इमारतें तीन हिस्सों में थीं—लाइब्रेरी, सेनेट हाल और अंग्रेज़ी और ला डिपार्टमेन्ट; पीछे प्रेस ब्लाक था, शायद उसमें कभी इण्डियन प्रेस था, जिसे अब युनिवर्सिटी ने ले लिया था और उसमें कला के अन्य विषय पढ़ाए जाते थे। इमारतें तो कई बार देखी थीं, पर जब युनिवर्सिटी में नाम लिखा लिया तो मन में एक विशेष गर्व का अनुभव हुआ, अब मैं इस युनिवर्सिटी का अंग हूँ और युनिवर्सिटी मेरी है; युनिवर्सिटी की कुछ ऊँचाई और भव्यता जैसे मेरी आत्मा में भी प्रविष्ट हो गई। उसके ख्यातिप्राप्त विद्वान प्रोफ़ेसरों का, उससे निकले प्रसिद्ध विद्यार्थियों का जैसे-जैसे ज्ञान हुआ यह गर्व और बढ़ा, साथ ही कुछ दायित्व का भी अनुभव हुआ कि मैं इस कीर्तिमान परम्परा का अंश हूँ, मुझे इस परम्परा के योग्य होने को कुछ करना होगा, सम्भव हो तो इस परम्परा को कुछ आगे बढ़ाने के लिए भी प्रयत्नशील होना होगा।

ऐच्छिक विषयों में मैंने हिन्दी और फ़िलासफ़ी ली—'दर्शन' उसे नहीं कहूँगा—भारतीय दर्शन का समानांतर योरोपीय फ़िलासफ़ी में कुछ नहीं—सच तो यह है कि जहाँ फ़िलासफ़ी समाप्त होती है, वहाँ से 'दर्शन' आरम्भ होता है, और उन दिनों तो फ़िलासफ़ी के नाम पर हमें योरोपीय फ़िलासफ़ी ही पढ़ाई जाती थी। अंग्रेज़ी अनिवार्य थी।

हिन्दी पुस्तकों को पढ़ते रहने, पत्र-पत्रिकाओं को देखते रहने, काव्य और छायावादी कविता में विशेष रुचि लेने और थोड़ी-सी कविताएँ लिखने में, अपनी दृष्टि में, सफल होने के कारण हिन्दी के प्रति मुझे बड़ा अनुराग हो गया था। मैं शास्त्रीय रीति से उसका अध्ययन कर अपना ज्ञान बढ़ाना चाहता था। जो कुछ कविता के नाम से मैंने अब तक लिखा था उससे मुझे भीतर-ही-भीतर ऐसा अनुभव होता था कि भाषा अभी मेरे अधिकार में नहीं है। कहना मैं बहुत कुछ चाहता हूँ पर जब काग़ज़ सामने आता है तब लेखनी गूँगी हो जाती है—जैसे अपनी प्रेमिका के सामने नए-नए प्रेम की जिह्वा।

इण्टर में मैंने 'लाजिक' ली थी, वह फ़िलासफ़ी की प्रवेशिका थी। मैंने सोचा, मुझे उसी पथ पर आगे बढ़ना चाहिए जिस पर मैंने अपने पाँव रख दिए थे। लाजिक ने मुझे कुछ बौद्धिकता दी थी। मैंने लाजिक ली ही इसलिए थी कि उससे मेरी भावातिशयता पर कोई अंकुश लग सके, मैं भावों की धारा में बह न जाऊँ; बुद्धि से, तर्क से अपने लक्ष्य की ओर तैर कर जा सकूँ। फ़िलासफ़ी से निश्चय मैं एक विवेक-सम्मत जीवन-दृष्टि पाने की प्रत्याशा कर रहा था, पर मेरे रग-रेशों में भिनी भावुकता शायद लाजिक और फ़िलासफ़ी के लिए भी बड़ी भारी चुनौती थी। लाजिक फ़िलासफ़ी–मेटाफ़िज़िक्स-एथिक्स–जर्मन बुद्धिवादी दार्शनिकों का अध्ययन, जिसमें एक समय मेरा मन खूब रमा, आर्य समाज का तर्क-प्रखर प्रभाव–जिसकी ओर भी उन दिनों मैं हठपूर्वक झुका–सब मिलकर भी मेरी भावुकता से एक हारती हुई लड़ाई लड़ रहे थे। आगे चलकर मैंने जिस प्रकार का व्यवहार किया, या मुझसे जिस प्रकार का व्यवहार हुआ, उसकी हक़ीक़त मुझे मालूम है,

...क्योंकि आया जब सरस वसंत
सजा पाटल से अपने हाथ,
गए तर्कों के मेरे तार
टूट उसके आने के साथ !

इस मनोवैज्ञानिक स्थापना में बहुत कुछ सत्य है कि मनुष्य जो भीतर से होता है बाहर से उसके विपरीत अपने को दिखाने का प्रयत्न करता है, कायर अपने को बहादुर सिद्ध करना चाहता है, कामी अपने को विरागी, भाव-भीगा अपने को तर्कशुष्क लेकिन अपनी आरोपित सतर्कता से वह चूका कि अपने असली रूप में प्रकट हो जाता है। शायद अन्त में मनुष्य को अपना स्वभाव स्वीकार करने और उसका यत्किंचित् परिष्कार कर लेने में ही थोड़ी-बहुत शान्ति मिल पाती है।

फ़िलासफ़ी में मेटाफ़िज़िक्स (तत्त्व-मीमांसा) तब विद्यार्थियों को लेनी पड़ती थी जिसमें बर्कले, ह्यूम और कांट का विशेष अध्ययन कराया जाता था। उसके साथ एनशेन्ट या माडर्न एथिक्स (प्राचीन अथवा अर्वाचीन नीतिशास्त्र) ली जा सकती थी। मैंने माडर्न एथिक्स ली। माडर्न मैंने शायद यह सोच कर ली कि उसमें आधुनिक मानव की समस्याओं का उचित समाधान देने की प्रक्रिया का विवेचन होगा। एनशेन्ट पुरानी पड़ चुकी होगी, उसका ऐतिहासिक महत्त्व हो, पर आज के मानव के लिए शायद ही उसका कोई व्यावहारिक उपयोग हो सके।

विषयों का चुनाव मैंने स्वयं किया था, कोई इस संबंध में राय देने वाला था भी नहीं। हिन्दी और अंग्रेज़ी साहित्य के अध्ययन में मुझे आनन्द आता था, विशेषकर अंग्रेज़ी कविता के अध्ययन में; फ़िलासफ़ी तो मैं ज़िद्दन पढ़ रहा था, पर यह भी विचित्र बात है कि मेरे सबसे अधिक नम्बर फ़िलासफ़ी में आया करते थे।

अंग्रेज़ी में मैं मिस्टर (तब लोग 'श्री' लिखे-कहे नहीं जाते थे) एल. डी. गुप्ता और मिस्टर (तब तक वे 'डाक्टर' नहीं बने थे) पी. ई. दस्तूर के सेक्शन में था। एल. डी. गुप्ता–गुरुवर की आत्मा मुझे यह कहने के लिए क्षमा करे–व्यक्तित्व-विहीन व्यक्ति थे। उन्हें केवल पाठ्यक्रम पढ़ा कर अपनी तनख़्वाह लेने के अतिरिक्त न

युनिवर्सिटी से कोई काम था, न विद्यार्थियों से, न सहयोगी अध्यापकों से। बाद को उन्होंने 'रेनबो रीडर्स' बनाई और वे स्कूलों में लग गईं, शायद प्रकाशक के प्रयत्नों से, तो उन्होंने बड़ा धन कमाया और अपने बेटों के लिए छोड़ गए। उन पर मेरे एक मित्र ने एक 'लिमरिक' बनाई थी, जिसका मज़ा अंग्रेज़ी जानने वाले ही ले सकेंगे। अनुवाद उसका नहीं हो सकता।

There was a peculiar man called L.D.
On his face there was no expression of 'Jaldi,'
He was a terrific breeder,
When he wasn't made a Reader,
He made readers that made him awfully wealthy.

पी. ई. दस्तूर पारसी थे (अभी जीवित हैं), मैं उनके सेमिनार में भी था। तब दुबले-पतले थे, क़द में छोटे, हर दिन सूट-बूट में साफ़, चुस्त, दुरुस्त। वे मुझे तेज़ लड़कों में समझते थे, मुझमें रुचि लेते थे, पर मुझ पर कड़ी नज़र भी रखते थे। मैं उनका आदर करता था, उनसे निकटता का अनुभव करता था, पर उनसे डरता भी था। और लड़के कभी काम न करें तो उनको वे नज़र-अन्दाज़ कर जाते थे, पर मैं कभी काम न करूँ तो मुझे कड़ी-से-कड़ी डाँट पिलाने से बाज़ न आते थे। मेरे अंग्रेज़ी स्वाध्याय को व्यवस्थित रूप से परिचालित कराने का भी काम उन्होंने किया—उनका अपना निजी काफ़ी बड़ा पुस्तकालय था। वे अच्छी पुस्तकों को पढ़ने का सुझाव देते, अपने पुस्तकालय से पुस्तकें भी। युनिवर्सिटी का पुस्तकालय था ही, मैं पब्लिक लाइब्रेरी का भी सदस्य हो गया था। यदि मुझे यहाँ भी कोई विश्राम तिवारी का अंग्रेज़ी संस्करण मिल जाता तो मैं अंग्रेज़ी किताबों के जंगल में ऐसा भटक जाता कि शायद ही कभी सही-सलामत दिमाग़ लेकर बाहर निकल पाता। ग़नीमत हुई कि हिन्दी की बग़ीची बहुत छोटी थी।

हिन्दी हमें मिस्टर (डाक्टर शायद बाद को) धीरेन्द्र वर्मा और मिस्टर डी. पी. शुक्ला पढ़ाते थे। वर्मा जी लम्बे, अपने बन्द कालर के कोट-पैन्ट में ज्यामिति के लम्ब (परपेंडीकुलर) के समान, दुबले-पतले, बोलने में न आरोह, न अवरोह, चेहरे पर न कभी प्रसन्नता न मलिनता—हमें खड़ी बोली कविता पढ़ाते थे, यानी 'प्रिय प्रवास', बाद को भाषा-शास्त्र, उनका प्रिय विषय। लड़के उनको 'भिण्डी' कहते थे। विभाग के अध्यक्ष वही थे। शुक्ला जी उनके प्रतिलोम थे, क़द में तो शायद वर्मा जी से उन्नीस, पर काया से भारी-भरकम। कोट-पैन्ट वे भी पहनते थे, पर लगता ऐसा था कि कोट-पैन्ट-नुमा एक बड़ा-सा थैला बनाकर उसमें उन्हें भर दिया गया है और उनका कुम्हड़े-सा सिर भर बाहर निकल रहा है। पान खाते थे, शायद दस-बीस बीड़े घर से लगवाकर एक पन-डब्बे में लाते थे जो उनकी पैन्ट की किसी जेब में पड़ा रहता था, पर बाहर से उसके भीतर होने का कुछ पता न चलता था। कभी-कभी मुँह के दाहिने या बाएँ कोने से पान की पीक की निहायत पतली-सी लीक उनकी दुहरी-गुलगुली ठोढ़ी की ओर सरकरती नज़र आती थी जिसके प्रति यदा-कदा सचेत हो वे अचानक अपनी मोटी हथेलियों से उसे पोंछ देते थे। शरीर से ही नहीं स्वभाव से भी वे वर्मा जी के प्रतिलोम थे। यों तो एक भोंडी-सी मुस्कान उनके चेहरे पर हर समय खेलती रहती थी, पर ऐसा

भी लगता था कि हर दूसरे-तीसरे मिनट उन्हें कोई गुदगुदा देता था और वे अकारण हँस पड़ते थे। हँसते तो अगल-बग़ल के दो ज़रा लंबे दाँत उनके होठों के बाहर निकल पड़ते थे—इन्दौर का एक लड़का भटनागर था; उसने युनिवर्सिटी के दस अध्यापकों को दशावतार मानकर एक कवित्त लिखा था, जब वह सुनाता तो 'वराह रूप शुक्ला जी' पर हम खूब हँसते। वर्णन उन पर सटीक बैठता था। लड़के उनको 'भगवान्' कहते थे। गद्य और कथा साहित्य कुछ दिनों हमें पं. ललिताप्रसाद सुकुल ने पढ़ाया था, बाद को वे कलकत्ता विश्वविद्यालय में हिन्दी विभागाध्यक्ष हो गए थे। उनका स्वर्गवास हो चुका है।

मेटाफ़िज़िक्स हमें मिस्टर ए. सी. मुकर्जी और माडर्न एथिक्स मिस्टर एन. सी. मुकर्जी ने पढ़ाया था। ए. सी. मुकर्जी अपनी फ़िलासफ़री ख़ब्तुलहवासी के लिए प्रसिद्ध थे। हम लोग क्लास में पहुँचे हैं और उन्होंने धाराप्रवाह बोलना आरम्भ कर दिया है। हमारी समझ में कुछ नहीं आता, सब सिर के ऊपर से तेज़ हवा-सा गुज़रा जा रहा है। किसी को उठकर उनसे कुछ पूछने की हिम्मत नहीं होती; बीच में कोई सवाल वे ही पूछते हैं। कोई उत्तर नहीं दे पाता। अरे, फ़लाँ कहाँ है, क्लास का सबसे तेज़ लड़का। वह तो नहीं है—इस नाम का कोई लड़का इस क्लास में नहीं है। कुछ घबराकर पूछते हैं—व्हाट क्लास इज़ दिस ?—यह कौन क्लास है ? कोई उत्तर देता है बी. ए. फ़र्स्ट इयर। प्रोफ़ेसर साहब अपने दोनों हाथ अपने माथे से लगाते हैं—माई गॉड, आई थाट इट वाज़ एम. ए. फ़ाइनल !—मैंने समझा एम. ए. फ़ाइनल का दर्जा है। और वे बी. ए. फ़र्स्ट इयर वाला लेक्चर शुरू कर देते हैं।

एन. सी. मुकर्जी अपनी जवानी में ईसाई हो गए थे। क़द में लम्बे, शरीर से भरे पर मोटे नहीं, बड़ी-घनी मूँछें; मोटा चश्मा लगाते थे, मोटा हैट पहनते थे। कुर्सी पर बैठकर वे सिर्फ़ हाज़िरी लेते थे, फिर मेज़ पर बैठकर एक पाँव लटकाए, एक घुटने से मोड़कर सामने लड़कों वाली मेज़ पर रखकर पढ़ाते थे। उनका पढ़ाने का ढंग सुकराती था, यानी वे लड़कों से पहले आकर प्रश्न पूछते थे, और उनके उत्तर की ग़लती और त्रुटि बतलाते हुए विषय को ठीक-ठीक ग्राह्य बना देते थे। वे इस बात को पसन्द करते थे कि लड़का उनसे खूब प्रश्न करे, उल्टा-सीधा कैसा भी, पर उनसे बहस-मुबाहिसा करता जाए; प्रश्नों से ही उत्तेजित होकर वे अपने विषय का प्रतिपादन करते थे। मैं उन दिनों आर्यसमाजी मनोवृत्ति का था और उनसे बड़ी कठहुज्जती करता था, पर वे इसका बिल्कुल बुरा न मानते थे। मैंने उनको 'सत्यार्थ प्रकाश' की एक प्रति भेंट की थी। उनका विश्वास था कि जो विद्यार्थी जिस मानसिक स्तर पर है उसको वहीं से उठाना होगा। उन्होंने मुझ से कहा था, जीवन को पहचानने और परखने के लिए तुम बुद्धि, तर्क, विवेक का चश्मा शायद ही लगा सको। उसकी ओर तुम्हारी सारी पहुँच भावना प्रेरित है। भावना जल है, उस पर देश-काल-गति का प्रभाव बड़ी जल्दी पड़ता है। विवेक चट्टान है, उस पर परछाइयाँ पड़कर हटती-मिटती रहती हैं। जल में तैरा जा सकता है, उस पर घर नहीं बनाया जा सकता; घर चट्टान पर ही बन सकता है, घर में रहने वाला अधिक सुरक्षित-व्यवस्थित अनुभव करता है, पर अपनी प्रकृति से लड़कर कोई सफल भी नहीं होता।

यूनिवर्सिटी मेरे घर से चार मील से ऊपर ही होगी; मैं पैदल युनिवर्सिटी जाता, पैदल लौटता, इसमें बहुत-सा समय बर्बाद होता। मैंने चलते हुए पढ़ने की आदत डाल ली। इलाहाबाद में एक आदमी था जो एक हाथ से हैंडिल पकड़कर साइकिल चलाता था, दूसरे हाथ से एक किताब पकड़कर पढ़ता जाता था; वर्षों मैंने उसको ऐसे ही देखा और कभी नहीं सुना कि वह किसी दुर्घटना में फँसा। चलते हुए पढ़ने से चाल कुछ मन्द हो जाती, पर चलने का सब समय रास्ता तय करने के अतिरिक्त पढ़ाई का लाभ भी कमा लेता। युनिवर्सिटी की पढ़ाई का ख़र्च, फ़ीस, महँगी किताबों, पढ़ने-लिखने के सामान पर ज़्यादा आता; मैंने एक के बजाय दो ट्यूशनें कर लीं, एक पर सुबह को जाता, एक पर शाम को। दोनों से बीस-पचीस रुपए मिल जाते। चार बजे सुबह उठ जाता, अपनी पढ़ाई करता, फिर ट्यूशन पर जाता, शाम को ट्यूशन से लौटकर रात को बारह बजे तक पढ़ता। बस चार घण्टे सोना मेरे लिए पर्याप्त होता। पिताजी ने विश्वास दिलाया था कि नींद सोने के घण्टों से नहीं उसकी घनता से पूरी होती है। बहुत दिनों तक मैं रात को केवल दो घण्टे सोता—12 से 2 तक। बाद को कहीं मैंने बेनीपुरी जी के एक लेख में पढ़ा कि 12 से पहले तो आदमी को सोना ही नहीं चाहिए, यह क्या कि एक तारीख़ को सोए और दूसरी तारीख़ को उठे। मैं तो बहुत पहले से इसका अभ्यास कर रहा था। डाक्टर जानसन ने भी कहीं लिखा था, जनाब, जो बारह बजे रात के पहले सोता है वह 'स्काउण्ड्रल' है—यानी कमीना। पिताजी की सीख में जो कमी थी वह विश्राम तिवारी ने पूरी कर दी थी। बचपन में पड़ा संस्कार प्रायः अमिट होता है। उन्होंने मेरे कानों में जैसे पेंचकस से यह श्लोक पेस दिया था,

काक चेष्टा बको ध्यानं श्वान निद्रा तथैव च
अल्पभोजी स्त्री-त्यागी विद्यार्थी पंच लक्षणम्।

विश्राम तिवारी मेरे युनिवर्सिटी-जीवन में मुझे देखते तो मुझे सौ में से एक सौ एक नम्बर देते, डाक्टर जानसन मुझे 'कमीना' न कहते, बेनीपुरी मेरी पीठ ठोंकते, और मेरे पिता जी तो इस बात से प्रसन्न थे ही कि कम-से-कम सोने-जागने के मामले में उनका बड़ा लड़का उनके चरण-चिह्नों पर चल रहा है। उन्होंने तो अपने जीवन-भर की सोने की कमी पायनियर प्रेस से सेवामुक्त होकर पूरी कर ली, दिन-रात-सुबह-शाम जब समय मिले तब सोकर; पर उनका लड़का क़लम घिसाई के ऐसे पेशे में पड़ा है कि सेवामुक्त होकर भी अपनी नींद की कमी पूरी करने का अवसर नहीं पाता—शायद उसकी नींद तो मृत्यु-शय्या पर ही पूरी हो।

मेरे ससुर जी को जब मेरी पैदल-चलाई का पता लगा तो उन्होंने दया-द्रवित होकर मेरे लिए एक नई साइकिल भेज दी। उन दिनों हमारी बिरादरी में दूल्हे शादी के समय कलेवा खाने में बड़ा ठनगन करते थे, कोई ग्रामोफ़ोन माँगता था, कोई फ़ोटो खींचने का कैमरा, कोई घड़ी, कोई साइकिल। अब तो शायद रेडियो, फ्रिजिडेयर, मोटर माँगते हों। मैंने उस समय कुछ नहीं माँगा था। अब उन्होंने साइकिल भेज दी तो मैं उनका बड़ा कृतज्ञ हुआ। साइकिल से मेरे श्रम और समय की बड़ी बचत हुई। पढ़ने, सोने को कुछ अधिक समय मिला, ट्यूशनें दोनों चलती रहीं।

इसी समय मेरी ससुराल पर एक संकट आ पड़ा। मेरी सास को मन्द ज्वर रहने

लगा, साथ खाँसी भी आने लगी और थोड़े दिनों के इलाज और परीक्षण के बाद डाक्टरों ने घोषित कर दिया कि उनको थाइसिस की बीमारी है। उन दिनों थाइसिस या तपेदिक ला-इलाज मर्ज़ समझा जाता था; जिसको होता था उसके लिए, यह मान लिया जाता था कि मौत का परवाना आ गया है। जो कुछ इन्जेक्शन, दवा, पौष्टिक खुराक़ आदि दी जाती थी बहुत ख़र्चीली होती थी। मरीज़ को पूरा आराम लेने को कहा जाता था; वह हर समय चारपाई पर पड़ा रहे, न हिले, न डुले। सब से बड़ी समस्या होती थी ऐसे मरीज़ की तीमारदारी की, क्योंकि राजयक्ष्मा की बीमारी संक्रामक समझी जाती थी। अपने घर को सँभालने वाली मेरी एकमात्र सास थीं। उनकी जेठानी अर्द्ध-विक्षिप्त थीं, उनकी बड़ी लड़की की शादी हो चुकी थी, छोटी बहुत छोटी थी। बेटा नौकरी-चाकरी से था। बेटे की बहू, श्री मोहन की बहन, अपनी पागल सास, छोटी ननद, और अपने पति की देख-रेख करती थी, जब ससुर बाबू रामचन्द्र शहर आएँ तब उनकी, गो वे प्रायः पड-रौना रहते थे। मेरे अपने दो साले बहुत छोटे-छोटे थे, साली और भी छोटी। एकमात्र श्यामा से, गो वह भी बहुत सयानी नहीं थी, यह उम्मीद की जा सकती थी कि वह अपने पिता, भाई, बहन की सँभाल करेगी, साथ ही अपनी माँ की तीमारदारी। जिन दिनों मैं बी. ए. प्रथम वर्ष में था, पिताजी की इच्छा थी कि श्यामा को थोड़े दिनों के लिए घर बुला लें, पर मेरी सास की बीमारी के बारे में जानकर और वहाँ श्यामा की उपस्थिति की अनिवार्यता समझकर उन्होंने यह प्रस्ताव बाबू रामकिशोर के सम्मुख न रखा।

श्यामा को अपनी माँ से बड़ा प्रेम था। माँ के लिए भी वे बेटी से भी अधिक उनकी साथिन थीं। श्यामा ने सारे घर का दायित्व अपने ऊपर लिया। अपने पिता को वे दफ़्तर जाने के समय पर खाना बनाकर खिला देतीं, भाइयों को वक़्त से खिला-पिलाकर स्कूल भेज देतीं, बहन तो तब तक घर पर ही खेलती-कूदती थी; माँ चारपाई छोड़ती न थीं, उनकी सारी ज़रूरतें पूरी करातीं, उनको समय-समय पर दवा-दारू देतीं, उनका बुख़ार लेतीं, उनके चारों ओर सफ़ाई रखतीं, और उनको सब प्रकार से सन्तुष्ट और प्रसन्न रखने का प्रयत्न करतीं। उनकी बीमारी लम्बी चली और लगभग दो बर्ष तक आशा-निराशा की आँखमिचौनी होती रही। बा. रामकिशोर रुपया-पैसा पानी की तरह बहा रहे थे, श्यामा तन-मन से उनकी सेवा-सुश्रुषा में तत्पर थीं। कभी लगता वे अच्छी हो रही हैं, लेकिन फिर तबीयत अचानक ख़राब हो जाती; लगता दो-चार दिन भी चलना मुश्किल होगा, पर फिर उनकी तबीयत में धीरे-धीरे सुधार होने लगता। एक डाक्टर की दवा से लाभ होता न दिखता तो दूसरा डाक्टर बुलाया जाता, फिर तीसरा। फिर कुछ दिन हकीमों का इलाज हुआ। अन्त में वैद्यों की शरण ली गई पर उनकी हालत गिरती ही गई। जब से मेरी सास बीमार हुई थीं जामाता को निमन्त्रण देकर बुलाने की औपचारिकता समाप्त हो गई थी। मैं प्रायः प्रति सप्ताह अपनी सास को देखने जाता; वे मुझे बड़े प्यार की दृष्टि से देखतीं; ज़्यादा बोलने की उनको मनाही थी, फिर भी वे मेरे घर, परिवार में सबका हाल-चाल पूछतीं, मेरी पढ़ाई के बारे में जानना चाहतीं, और श्यामा की बड़ाई अतिश्योक्तियों में करतीं, उसके श्रम की, उसकी सेवा की, उसकी लगन की। उनके बताने की ज़रूरत न थी, मैं अपनी आँखों से देखता था, वे इस विश्वास से अपनी माँ की सेवा करती थीं कि वे उनको निश्चय बचा लेंगी।

अन्तिम दिनों में तो मेरी सास कहने लगी थीं कि मैं मरती भी नहीं, मर जाती तो श्यामा को कुछ आराम तो मिलता, मेरी सेवा में वह चूर हुई जाती है ! मुझे श्यामा को देखकर आश्चर्य होता। न कभी मैं उसे थकी देखता, न खिन्न, सर्वदा प्रसन्नमुख, अपनी माँ और परिवार के लोगों की सुविधा के ध्यान में अपने को भूली। कभी-कभी माँ की आँख लग जाती, या वे जानबूझ कर सोने का अभिनय करतीं तो श्यामा के साथ मुझे दो क्षण एकान्त में मिल जाते। कभी-कभी वह मुझसे कहती, काश ! मैं आपके पास होती, आप दिन भर के काम से थककर सोने जाते तो आपकी मैं सेवा करती, पर जो मैं आपके पास नहीं हूँ, इसमें भी शायद कोई भलाई है, आप अपना सारा ध्यान पढ़ाई की तरफ़ लगा सकते होंगे। मैं कहता, तुम ऐसा सोचती हो, मेरा ध्यान तो तुम्हारे पास रहता है; मैं जानता हूँ तुम्हारी ज़रूरत माँ के पास है, न तुम मेरे पास आने की स्थिति में हो, न मैं तुम्हें अपने पास बुलाने की स्थिति में हूँ, आशा है माँ एक दिन अच्छी होंगी (हालांकि मैं भीतर-भीतर यह जानता था कि माँ अब नहीं अच्छी होंगी) और तुम्हें खुशी-खुशी मेरे घर के लिए विदा कर सकेंगी। वह मेरी बात को आधे विश्वास, आधे अविश्वास से सुनती; शायद उसके मन में भी कुछ सन्देह होने लगा था कि माँ अब नहीं बचेंगी। हम दोनों एक तनाव की-सी मनःस्थिति में एक-दूसरे से विदा होते। हमारे शब्दों में कुछ और होता, मन में कुछ और।

और एक दिन माँ के दुनिया से विदा होने का समय आ गया। उनकी चेतना अन्तिम समय तक बनी थी। छोटी बेटी और दोनों छोटे बेटों को उन्होंने पास बुलाया और आशीष देकर उन्हें दूर हटा देने को कहा। श्यामा को और मुझे भी उन्होंने आशीष दिया। श्यामा के प्रति कृतज्ञता के शब्द उनके मुख से नहीं निकल सके। उसे उनके अन्तिम आँसुओं ने व्यक्त किया। अपने पति से उन्होंने कहा कि अब मैं झुक-मुड़ नहीं सकती, ज़रा अपना पाँव मेरी खाट पर रख दो; मैं अन्तिम बार उन्हें छूकर विदा लेना चाहती हूँ। बड़ा गम्भीर क्षण था। मेरे ससुर ने पास की कुरसी पर बैठकर अपने पाँव ऊपर किए और माँ का एक हाथ उनके चरणों तक पहुँचा कि उनके प्राण छूट गए।

न बाबू रामकिशोर के रुपए काम आए, न श्यामा की तनतोड़ सेवा। मौत अपना काम कर गई थी। किसी तरह का सन्तोष था तो इसी बात का कि सब तरह की दवा-दरमत करा ली गई थी। मौत का इलाज तो नहीं बना। माँ की मौत से श्यामा को जो धक्का लगा उसे उसने भीतर-भीतर सहा, अपनी छोटी बहन और भाइयों का मुँह देखा और न एक बार रोई-चिल्लाई, न उसने एक आँसू गिराया। मैं उसकी दृढ़ता पर दंग रह गया। मैं अपने आँसू नहीं रोक सका।

कर्कल और चम्पा की असामयिक और मर्मवेधी मृत्यु के बाद चक पर कोई ऐसा न था जिससे मेरा घनिष्ठ-हार्दिक सम्बन्ध हो। रुचि का सम्बन्ध मेरा बद्रीनाथ 'शातिर' से था। ज़िले के किसी गाँव के रहनेवाले थे, बचपन में ही पिता-माता की मृत्यु हो गई थी। कुछ प्रतिभा देख उनके चाचा उन्हें पढ़ाने के लिए शहर लाए थे और वे मुहल्ले के ही एक कायस्थ परिवार में रहते थे। लड़कपन से ही उन्हें उर्दू शायरी में रुचि थी और बाद को वे कुछ कहने भी लगे थे; अपने को हज़रते दाग़ के ख़ास शागिर्द नाखुदाय

सुखद 'नूह' नारवी के शिष्य सुकदेव प्रसाद 'बिस्मिल' इलाहाबादी का चेला कहते थे। उनकी कविताओं का शायद पहला संकलन 'संगम की लहरें' के नाम से अभी थोड़े ही दिन हुए नागरी अक्षरों में प्रकाशित हुआ है। लड़कपन और शुरू जवानी के दिनों में उर्दू के बहुत-से प्रसिद्ध शायरों के कलाम उनसे सुनने की मुझे स्मृति है। उन्हीं के साथ भगवत बाग़ (अतरसुइया) के किसी मुशायरे में रात भर बैठकर ग़ज़लें सुनने और शायरों को दाद देने की भी याद है। सुबह गला पड़ गया था। इस मुशायरे को 'बज़्मे बिस्मिल' नाम दिया गया था क्योंकि इनको बिस्मिल साहब ने आयोजित किया था। ताज्जुब तो 'शातिर' साहब और मेरे संगी-साथियों को तब हुआ जब दूसरे दिन मुशायरे की मिसर-ए-तरह पर मैंने भी एक पूरी ग़ज़ल सुना दी। उन शेरों की मुझे कोई याद नहीं, पर कभी-कभी मैं शेर कहता था—तख़ल्लुस रख लिया था 'शंकर'—पता नहीं 'शंकर' ही क्यों। 'कर बैठे' काफ़िए पर एक ग़ज़ल कही थी, सिर्फ़ मक़ता याद है, शायद रोचक भी है,

जान-पहचान हो न हो 'शंकर'
हुस्न देखा सलाम कर बैठे।

और रदीफ़ में 'क़याम', 'मुकाम' आदि आया था। 'शातिर' साहब मुझसे दो-तीन साल बड़े होंगे। कायस्थ पाठशाला के विद्यार्थी थे, मुझसे एकाध दर्जे ऊपर-नीचे। बाद को उन्होंने कायस्थ पाठशाला के दफ़्तर में क्लर्की करके अपनी ज़िन्दगी गुज़ारी। मेरी शादी में उन्होंने उर्दू में एक सेहरा लिखकर लाल कागज़ पर छपाया, सुनाया और बँटवाया था। शायद उसकी कोई प्रति किसी के पास हो, मेरे पास तो अब नहीं है। पुराने घर में तस्वीर जड़ा सेहरा कहीं पड़ा हो तो मैं नहीं कह सकता। परिचय मेरा मुहल्ले में कइयों से था, लड़कों से भी, लड़कियों से भी, फिर भी चक मैंने निर्लिप्त भाव से छोड़ा।

कटघर में आकर मेरा परिचय महेश प्रसाद गुप्त और उनके मित्र प्रकाश चन्द्र गौतम से हुआ, जो पास ही रहते थे, जमुना रोड पर। तब ईविंग क्रिश्चियन कालेज में पढ़ते थे। उनके द्वारा बेनी से जान-पहचान हुई जो बाद को भारत-ख्याति के फुटबाल के खिलाड़ी हुए और बहुत वर्षों तक कलकत्ता के प्रसिद्ध मोहन बगान से सम्बद्ध रहे। पता नहीं अब वे कहाँ हैं। गौतम के पिता महेश के मकान में किराएदार थे। अब गौतम ने उसी मुहल्ले में अपना निजी मकान बना लिया है। बाद में वह किसी ऐसे बड़े सरकारी ओहदे पर पहुँचे कि उनके पीछे चपरासबन्द अर्दली चलता था। अब रिटायर हो चुके हैं, कई लड़के-लड़कियाँ हैं जिनकी शादियाँ हो चुकी हैं, और वे बाबा-नाना बन चुके हैं। महेश प्रसाद बाद को इलाहाबाद युनिवर्सिटी के फ़ोटोग्राफ़ी विभाग के अध्यक्ष हुए, अब वे भी रिटायर हो चुके हैं या होने वाले हैं। उनकी बड़ी लड़की ने विद्यापति पर डाक्टरेट की। बड़े लड़के की शादी हो चुकी है। वे भी बाबा बन चुके हैं। बड़े हँसमुख, हाज़िर जवाब हैं, मुझसे ठेठ इलाहाबादी में बोलते हैं और कभी-कभी ऐसा ग्रामीण गहरा-पैना व्यंग्य करते हैं कि जो सुने लोट-पोट हो जाए। अच्छे-सच्चे मित्र हैं। मैं बरसों से इलाहाबाद नहीं गया। वह मेरे घर की देखभाल करते हैं, सालाना सफ़ाई-मरम्मत कराते हैं, किराएदार से किराया वसूल करते हैं और टैक्स, ज़मीनी कर आदि अदा कर जो बचता है, मुझे भेज देते हैं। किसी समय वे मेरी तुकबन्दियों के

प्रथम श्रोता रहे हैं। अब उनको कविता-सविता में रुचि नहीं है, अपनी पोती खेलाते हैं, गीता-रामायण बाँचते हैं। कटघर के अपने इन मित्रों के साथ—इनमें लूकरगंज से आकर यशोदानन्दन सामन्त भी शामिल हो जाते थे—जमुना में नहाने, तैरने, नौका-विहार करने—एक बार रात-भर धारा के विपरीत नाव खेकर सुजावन देवता तक जाने—और गर्मी के दिनों में प्रायः उस पर जा रेतीले खेतों में ककड़ी, फूट, ख़रबूज़े खाने की कितनी यादें जुड़ी हुई हैं। सामन्त खेलाड़ी थे, एक बार वे बारादरी पर एक पत्थर से दूसरे पत्थर पर कूदे, स्पर्धा करने को मैं भी कूदा, पत्थर पर मुँह के बल गिरा और माथा फूट गया। मरते-मरते बचा, घाव का निशान आँख के ऊपर अब भी है। मुट्ठीगंज के कुछ कायस्थ रिश्तेदार भी निकट आए, प्रमुख थे जग्गू चाचा और उनके तीन भाइयों—गप्पू चाचा, शम्भू चाचा, रामू चाचा—का परिवार—रामू चाचा के लड़के थे मुंशी कन्हैयालाल (कृष्णकुंज वाले) जिनके यहाँ मैं आचार्य चतुरसेन शास्त्री से मिला था, जिनके द्वारा किशोरी लाल गोस्वामी से। 'नए-पुराने झरोखे' के निबन्धों में इसकी चर्चा कर चुका हूँ। द्विवेदी मेले की प्रेरणा वे ही थे। उर्दू 'चाँद' के कुछ समय तक सम्पादक रहे। प्रयाग में पहली म्यूज़िक कान्फ्रेंस उन्होंने अपने कृष्णकुंज में कराई थी जिसमें मैंने पहले-पहल विष्णु दिगम्बर का गान सुना था—पहली बार उनका नाच देखा था—मीरा के भजन पर—'पायो जी मैंने राम रतन धन पायो'। सन्त कलाकार का वह समन्वय, शुभ्रता और सौन्दर्य का वह मेल कभी भूलने की चीज़ नहीं—अर्द्धनारीश्वरी का साक्षात् दर्शन जैसे हो—तन-मन-प्राण तृप्त हो गए थे।

युनिवर्सिटी में मेरे सहकक्षियों में अवध बिहारी लाल थे, जो आजकल इलाहाबाद युनिवर्सिटी के कुलपति हैं (वाइस चांसलर के लिए 'उपकुलपति' मुझे पसन्द नहीं—चांसलर को 'कुलाधिपति' कहें); प्रकाशचन्द्र गुप्त थे, जो आजकल अंग्रेज़ी विभागाध्यक्ष हैं; ब्रजलाल गुप्त थे—जिनके सभी भाई—क़रीब आधे दर्जन के—आई. सी. एस. में आए—जो आजकल हाइकोर्ट में वकील हैं। 1929 की बी. ए. फ़ाइनल की परीक्षा में प्रथम श्रेणी में प्रथम तीन स्थान पाने वालों में हम लोग थे—अवध बिहारी प्रथम, प्रकाशचन्द्र द्वितीय, ब्रजलाल और मैं तृतीय; चौथा स्थान विद्याशंकर को मिला था जो आई. सी. एस. में आए। बाद में वे सरदार पटेल के निजी सचिव बने, फिर उड्डयन मन्त्रालय के मुख्य सचिव, अब रिटायर हो चुके हैं, दिल्ली में वे 11 नम्बर विलिंगडन क्रिसेंट में रहते थे, मैं 13 में हूँ—कभी-कभी मिलकर हम युनिवर्सिटी के दिनों की पुरानी यादें जगाते थे; भगवतशरण उपाध्याय थे, प्रसिद्ध संस्कृतज्ञ, हिन्दी के भी बहुविधा गद्य लेखक, अपनी कृतियों से जनसाधारण और विद्वत्समाज में भी परिचित-समादरित।

आर्यकुमार सभा का सदस्य होने के नाते आर्यसमाज के प्रसिद्ध नेता पं. गंगा प्रसाद उपाध्याय (थे कायस्थ, कर्म से अपने को ब्राह्मण और पेशे से उपाध्याय मानते थे, डी. ए. वी. स्कूल के हेडमास्टर थे।) के सुपुत्र सत्य प्रकाश (डाक्टर वे बाद को हुए) और विश्व प्रकाश से मेरा परिचय हुआ। कुछ समय मैं सभा का मन्त्री था। तब सेक्रेटरी के लिए 'मन्त्री' का प्रयोग होता था, अब 'सचिव' का होता है; 'मन्त्री' मिनिस्टर हो गया है। हम लोग चन्दा करके 'सत्यार्थ प्रकाश' आधे मूल्य में देते थे। इस आशय की एक स्लिप पुस्तक पर चिपकी रहती थी, उस पर मन्त्री जी की जगह पर मेरा नाम

छपता था, बड़ा अच्छा लगता था, संभव है किन्हीं के पास ऐसी प्रतियाँ हों। सत्य प्रकाश उन दिनों केमिस्ट्री में शोध करते थे, डाक्टरेट लेकर युनिवर्सिटी में बाद को लेक्चरर हुए फिर विभागाध्यक्ष भी बने। यौवन में कविता करते थे। जब मैं बी. ए. के दूसरे वर्ष में पढ़ता था उन्होंने अपनी कविताओं का एक संग्रह 'प्रतिबिम्ब' नाम से छपवाया था। भूमिका अंग्रेज़ी में लिखी थी ! वाद चलाने के महत्त्वाकांक्षी थे—छायावाद की टक्कर में 'बिम्बवाद', जिसकी उन्होंने अपनी भूमिका में बड़ी वकालत की थी, पर चला नहीं; आगे उन्होंने कविता के नाम से शायद ही कुछ प्रकाशित किया हो। एक बार उनको मैंने अपनी कोई कविता दिखाई तो उन्होंने मेरा बड़ा मज़ाक़ उड़ाया। मेंडकी रा ज़ुकाम पैदा शुद। उनका ख़्याल था कि आगे चलकर मैं अच्छा फ़िलासफ़र बनूँगा। उनके पिता की दर्शन में बड़ी गति थी। दर्शन शास्त्र का अच्छा पुस्तकालय उनके पास था। जर्मन बुद्धिवादी दार्शनिकों का अध्ययन मैंने सत्य प्रकाश की प्रेरणा से ही किया था। हेकिल की 'द रिडिल आफ़ द युनिवर्स' पढ़ने की मुझे विशेष याद है, क्योंकि सत्य प्रकाश ने उस पर हिन्दी में एक लेख लिखने को मुझसे कहा था। वे 'विज्ञान' पत्रिका के सम्पादक थे—हिन्दी की सबसे पहली विज्ञान की पत्रिका, शायद बन्द हो गई है अब; उन्होंने मेरा लेख उसमें छापा था। हेकिल मनुष्य में आत्मा की सत्ता नहीं मानता था। एक स्थान पर तो उसने आवेश में आकर कह दिया था कि अगर मनुष्य में आत्मा है तो पशु-पक्षियों में भी है। मैंने अपने लेख में लिखा था कि यह यूरोपीय संसार के लिए आश्चर्य करने की बात हो, भारत के हिन्दू तो अनादि काल से सब जीवों में आत्मा की सत्ता मानते हैं—आत्मा को अगर इस युग में 'इंडिविडुएलिटी'—व्यक्तित्व मान लें तो क्या हर्ज है, प्रकृति इतनी विविधामयी है कि उसने, मनुष्य, पशु-पक्षी तो दूर, एक-एक घास-पात को अलग व्यक्तित्व दिया है। ख़ैर, किसी भी पत्रिका में छपने वाला यह मेरा पहला लेख था। तब तक शायद मेरी कोई कविता भी किसी पत्रिका में नहीं छपी थी। हाँ, एक छपी थी—राबर्ट ब्राउनिंग की Prospice की पैरोडी, जैन होस्टल की मैगज़ीन में। उसकी पहली पंक्ति थी, Fear Death? to feel the fog in my throat. The mist in my face इसको मैंने कर दिया था Fear Examination ? to feel the fog in my throat, etc. अन्त के 'my breast' और 'rest' पर 'रेज़ल्ट' और 'क्लर्की को चस्पाँ कर दिया था। वह जब मैंने किसी सभा में सुनाई थी तब विद्यार्थी जनता की कितनी वाह-वाही मुझे मिली थी ! इस नशे को तब मैंने पहली बार जाना था—हज़ारों आदमियों के आवेगों पर हावी हो जाने की शक्ति का खुमार। बाद को इसे मैंने 'मधुशाला' के कवि के रूप में जाना, इतना जाना कि उससे ऊब गया। ख़तरनाक चीज़ है। राजनीतिज्ञ इसी पर उतराता है, कवि इसमें डूब जाता है। बचने का उपाय सिर्फ़ एक है, कवि अपने में डूबा रहे। विश्व प्रकाश ने अपने पिता के कला प्रेस से बालकों के लिए 'चमचम' नाम की पत्रिका निकाली थी। उसमें मैंने बच्चों के लिए एक नाटक लिखा था—अन्धे-लँगड़े की कथा पर आधारित जिन्हें गाँव वाले आग लगने पर छोड़कर भाग गए थे और वो एक-दूसरे की सहायता से बचे थे—परिणाम था, ग़रीब-ही-ग़रीब की मदद कर सकता है, दुखिया-ही-दुखिया को समझता है।

जीवन में अनायास बने सम्बन्ध कभी-कभी महत्त्वपूर्ण सम्बन्धों तक पहुँचा देते हैं। सत्य प्रकाश की एक बहिन थी—सुदक्षिणा—युनिवर्सिटी में पढ़ती थी। 1930 की

यूनिवर्सिटी द्वारा आयोजित प्रथम कहानी प्रतियोगिता में सुदक्षिणा को द्वितीय और मुझे प्रथम पुरस्कार मिला। प्रेमचन्द गल्प सम्मेलन का सभापतित्व करने आए थे। सुदक्षिणा की शादी एक वर्ष पूर्व 1929 के जाड़ों में हुई थी। मुझे भी निमन्त्रित किया गया था, निमन्त्रित क्या किया गया था। लड़की की शादी थी, काम-काज में हाथ बँटाने को बुलाया गया था। बारात ग्वालियर से आई थी। बारात में मेरी ही उमर का एक लड़का आया था जिसका नाम श्रीकृष्ण सूरी था। सूरी पंजाबी थे, बहुत दिन तक बहावलपुर में रहे थे, फिर ग्वालियर में—जब हरिकृष्ण 'प्रेमी' उस परिवार के सम्पर्क में आए थे—फिर दिल्ली में; जब उनके यहाँ नवयुवक जैनेन्द्र भी जाया करते थे। तीन बहनें घर में थीं जो 'सूरी सिस्टर्स' के नाम से विख्यात थीं। आर्य-समाजी परिवार था, पर उदारतावादी, घर के लोग साहित्य-कला, राष्ट्रीय आन्दोलन में सक्रिय रुचि रखते थे। माता आत्मादेवी सूरी सत्याग्रह आन्दोलन में जेल गईं थीं। परिवार की सहानुभूति क्रान्तिकारियों से भी थी। श्रीकृष्ण को मैंने देखा तो मुझे लगा कर्कल थोड़ा-सा बदलकर सूट-बूट में मेरे सामने आकर खड़े हो गए हैं ! मैं चकित था कि दुनिया में क्या ऐसे भी दो आदमी हो सकते हैं जो एक-सी ही सूरत, स्वभाव के हों—हँसमुख, मिलनसार, भावुक, अपनी ओर खींचनेवाला, दूसरे की ओर खिंचनेवाला। श्रीकृष्ण से मिलकर मुझे आश्चर्य हुआ, मैं उत्फुल्ल हुआ, मुझे पीड़ा हुई। उसके साथ कर्कल की स्मृतियाँ जागीं, चम्पा की सुधियों ने मुझे बेचैन किया; और जब तीन दिन बाद वह बारात के साथ लौटा तो जैसे मेरे हृदय का कुछ भाग अपने साथ लेता गया, अपने हृदय का कुछ हिस्सा मेरे पास छोड़ता गया। ऐसे सम्बन्ध प्रायः समय और दूरी से क्षीण होकर विस्मृत हो जाते हैं। श्रीकृष्ण से मेरा पत्र-व्यवहार होने लगा। वह दिल्ली के कमर्शल कालेज में पढ़ता था। हम एक-दूसरे को अपने कालेज-युनिवर्सिटी के जीवन के बारे में लिखते, अच्छी पढ़ी पुस्तकों के विषय में। पत्र-पत्रिकाओं में प्रकाशित अच्छे लेख-कविताओं के बारे में एक-दूसरे का ध्यान आकर्षित करते, और ऐसे बहुत-से विषयों की चर्चा करते जिनमें जवानी रुचि लेती है—प्रायः कहने को कुछ न रहने पर भी एक-दूसरे की लेखन-शैली में भी एक-दूसरे के मनोरंजन और मनबहलाव का सामान रहता था। वह मुझसे विशेष प्रभावित तब हुआ जब बी. ए. में मुझे प्रथम श्रेणी मिली और उसने यह भी जाना कि मुझे कविता लिखने में भी रुचि है; मैंने अपनी कविताएँ यदा-कदा उसके पास भेजीं भी, जिनकी उसने प्रशंसा की।

मेरी सास की मृत्यु से मेरी ससुराल में, और मेरे घर में भी, एक उदासी का वातावरण बना था। मैं प्रथम श्रेणी में पास हुआ तो सबको एक अप्रत्याशित प्रसन्नता हुई। श्यामा को मिलने गया तो लगा उस शाम जैसे वह अपनी माँ की मृत्यु को बिलकुल भूल गई है—श्यामा उन दिन श्यामा थी ही नहीं, 'ज्वाय' साकार हो गई थी।

पिताजी दफ़्तर से रिटायर हो चुके थे, उन्हें शायद 75 रुपये प्रतिमास पेन्शन मिलती थी; पच्चीस-तीस मैं ट्यूशन से कमाता, इतना ही छोटा भाई। सस्ती का समय था, किसी तरह घर चलता जाता। मकान एक तरह से अधबना था, फिर भी ईंटवाले का एक भारी क़र्ज़ चढ़ गया था; इसलिए उसे पूरा करने का इरादा छोड़ दिया गया

था। छोटी बहन की शादी के लिए कुछ रुपए पिताजी ने अलग रख दिए थे जिन्हें वे छूना नहीं चाहते थे। इसी समय परिवार में निश्चय हुआ कि श्यामा को अब विदा करा के घर बुला लेना चाहिए। प्रस्ताव भेजने, उधर से स्वीकृति आने में कुछ समय लग गया। बाबू रामकिशोर को अपने घर का कुछ प्रबन्ध करना था; उनकी एक विधवा बुआ बच्चों की देख-रेख करने लगीं। श्री मोहन की बहन ने भी कुछ सहयोग दिया, उनकी छोटी ननद भी कुछ सयानी हो गई थी। एक तरह से सम्मिलित परिवार था, एक नौकर पहले था, खाना बनाने को एक महराजिन रख ली गई, घर की महरी की तनख़्वाह बढ़ा दी गई और घर के काम-काज में उससे अधिक समय लिया जाने लगा। बाबू रामकिशोर ने कहा, लड़की तो पराई है, उसे अपने घर जाना ही है, वे अपने घर की, जैसे होगा, सँभाल करेंगे। श्यामा की विदा की एक तिथि निश्चित हो गई।

मैं अपनी भावना क्या बताऊँ; मुझे लगा जैसे मैं अब तक अधूरा था, अब पूरा होने जा रहा हूँ। दो वर्ष सास की बीमारी में जैसे मैंने श्यामा से 'कोर्टशिप' की हो और असली विवाह मेरा अब होने जा रहा हो। विवाह के समय तो मैं अपने असली रूप में उसके सामने प्रकट ही नहीं हुआ। अब वह परिपक्व हो गई है, अब वह दुःख के अनुभव में भी भीग चुकी है। अब हम एक-दूसरे के दुःख-सुख, विगत स्मृति, पूर्व इतिहास, स्थिति-परिस्थिति, दुर्बलताएँ, शक्ति, आशा, आशंका, आकांक्षाएँ, अभिलाषाएँ—सब जानेंगे, सब समझेंगे। एक-दूसरे का आदर करेंगे, एक-दूसरे को सहानुभूति देंगे। एक-दूसरे को प्यार करेंगे—दो मिलकर एक ही होंगे। हम जो कुछ भी करेंगे अपने अधिकार से करेंगे, अब हमें किसी का भय नहीं होगा, किसी परिणाम की परवाह नहीं होगी। मैं उसके सामने खुलूँगा, वह मेरे सामने खुलेगी—तन-मन-प्राण-आत्मा से—हम नदी की दो धाराओं की तरह मिलेंगे—मिलकर एक हो जाएँगे जिसमें न मैं मैं रह जाऊँगा न श्यामा श्यामा रह जाएगी और कभी अलग अनुभव कर अगर हम उस धारा में देखेंगे तो वह मुझमें अपने को, अपने में मुझको बिम्बित-प्रतिबिम्बित पाएगी, और इसी प्रकार मैं उसमें अपने को, अपने में उसको पाऊँगा। यौवन की कल्पना जो मन के मूर्त-अमूर्त चित्र बनाती है उन्हें किसी माध्यम से व्यक्त नहीं किया जा सकता। मैं कुछ अद्‌भुत, अभूतपूर्व, चमत्कारी की प्रत्याशा में श्यामा के घर आने की प्रतीक्षा करने लगा। एक-एक दिन भारी लगता। कमरा अब मेरा निजी था, श्यामा का अलग, पर मिला हुआ—अलग तो उसका थोड़ा-सा सामान रहेगा, रहेगी वह हर समय मेरे कमरे में। सौ तरह से कमरे के थोड़े-बहुत सामान को लगाने-सजाने की योजना बनाता। कमरे में था क्या, एक पलंग, एक मेज़, लोहे की दो कुर्सियाँ; एक लैम्प, कुछ तस्वीरें, कमरे की आलमारियों में किताबें, जो मैंने पिछले दो वर्षों में इकट्ठी की थीं। अब केवल पाठ्यपुस्तकें नहीं, कुछ स्थाई मूल्य की पुस्तकें भी जो जीवन भर मेरा साथ देंगी। और अगर ध्यान नहीं जाता था तो श्यामा की किसी आवश्यकता की ओर। शायद इसलिए कि मेरे पास उसे पूरा करने का कोई साधन नहीं था, शायद इसलिए भी कि श्यामा को मैंने जैसा जाना था उससे उसकी कोई—कोई भी—आवश्यकता हो ही नहीं सकती थी, शायद मुझमें-मुझसे उसकी सारी आवश्यकताएँ पूरी हो जाएँगी। क्या मैंने उसे ठीक ही नहीं जाना था ? मैंने बहुतों को समझने में ग़लती की, श्यामा को समझने में नहीं। याद

आता है, जब मैं कहीं से आता था, वह मुझसे पूछती थी, मेरे लिए क्या लाए हो ? कुछ पाने की तृण-मात्र कामना से नहीं, मुझसे सिर्फ़ यह सुनने के लिए कि 'तुम्हारे लिए तो मैं अपने को ही लाया हूँ' ! –यही उत्तर मैं हर बार देता और वह विभोर हो जाती–सब कुछ पा जाती।

मेरे भविष्य, मेरे स्वप्नों, मेरे अरमानों, मेरी कल्पनाओं पर आसमान के कुछ सितारे व्यंग्य से मुस्करा रहे थे। गौने की तारीख़ से चार दिन पहले बाबू रामकिशोर ने कहला भेजा कि श्यामा को ज्वर आने लगा है, गौने की तारीख़ आठ-दस दिन आगे कर दी जाए, तब तक वह ठीक हो जाएगी। गौने के साथ कुछ आनन्द-उत्सव करने का भी मेरे माता-पिता का हौसला था, इसलिए कुछ निकट सम्बन्धियों को बुला लिया गया था। पिताजी ने कहलाया कि तिथि तो आगे न बढ़ाई जा सकेगी; पण्डित से बहुत विचरवाकर लगन रखी गई है–('मुनि वशिष्ठ से पण्डित ज्ञानी शोधि के लगन धरी। करम गति टारे नाहिं टरी')–रिश्तेदार लोग आ गए हैं, चार रोज़ अभी हैं, आशा है, तब तक श्यामा ठीक हो जाएगी और न ठीक हुई तो आराम से उसे भी घर लाएँगे, इलाज जैसे वहाँ होता है, यहाँ भी होता रहेगा। बहू हमारी है, और अब उसकी ईमारी-बीमारी का इलाज कराना हमारा दायित्व है। बाबू रामकिशोर अपनी बेटी को बेहद प्यार करते थे–प्यार की अधिकारिणी उसने अपने-आपको सिद्ध भी कर दिया था। बीमारी की हालत में वे उसको विदा तो न करना चाहते थे, पर यह भी सोचते थे कि विवाह को तीन वर्ष हो गए हैं, गौना दे ही देना चाहिए। फिर शहर के पास-पास मुहल्लों की बात है, बेटी कहीं दूर देस तो जा नहीं रही है, जब चाहेंगे जाकर देख आएँगे, अपने सन्तोष की दवा-दरमत करा सकेंगे और अगर घर बुलाना ही चाहेंगे तो जब चाहेंगे मेरे पिता से प्रार्थना कर, ज़ोर डालकर, बुला लेंगे।

जिस दिन श्यामा की विदा होनी थी उस दिन भी उसका बुख़ार नहीं टूटा, छह-सात दिन से वह केवल दूध-साबूदाना पर रह रही थी। कमज़ोर हो गई थी, फिर भी जैसे बड़ों ने निश्चय किया था, मैं उसे विदा करा लाया; दवाइयों की शीशियाँ-नुस्ख़े साथ आए। बहुत आराम से बग्गी में बिठाकर उसे लाया गया था। मैं निराश था, चिन्तित भी। साथ ही भीतर-ही-भीतर मुझे कुछ प्रसन्नता भी थी, श्यामा को अपने निकट पाने की। मैं अपनी देख-रेख, सेवा-स्नेह से उसे जल्द अच्छा कर लूँगा, उसकी खाट के पास बैठकर उससे बातें करूँगा, उससे मुझे कितना कुछ कहना है; बीमारी कितने दिन चलेगी ? दस दिन, बारह दिन, साधारण बुख़ार ही तो है ? श्यामा के पिताजी का आग्रह था कि जिस डाक्टर का इलाज वहाँ होता था उसी का यहाँ भी हो, और इसमें हमें एतराज़ भी क्या हो सकता था। दिन भर श्यामा को नीचे ही रखा गया। उसकी देख-रेख करने, उसको दवा आदि देने का काम मेरी माँ-बहन ने सँभाला। कुछ पूजा-पाटी भी करनी, करानी थी। नाते-रिश्तेदारों ने भी ध्यान रखा कि उस पर तकान न पड़े। बहुत-सी बातों की सिर्फ़ रस्म-अदाई कर दी गई। रात को दस-पाँच निकटतम रिश्तेदारों का खाना-पीना था। वह नहीं टाला गया। श्यामा की बीमारी को गम्भीर क्यों बनाया जाए। मुझे यह सब नहीं सुहाता था, पर घरवालों की भी मजबूरी थी, पहले से निमन्त्रण दे दिया गया था। आख़िरी वक़्त पर ख़ारिज करना अशोभन होता। श्यामा को तो कुछ

करना नहीं था। सब लोग खाना खा, श्यामा का हाल-चाल पूछ, जल्दी अच्छे होने की शुभकामनाएँ दे चले गए। बाहर से आए दो-तीन मेहमान घर पर ठहरे थे। मुझे तो श्यामा से मिलने की घड़ी की एक मात्र प्रतीक्षा थी। दिन पहाड़-सा लगा, और दिन भर जो कुछ होता रहा उसमें मैं घड़ी की सुइयों का चलना भर देखता रहा। वैसे चाहे सुइयाँ दौड़ती रहें पर उनकी ओर देखो तो वे कितनी मन्द गति से चलती हैं !

रात को मैंने देखा कि श्यामा की चारपाई मेरे कमरे में न लगवाकर दूसरे कमरे में लगवाई जा रही है। पास में मेरी बहन या माँ के सोने का प्रबन्ध किया जा रहा है।

दिन भर जो खटराग होता रहा था उसे मैंने किसी तरह सह लिया था, पर अब मेरे दिमाग़ का तनाव टूटने-टूटने तक आ पहुँचा था। घर वाले, निकट सम्बन्धी सोच रहे थे कि बीमार पत्नी को जवान पति के पास रात में अकेले छोड़ना ठीक नहीं। उनका भय मैंने समझा, पर मेरे प्रति उनका अविश्वास मुझे खल गया। मैं पशु नहीं हूँ : गँवार नहीं हूँ; पढ़ा-लिखा हूँ; समझदार हूँ; उचित-अनुचित में अन्तर कर सकता हूँ; फिर श्यामा की हालत मैं भी जानना चाहता हूँ—दूसरों की सूचना से नहीं, खुद देखकर। उससे कुछ पूछना चाहता हूँ, कुछ बात करना चाहता हूँ; उसके प्रति मेरा भी कुछ कर्तव्य है, और मुझे विश्वास है कि वह मेरी निकटता चाहती है—बीमार होने से, शायद, अधिक। पर यह सब व्याख्या मैं किसी को देने को तैयार नहीं था। मैंने अपनी माँ और बहन से निश्चित शब्दों में, कड़ी आवाज़ में कहा, श्यामा की चारपाई मेरे कमरे में लगेगी। नज़दीकी रिश्ते की एक-दो स्त्रियों ने मुझे समझाने-बुझाने और मुझसे तर्क करने का प्रयत्न किया, उसी आधार पर जिसकी मुझे समझाने-बुझाने और मुझसे तर्क करने का प्रयत्न किया, उसी आधार पर जिसकी मुझे पहले से आशंका थी, पर मैं ऐसे नाजुक विषय पर बहस करने की बेहयाई पर नहीं उतर सकता था। मैंने फिर और अधिक स्पष्ट शब्दों में कहा,...चारपाई मेरे ही कमरे में लगेगी। घर-बाहर के लोगों ने कुछ भी समझा हो, मेरे बारे में कैसी भी राय बनाई हो, श्यामा की चारपाई मेरे कमरे में लगा दी गई और जब मैं कमरे में गया तो श्यामा का चेहरा ऐसे ही खिल गया जैसे रात में अप्रत्याशित किसी बड़े कैक्टस का फूल। श्यामा को रात मुझसे अलग काटनी पड़ती तो, भले ही वह किसी से कुछ न कहती, भले ही किसी पर ज़ाहिर न होने देती, उस पर बहुत बुरी बीतती। श्यामा का बदन गर्म था। दिन-भर की आवा-जाही और हलचलों की थकान उसने लेटे-लेटे भी महसूस की थी। मैं श्यामा से बहुत कुछ कहना चाहता था, शायद वह भी मुझसे बहुत कुछ कहना चाहती होगी, पर मैंने उसे देर तक जगाए रखना उचित न समझा। चारपाई से चारपाई मिला ली और ऐसा अनुभव हुआ जैसे हमारे शरीर ही एक-दूसरे से मिल गए हों। नींद तो मुझे नहीं आ रही थी, न उसे ही, पर मैंने सोचा, मैं सो जाऊँगा तो यह भी सो जाएगी। मुझे याद है, मैंने उसके बालों की एक लट अपनी ऊँगली पर लपेट ली और आँख मूँद ली, पर न श्यामा सो रही थी, न मैं सो रहा था। बहुत दिनों बाद मैं उस रात के भावों को वाणी देने योग्य अपने को पा सका,

मना कर बहुत एक लट मैं तुम्हारी
लपेटे हुए पोर पर तर्जनी के
पड़ा हूँ, बहुत खुश, कि इन भाँवरों में
मिले फ़ारमूले मुझे ज़िन्दगी के;

भँवर में पड़ा-सा हृदय घूमता है,
बदन पर लहर पर लहर चल रही है;
न तुम सो रही हो, न मैं सो रहा हूँ,
मगर यामिनी बीच में ढल रही है।

इन पंक्तियों में जो सारगर्भित संकेत हैं उन्हें शायद ही किसी ने समझा हो, शायद ही कोई समझे, इसलिए मैं ही इन्हें स्पष्ट करने की धृष्टता करता हूँ। हाफ़िज़ ने कहीं अपनी प्रेयसी से कहा है, "मैंने रोज़े-अज़ल को जो इक़रारनामा तेरी ज़ुल्फ़े-पेचाँ से किया था उसी से बँधा हूँ और निकल नहीं सकता।" ईट्स ने अपने किसी लेख में इसे उद्धृत किया था और उसके द्वारा अपने इस सिद्धान्त के लिए बल संचय किया था कि कवि का क्षेत्र जीवन का आवर्त है, घेरा, वृत्त, प्रतीक रूप में प्रेयसी की ज़ुल्फ़ें-पेचाँ, छल्लेदार कुंतलराशि, जो घूम-घाम कर उसी जगह आ जाए जहाँ से चली थी, जैसे साँप अपने मुँह में अपनी पूँछ पकड़ ले और उससे एक वृत्त बन जाए। दार्शनिक का पथ है बाण का पथ, जो सीधा जाता है, जो कोई जगह नहीं घेरता, जो लौटता नहीं, जो आगे ही बढ़ता जाता है। इसे मैंने ईट्स पर लिखी अपनी कविता में अधिक स्पष्टता से व्यक्त किया था,

कवि का पंथ अनंत सर्प-सा
जो मुख में है पूँछ दबाए,
और मनीषी तीर सरीखी
सीधी अपनी लीक बनाए।

यहाँ बहुत कुछ ध्वनि से भी कहा गया है 'पंथ-अनंत' की ध्वनियाँ वृत्त की ध्वनियाँ हैं। तीसरी और चौथी पंक्तियों में 'ई' की नौ बार पुनरुक्ति उस तीर की गति की ध्वनि का संकेत है जो एक ही दिशा में सीधा घुसता चला जाए। ईट्स का तो सारा काव्य ही गोल घूमने वाले और सीधे जाने वाले प्रतीकों से भरा है। इन दोनों प्रतीकों का मूल ईट्स को यहूदी धर्म के कब्बाला में मिला था जहाँ "प्राइमम मोबाइल'—आदि चेतना तक पहुँचने के दो मार्ग हैं 'सर्प-कुण्डल पथ' और 'बाण-रेखा पथ'। भाव और तर्क, भावुकता और विवेक, काव्य और दर्शन का यह संघर्ष मेरे अन्तर में ईट्स से परिचित होने के बहुत पूर्व से चल रहा था। बाद को मुझे ज्ञान हुआ कि ईट्स के अन्दर भी यह संघर्ष बहुत दिनों तक चला था। झुकाव उनका सर्प-कुण्डल की ही ओर रहा। मैं भी 'गीत और गीता' के संघर्ष में शायद अब तक पड़ा हूँ। पर मेरा भी अवचेतन शायद सर्प-कुण्डल को समर्पित हो चुका है, जैसा कि मेरा हस्ताक्षर इंगित करता है—कवि की प्रत्येक पंक्ति, प्रत्येक कविता, उसका सारा काव्य सर्प की काया के समान सुसम्बद्ध होना चाहिए, आदि से अन्त तक समग्र, साथ, समान गतिमय, प्रत्येक अंश परिपूर्ण को, परिपूर्ण प्रत्येक अंश को

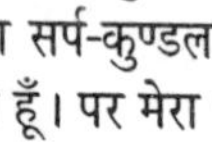

प्रस्फुरणशील रखता हुआ। मनीषी 'आदि चेतना' को केवल एक बिन्दु पर स्पर्श कर सकता है। कवि उसे चारों ओर से घेर लेता है। ज्ञानी भगवान के चरण छूता है, भक्त भगवान को भुजपाश में बाँध लेता है। कविता इसी से भक्त के साथ रहती है, प्रेमी के साथ; ज्ञानी और दार्शनिक के साथ नहीं।

श्यामा का बुख़ार चार महीने तक न उतरा। तब मैंने यह न जाना था कि यह बुख़ार तो वह तपेदिक में बीमार अपनी माँ की सेवा के लिए मिले संक्रामक उपहार के रूप में लाई है। यह संक्रामक रोग समय-समय पर उभरता रहा और यही अन्त में अंत्रक्षय का रूप लेकर उसकी मृत्यु का कारण बना। श्यामा मेरे शरीर की संगिनी नहीं बन सकती थी, मेरे मन की संगिनी तो बन सकती थी, और मेरे मन का कुछ भी ऐसा न था जो मैंने उसके मन में न उतार दिया हो। उस समय तो मैंने नहीं समझा था, पर अब मुझे लगता है, स्वयं श्यामा अपने घातक रोग को समझ गई थी; उसने समझ लिया था कि उसकी आयु अधिक नहीं, पर इससे न वह भयभीत थी, न आतंकित। न उसने कभी किसी को जानने दिया कि वह अपने अन्त की निकटता के प्रति सचेत है। पर इस चेतना ने उसके चरित्र को एक विशिष्टता दी थी जिसे मैं दैवी ही कहना चाहूँगा—सब के प्रति उदार, सबके प्रति सहिष्णु; न किसी से ईर्ष्या, न किसी से द्वेष, न किसी से शिकायत, न अपनों से, न परायों से, न संसार से, न भगवान से; न किसी चीज़ का उसको शौक़, न किसी वस्तु का लोभ, न किसी प्रकार की इच्छा। किसी को मैंने उससे असंतुष्ट या अप्रसन्न कभी देखा ही नहीं, न उसके घर में, न अपने घर में। मेरे साथ अपने सम्बन्ध को इन चार महीनों में ही उसने एक रूप दे दिया था और उसमें अन्त तक कोई परिवर्तन नहीं आया। मुझे यह भी कहते संकोच होता है कि उसे मुझसे प्रेम था, या वह मुझे प्यार करती थी; ठीक कहना यह होगा कि वह मुझे समर्पित हो गई थी, मुझसे एक हो गई थी। जो मैं चाहता था, मुझे उससे कहना नहीं होता था; वह वही करती थी। पर वह यह नहीं चाहती थी कि उसके लिए कोई कुछ करे, मुझसे तो बिल्कुल नहीं, कि मैं उसके लिए कुछ करूँ। मुझे उसने क्या समझा था कि वह चाहती थी कि मुझे छोटी-से-छोटी भी चिन्ता व्यापने न पाए—उसको लेकर तो बिल्कुल नहीं, कभी नहीं। और यहीं पर उसके हृदय का एक कांटा था। वह एक असाध्य रोग से पीड़ित थी। वह जानती थी कि उसकी बीमारी से मैं चिन्तित हूँगा, उसके पिता चिन्तित होंगे, इस घर, उस घर के लोग चिन्तित होंगे। उसे, मुझे ध्रुव निश्चय है, अपने रोग से इतनी तकलीफ़ नहीं थी जितनी इससे कि लोग उसके कारण परेशान होते हैं, उन्हें कुछ करना पड़ता है, दवा-दरमत लाना, डाक्टर के पास जाना, सेवा-सुश्रूषा करना, पर इस पर उसका कोई वश न था। वह अपनी शक्ति भर यह प्रयत्न करती थी कि उसकी तकलीफ़ कोई जानने ही न पाए, शायद उसे महीनों बुख़ार रहता, पर वह ऐसा दिखाती कि उसकी हालत बिल्कुल साधारण है। अपनी अंत्रक्षय की पीड़ा को उसने बरसों छिपाया हो तो कोई आश्चर्य नहीं। जब उसका एकदम वश न चलता तब वह खाट पर गिरती। काश, वह अपने रोग को न छिपाती तो शायद समय से उसका अच्छा इलाज हो सकता ! नारी स्वभाव से ही अभिनेत्री होती है, श्यामा तो बहुत बड़ी अभिनेत्री थी, अस्वस्थ रहकर भी वह स्वस्थ रहने का अभिनय कर सकती थी, कष्ट में रहकर भी प्रसन्न रहने का, पीड़ाग्रस्त रहने पर भी मुस्कराने का।

मेरी विगत स्मृतियों, मेरे पूर्व इतिहास, मेरे वर्तमान के श्रम-संघर्ष को जैसा उसने जाना था, जैसी मेरी स्थिति की निकट भविष्य में, कम-से-कम अपने जीवन-काल में, उसने कल्पना की थी, उससे उसने मेरा नाम Suffering रख दिया था। शायद कोई नहीं जानता था कि वह मुझे इस नाम से पुकारती है—जब हम अकेले होते वह मुझे उसी नाम से सम्बोधित करती और मैं उसे Joy कहता। मृत्युशय्या पर जब उसकी चेतना लुप्त हो रही थी, वह मुझे सबके सामने भी उसी नाम से पुकारती गई और शायद ही कोई समझा हो कि वह किसे पुकार रही है और क्या कहना चाहती है।

मुझे Suffering नाम देने में शायद श्यामा ने मेरे स्वभाव, मेरी प्रकृति, मेरे जीवन, मेरे व्यक्तित्व में बीज की तरह छिपे मेरे कवि को भी पहचाना था। शायद उसने समझ लिया था कि कवि तो साकार वेदना (Suffering) ही है। मैं जिस वेदना से गुज़रा हूँ या गुज़र रहा हूँ उससे कविता के बीज के लिए भूमि ही तो अपने अन्दर तैयार कर रहा हूँ। वेदना के बिना मनुष्य का अहं नहीं टूटता, और अहं के टूटे बिना एक मनुष्य के हृदय से दूसरे मनुष्य के हृदय तक पहुँच नहीं होती, सेतु नहीं बनता। विचारों का सेतु एक दिमाग़ से दूसरे दिमाग़ तक बिना अहं के टूटे भी बन सकता है, पर भावनाओं का, कभी नहीं, और कविता भावनाओं के सेतु पर चढ़कर ही एक हृदय से दूसरे हृदय तक जाती है। हृदय-हृदय के बीच भावनाओं के सेतु का निर्माण किए बग़ैर जो शब्दों का कारवाँ रवाँ कर देते हैं उसका परिणाम इसके सिवा कुछ नहीं हो सकता कि उनका कारवाँ काग़ज़ों के मरुस्थल में खो जाए या निरर्थक ध्वनि बनकर शून्य में विलीन हो जाए। यह भावनाओं का सेतु बनाने से अधिक बन जाने पर निर्भर है। इसी से कहा जाता है कवि जन्म लेते हैं, बनाए नहीं जाते। जीवन की न जाने कैसी-कैसी स्थितियाँ-परिस्थितियाँ अपने-आप आकर न जाने किसे तोड़, औरों से जोड़ जाती हैं। मैं तो कहता हूँ कि इतना होने से ही आदमी कवि बन जाता है। जीवन में बहुत-से कवि हैं जो शब्दों में कविता नहीं करते। शब्द कविता का, वास्तव में बहुत-से माध्यमों में से केवल एक माध्यम है। मैंने कहीं पढ़ा था—अंग्रेज़ी में—हिन्दी अनुवाद दे रहा हूँ, 'कविता लिखने का उतना विषय नहीं, जितना जीने का, और कविता जीना जीने का सबसे दुःसाध्य रूप है।' यह बिल्कुल वही है जो कबीर कहते हैं,

सीस काटि भुईं पै धरै, तापर धारै पाँव,
दास कबीरा यों कहै ऐसा होउ तौ आव !

इसका अर्थ सतही नहीं। इस पर ग़ौर करना होगा। शीश काटना तो शायद सम्भव भी हो जाए, पर उसको उठाकर भूमि पर धरना और फिर उस पर पाँव रखना तो तभी सम्भव हो सकता है जब मरने के बाद भी कोई जीता रहे—जीने की चेतना अपने हाथों में बचाए रहे। अहं के काटने के बाद जो चेतना शीश को उठाती है, उस पर पाँव धरती है, उसी का नाम कवि है। और आप मेरी बात मानें तो कवि को हर कविता लिखते समय यह दुर्धर्ष चमत्कार करना होता है। या यों कहें कि जब भी सच्चे अर्थों में कविता बनती है कवि इसी प्रक्रिया से गुज़रा होता है। एक आइरिश कहावत है It is death to be a poet. इसे मैं अर्द्धसत्य कहूँगा; पूर्ण सत्य यह है It is living after death to be a poet. कवि मरता नहीं है—कवि मरकर सचेत रहता है।

स्वस्थ पति-पत्नी के बीच शारीरिक सम्बन्ध स्वाभाविक, आवश्यक और अनिवार्य है। पर श्यामा के शरीर की जैसी स्थिति थी उसमें शरीर को दीवार मानकर प्राण-प्राणों के मिलने पर ही प्रायः संतोष करना था। 'कवि की वासना' में जो मैंने लिखा था,

'वासना जब तीव्रतम थी
बन गया था संयमी मैं,
है रही मेरी क्षुधा ही
सर्वदा आहार मेरा।'

या 'हलाहल' में कि

'वासना है मेरी विकराल,
अधिक, पर, अपने पर विश्वास।'

वह मेरी उन दिनों की तीव्र, तीक्ष्ण और तनावपूर्ण अनुभूति ही थी जो शब्दों में मुखरित हुई थी। पर संयम का कहीं-न-कहीं विस्फोट होता है और उसके लिए न मैं लज्जित हूँ, न अपने को दोषी ठहराता हूँ। यह मैं बड़ी सच्चाई के साथ कहता हूँ कि उसका अधिकतम विस्फोट निश्चय ही मेरे काव्य के रूप में हुआ।

बी. ए. में मेरे प्रथम श्रेणी के बाद मेरे कुछ सम्बन्धियों ने मुझे सलाह दी कि मैं आई. सी. एस. में बैठने की तैयारी करूँ। बैठता तो शायद आ ही जाता और आज सरकारी नौकरी कर विद्याशंकर की तरह रिटायर हो जाता। हो जाता तो इसमें बुरा ही क्या होता। कुछ कविताएँ लिखकर रिटायर हो रहा हूँ तो कौन बड़ी लाट खड़ी कर दी है। घर में राष्ट्रीयता का ऐसा वातावरण था और आनेवाले नमक सत्याग्रह आन्दोलन की आहटें इतनी तेज़ होती जा रही थीं कि मेरे पिताजी ने इसके लिए राय न दी। शायद यही एक बात मैंने उनकी मानी। वे चाहते थे कि मैं एम. ए. करके किसी कालेज या युनिवर्सिटी में अध्यापक बन जाऊँ। मैंने अंग्रेज़ी में एम. ए. ले लिया। पर बी. ए. करते समय मैंने जिस तन्मयता से अध्ययन किया था वह मेरे लिए अब दुर्लभ हो गई। सबसे बड़ी चिन्ता श्यामा की बीमारी थी। मैं अब अपने पढ़ने के लिए कमाऊँ कि श्यामा के इलाज के लिए, गो मैं जो कुछ कमा सकता था वह इलाज के लिए बिल्कुल नाकाफ़ी होता। इस बीच एक और अपमानजनक घटना घटी।

मकान बनवाने के सिलसिले में ईंटवाले का क़रीब दो हज़ार का क़र्ज हो गया था। उसने नालिश कर दी। ईंटवाले की डिग्री हो गई कि मकान नीलाम करा के रुपया वसूल कर लिया जाए और एक दिन कुर्कअमीन नगड़िया वाले को लेकर घर पर आ गए। उसने डिम-डिम करके यह पुकार लगाई :

'ख़लक खुदा का, मुलुक बादशाह का
हुकुम बड़े साहब का
बाबू प्रताप नारायण वल्द भोलानाथ का मकान नीलाम होता है
जिसको बोली बोलना हो आगे आएऽ....'

सरेबाज़ार हमारी ग़रीबी को नंगा करने वाले उन शब्दों से हमने बड़े ही अपमान का

अनुभव किया। घर में हर एक की यही इच्छा होती थी कि धरती फट जाए और एक-एक उसमें समा जाए ! यह तो अच्छा हुआ कि नया मुहल्ला था, पुराना मुहल्ला होता तो हम इस पर घर के अन्दर जाकर आत्महत्या कर लेते। दस हज़ार की लागत का मकान पिताजी को दो हज़ार में रेहन रख देना पड़ा। अब ये दो हज़ार रुपए कहाँ से आएँ।

मेरे छोटे भाई शालिग्राम ने बी. ए. का इम्तहान दिया था; रेज़ल्ट आने से पहले ही उन्हें इलाहाबाद बैंक में नौकरी मिल गई, और घर की स्थिति देखते हुए उन्होंने आगे पढ़ने की बात न सोची। कायस्थों के यहाँ लड़का बे-भुनाई हुंडी कहा जाता है। बाँदा के वकील बाबू गयाप्रसाद की ओर से शालिग्राम के रिश्ते का प्रस्ताव आया। लड़की सुन्दर, पढ़ी-लिखी, सुशील थी, साथ ही अच्छा दहेज मिलने की आशा थी। पिता जी ने शादी मंजूर कर ली। शालिग्राम के तिलक में जो रुपए नक़द मिले उसमें से दो हज़ार देकर मकान छुड़ा लिया गया, पर उनकी शादी पर कुछ रुपया ख़र्च होना था, ख़ासकर चढ़ाव के लिए गहनों पर। श्यामा ने फिर अपनी उदारता, त्याग और बड़प्पन का परिचय दिया। उसने अपने सब ज़ेवर शालिग्राम की वधू के लिए दे दिए। परिवार की लाज बचने का दूसरा तरीक़ा न था।

मेरी एम. ए. प्रीवियस की परीक्षा से पहले ही गाँधीजी की डाँडी यात्रा आरम्भ हो गई थी और उनके प्रति पग से देश में राष्ट्रीय जागरण और जोश ज़ोर मारने लगा। बे मन से मैंने परीक्षा दे दी, पास भी हो गया, पर जुलाई में जब युनिवर्सिटी खुली तो मैंने पढ़ाई छोड़ दी। कुछ पारिवारिक चिन्ताओं और कुछ राजनैतिक हलचलों के कारण मेरा मन पढ़ने की तरफ़ से उचट गया था। मैं आन्दोलन में सक्रिय भाग लेने की स्थिति में न था; जुलूसों में नारे लगाता, सभाओं में शामिल होता। घर में चर्ख़ा चलाता, जमुना पार गाँवों में जाकर व्याख्यान देता। कुछ रचनात्मक कार्य करने को भीं मैंने सोचा—हम खद्दर का प्रचार करेंगे ! महेश, प्रकाश और मैंने एक टीम बनाई। खादी भण्डार से हम लोग एक गट्ठर खादी का लेते; महेश हममें सबसे मोटे-मज़बूत थे, वे गट्ठर उठाते, मैं गज़ से नापता, प्रकाश हिसाब रखते, और इस तरह हम दिन भर गली-गली घूमते। हमें एक दिन बड़ी प्रसन्नता हुई जब पण्डित जवाहरलाल नेहरू का ध्यान हमारी 'खद्दर प्रचारक टीम' की ओर आकर्षित हुआ और उन्होंने भरी सभा में हमारी प्रशंसा की। उन्हीं दिनों मैंने जुलूसों में गाने के लिए कई राष्ट्रीय गीत लिखे जिनमें 'सर जाए तो जाए पर हिन्द आज़ादी पाए' वाला गाना बहुत प्रसिद्ध हुआ और एक बार इसे महात्मा गाँधी की उपस्थिति में श्याम कुमारी नेहरू ने हज़ारों लोगों से गवाया। तब शायद किसी ने जाना भी नहीं था कि यह गीत किसका लिखा था और न मुझे ही इच्छा थी कि कोई जाने। गीत से जोश फैल रहा था और देश के लिए मर-मिटने की आन पर शान चढ़ रही थी—व्यक्ति को श्रेय देने का क्या मतलब ? पर जैसे-जैसे नेता लोग गिरफ़्तार होते गए आन्दोलन ठण्डा पड़ने लगा; फिर समझौते शुरू हुए, और असफल होने पर दमन शुरू हुआ। समझौता के साथ ही जनता का सम्पर्क आन्दोलन से कम होने लगा, छूट गया। समूह बिखरता है तो व्यक्ति अपने को अकेला पाता है—अब न सभा है, न जुलूस है, अपनी-अपनी फ़िक्र करो। मैंने भी कुछ ऐसा ही अकेलापन अनुभव किया। क्या करूँ ? 'किंकर्तव्यविमूढ़ मुझे कर दूर खड़ी है मधुशाला।'

काम की तलाश में एक दिन 'चाँद' कार्यालय जा पहुँचा। सम्पादन विभाग में काम मिला, पर एक महीने बाद वहाँ से अपमानित करके निकाल दिया गया। 'चाँद' के संचालक रामरखसिंह सहगल मुझे हर सप्ताह कुछ किताबें देते और कहते इनकी सहायता से लेख लिखकर लाओ। उस अवधि में उन्होंने मुझसे आधे दर्जन लेख लिखाए। एक दिन मुझे बुलाया और डाँटना शुरू किया, "क्या लेख लिया है, न सिर, न पैर, न भाषा, न भाव; तुम्हारा काम ख़त्म, अगले महीने आकर तनख़्वाह ले जाना।"—तनख्वाह मेरी शायद चालीस रुपए महीने नियत हुई थी। एक महीने की तनख्वाह वसूल करने के लिए मुझे चाँद प्रेस के तीन कम चालीस चक्कर लगाने पड़े। पर सबसे अधिक चोट तब लगी, जब वही लेख कल्पित नामों और डिग्रियों के साथ प्रायः ज्यों-के-त्यों 'चाँद' में छपे। एक लेख, मुझे आज भी याद है, स्वामी रामतीर्थ पर था, जिसे आज भी अपना कहते मुझे लज्जा न होगी।

उसी साल मुट्ठीगंज के मास्टर भगवान सहाय ने माडर्न स्कूल से इस्तीफ़ा देकर एक राष्ट्रीय स्कूल इलाहाबाद हाई स्कूल के नाम से खोल दिया था। उसमें मुझे अध्यापक की जगह मिल गई। कागज़ पर पैंसठ रुपए लिखे जाते थे, तनख़्वाह पचीस रुपए दी जाती थी। राष्ट्रीय स्कूल के लिए त्याग की हमसे प्रत्याशा की जाती थी, जिससे स्कूल के लिए और ज़रूरी सामान वग़ैरह ख़रीदा जा सके। ऐसा त्याग प्रायः सभी अध्यापक करते थे, और खुशी से, कि हम राष्ट्र के उत्थान में योग दे रहे हैं। मान्यता स्कूल को मिली नहीं थी, इसलिए लड़कों को पंजाब से प्राइवेटली इम्तहान देने को भेजा गया। फ़ार्म के भरने में कुछ गड़बड़ी हुई और स्कूल का कोई लड़का इम्तहान में न बैठने दिया गया। दूसरे वर्ष नवें-दसवें क्लास टूट गए। एक बंगाली सहयोगी के साथ मैं इन्हीं दर्जों को पढ़ाता था; हम दोनों को छुट्टी दे दी गई। इस वर्ष भर के अनुभव का शायद सबसे बड़ा लाभ यह था कि बंगाली महाशय ने मुझे पूरी 'अग्निवीणा' पढ़कर सुनाई और समझाई। वे नज़रुल के बड़े प्रेमी थे।

बड़ी कोशिश के बाद मुझे प्रयाग महिला विद्यापीठ में 30 रुपये प्रतिमास पर नौकरी मिल गई, जिसकी स्थापना हाल ही में हुई थी। महादेवी जी बाद को वहाँ प्रिन्सिपल बनकर आईं।

इसी समय अपने चाचा लोगों से मेरा पारिवारिक सम्बन्ध टूट गया। शालिग्राम का गौना हुआ। बहुभोज की दावत थी, केवल परिवार के सदस्यों और निकट सम्बन्धियों की। इससे पूर्व मैंने एक ऐसा काम कर लिया था जो मेरे रिश्तेदारों के रूढ़िगत संस्कारों पर आघात करने वाला था। मोहतशिमगंज में एक कायस्थ परिवार था। पति की मृत्यु हो गई—विधवा कई बच्चों को लेकर कहाँ जाए। बाहर से आए एक सिख सरदार ने उसे बैठा लिया। थोड़े दिनों बाद सरदार की भी मृत्यु हो गई। परिवार समाज बहिष्कृत हो गया, यानी उससे रोटी-बेटी का व्यवहार बन्द। उस परिवार में किसी सयानी लड़की का विवाह एक अच्छे कायस्थ परिवार में लगा। उन लोगों ने शर्त रखी कि अगर दो-चार अच्छे कायस्थ घरों के लोग उनके यहाँ रोटी खा लें तो वे शादी मन्जूर कर लेंगे। इस बहिष्कृत परिवार के लोग जितने भले थे उतने मैंने जीवन में कम देखे थे—सब की सेवा करने को तैयार और सबके सामने विनम्र। मोहल्ले-टोले में किसी के यहाँ

शादी-काम-काज होता तो वे हर तरह का काम करते, पर खाने के समय ग़ायब हो जाते—वे जानते थे कि लोग उन्हें अपने साथ बिठलाकर न खिलाएँगे। अपने उदार विचारों के कारण मुझे इस परिवार से बड़ी सहानुभूति थी। जग्गू चाचा के भाई रामू चाचा, उनके लड़के मुंशी कन्हैयालाल और दो-चार लोग, जिनमें मैं भी था, उस परिवार में रोटी खाने को तैयार हुए। उन लोगों ने बड़ी आवभगत से हमें खाना खिलाया। उनकी आँखों में आँसू थे, जैसे हमने उनके साथ जो उपकार किया था उसे वे व्यक्त न कर सकते हों। हम खुश थे कि चलो हमने एक परिवार का उद्धार किया। बिरादरी के दक़ियानूस इस पर जले-भुने बैठे थे। इनमें हमारे मोहन चाचा भी थे। हमारे यहाँ बहुभोज का भोजन तैयार—पन्द्रह-बीस निकटतम सम्बन्धियों के लिए। आठ बजे रात का समय दिया गया था। आठ बज गए, नौ बज गए, दस बज गए, ग्यारह बजने के निकट पहुँचे, कोई न आया। हम चकित-चिन्तित थे। तब किसी कहारिन ने बताया कि बाबू मोहनलाल हमारे यहाँ खाना खाने इसलिए न आए थे कि मैंने बहिष्कृत परिवार में भोजन कर लिया था। मेरे हरिजनों के साथ खाने-पीने की बात वे जानते ही थे, और उन्होंने हमारे सब निकट सम्बन्धियों को आगाह कर दिया था कि जो हमारे यहाँ भोजन करेगा वह जाति-च्युत कर दिया जाएगा। इसी डर से कोई हमारे यहाँ नहीं आया था। मुझे बड़ा क्रोध आया। निमन्त्रण न स्वीकार करना मैं समझ सकता था। न आना था तो सूचित करने की भलमंसी तो दिखानी थी, पर वे तो हमें अपमानित करना चाहते थे। पिताजी बहुत ही दुखी हुए—बिरादरी से कट जाने के भय से वे काँप उठे, अभी उनकी एक लड़की ब्याहने को थी। मैंने पिताजी को समझाया कि हमें बिरादरी ने छोड़ दिया है तो अब हम मानव-परिवार के सदस्य हैं। मुझे हिन्दू समाज का सारा ढाँचा इतना रुग्ण, सड़ा, गला, दुर्गन्धित इससे पहले कभी नहीं लगा।

1923-24 में कविता के नाम से जो मैंने लिखा था वह मैंने नष्ट कर दिया था। उसके लिए मुझे पश्चात्ताप नहीं; उसमें वास्तविकता होगी, अभिव्यक्ति होगी, पर प्रेषण, उद्‌बोधन शायद ही रहा होगा, जिसके बिना कविता कविता नहीं होती। 1929 से मैं फिर कुछ लिखने लगा था, 30' से विशेषकर, जब, मैंने युनिवर्सिटी छोड़ दी थी। 1930 की युनिवर्सिटी प्रतियोगिता में मेरी कहानी को प्रथम पुरस्कार मिला था, 31' में मैं युनिवर्सिटी का विद्यार्थी न था, पर प्रतियोगिता में मैंने कहानी भेज दी थी। वह कहानी 'हृदय की आँखें' इतनी अच्छी समझी गई कि प्रतियोगिता के अन्त में पढ़वाई गई। प्रेमचन्द ने उसे 'हंस' में छापा। यह मेरे लिए बहुत बड़ा प्रोत्साहन था। मैं सोचने लगा शायद मुझमें कहानीकार के बीज हैं और मैं अभ्यास करता जाऊँ तो सम्भव है मैं किसी दिन कहानी के क्षेत्र में अपने लिए कोई स्थान बना सकूँ। साथ ही कविताओं के लिए प्रेरित करने को भी मेरे पास कम न था। मेरी कविताओं को देखनेवाले इने-गिने थे, घर पर शायद श्यामा अकेली, निकट के मित्रों में केवल महेश, दूर के मित्रों में केवल श्रीकृष्ण सूरी; मेरे कहानीकार से मेरा कवि अधिक संकोचशील था। श्यामा की शिक्षा घर पर ही हुई थी—थोड़ी हिन्दी की, थोड़ी अंग्रेज़ी की; एक ईसाई महिला उसको और उसकी चचेरी बहनों को पढ़ाने आती थी। पढ़ने का उसे शौक़ था, कविता का भी, जो विशेषकर मेरे सम्पर्क से और बढ़ा। कविता की कोई अच्छी पुस्तक मैं देखता तो उसे ख़रीद लाता, उसे भेंट कर देता; वह खुद पढ़ती, अक्सर तो उसकी लम्बी-लम्बी

बीमारियों में मैं ही उसे पढ़कर सुनाता। महेश मेरी कविताओं को पसन्द करते, सूरी मेरी कविताओं की प्रशंसा करते, और श्यामा चाहती कि मैं सदैव कविता में डूबा रहूँ। कविता में मेरा भविष्य शायद ही उसने देखा होगा, पर इतना तो उसने अनुभव किया ही होगा कि काव्य-सृजन में ही मेरा मन कुछ शान्ति, कुछ मुक्ति पाता है, जो अन्यथा उद्विग्न, उद्भ्रान्त अथवा अशान्त रहता है। शायद अब भी मनःशक्तियों का पूर्ण केन्द्रीकरण, तन्मयता, तल्लीनता, परिपूर्ण आत्म-विस्मरण मैं काव्य-सृजन के ही क्षणों में जानता हूँ—जिसे अब मैं 'समाधि' कहने लगा हूँ। जब मैं अपनी अनुभूतियों में जीता हूँ—कला के माध्यम से अनुभूतियों को जीना शायद जीने से अधिक घनत्व से, तीव्रता से, गहराई से जीना है—तब मैं सारे संसार के लिए मर जाता हूँ, और मैं चाहता हूँ कि कोई कुछ भी ऐसा न करे जिससे मैं संसार में जीने के प्रति सचेत हो जाऊँ, जब तक कि मेरी ही 'समाधि' न टूटे। और उन दिनों मेरी 'समाधि' में किसी प्रकार की बाधा न बनने का श्यामा ने सब तरह से प्रयत्न किया। स्कूल या विद्यापीठ में पढ़ाने में निश्चय मुझे उससे ज़्यादा समय लगाना पड़ता था जितना युनिवर्सिटी में पढ़ने में : ट्यूशनें दो या तीन मुझे अब भी करनी पड़ती थीं, फिर भी अपने पढ़ने-लिखने के लिए मेरे पास काफ़ी समय था। सुबह जल्दी जागने, रात को देर से सोने का लम्बा अभ्यास अब आदत बन गया था।

लगभग चार वर्ष अपने विविधतापूर्ण स्वाध्याय के अतिरिक्त मैं कहानियाँ भी लिखता रहा, कविताएँ भी लिखता रहा—जैसे कवि और कहानीकार दोनों मेरे अन्दर परस्पर संघर्ष कर रहे हों और अभी तक मैं निश्चय न कर सका हूँ कि विजय का सेहरा किसके माथे बांधूं। कुछ कविताएँ-कहानियाँ पत्रों में भी छपीं। मैंने कहानियों का एक संग्रह तैयार किया। जैसे नए लेखकों के मन में प्रायः यह कमज़ोरी होती है कि कोई बड़ा आदमी उनकी कृति की भूमिका लिख देगा तो प्रकाशक उसे फ़ौरन छाप देगा, मुझमें भी थी। मैंने उसकी भूमिका डा. धीरेन्द्र वर्मा से लिखवाई। ज़मीन से उड़कर मैं पेड़ की डाल पर, फुनगी पर नहीं, एकदम पहाड़ की चोटी पर बैठकर चहकना चाहता था। मैंने अपना संग्रह प्रकाशित करने के लिए प्रस्तुत किया 'हिन्दुस्तानी अकादमी, को। कुछ दिनों बाद अकादमी ने प्रकाशित करने में असमर्थता व्यक्त करके संग्रह लौटा दिया। निराश होना स्वाभाविक था। पहले तो मैंने डा. धीरेन्द्र वर्मा की भूमिका फाड़ी, फिर कहानियाँ फाड़कर रद्दी की टोकरी में डाल दीं। चौदह वर्षों बाद जब भारती भण्डार ने मेरी प्रारम्भिक रचनाओं को छापना चाहा तो मुझे उन्हें पत्र-पत्रिकाओं से, अपने पुराने काग़ज़ों के फ़र्स्ट ड्राफ्टों से फिर से तैयार करने में काफ़ी परेशानी उठानी पड़ी। शायद उसी दिन मेरे मन ने यह निर्णय लिया था कि मैं कहानीकार नहीं बन सकता, अब कविता की दिशा को अपनाऊँ। संग्रह प्रकाशित हो जाता तो उसका प्रोत्साहन शायद मुझे कहानी, उपन्यास के क्षेत्र में बढ़ने को प्रेरित करता। जीवन की ऐसी आकस्मिक घटनाएँ ही वास्तव में जीवन को दिशा देती हैं; और जिसे हम 'नियति' का गम्भीर-सा नाम देते हैं वह शायद बहुत नगण्य-सी लगने वाली घटनाओं से अपने बड़े-बड़े लक्ष्य प्राप्त करती रहती है। क्या मेरे अन्दर का कहानीकार मर गया ? मरता जीवन में कुछ भी नहीं, केवल रूप बदलता है। कहानीकार मेरे कवि में आत्मसात् हो गया। ऐसा मेरे बहुत-से पाठक मुझसे कहते हैं कि मेरी बहुत-सी कविताओं के पीछे किसी कहानी

की कल्पना कर लेना कठिन नहीं। कुछ लोगों ने मेरी कतिपय कविताओं को लेकर वास्तव में कहानियाँ गढ़ी हैं, वे छपी भी हैं। बहरहाल, उस दिन के बाद, मैंने केवल एक कहानी लिखी, अगर कहानी उसे कह सकते हों तो, जो 'निशा निमन्त्रण' के आरम्भ में है।

कविताओं के भी मैंने कई संकलनों की कल्पना कर डाली थी और उन्हें अलग-अलग कापियों में लिखकर श्रीकृष्ण सूरी के पास भेज दिया था। पहला संग्रह 'तेरा हार' के नाम से छपाना चाहता था। उन्हीं दिनों मुंशी कन्हैयालाल के सम्पादन में श्री शुकदेव प्रसाद 'बिस्मिल' इलाहाबादी का उर्दू संग्रह 'दीवाने बिस्मिल' के नाम से शायद इण्डियन प्रेस से प्रकाशित हुआ था। मेरा आना-जाना मुंशी कन्हैयालाल के यहाँ था ही, जिनको हम घर पर बुचुन दादा कहते थे। मैंने उनके सामने अपनी इच्छा प्रकट की। उन्होंने मेरी ओर से कटरा के रामनारायण लाल पब्लिशर और बुकसेलर से बात की। वे मेरा संकलन छापने को तैयार हो गए, शर्त यह रखी कि एक हजार प्रतियाँ छापेंगे, मगर रायल्टी कुछ न देंगे, सिर्फ़ ढाई सौ प्रतियाँ भेंट स्वरूप मुझे दे देंगे, दाम एक रुपये होगा, मैं चाहे बेच लूँ, चाहे बाँट दूँ। यश के लोभ ने अर्थ के लाभ पर विजय पाई। मैंने प्रकाशक की शर्त स्वीकार कर ली। सम्पादक की जगह पर—हालांकि इस की जरूरत नहीं थी—मुंशी कन्हैयालाल एम. ए., एल-एल. बी. का नाम छपा—गोकि सम्पादन उन्होंने एक अक्षर का न किया था; मैं स्वीकार करूँगा, मेरी इच्छा से—'रचयिता' के न-कुछ-से हल्के नाम 'बच्चन' को सम्पादक के एक भारी, डिग्रीधारी नाम का सहारा और वज़न देने के लिए प्रारम्भिक 'सम्बोधन' में भी पता उनके निवास 'कृष्णकुंज' का दिया गया। जिस दिन पुस्तक प्रकाशित हो गई, शायद सन् 32 की जनवरी का पहला सप्ताह था, मैं प्रकाशक के यहाँ अपनी प्रतियाँ लेने गया। मुझे ढाई सौ प्रतियों का बण्डल दे दिया गया और उसे अपने कन्धे पर रखकर मैं ऐसे ही गर्व से चला जैसे पक्षिराज गरुड़ भगवान विष्णु को अपनी पीठ पर बिठाकर उड़े जा रहे हों—हाँ, मैं उड़ा ही जा रहा था, मेरे पैर जैसे धरती पर नहीं पड़ रहे थे। मेरी सर्वप्रथम कृति प्रकाशित हो गई थी ! पहली बार अनुभूति हुई कि कवि की पहली रचना का प्रकाशन उसके लिए उतना ही रोमप्रहर्षक होता है जितना प्रेयसी का प्रथमालिंगन !

रास्ते की एक घटना अविस्मरणीय है। कटरे में मेरे एक मित्र रहते थे श्याम गोपाल शिवली। उनके चाचा राम गोपाल शिवली—सरकारी शिक्षा-सेवा में किसी पद पर थे—सामने से आते दिखे। पूछा, क्या लिए जा रहे हो बण्डल में ? इससे अधिक सुखद प्रश्न शायद ही जीवन में मुझसे किसी ने पूछा हो। मैंने विभोर होकर कहा, "मेरी पहली पुस्तक प्रकाशित हो गई है !" छायावादी 'नीरव स्वर' की कोई सत्ता हो तो उसमें मैं यह वाक्य उद्घोषित करता चल ही रहा था। मैंने बण्डल खोलकर उनको एक प्रति भेंट करनी चाही। उन्होंने अपनी जेब से एक रुपया निकाला, कहा "मैं तुम्हारी पहली किताब की पहली प्रति मुफ़्त नहीं लूँगा, ख़रीदूँगा। पहली बोहनी दिन-भर की बिक्री का भाग्य निर्णय करती है, तुम्हारी पुस्तकें लाखों में बिकें !" मेरी माँ कहती थी कि दिन-भर में एक बार सरस्वती स्वयं मनुष्य की जिह्वा पर बैठकर बोलती हैं। उस समय राम गोपाल शिवली की जिह्वा पर सचमुच सरस्वती बोली थीं। शिवली साहब का देहावसान

हो चुका है। मैं उनकी हृदय से निकली सच्ची सद्‌भावना के प्रति सदा नतमस्तक रहा हूँ। घर आया तो श्यामा के उल्लास को क्या बताऊँ। पुस्तक देखकर उसका ज्वर उतर गया था, जैसे कभी बीमार नहीं रही; एक रात के लिए वह ज्वाय साकार हो गई थी।

उन दिनों पत्र-पत्रिकाओं में 'तेरा हार' की जो आलोचना हुई थी उसे आज मैं अतिशयोक्ति कहूँगा, पर उससे मेरे कवि को निश्चय प्रोत्साहन मिला था। विश्वास को भी प्रोत्साहन चाहिए। मेरे कवि होने का विश्वास मुझ में श्यामा ने दृढ़ किया था, और उसका समर्थन श्रीकृष्ण ने। 'प्रताप' ने लिखा था, 'कविताएँ उत्तम भावों से परिपूरित हैं', 'चाँद' ने, 'कविताप्रेमियों को इसे एक बार अवश्य देखना चाहिए', 'वीणा' ने, 'बच्चन उन छिपे हुए सुकवियों और सुलेखकों में हैं जिनकी प्रतिभा का फूल खिलकर भी अपने-आप में ही छिपा रहना चाहता है', 'हंस' ने, 'कवि अपने आन्तरिक भावों को व्यक्त करने में सफल हुआ है। भाव भी समझने में कठिनाई नहीं होती। जटिल कल्पना तथा शब्द-जाल से लेखक दूर है...लेखक सचमुच कवि हृदय है और होनहार है' और 'विश्वमित्र' ने लिखा था, 'इसके रचयिता महोदय का नाम यद्यपि हम हिन्दी में प्रथम बार देख रहे हैं तथापि कविताएँ पढ़ने से मालूम होता है कि वे इस कला में सिद्धहस्त हैं।' यह सब पढ़कर उस समय सुख हुआ था, पर 'कला' मुझमें कितनी है यह मैं बख़ूबी जानता था। मैंने अपनी अनुभूतियाँ स्वाभाविक ढंग से कही थीं, या इस ढंग से जो मेरे लिए स्वाभाविक था। यदि यही कला है तो काव्य-कला की साधना मेरे लिए दुःसाध्य नहीं होनी चाहिए। मुझे बल था तो अपनी अनुभूतियों का; यदि उसके ताप में, दाह में शब्द कला बनकर निकल सके तो निकले। कला के सम्बन्ध में यह मेरा मूलभूत सिद्धान्त तब भी था, आज भी है; मैं कवि हूँ तो मुझे वचनप्रवीण होने की आवश्यकता नहीं। अपनी बात कहने में, पूरी तरह कहने में, जितनी वचन-प्रवीणता उससे अनिवार्य रूप से सम्बद्ध होकर, जुड़कर आए, मेरे लिए उतनी ही पर्याप्त है, जैसे माँस के साथ त्वचा। त्वचा के ऊपर रंग-रोगन लगाने, क्रीम-पाउडर पोतने की न मुझमें क्षमता है और न वह मेरी रुचि के अनुकूल है; त्वचा में, माँस में दौड़ते स्वस्थ रक्त की जितनी आभा है कविता में उतनी ही कला मुझे सह्य है। जो कवि है, यानी जो भावों का धनी है, अनुभूतियों से बिदग्ध है उसे 'कवित विवेक' की आवश्यकता नहीं—'कबित बिबेक एक नहिं मोरे, सत्य कहहुँ लिखि कागद कोरे', और इसकी अन्तिम परिणति इसी आत्मानुभूति में होती है, 'कवि न होउँ।' इसको कई तरह से संसार के बड़े कवियों ने कहा है, कीट्स ने कहीं लिखा है, कविता ऐसे ही सहज रूप से कवि के पास आनी चाहिए जैसे पेड़ में पत्तियाँ; पर पेड़ धरती के भीतर-भीतर जो भोगता-जीता-सहता-खटता-खपता-मरता-चुरता है वही तो पत्तियों के निकलने की सहजता बनता है। थोरो से किसी ने पूछा, शैली क्या है ? उसने कहा, बन्दूक का घोड़ा दबाना। पर घोड़ा दबाना तभी प्रभावकारी, सार्थक हो सकता है जब बन्दूक़ भरी हो और नली निशाने पर सधी। मेरा लक्ष्य तो यही रहा है कि मेरी बन्दूक़ भरी हो और कविता लिखना मेरे लिए इतना सहज हो जैसे घोड़ा दबाना। शायद मैंने अपने काव्य-जीवन भर यही किया भी है, यह और बात है कि कभी मेरी बन्दूक़ में थ्री-सेवेन-फ़ाइव की गोली रही है, कभी थ्री-नाट-थ्री कि, कभी छर्रे रहे हैं, और कभी शायद सूखी या गीली बारूद भी रही है। जब मैंने लिखा कि 'मैं' क़लम और बन्दूक़ चलाता हूँ दोनों' तब मैं सिर्फ़

यही नहीं बताना चाहता था कि मैं कभी यू. ओ. टी. सी. का सदस्य रहा हूँ, बल्कि संकेत से वह भी जो मैं ऊपर कह आया हूँ।

'तेरा हार' जिन दिनों प्रकाशित हुआ मैं प्रयाग महिला विद्यापीठ में पढ़ाता था। महादेवी जी वहाँ प्रिन्सिपल बनकर आईं तो मैंने 'तेरा हार' की एक प्रति उन्हें भेंट की। मुझे याद है, उन्होंने उसे उलट-पलट कर मुझसे कहा था, हार तो मोती-माणिक का होता है—नौलखाहार—फूलों की तो माला होती है। तो मैंने उनकी मान ली, पर उनके सामने उनकी एक पंक्ति भी सुना दी, 'चढ़ा न देवों के चरणों पर, गूँथा गया न जिसका हार', शायद उन पर यह व्यक्त करने के लिए कि मैंने उनकी रचना 'नीहार' ध्यान से पढ़ी है। प्रयाग महिला विद्यापीठ में महादेवी जी के सम्पर्क में आने की और कोई बात मुझे याद नहीं।

मेरे जीवन और मेरे काव्य दोनों के विकास में 'रुबाइयात उमर ख़ैयाम' और उसके मेरे अनुवाद का विशेष स्थान है। जिन परिस्थितियों में 'रुबाइयात' मेरे प्राणों की पुकार बनी उसकी चर्चा मैं विस्तार से 'ख़ैयाम की मधुशाला' की भूमिका में कर चुका हूँ। यह अनुवाद मैंने 1933 की गर्मियों में किया। जो बातें पहले कह चुका हूँ उनको दुहराना बेकार होगा। यहाँ सिर्फ़ इस पर ज़ोर डालना चाहता हूँ कि यह अनुवाद मैंने किसी साहित्यिक अभ्यास के रूप में नहीं किया था : जैसे मैं जीवन की बहुत-सी विवशताएँ जी रहा था वैसे ही यह अनुवाद करना भी मेरे जीवन की एक माँग, मेरे जीने की एक विवशता थी। इतना इस अनुवाद ने अवश्य किया कि जो कुछ अपना भोगा, सहा, जिया कई वर्षों से मेरे अन्दर घुमड़ रहा था, इसने उसे व्यक्त करने का एक प्रतीक एक मुहावरा दिया। उमर ख़ैयाम के प्रति मैंने अपना ऋण एक कविता में स्वीकार किया है, पर बिना अपनी पूँजी के 'मधुशाला' का प्रासाद नहीं खड़ा किया जा सकता था। अपने उपर्युक्त रूपक बन्दूक़ का प्रयोग करूँ तो मुझे कहना होगा कि बन्दूक़ मेरी भरी थी, बड़ी ही जीवन्त, सशक्त और लक्ष्यवेधी गोलियों से। उमर ख़ैयाम से जो मैंने सीखा वह केवल घोड़ा दबाना था। घोड़े दबाने की कला कोई छोटी कला नहीं है। बहुत-सी दुनिया की भरी बन्दूक़ें इसके अभाव में भरी की भरी ही पड़ी रह जाती हैं, गोलियाँ जाम हो जाती हैं और आदमी भूल भी जाता है कि कभी उसके पास इतना मज़बूत हथियार था। पर बिना भरी बन्दूक़ के सिर्फ़ घोड़ा दबाने वाले शायद अधिक उपहासास्पद हैं।

1930 से मेरे घर की आर्थिक स्थिति और नाजुक हो गई थी। शालिग्राम की 35 रुपये महीने की नौकरी लगी तो पिताजी की 75 रुपये प्रतिमास की पेन्शन बन्द हो गई। 32' में ही शालिग्राम की बदली प्रयाग से बनारस हो गई। वे अपनी छोटी-सी तनख़्वाह में क्या अपने ऊपर ख़र्च करते, क्या घर भेजते; उनकी पत्नी उनके साथ थीं। मैं ट्यूशनों और नौकरी से 60 रुपये से अधिक घर नहीं ला सकता था। श्यामा दो-चार महीने ठीक रहती तो चार-छह महीने को चारपाई पकड़ लेती। श्यामा के पिता जानते थे कि हम श्यामा का समुचित इलाज भी नहीं करा सकते थे। श्यामा की तबीयत ख़राब होती तो वे उसे अपने घर बुला लेते और अच्छे-से-अच्छा इलाज कराते। जब अच्छी हो जाती फिर हमारे यहाँ भेज देते। जहाँ इसके लिए हम बाबू रामकिशोर के

आभारी थे, वहाँ हमको इसकी लज्जा भी थी। मेरी छोटी बहन को दौरों की एक विचित्र बीमारी हो गई थी। बैठे, खड़े, चलते-फिरते अचानक उसके मुँह से एक चीख़ निकलती और वह बेहोश होकर गिर पड़ती। कोई कहता हिस्टीरिया है, कोई मिरगी। वैद्य, हकीम, डाक्टर, होमियोपैथ, ओझा, साधु-संन्यासी सब की दवा, दाय-उपाय किए जाते थे, पर कोई लाभ न होता था। टोटके-टामन, झाड़-फूँक, पूजा-पाठ, व्रत-उपवास जो ही जो बताता उसके लिए किया, कराया जाता, पर उसे दौरे आते-जाते, जब-तक अचानक, और सब कुछ किए-धरे पर पानी फिर जाता। ऐसी स्थिति में एक बात अच्छी हुई, 'पायनियर' प्रेस में एक टूरिंग रिप्रेज़ेन्टेटिव–एजेन्ट और संवाददाता की आवश्यकता हुई। मैंने प्रार्थना-पत्र भेजा और कुछ मेरी योग्यता, कुछ पिताजी के पूर्व सम्बन्ध से यह नौकरी मुझे मिल गई। मैंने विद्यापीठ की नौकरी छोड़ दी।

सौ रुपए मासिक वेतन था। इण्टर में यात्रा करने का किराया मिलता था और तीन रुपए प्रतिदिन ठहरने और भोजन के लिए भत्ता; काम था, संयुक्त प्रान्त के नगरों में जाना, कचहरियों से 'पायनियर' के लिए 'कोर्ट नोटिस' का विज्ञापन इकट्ठा करना। कहीं कचहरी में रोचक मुक़दमे चल रहे हों तो उनकी रिपोर्ट भेजना और 'पायनियर' के स्थाई एजेन्टों से मिलकर पत्र की खपत और बिक्री बढ़ाने की योजना बनाना। 'रुबाइयात' के अनुवाद ने मेरे हृदय की बन्द सुराही के मुँह से ढक्कन खींच लिया था और मदिरा की धार बह चली थी–'मधुशाला' के रूप में। कुजा कविता, कुजा पत्रकारिता ! कुजा मधुशाला, कुजा कचहरी ! कुजा साक़ी, कुजा अख़बार का एजेन्ट ! कुजा शराब के जाम, कुज़ा पैसों का हिसाब-किताब ! मेरी आर्थिक मजबूरियों ने कैसे मानसिक द्वन्द्व और तनावों के बीच मुझे काम पर भेजा था, इसे मेरे अतिरिक्त केवल दो व्यक्ति जानते थे, श्यामा और किसी अंश में मुक्त जी जो कुछ दिनों से मेरे घर आने लगे थे और मेरे सृजन में रुचि रखते थे। पर मैं अपने काम पर विवश होकर, किसी पराजित-भावना से अभिभूत होकर, बलि के बकरे के समान नहीं गया; मैं गया समरोन्मुख योद्धा के झोंक में। जीवन ने मेरे कवि को चुनौती दी है तो मैं पीछे नहीं हटूँगा। मेरा कवि किस धातु का बना है, इसकी परीक्षा भी हो जाएगी। यदि मेरे कवित्व में कुछ दम है तो उसे दुनिया के प्रबल से प्रबल झोंके झटकोरे नहीं उखाड सकेंगे और अगर वह निष्प्राण है तो उसका जल्दी-से-जल्दी मेरे अन्दर से निकल जाना मेरे हित में होगा। फिर मैंने जीवन और काव्य को अलग कब माना है ? यदि मेरा जीवन ही काव्य नहीं है तो कवित्व नाम की कोई चीज़ मेरे अन्दर नहीं है। कवित्व यदि कमल है तो जीवन जल है, कीचड़-काँदों, सेवार बदबूदार और उसमें किलबिलाते कृमि-कीट, सरीसृप, और उस पर उछलते-उतराते गन्दे मंडूक, अपरूप केकड़े, तल में पड़े छोटे-बड़े घोंघे, घोंघियाँ, काई-खाई सीपियाँ। मन्दः कवियशः प्रार्थी लेना चाहेगा पंकज, और नाक-भौं सिकोड़ेगा उस पंक से जिसमें पंकज का मूल है। जो सरसिज कीच को कुचलकर अपना सिर ऊपर नहीं उठाएगा वह काग़ज़ का होगा, प्लास्टिक का, नकली, निर्जीव, निर्वास, निस्तत्त्व, निःसत्त्व। तुझे अपने काव्य की ध्वनियाँ जजों, मुजरिमों, वकीलों, गवाहों के बहस-मुबाहसों, कचहरी के हुक्कामों-रजिस्ट्रार से लेकर चपरासियों तक की तकरारों, स्टेशन-स्टेशन के फेरीवालों के नारों-पुकारों, शहर-शहर की गली-गली के शोर-ओ-गुल, और होटलों, भोजनालयों, ढाबों में इकट्ठे होने वाले तरह-तरह के मुसाफ़िरों की गुफ़्तगू

के बीच की सुननी होगी। सुन सकेगा ?

न भी सुन सकूँगा तो क्या। कविता जाए तो जाए। सजीव कविता घर में रोगी पड़ी है—प्रतिदिन क्षीण होती, पीली पड़ती। तनख़्वाह इस नौकरी में अच्छी मिलेगी, श्यामा का माकूल इलाज हो सकेगा। उसको इस घर से क्या मिला है—शायद दो वक़्त रूखे-सूखे भोजन के अतिरिक्त कुछ नहीं—कपड़े वह अपनी जरूरत के अपने मायके से लाती रही है। जो दे सकती थी उसीने सब को दिया है—गहने अपनी देवरानी को, रुपए जब-तब मुझे, बड़ों को आदर, छोटों को स्नेह। मैं ही सात वर्षों के अपने वैवाहिक जीवन में उसे क्या दे सका हूँ—कपड़े के नाम पर एक खादी की धोती, गहने के नाम पर एक हरे नीम के सींके से बनी अँगूठी—जो मैंने एक दिन मज़ाक में उसकी उँगली में डाल दी थी और वह बच्चों-सी खुश हो गई थी। अब मुझे एक क़रीने की नौकरी मिली है, मुझे मौक़ा मिला है कि मैं श्यामा के लिए कुछ कर सकूँ। मैं उसे कुछ सुख दे सकूँ, वह कुछ सुख देख सके।

फिर भी जिस दिन मैं घर से जाने लगा श्यामा प्रसन्न नहीं थी। सच कहूँ तो उदास थी। उसे ज़्यादा बोलने की आदत नहीं थी। चलते समय उसने कुछ देर मुझे देखा, जैसे आँखों से कहा, तुम्हें पास पाकर कम पैसों से मैं जितनी सन्तुष्ट थी उतनी तुम्हें दूर कर ज़्यादा पैसों से भी नहीं हो सकूँगी। 'हे उत्तरा के धन, रहो तुम उत्तरा के पास ही'। फिर जैसे उसने सोचा हो कि मेरा ज़्यादा पैसे कमाना कुछ उसी के लिए तो नहीं, परिवार की भी आवश्यकता है। उसने खुश होकर मुझे विदा दी।

जब एक ऐंग्लों-इण्डियन डेली के टूरिंग रिप्रेज़ेन्टेटिव-करेसपांडेन्ट का रूप बना, हाथ में ब्रीफ़केस ले, मैं चलने को हुआ तो 'रुबाइयत उमर ख़ैयाम' के अनुवाद और 'मधुशाला' की कापियों ने मुझे दयनीय दृष्टि से देखा—हमें छोड़े जाते हो ! और मैंने दोनों कापियाँ अनायास उठाकर अपने ब्रीफ़केस में डाल लीं।

मुझे इण्टर का किराया मिलता था, मैं थर्ड में सफ़र करता; किसी शहर में पहुँचता तो उसके सबसे सस्ते होटल में ठहरता, सफ़र खर्च और भत्ते से जो बचता, दस-बारह रुपए, मनीआर्डर से घर भेज देता। दिलचस्प मुक़दमों की रिपोर्टें मेरी अच्छी होतीं। डेसमंड यंग—जो बाद को रोमेल की रोचक जीवनी लिखने के लिए प्रसिद्ध हुए—उन दिनों 'पायनियर' के सम्पादक थे, मेरी प्रशंसा करते। उन दिनों कचहरियों के रजिस्ट्रारों में भी राष्ट्रीय भावना काम करने लगी थी। वे दमनकारी-सरकार-पक्ष-पोषी पत्र को विज्ञापन भेजने में टाल-टूल करते। अख़बार की बिक्री भी मेरे प्रयत्नों से न बढ़ी। दिन भर काम की दौड़-धूप में रहता, रात को होटल में लौटकर क्या करूँ ? 'रुबाइयात' के अनुवाद को स्वच्छ अक्षरों में लिखता, या दिन की दबी हुई किसी प्रेरणा को 'मधुशाला', की चतुष्पदी में उभारता। अख़बार का एजेन्ट कुछ देर के लिए अनुभूतियों का कवि बन जाता !

इसी को नियति का संकेत कहते हैं। दिल्ली के निकट के किसी शहर में था, खुरजा, मेरठ या मथुरा में। एकाएक ख्याल आया, शनिवार का दिन है, दो घण्टे का सफ़र है, क्यों न दिल्ली पहुँचूँ, श्रीकृष्ण को मिलूँ, इतवार उसी के साथ बिताऊँ, उसे अपना 'रुबाइयात उमर खैयाम' का अनुवाद सुनाऊँ। यह रचना उसे भी प्रिय थी।

युग में ही कुछ ऐसा था कि यह सब नवयुवकों को प्रिय थी। उसने भी कभी इच्छा व्यक्त की थी कि मैं उसका अनुवाद करूँ। उसे पता भी नहीं है कि मैं अनुवाद पूरा कर चुका हूँ। उसे आश्चर्य होगा, प्रसन्नता होगी। सोमवार को सवेरे की गाड़ी से चलकर काम पर पहुँच सकता हूँ। बस मैंने टाइम-टेबिल देखकर कार्यक्रम बना लिया।

श्रीकृष्ण को क्रान्तिकारियों से सहानुभूति है, यह मैं शुरू से जानता था। कालान्तर में यह भी मैंने जाना कि उसका क्रान्तिकारियों से सम्पर्क है, दो-तीन बार उसने मेरे पास ऐसे क्रान्तिकारियों को भेजा था, व्यक्तिगत पत्र देकर, मेरे घनिष्ठ मित्र हैं, किसी निजी काम से इलाहाबाद जा रहे हैं, अपने पास एक-दो दिन को ठहरा लो। श्यामा अक्सर बीमार होकर अपने पिता के यहाँ रहती, मेरे पास दो कमरे अपने थे, किसी को ठहरने में असुविधा न होती। धन्वंतरि[1] मेरे पास ठहर चुका था, उसकी जेबों में पिस्तौल की गोलियाँ ऐसे भरी रहती थीं जैसे मूँगफली के दाने। भगवतीचरण की विधवा पत्नी दुर्गा भाभी अपने छोटे पुत्र को लेकर एक बार मेरे यहाँ ठहरी थीं, जिसे, जहाँ तक मुझे याद है, वे सुशील नाम से पुकारती थीं। और एक बार तो शायद चन्द्रशेखर आज़ाद भी मेरे साथ ठहरे थे। तब तो मुझे पता न लगा था, पर जब मैंने यशपाल का 'दादा कामरेड' पढ़ा तब मुझे निश्चय हो गया कि यदि 'दादा कामरेड' में यशपाल ने चन्द्रशेखर आज़ाद का चित्र खींचा है तो जो व्यक्ति मेरे यहाँ आकर ठहरा था वह आज़ाद ही था। श्रीकृष्ण ने मुझे बताया था कि उसने तो यशपाल को भी, जब वे फ़रारी की हालत में उसके घर दिल्ली से इलाहाबाद के लिए रवाना होने लगे थे, मेरा पता देकर मेरे यहाँ ठहरने को कहा था। साथ में मेरे लिए एक किताब भी भेजी थी। लेकिन इलाहाबाद पहुँचकर यशपाल किसी कारण, अपना नाम सावित्री देवी रख लेने वाली आइरिश महिला के साथ ठहर गए, जो हिवेट रोड पर कृष्णा प्रेस के ऊपर वाले कमरों में रहती थी और उसी रात को वहीं से गिरफ़्तार हुए। ऐसा याद पड़ता है कि अदालत में यह पूछे जाने पर कि सावित्री देवी की मुलाक़ात आप से कहाँ हुई थी, यशपाल ने कहा था—एक ट्रेन-यात्रा में। उसी रात यदि यशपाल मेरे साथ आकर ठहरे होते, मेरे घर से गिरफ़्तार हुए होते, तो मेरा भी इतिहास कुछ दूसरा होता। कभी-कभी छोटी-छोटी घटनाएँ कितने दूरगामी परिणामों तक पहुँचाती या उनसे बचा लेती हैं। यशपाल जिन दिनों नैनी जेल में थे उन दिनों उनको गुप्त रीति से पत्र-पुस्तकें पहुँचाने, जेल से लिखे उनके पत्र-कहानियों आदि को बाहर निकलवाने में श्रीकृष्ण के आदेश पर, मैंने भी कुछ भूमिका अदा की थी—कभी-कभी अपने को ख़तरे में डालकर। क्रान्तिकारियों में उन दिनों एक लड़की का भी नाम लिया जाता था, 'प्रकाशो' का। ऐसा सुना जाता था कि प्रकाशो अपने घर से सम्बन्ध तोड़ चुकी है; बड़ी सुन्दर और होशियार है; यशपाल के साथ काम करती है; बम बनाती है; यशपाल से उसको प्रेम है, उसने यशपाल से विवाह करने का निश्चय कर लिया है; उसके नाम भी वारन्ट है और वह भी फ़रार है। यशपाल की गिरफ़्तारी के बाद प्रकाशो कहाँ गई, क्या करती है, कहाँ छिपी है, इसका किसी को पता नहीं था।

1. कृपया देखिए परिशिष्ट 1.

श्रीकृष्ण उन दिनों दिल्ली में बाग़ दीवार के एक दुमन्ज़िलें मकान के ऊपर वाले तले में रहता था–साथ माँ, बाप, दो बहिनें, सबसे बड़ी बहन की शादी हो गई थी। श्रीकृष्ण ऊपर वाले तले की छत पर बनी तीन तरफ़ से बन्द एक परछती में रहता था–परछतीं नालीदार लोहे की चादर से छाई। बी. ए. या बी. काम. करने के बाद उसने भी पढ़ाई छोड़ दी थी। अर्जन करने का कोई काम न करता था, शायद उसे मिला भी न था, और इससे उसके माता-पिता असन्तुष्ट थे। वह सक्रिय क्रान्तिकारी तो नहीं था, पर क्रान्तिकारियों के क्रियाकलाप की उसे सूचना रहती थी और वह अपने सामर्थ्य और सीमा में उनकी सहायता भी करता था।

जिस रात मैं दिल्ली पहुँचा श्रीकृष्ण घर पर ही था। खाना-वाना खाते रात के नौ-दस बज गए, पर मैं तो उसे अपना 'रुबाइयात उमर ख़ैयाम' का अनुवाद सुनाने को उतावला हो रहा था। मैंने अपनी स्वच्छ लिपि में लिखी कापी निकाली, और सस्वर अपना अनुवाद सुनाना शुरू कर दिया। वह एक-एक रुबाई पर झूम उठा। मैंने स्वच्छ लिपिवाली प्रति उसे भेंट कर दी। वह बहुत खुश हुआ। जब मैं उसके साथ होता मुझे आभास होता जैसे मैं कर्कल के साथ हूँ या जैसे कर्कल की छाया उसके आसपास कहीं मँडरा रही है। यह अनुभूति मुझे एक मादक स्मृति में डुबाए रखती और इसमें श्रीकृष्ण मुझे एक अलौकिक प्रेरणा-निमज्जित रूमानी कवि के रूप में देखता। उसका मेरे इस रूप को दुलराना मुझे बड़ी आन्तरिक सहलाहट-सी देता। मुझे लगता जैसे कोई मेरे घायल मर्म पर अपनी कोमल-कोमल उँगलियों से कोई बड़ा आरामदेह मरहम लगा रहा है। काव्य-रस-राग में डूबी हुई रात कैसे बीत गई, हम दोनों को पता भी न चला। इसके पूर्व कि हम थोड़ा सो लें, श्रीकृष्ण ने मेरे कान में धीमे से कहा–'प्रकाशो दिल्ली में ही है, पड़ोस में ही–कटरा नील के एक मकान में छिपकर रहती है–कल मिलाऊँगा ! तुम्हारे बारे में मैंने उसे काफ़ी बता रखा है। तुमसे मिलकर खुश होगी। बुरे दिन काट रही है।' उससे मिलने की कल्पना में सुबह के कुछ घण्टों की नींद उखड़ी-उखड़ी-सी रही।

बात यह थी कि प्रकाशो श्रीकृष्ण के जीवन की एक समस्या और ज़िम्मेदारी बन गई थी। यशपाल के गिरफ़्तार होने के बाद क्रान्तिकारी आन्दोलन का आख़िरी स्तम्भ टूट चुका था। जो छुटभैये थे उनमें प्रभावकारी योजना बनाने वाला कोई दिमाग़ नहीं था। प्रकाशो अब कहाँ जाए, क्या करे ? अपने भविष्य-जीवन के लिए अपने को कैसे किस रूप में तैयार करे ? और यह उसे करना था, बिना अपने असली नाम को प्रकट किए हुए। अपने-माँ-बाप के घर लौट जाने का प्रश्न ही नहीं था। वह घर से विद्रोह करके निकली थी, उसका घर लौटना न उसके स्वाभिमान के अनुरूप था और न घरवालों की सुरक्षा के हित में। उसके नाम सरकारी वारन्ट था, वह फ़रार थी, पुलिस उसके सुराग़ में थी। वह किन परिस्थितियों में श्रीकृष्ण के सम्पर्क में आई थी, किन स्थितियों में उसका संरक्षण माँगन को विवश हुई थी, किन कारणों से श्रीकृष्ण ने उसे आश्रय दिया था और किन सम्बन्धों अथवा उपबन्धों से उसकी रक्षा करने का दायित्व अपने ऊपर लिया था, इसका मुझे कोई पता नहीं; पर यशपाल के जेल से छूटकर आने तक–और यशपाल को लम्बी सज़ा मिली थी–प्रकाशो की देख-रेख करना श्रीकृष्ण अपना कर्तव्य समझता था। प्रत्याशा उससे यह की जाती थी कि वह परिवार की देख-रेख

करेगा। साधन उसके पास स्वावलम्बन के लिए भी नहीं था और भार उसने ले रखा था प्रकाशो के भरण-पोषण का, उसे शिक्षित-दीक्षित करा के स्वावलम्बी बनाने का। घरवाले उसके इस पागलपन पर आश्चर्यचकित थे, असन्तुष्ट थे, नाराज़ थे। उसकी थोड़ी-सी बात-चीत से, उसकी आँखों से, मुझे यह भाँपते देर न लगी थी कि श्रीकृष्ण प्रकाशो से केवल शुष्क कर्तव्यवश आबद्ध नहीं है, वह उससे कहीं अपनी भावना के सरस तन्तुओं से भी जुड़ गया है। जब मैंने प्रकाशो को और उसको साथ देखा—चाहे थोड़ी देर के लिए ही—मैं समझ गया कि प्रकाशो भी उन्हें बटने और दृढ़ बनाने की ओर कम उत्सुक, सचेत और प्रवृत्त नहीं है। यशपाल की ओर संकेत श्रीकृष्ण 'भैया' कहकर करता था और इस आधार पर कि प्रकाशो यशपाल की वाग्दत्ता है, उसने अपने और उसके बीच देवर-भाभी का नाता बना लिया था—आवश्यकता पड़ने पर दूसरों को बाने के लिए, क्योंकि हमारा समाज सम्मानित नातों की सूची के बाहर किसी युवक-युवती के जोड़े को सन्देह की दृष्टि से देखता है। भारतीय समाज में देवर-भाभी का नाता बड़ा लचीला है; यह लक्ष्मण की भाभी सीता से लेकर निबला की मेहरारू तक खिंचता है, जिसे गाँव-भर अपनी भौजाई बना लेता है।

दूसरे दिन इतवार था। कटरा नील की एक गली में गुणसुन्दरी नाम की एक लड़की रहती थी—यथा नाम न तथा गुणः—श्रीकृष्ण की कोई परिचिता सहेली—जिसके यहाँ उसने प्रकाशो को टिका दिया था। श्रीकृष्ण को पुलिस सन्देह की दृष्टि से देखती थी, सादे कपड़ों में एक सिपाही उसके घर की गली के सामने खड़ा रहता था कि उसकी हरकतों पर नज़र रखे। पर श्रीकृष्ण पुलिस की आँखों में धूल झोंककर, उसे किसी न किसी तरह का चरका देकर गली से निकल जाता था और प्रकाशो को मिल आता था। उस दिन भी गली से बाहर निकलने पर उसने देखा कि सिपाही किसी से बात कर रहा है—ये बात करनेवाले प्रायः श्रीकृष्ण के ही भेजे होते थे—और वह भागकर एक गली में घुस गया। उसने मुझे इशारा किया कि मैं पीछे-पीछे भागता आऊँ। वह बीच-बीच में मुड़कर देख लेता था कि कोई उसको पिछुआ तो नहीं रहा है; इस गली से उस गली, उस गली से किसी और गली में मुड़ते, भागते हम एक घर में धँस पड़े। गुणसुन्दरी ने ऊपर के कमरे की ओर इशारा किया और हम दो-दो सीढ़ियाँ फलाँगते कमरे में जा पहुँचे।

प्रकाशो विरह-विधुरा-सी बैठी थी—इकहरे बदन की, गोरे रंग की, सुडौल नाक-नक़्श की, सुरमई आँखोंवाली, सुनहरे बालों में कुछ-कुछ बल, शायद हल्के हरे रंग की साड़ी में। यकायक उसे देखते ही मुझे चम्पा की याद आ गई—शायद वहाँ कोई न होता तो मैं उसे चम्पा कहकर पुकार ही उठता। थोड़ी देर देखने और थोड़ी-बहुत बात करने से मुझे आभस हुआ कि चम्पा से उसमें एक निश्चित अन्तर है। चम्पा की आँखों में एक भोलापन था; प्रकाशो की आँखें प्रतिपल सतर्क, सचेत, सजग थीं। मुझे याद नहीं कि उस दिन हमारी क्या बातें हुईं, पर उसने बीच की औपचारिकता हटानी चाही। श्रीकृष्ण प्रकाशो को 'रानी' कहता था। शायद यह नाम उसे यशपाल ने दिया था। उसने मुझसे कहा, तुम भी मुझे 'रानी' कहा करो।

श्रीकृष्ण ने मुझसे कहा, तुम पहले निकल कर घर की तरफ़ चलो। मैं थोड़े समय

पीछे निकलूँगा, हमारा साथ चलना ख़तरे की बात होगी, ख़ासकर तुम्हारे लिए। कोई रास्ते में पूछे तो मत बताना कि तुम्हारा नाम क्या है, या तुम कहाँ गए थे। किसी अजनबी को हमसे यह जानने का अधिकार नहीं है।

मैं चुपचाप घर से बाहर हो गली से श्रीकृष्ण के मकान की ओर जब चला तो सोच रहा था कि दुनिया में क्या हर जगह बच्चन और चम्पा की कहानी दुहराई जा रही है।

दिन में श्रीकृष्ण से, परिवार के लोगों से, बातें करके लगा कि श्रीकृष्ण कुछ उसी मनःस्थिति-परिस्थिति से गुज़र रहा है जिससे मैं गुज़र चुका हूँ।

श्रीकृष्ण और प्रकाशो को साथ देखकर, कर्कल और चम्पा की स्मृतियों को उनसे जोड़कर—अपने ही किसी विगत रूप को उनमें बिम्बित पाकर—मेरी सृजन-चेतना में एक उबाल-सा आया और 'मधुशाला' की रुबाइयाँ जैसे उफन-उफनकर काग़ज़ पर फैलने लगीं।

तीन महीने में संयुक्त प्रान्त के बावन ज़िलों का दौरा कर मैं 'पायनियर' को वापस लौटा, कई ज़िलों का, आवश्यकतानुसार, कई-कई बार। संवाददाता का मेरा काम सन्तोषजनक था, पर प्रचारक का नहीं। मैंने अपनी रिपोर्ट में लिखा था कि जनता का मूड बदल गया है, 'पायनियर' बिना अपनी नीति बदले लोकप्रिय नहीं होगा। मैं यह सपना देख रहा था कि दफ़्तर में अब स्थाई रूप से मुझे रख लिया जाएगा। पर यह क्या ! मुझे जवाब मिल गया। जब मैं चला था तब श्यामा के और अपने, सुखमय न सही, तो सुविधामय जीवन की कैसी कल्पना मेरे मन में थी ! दफ़्तर से मैं निकला तो मैंने अपने को सत्तू की हाँडी के नीचे लेटे शेख़चिल्ली ब्राह्मण की तरह पाया। मेने तन पर सत्तू की जगह बावन ज़िलों की धूल-गर्द थी।

पिताजी ने इस आशा में कि अब घर की अच्छी आमदनी स्थाई रूप से होने लगेगी, छोटी बहन की शादी तय कर दी। कुछ लोग कहा करते थे कि दौरे की बीमारी प्रायः लड़कियों की शादी के बाद अच्छी हो जाती है। बहन की शादी के लिए कुछ रुपए उन्होंने अलग जमा कर रखे थे। मेरी छोटी बहन का विवाह सी. पी. (अब एम. पी.) के अनूपपुर के ज़िमींदार बाबू सुन्दरलाल से हुआ।

शादी के अवसर पर शालिग्राम सपत्नीक आए तो पता लगा कि उनकी पत्नी का पैर भारी है, पर उन्हें एनीमिया की बीमारी है। बीमारियाँ इस घर में अब अति परिचित-सी अवज्ञा-योग्य हो गई थीं। इलाज सामर्थ्य के अनुसार होता रहा। समय से एक बच्ची हुई, पर थोड़े ही काल के अन्तराल से बच्ची और बच्ची की माँ का देहावसान हो गया। शादी-मौत जैसे हाथ बाँधे घर में आई थी। एक दिन घर से डोली निकल गई। एक दिन घर से अर्थी निकल गई। डोली और अर्थी जीवन में साथ-साथ हैं—'जगा करेगा अविरत मरघट, जगा करेगी मधुशाला'।

मेरे पाँव का सनीचर अभी नहीं उतरा था। जिस महीने 'पायनियर' से जवाब मिला उसी महीने 'अभ्युदय' प्रेस की ओर से एक काम मिल गया। प्रेस अपनी कुछ पुस्तकें स्कूलों के पाठ्यक्रम में लगवाना चाहता था। मैं फिर संयुक्तप्रान्त की तूफ़ानी

यात्रा पर निकला—वेतन 50) मासिक, किराया तीसरे दर्जे का, भत्ता डेढ़ रुपया रोज़। इस बार कचहरियों में नहीं, स्कूलों में चक्कर लगाना था। कार्यक्रम पहले ही जैसा, दिन को काम, रात को कविता। किसी समीपवर्ती ज़िले से दिल्ली ने फिर खींचा। इस बार श्रीकृष्ण और रानी को 'मधुशाला' में रस-मज्जित कर आया। पूरी 'मधुशाला' के वे प्रथम श्रोता थे। रानी अब रात-बिरात उसके घर भी चली आती थी। हस्तलिखित एक प्रति श्रीकृष्ण को दे आया। वह नशे में ऐसा डूबा कि बोल नहीं सका। 'मधुशाला' जो मेरे लिए थी शायद वही उसके लिए भी थी—अभ्यंतर की आवाज़। छपने की अभी कोई जुगत नहीं थी। श्रीकृष्ण छोटी-छोटी कापियों पर उसकी प्रतिलिपि तैयार करता और अपनी सहेलियों, मित्रों को भेंट करता। मुझसे जो ट्यून उसने सीखी थी उसने बहुतों को सिखाई। मेरी ट्यून तो समय के साथ बदलती गई और एक दिन उसने मुझे ही मेरी पुरानी ट्यून सिखाई।

घर अब सूना था। छोटी बहन ससुराल चली गई थी। विधुर छोटे भाई बनारस लौट गए। श्यामा शादी-मौत दोनों के तकान से बीमार होकर अपने पिता के घर चली गई, जहाँ उसका कम-से-कम विधिवत् इलाज तो होता था। मैं प्रायः हर शाम उसे देखने जाता और 'ख़ैयाम' की, और अपनी 'मधुशाला' से उसका मन बहलाता।

मुक्त जी ने 'ख़ैयाम की मधुशाला' और 'मधुशाला' की चर्चा जगह-जगह शुरू की। 'ख़ैयाम की मधुशाला' के दस पद उस समय 'चाँद' के सम्पादक मुंशी नवजादिक लाल ने सचित्र 'चाँद' में छापे। मेरा एक निजी पत्र भी मुक्त जी ने पहले या बाद को 'चाँद' में छपाया जो मैंने उन्हें प्रवास से लिखा था। दिसम्बर 1933 की 'सरस्वती' में दस रुबाइयाँ 'मधुशाला' की छपीं। दिसम्बर में ही मैंने हिन्दू विश्वविद्यालय, काशी, के शिवाजी हाल में 'मधुशाला' का प्रथम सार्वजनिक पाठ किया। कभी पढ़ा था, जब बाइरन की पुस्तक प्रकाशित होती थी तब ख़रीदारों की भीड़ पर नियन्त्रण रखने को पुलिस बुलाई जाती थी। जनता जब किसी के पीछे पागल होती है तब उसका क्या रूप होता है ! मैं विश्वविद्यालय के अहाते में अकेले नहीं चल सकता था। काशी के उस कवि-सम्मेलन के विषय में अक्षय कुमार जैन[1], प्रो. मनोरंजन प्रसाद[2] और नरेन्द्र शर्मा[3] लिख चुके हैं। मधुशाला की बहुत-सी रुबाइयों के प्रथम पाठक—क्योंकि मैं उनको प्रवास में लिखी रुबाइयाँ पत्रों में भेजता रहता था—और श्रोता के रूप में प्रफुल्लचन्द्र ओझा मुक्त[4] भी अपनी प्रतिक्रिया तथा औरों पर उसका सद्यः प्रभाव लेखबद्ध कर चुके हैं। मैं उन्हें क्या दुहराऊँ। मेरे मुँह से शोभन भी न होगा। कई कवियों, कविता प्रेमियों ने मधुशाला-रचना की ख़बर लगते ही घर पर आकर उसे मुझ से सुना—वीरेश्वर सिंह, नरेन्द्र शर्मा, पद्मकान्त मालवीय ने। और भी एकाध लोग इस समय मधु-काव्य लिख रहे थे। नए कवियों में अनुकरण की कमज़ोरी अक्सर देखी जाती है। अपने कई भावों की प्रतिध्वनियाँ मैंने दूसरों में सुनीं। दुख हुआ, मेरी मौलिकता लुट रही है; श्यामा से

---

1. कृपया देखिए परिशिष्ट 2, 3, 4, 5
2. वही
3. वही
4. वही

रखने की अपनी सफलता और उसका सुराग लगा सकने में पुलिस की विफलता पर वह एक सन्तोषप्रद पुलक का अनुभव करता था, हालाँकि वह उसका बड़ा महँगा मूल्य चुका रहा था। घरवाले कहते थे कि रानी के पीछे वह अपने को बर्बाद कर रहा है, पर उसके चेहरे पर और किसी की चिन्ता हो, अपनी बर्बादी की फ़िक्र का कोई निशान नहीं था और वह जिस कल्पना लोक में पलायन कर गया था उस पर मुझे आश्चर्य होता था, ईर्ष्या भी होती थी। घरवाले उसे किसी प्रकार की आर्थिक सहायता देने से रहे, उल्टे उसी से इसकी प्रत्याशा करते थे; लेकिन न मैंने तब जाना, न जानने का प्रयत्न किया और न अब तक जानता हूँ कि वह स्रोत क्या था जिससे उसको इतना धन प्राप्त होता था कि वह रानी का और अपना खर्च चला सके। पर यह कोई अनिश्चित स्रोत था अवश्य जिसने उनको बाद को धोखा दिया और वे घोर संकट की घड़ियों से गुज़रे। उनके पास से जब मैं लौटा तो मुझे लगा कि जैसे मैं करुण-मधुर स्मृतियों के एक-गहरे सरोवर में स्नान करके आया हूँ। कुछ इसी प्रकार का अनुभव मुझे हर बार होता था, हर बार पहली बार से अधिक। क्या जीवन पूर्वानुभूतियों के क्षणों को दुहराता भी है ? पात्र-परिस्थितियाँ बदल जाती हैं पर अमूर्त भावनाएँ क्या पहले की ही उठ-उमँड़, मन को मथ जाती हैं ? श्रीकृष्ण और रानी के साथ बैठे कभी झुटपुटे में, कभी मन्द प्रकाश में, कभी अंश-चन्द्र अथवा तारों की छाँह में इस बात को मैं बिल्कुल भूल जाता कि यह दिल्ली है, यह श्रीकृष्ण है, यह रानी है, या यह मैं हूँ; लगता जैसे यह नाम-स्थिति हीन अधर में कोई जगह है और कर्कल, चम्पा और मैं अपने धुएँ-धुएँ से शरीर में वहाँ मौजूद हैं—एक-दूसरे से बिल्कुल अभिन्नता का अनुभव करते, देश-काल में जहाँ कहीं कुछ भी हो रहा है उससे नितांत निरपेक्ष, उसकी ओर से एक दम निश्चिंत। इतने दिनों बाद जब मैं चीज़ों को कुछ वस्तुगत दृष्टि से देख सकता हूँ, मैं सोचता हूँ, न श्रीकृष्ण कर्कल थे, न रानी चम्पा थी, न दिल्ली इलाहाबाद था, न उनका कमरा शून्य में अवस्थित कोई ज्योतिवृत्त; जो था वह कुछ ऐसा नशा था, ऐसा जादू, मेरे मन-प्राणों में, मेरी आँखों में, जो उन पर अपने को ही आरोपित कर अपने में ही खो जाता था,

हर सूरत साक़ी की सूरत
में परिवर्तित हो जाती,
आँखों के आगे हो कुछ भी
आँखों में है मधुशाला।

अगर कवि की कोई नियति होती है—यानी उसे कवि बनाने की—तो उसने श्रीकृष्ण और रानी को इसीलिए मेरे पथ में डाल दिया था कि वे मेरे अतीत के क्षणों का विस्फोट कर उन्हें वर्तमान करें—अब उनमें जीने के लिए नहीं, बल्कि उनमें सृजन करने के लिए; शायद कलाकार की दृष्टि से तरजीह सृजन के क्षण को ही दी जाए; क्योंकि जीने के क्षण में सृजन प्रायः नहीं हो पाता पर सृजन के क्षण में एक तरह का जीना सम्भव हो पाता है।

उन्हीं दिनों किसी समय बाबू पुरुषोत्तमदास टण्डन के निवास-स्थान पर कोई कवि-गोष्ठी हुई जिसमें इलाहाबाद के सब मुड्ढ-मुड्ढ काव्य-पारखी एकत्र हुए—वयोवृद्ध

लक्ष्मीधर वाजपेयी से लेकर नवयुवक राजनाथ पाण्डेय तक। सबने एक स्वर से मेरी कविताओं की सराहना की। उसी में अग्रवाल विद्यालय के हेडमास्टर बाबू केदारनाथ अग्रवाल मौजूद थे—स्वयं स्वस्थ और हर एक को, हर मौक़े पर, सौ बरस जीने का उपदेश देने वाले—अभी मौजूद हैं। वे मेरे काव्य-पाठ से प्रभावित हुए, उन्होंने अपने स्कूल में मुझे हिन्दी अध्यापक के रूप में नियुक्त करना चाहा, 35 रुपये प्रतिमास देने को कहा, मैंने स्वीकार कर लिया। व्यक्ति की नौकरी से संस्था की नौकरी मैंने अच्छी समझी—क्लर्की की नौकरी से अध्यापक की नौकरी। स्कूल की नौकरी में स्थायित्व भी था। पिताजी अध्यापकी के पेशे को आदर्श पेशा समझते थे। शायद खुश हुए होंगे कि भूल-भटककर मैं ठीक रास्ते पर लग गया। जुलाई 1934 से मैंने अग्रवाल विद्यालय में काम करना शुरू किया। अग्रवाल विद्यालय पहले त्रिपौलिया में था। उसकी नई इमारत कल्यानचन्द के सब्ज़ी बाग़ में बनी थी। जब ज़ीरो रोड मुहल्ला चक को बीचोंबीच से ढहाती-गिराती निकल गई तो स्कूल की स्थिति सड़क के निकट हो गई। विद्यालय के चारों ओर का नक़्शा तेज़ी से बदल रहा था, पर मेरी आँखों में तो उसका पुराना नक़्शा, उसकी पुरानी यादों के साथ बसा था—बचपन से लेकर शुरू जवानी तक की मीठी-कड़वी यादों के साथ। भाग्य ने प्रतिदिन उस भूमि पर आने का विधान शायद इसीलिए कर दिया था कि मैं उन दिनों को भूल न सकूँ; प्रतिदिन उनकी याद करके एक बार आह भर लिया करूँ। वहाँ हमारा घर था, वहाँ मोहन चाचा का, उस जगह आँगन था, वहाँ लसोढ़े का पेड़, साथ मिली कर्कल की छत, वहाँ मुँडेर थी जिस पर चम्पा बैठती थी—वृक्ष-परी, उसके नीचे कर्कल का कमरा। कमरे से जुड़ी कितनी तस्वीरें, कितनी भावनाएँ, वहाँ कर्कल का आँगन, जहाँ मैंने चम्पा का अन्तिम दर्शन किया था, प्रथम दर्शन से कितना भिन्न ! वहाँ हमारे घर का पटहुआँ था। वहीं श्यामा को पहली बार देखा था, बसन्त की पहली कली, बच्ची, हँसे तो कमरे में उजाला हो जाए, खाने-खेलने के दिनों में गम्भीर दायित्व से दबी, यौवन से रोग-रुग्ण, अपने प्रति कितनी निरीह, मेरे प्रति कितनी समर्पित।

मैं अपनी आर्थिक असमर्थता में श्यामा को अपने पास भी नहीं रख सकता। जी तो यही चाहता है कि हर शाम ससुराल जाकर उसके पास बिताया करूँ, पर ट्यूशनों पर कौन जाए। घर में तो कोई आकर्षण नहीं। माता जी अकेली हैं, फिर भी गिरिस्ती सँभालती हैं, खाना पकाती हैं। पिताजी अपने सब दायित्वों से मुक्त हैं। सुबह गंगा नहाने जाते हैं, दिन को रामायण-गीता बाँचते हैं, शाम को मन्दिर हो आते हैं। छोटे भाई का घर फिर बसे, शायद एक चिन्ता है; चिन्ता उन्हें श्यामा की बीमारी की भी है, पर लाचार हैं। आभारी हैं—श्यामा की दवा-दरमत का दायित्व उनके पिता ने ले लिया है। मैं पढ़ा-पुढ़ा कर लौटूँ तो क्या करूँ ? पढ़ूँ ? कितना पढ़ूँ ? दुनिया में बहुत किताबें हैं, सौ जन्म में भी सबको नहीं पढ़ सकता। फिर भी कुछ पढ़ूँ न तो क्या करूँ—रातों को देर तक जगने की आदत लगा ली है और कभी-कभी भीतर से जब कुछ कुरेदे, विवश करे तो कुछ लिखूँ। इतवार-इतवार छुट्टियाँ होती हैं, तिथि-त्योहार भी आते रहते हैं। कभी महेश-प्रकाश के साथ समय कट जाता है, कभी मुक्त, राजनाथ पाण्डेय या श्री मोहन, आ जाते हैं। कभी-कभी नगर के स्कूल-कालेजों में कविता-पाठ कर आता हूँ। क्लर्क, स्कूल-मास्टर का जीवन कितना 'डल' होता है (डल को मैं 'एकरस'

नहीं कहूँगा—उसमें 'रस' है—ऊब कह सकता हूँ)—तेली के बैल-सा एक लीक, एक ढर्रे पर चलने वाला और अन्त में पहुँचना कहीं नहीं। मैंने कोई शग़ल भी नहीं पाला। न कोई बाहरी खेल-कूद में भाग लेता हूँ—न हाकी, न फुटबाल, न वालीबाल, न क्रिकेट में—टेनिस तो अमीरों का खेल है, पर मैं बैडमिन्टन, पिंगपाँग भी नहीं खेलता; मेरी उम्र के लोग ऐसे खेलों में भाग लेते हैं—और न किसी अन्दरी खेल में मैंने रुचि ली है—न ताश में, न शतरंज में, न चौपड़ में, न गंजीफ़े में। हाँ, अकेले बैठूँ तो बिसूरने की आदत है, कभी आशा के साथ, कभी निराशा के साथ—'मधुशाला' छपेगी तो धूम मच जाएगी, फिर गीत छपेंगे—(अभी संकलन का नाम स्पष्ट नहीं)—तो और धूम मचेगी। पर धूम ही मच जाएगी तो क्या, जिनकी धूम मच चुकी है वही क्या लाफर लूट रहे हैं ? महादेवी जी विद्यापीठ में 'गुरुजी' बन के रह गई हैं, पन्त जी ने कालाकाँकर के राजा के यहाँ जाकर आश्रय लिया है, निराला मारे-मारे फिर रहे हैं। कहावत सुनता हूँ—मूस मोटाई लोढ़ा होई। हिन्दी-अध्यापक हूँ—ट्रेण्ड भी नहीं—35 रुपये से तनख्वाह बढ़ेगी 50 रुपये तक, हद 75 रुपये तक। विद्यालय के हेड हिन्दी पण्डित को इससे ज़्यादा नहीं मिलते। मैं ऐसे ही रोज-रोज़ स्कूल जाकर घण्टे पर घण्टे दर्जे लूँगा, रोज़-रोज़ ट्यूशनों पर जाकर लड़के पढ़ाऊँगा, रोज़-रोज़ घर लौटकर किताबें पढ़ूँगा या दो-चार सफ़े काग़ज़ गोंचूँगा। श्यामा ऐसे ही रोज़-रोज़ बीमार रहेगी, रोज़-रोज़ मैं उसके लिए कुछ न कर सकने के लिए झंखूँगा और किसी रोज़...

जुलाई में मैंने एक दिन अख़बार में पढ़ा कि प्रख्यात क्रान्तिकारी महिला प्रकाशो ने पुलिस के सामने आने पर निर्विरोध आत्म-समर्पण कर दिया। पुलिस ने उसे हिरासत में लेकर अड़तालीस घण्टे के अन्दर मजिस्ट्रेट के समक्ष प्रस्तुत किया। मजिस्ट्रेट ने प्रकाशो की ओर से बग़ैर किसी प्रकार की पैरवी के—यहाँ तक कि उसकी ओर से बेल (bail) की अर्ज़ी के बिना ही—उसके ख़िलाफ़ सब मुक़दमे वापस ले लिए और उसे रिहा कर दिया। लेकिन उसे दिल्ली में रहने की इजाज़त नहीं दी। अख़बार में प्रकाशो के आकर्षक व्यक्तित्व, पोशाक की चुस्ती और उसकी सुरमई आँखों का भी ज़िक्र था। प्रकाशो का सुराग़ लगाने और उसे गिरफ़्तार करने में सरकार ने जो सरगर्मी दिखलाई, और फिर उस पर लगे जुर्मों को हटा लेने और उसे मुक्त कर देने में जो उदारता—कहना चाहिए अवढरता—बरती उसका कारण मेरी समझ में न आ सका। कुछ कारण तो होगा ही।

अगस्त की दूसरी या तीसरी तारीख़ को मैंने देखा कि सबेरे-सबेरे एक ताँगा मेरे मकान के सामने आकर रुका। उससे प्रकाशो उतरी। मैंने मन में कहा, श्रीकृष्ण को प्रकाशो को मेरे पास नहीं भेजना था। अगर भेजना ही था तो मेरी अनुमति ले लेनी थी, कम-से-कम मुझे पहले से सूचित तो कर देना था। ख़ैर, अब आ गई है तो उसे वापस जाने को तो कह नहीं सकता। जैसे ही मैं उसके पास पहुँचा उसने धीरे से मेरे कान में कहा, "यह किसी से मत कहना कि मैं प्रकाशो हूँ। घर में कह देना कि श्रीकृष्ण की भाभी हूँ। मुझे रानी या रानी भाभी कहना। मैं एक सप्ताह यहाँ रहूँगी, फिर श्रीकृष्ण भी आएगा और हम लोग कहीं और जाने का कार्यक्रम बनाएँगे।"

श्रीकृष्ण हमारे यहाँ केवल एक बार आया था। पर उसने घर भर को प्रभावित किया था, अपनी मिलनसारी, खुलेपन और हँसमुख स्वभाव से। उसके भेजे मेहमानों

का हमारे यहाँ आकर ठहरना कोई नई बात न थी। एक-दो महिलाएँ भी पहले आकर हमारे यहाँ ठहर चुकी थीं। माताजी, पिताजी नीचे रहते थे। ऊपर के तीन कमरे ख़ाली थे, एक में मैं रहता था। प्रकाशो को ऊपर का ही एक कमरा दे दिया गया।

दिन को मुझे स्कूल जाना था और स्कूल के बाद एक ट्यूशन पर होकर घर लौटता था। उन दिन लौटने लगा तो मुझे लगा जैसे घर पर कोई मेरी प्रतीक्षा कर रहा है। घर में एक स्वागत का भाव था। क्यों ? इसे मैं स्पष्ट नहीं कर सकता। शायद मन के भाव जब प्रबल होते हैं तो अपने समीप की जड़ वस्तुओं पर भी अपनी छाया छोड़ते हैं। ऊपर जाकर मैं चकित रह गया। महीनों से मेरा कमरा अस्तव्यस्त पड़ा था। मैं किसी को अपने कमरे में जाने ही न देता था, जब सफ़ाई वग़ैरह करनी होती थी ख़ुद करता था। अलबत्ता जब श्यामा होती थी और अच्छी रहती थी तब वह करती थी। यह वह जानती थी, या मैं जानता था कि मेरे काग़ज़-पत्तर, चिट्ठियाँ, कविता की कापियाँ आदि कहाँ रहती हैं। रानी ने मेरे कमरे की सफ़ाई की थी। मेरे बिस्तर की चादरें, तकियों के ग़िलाफ़ बदल दिए थे। कमरे की मेज़-कुर्सियाँ करीने से लगा दी थीं, किताबें आलमारियों में तरतीब से रख दी थीं, और किसी चीज़ पर कहीं मिट्टी-गर्द का नाम नहीं था। रानी अपने कमरे में थी; मैंने उसे आवाज़ दी तो वह निकली, उदासी से मुस्कराने का प्रयत्न कर रही थी। मैंने कहा, "तुमने क्यों इतनी तकलीफ़ उठाई ? कमरा ठीक करने के लिए शुक्रिया, पर कवि का कमरा और कवि का जीवन अस्तव्यस्त ही रहे तभी अच्छा। व्यवस्था की आकांक्षा होते हुए भी व्यवस्था में मुझे कुछ घुटन-सी होती है, ख़ैर..."

मैं श्यामा को देखने जा रहा था। माताजी ने रानी को दिन में परिवार के सब दुःख-सुख, स्थिति-परिस्थिति से अवगत करा दिया था। वह भी श्यामा को मिलने जाना चाहती थी। मैंने ही उसे रोका, तीन दिन बाद इतवार पड़ेगा, दिन-भर के लिए चलेंगे। वह मान गई।

उस संध्या को भी श्यामा हल्के बुख़ार में पड़ी थी। उससे क्या छिपाना था। सुनकर बहुत ख़ुश हुई कि रानी ने मेरे कमरे को ठीक-ठाक कर दिया। चलने लगा तो उसने कुछ पश्चात्ताप भरे स्वर में कहा, काश मैं वहाँ होती—अच्छी—तो रानी की सब सुविधा का ख़्याल रखती, देखना भाभी को कोई तकलीफ़ न होने पाए; इतवार को ज़रूर लाना। श्यामा के पास बैठे ज़्यादा रात हो जाती तो मैं उसी के यहाँ खाना खा लेता। देर तो आज भी हो गई थी, पर मैंने सोचा रानी का घर में पहला दिन है, मुझे घर पर ही खाना खाना चाहिए। माँ मेरी प्रतीक्षा में बैठी थीं, जैसे वे हमेशा बैठी रहती थीं, पर रानी भी बग़ैर खाना खाए बैठी थी। मैंने अपराधी-सा अनुभव किया। उसने धीमे से सिर झटका, जैसे कहा, कोई बात नहीं।

दो छतें थीं, एक पर वह सोने गई, एक पर मैं सोने गया—हम इलाहाबाद में, आसमान साफ़ हो तो, अगस्त-सितम्बर तक खुले में सोया करते थे; मुझे अगस्ती रातों में अधूरे चाँद के नीचे सोना बहुत भाता था। उस रात न जाने क्यों बड़ी रात तक मुझे नींद न आई। घर में खाटें थी जो करवट लेने पर चर्रमर्र करती थीं—ख़ासकर बरसातों के बाद—मैंने बड़ी रात तक कई बार रानी की खाट की चर्र-मर्र सुनी। शायद

उसे भी नदीं नहीं आ रही थी। स्वाभाविक था, नई जगह थी। शायद कोई चिन्ता भी हो, चिन्तित होने के लिए उसके पास कम था ? मुझे सुबह से ही लगा था कि कुछ उसके मन में है जिस पर उसने अपने होंठों को बन्द कर रखा है। मैंने पूछा भी नहीं, क्रान्तिकारी लड़की रही है, न जाने कितना कुछ छिपाने का उसे अभ्यास रहा है।

रानी के आने से दो-ही चार दिन में घर का वातावरण बदल गया। माँ सुख-दुख से जर्जर महीनों से अकेली थीं; उन्हें एक साथ मिला; रानी घर-गिरिस्ती के कामों में उनका हाथ बँटाती, पिताजी के भी छोटे-मोटे काम कर देती। दोनों उसकी प्रशंसा करते, जिसके घर की बहू है उसके धन्य भाग। घर के ऊपर वाले हिस्से की तो उसने काया-पलट ही कर दी। मकान के सामने गणेश बाग़ के मन्दिर से लगा एक बड़ा पीपल का पेड़ था, उसके पत्ते टूट-टूटकर हमारी छतों पर गिरते और पड़े रहते। माँ में इतनी ताक़त नहीं थी कि रोज़ घर-भर में झाड़ू दें। महरी सिर्फ़ चौका-बर्तन करती थी। रानी रोज़ दोनों छतों पर झाड़ू देती। एक-एक कर उसने सब कमरों की सफ़ाई की—सामान कमरों में ज़्यादा न था। मेरे कमरे की सफ़ाई करना, मेरे मना करने के बावजूद—गो साफ़ कमरे में पाँव रखना मुझे अच्छा लगता—उसने रोज़ की अपनी ड्यूटी बना ली। ट्यूशनों से लौटने में प्रायः मुझे रात हो जाती; कभी ट्यूशनों से श्यामा के पास हो मैं घर लौटता। सीढ़िया परिचित थीं, अँधेरे गें भी मैं उनपर चढ़ जाता; कमरे में पहुँच, कहीं दियासलाई टटोल अपना लैंप जलाता, मैली ही चिमनी चढ़ा देता। मन्द प्रकाश में तब काम करने, यहाँ तक कि पढ़ने-लिखने की भी मेरी आँखें अभ्यस्त थीं। एक रोज़ ऐसे ही रात को आया तो मैंने देखा कि एक लालटेन ज़ीने पर जल रही है, लालटेनें घर में कई थीं, पर माँ को अपनी रोटी-पानी के लिए एक जला लेना ही काफ़ी होता। कमरे में भी मेरी मेज़ पर साफ़ की हुई चिमनी का लैंप जल रहा था। थोड़ा-सा प्रकाश रानी के कमरे से भी आ रहा था। महीनों से इतना प्रकाश ऊपर देखने की अनभ्यस्त आँखों को बड़ा सुखद लगा। समझ गया रानी ने ही यह सब किया है। अचरज था, जो हाथ बम बनाने का काम करते थे वे घर-गिरस्ती के छोटे-मोटे काम भी कैसे कर लेते हैं ! उसके कमरे तक चला गया, बोला, रानी क्यों इतनी तकलीफ़ उठाती हो ? वह मुस्करा दी; कुछ लिख रही थी, शायद किसी को चिट्ठी। मैं अपने कमरे में जाकर अपनी 'मधुबाला' कविता की यह पंक्तियाँ गुनगुनाने लगा,

> **तब इस घर में था तम छाया,**
> **था भय छाया, था भ्रम छाया,**
> **था मातम छाया, ग़म छाया,**
> **ऊषा का दीप लिए सिर पर**
> **मैं आई, करती उजियाला।**
> **मैं मधुशाला की मधुबाला !**

गीत शायद पहले लिखा जा चुका था, 'सरस्वती' में प्रकाशित भी हो चुका था, मधुबाला के एक रेखाचित्र के साथ।

इतवार को मैं रानी को लेकर बाई के बाग़ गया। श्यामा उसे देखकर बड़ी प्रसन्न

हुई, भाभी कहकर मिली। रानी ही कुछ खिंची-सी रही—नए घर, नए लोगों के सामने उसका संकोच समझा जा सकता था। फिर अपने सम्बन्ध में सब कुछ गोपन रखने की बरसों की आदत उसका स्वभाव बन गई थी। रानी और श्यामा को कुछ देर के लिए अकेले छोड़ दिया; साले-सालियों से बात करने को मैं नीचे चला आया; श्यामा ऊपर के कमरे में रहती थी। चलने लगा तो श्यामा ने फिर मुझसे कहा, देखो, भाभीजी का ख़्याल रखना। मैंने कहा, मैं क्या भाभीजी का ख़्याल रखूँगा, भाभीजी ही मेरा ख़्याल रखती हैं। मैं अनजाने ही औरों के सामने रानी को भाभीजी कहता और अकेले में रानी। रानी से श्यामा ने कहा, मिलकर जाना, भाभी। अभी तक हमें यही मालूम था कि सप्ताह बाद श्रीकृष्ण आएगा और रानी को लिवा जाएगा।

आठ-दस दिन बाद श्रीकृष्ण की चिट्ठी आई। रानी ने मुझसे कहा, काका ने—(काका श्रीकृष्ण का घर पर पुकारने का नाम था)—लिखा है कि वह किसी ज़रूरी काम में फँस गया है, शायद दस-पन्द्रह दिन बाद आए; अगर मुझे कुछ ज्यादा दिन यहाँ ठहर जाना पड़े तो तुम्हें कोई ऐतराज़ तो नहीं होगा।

अपने मन की बात कहूँ तो मुझे इस ख़बर से खुशी हुई। मैंने उससे कहा, बिलकुल नहीं, पर उस हालत में मुझे अपने माता-पिता को तुम्हारे बारे में ठीक स्थिति से अवगत करा देना चाहिए। मेरी माताजी बहुत भोली हैं, जैसा कि तुमने इतने दिनों में ही देख लिया होगा; मेरे पिताजी शुरू से राष्ट्रीय विचारों के रहे हैं; सही बातें जानने पर निश्चय ही वे तुम्हें अधिक सहानुभूति देंगे। इतना मैं झूठ बोल दूँगा कि तुम्हारी शादी यशपाल भैया के पकड़े जाने से पहले ही हो गई थी, और श्रीकृष्ण यशपाल के नज़दीकी भाई हैं। चूँकि सरकार का हुक्म है कि तुम दिल्ली में न रहो, इस कारण उसे तुम्हें लेकर कहीं और रहना पड़ रहा है।

रानी ने कोई आपत्ति न की; माताजी और पिताजी को रानी के बारे में सही ज्ञान होने का प्रत्याशित प्रभाव हुआ।

श्रीकृष्ण दो महीने न आ सका। हर दसवें, पन्द्रहवें दिन वह आने का वादा करता और ऐन दिन पत्र आ जाता कि वह अचानक अस्वस्थ हो गया है, या घर में कोई बीमार पड़ा है या कोई ज़रूरी काम आ गया है। रानी कुछ निराश होती, पर अगले वादे पर शायद ही आस लगाती। क्रान्तिकारी जीवन में उसने दिनानुदिन जीने की शिक्षा पाई थी—आज की फ़िक्र आज, कल की फ़िक्र कल, कल की फ़िक्र के लिए आज से क्यों परेशान हुआ जाए।

रानी दिन-दिन मेरे निकट से निकटतर आती आई, दिन-दिन मुझे अपने विश्वास में लेती गई और जितनी ही वह मुझसे खुली उतना ही उसके चेहरे का ख़िचाव कम होता गया, और वह दिन-दिन ताज़ा से ताज़ातर होता गया, जैसे किसी पौधे को बन्द कमरे से निकालकर खुली हवा में रख दिया गया हो।

मैं यदि रानी के निकट से निकटतर आया तो उसके पहल करने पर। मनोविज्ञान की खोज है कि प्रत्येक पुरुष में एक नारी भी अन्तर्निहित होती है, जैसे प्रत्येक नारी में एक पुरुष भी अन्तर्निहित होता है। मुझे लगता है मेरे व्यक्तित्व में अन्तर्निहित पुरुष से अन्तर्निहित नारी अधिक सबल है। मुझे सदा ही वे नारियाँ प्रभावित करती हैं, जो

मुझपर हावी हो जाती हैं, जिनमें अन्तर्निहित पुरुष अधिक प्रबल होता है। जिन पुरुषों ने भी मुझे प्रभावित किया है निश्चय ही उनमें अन्तर्निहित पुरुष अधिक पौरुषपूर्ण था। चम्पा जिस साहस से जी और मरी उससे तो सिद्ध होता है कि उसमें अन्तर्निहित पुरुष में बहुत ओड़ने, भोगने, झेलने की शक्ति थी। रानी में अगर पुरुष प्राणवान न होता तो वह मर्द क्रान्तिकारियों से काँधा-से-काँधा मिलाकर काम करती ? और उसके भावी जीवन ने तो और सिद्ध किया है कि उसके भीतर का पुरुष बहुत ही कर्मठ, कर्तव्यपरायण और व्यवहार-कुशल है। श्यामा और मुझमें अन्तर्निहित स्त्री-पुरुष अनुपात में एक-दूसरे के पूरक थे, वहाँ किसी पर कोई हावी नहीं हो सकता था, वहाँ समत्व का योग था। तेज़ी में अन्तर्निहित पुरुष पर मेरी अन्तर्नारी निर्भर होकर पूर्णतया आश्वस्त है।

रानी मेरे जितने निकट खिंची और मुझे उसने जितने निकट खींचा वहाँ पर समाज ने ख़तरे का निशान लगा रखा है। पर ख़तरे से औरत डरती है, मर्द नहीं डरता। मैं डरा था, रानी नहीं डरी थी। जिसने अन्दर कवच पहन रखा हो वह तीर से क्यों डरे ?

वर्षों अपने फ़रारी के दिनों में घुटन-भरे कमरों में बन्द रहने की वह प्रतिक्रिया होनी स्वाभाविक थी कि वह बाहर निकलना, खुले में घूमना चाहे, विशेषकर इलाहाबाद आकर जब उसपर से श्रीकृष्ण का नियंत्रण भी एक प्रकार से हट गया था। पंजाबी लड़कियों को शाम होते ही घर से निकलकर टुरने-फिरने की खुर्क होती है। रानी कभी मुझसे कहती, मुझे बाज़ार ले चलो–'मोकालै चल बजारै बजार'–शापिंग के लिए–इसके अर्थ मैंने समझे, समझना मेरी आर्थिक स्थिति के मनुष्य के लिए बड़ा सुखप्रद नहीं हो सकता था। इलाहाबाद उन दिनों दक़ियानूस शहर था–किसी अर्थ में शायद अब भी हो–चौक में शायद ही कोई भलामानुस स्त्री के साथ ख़रीदारी करने जाता हो तब। सिविल लाइन साहब-मेमों के लिए थी, या उन हिन्दुस्तानियों के लिए जो साहब-मेम नुमा हों। कटघर से बहुत दूर भी थी। ऐसी 'खूबसूरत बला' को लेकर चौक में निकलना सबकी अंगुश्तनुमाई का शिकार होना था, और कई बार हुआ भी। किसी शाम को कहती, मुझे घुमाने ले चलो। और घुमाने ले जाता मैं उसे जमुना के पुल पर। नए मुहल्ले में भी आए अब हमको छह-सात वर्ष हो गए थे; बहुत-से लोग जानने-पहचानने लगे थे। लोग एक नई लड़की के साथ मुझे देखकर घूरते; क्या सोचते; क्या बात करते, इसकी कल्पना की जा सकती है। जमुना पुल पर पहुँचकर हम लोहे के पीपों पर पाँव रख कोठी पर उतर जाते, अक्सर लँगड़ी कोठी पर। वहाँ एकान्त होता; ऊपर सर-सर हवा चलती, नीचे हर-हर पानी बहता, बीच में थर-थर मेरा हृदय काँपता। बाहर आकर रानी की तफ़रीह हो जाती और हमें देखनेवालों के मन में कुछ भ्रम-संशय घर कर लेता। मुझे कुछ इसका डर होता भी, रानी निडर थी। पास-पड़ोस के लोग घर भी आते और रानी के बारे में उनका कौतूहल मुहल्लों की व्यवहार-नीति में हस्बमामूल समझा जाता। माता जी जितना बतातीं लोग उतना ही न मान लेते, कुछ अपना भी क़यास भिड़ाते। मुझसे सीधे शायद ही कोई कुछ कहता, पर लोगों की दो-अर्थी बातों, संकेत-भरी मुस्कानों, और व्यंग्य-भरे इशारों को मैं खूब पहचानता; या यह भी हो सकता है कि यह सब चोर की दाढ़ी का तिनका रहा हो। मेरी उस काल की रचनाओं में यानी 'मधुबाला'

के गीतों में उनकी प्रतिच्छाया कोई देखना चाहे तो सहज ही देख सकता है। 'मेरे बारे में है फैला दुनिया में कितना भ्रम-संशय', 'क्या कहती ? दुनिया को देखो', 'दुनिया देती लानत मुझको', लेकिन मुझपर कल के ज्ञानी भी आँखें अपनी दिखलाते', 'किस-किसका दूर करूँगा मैं सन्देह यहाँ है जन-जन के' आदि।

पण्डित पद्मकान्त मालवीय ने 'मधुशाला' की पाण्डुलिपि मुझसे लेकर उसका अचार डाल दिया था। जब पूछता, कब छापना शुरू करेंगे ? तो मालवीयजी अपने पन-डब्बे से दो पान मुझे दे और चार अपने मुँह में रख कहते, उसके लिए ख़ास काग़ज़ मँगवाया है अभी तक नहीं आया। जब ख़ास काग़ज़ आया तब ख़ास स्याही का इन्तज़ार होने लगा। फिर ख़ास टाइप का इन्तज़ार हुआ, फिर ख़ास डिज़ाइन का, जिसके भीतर एक-एक रुबाई फ़िट की जानी थी। छपना शुरू हुआ तो कभी प्रेस की मशीन बिगड़ जाती, कभी मशीनमैन बीमार पड़ जाता। बहरहाल साल होने को आ रहे थे और छपाई का काम दो-तीन फ़र्मे से आगे न बढ़ सका था, न जल्दी बढ़ने की उम्मीद थी। अधछपी किताब के लिए, मैं उसके पूरी छपने तक प्रतीक्षा के अलावा और कर ही क्या सकता था ? किसी को लटकाने के बहाने तो कोई प्रेसवालों से सीखे।

लेखक की पुरानी रचना जब नहीं प्रकाशित हो पाती तो नई लिखने का उसका उत्साह मारा जाता है। 'मधुशाला' अधर में लटकी थी और 'ख़ैयाम की मधुशाला' का कोई पुछंता न था। 'मधुबाला' और मधुशाला की झाँकी (जो बाद को 'मालिक मधुशाला' के नाम से छपी) 'मधुशाला' की चतुष्पदियों के रचना काल में ही लिखी जा चुकी थीं, वस्तुतः पहले इन दोनों गीतों को 'मधुशाला' के आदि और अन्त में देने की योजना थी। बीच में शादी-मौत-बीमारी-बेकारी ने इतना मौक़ा भी न दिया कि जो कुछ मन में मथता-बथता है उसे काग़ज़ पर उतार सकूँ।

नियमित मोदर्रिसी और श्यामा की बीमारी की न-बढ़-न-घट-स्थिति ने साँस लेने की एक सूरत पैदा की ही थी कि मेरे आँगन में ओस की एक बून्द टपकी और देखते-ही-देखते उसने प्लावन का रूप ले लिया। मेरे जीवन की नौका तरंगों के साथ ऊपर-नीचे होने लगी। और यह प्लावन गीतों का एक सावन भी मन में उठाता आया।

एक समय उन तरंगों पर झूले की पेंगों का-सा आनन्द लेकर मैं परम सन्तुष्ट हो सकता था। अगर उन आनन्द के क्षणों को मुझे सृजन में आबद्ध करना होता तो मैं समय की प्रतीक्षा करता—वर्ड्सवर्थ की 'इमोशन्स रि कलेक्टेड इन ट्रैंक्विलिटी' के सिद्धान्त के अनुसार। मैं नहीं कह सकता कि वह सिद्धान्त ग़लत है। ऐसा पुनःस्मरण मेरे सृजन के अनुभव में भी आ चुका है। शायद इसी बात को टी. एस. इलियट ने आधुनिक मुहावरे और शब्दावली में इस प्रकार कहा है कि जो भोगता है वह व्यक्ति और है, और जो सृजन करता है वह व्यक्ति और है। मूलतः एक ही बात शब्दों के उलट-फेर से कई तरह से साहित्य-संसार में कई बार कही गई है। जब मैं उन दिनों के अपने सृजन के अनुभव का स्मरण करता हूँ तो मुझे लगता है कि जो व्यक्ति भोग रहा था वह वही व्यक्ति था जो सृजन कर रहा था। जीवन सिद्धान्तों की जड़ता में नहीं चलता, सिद्धान्त जीवन की अनुभूतियों पर चलाए जाते हैं; और इतना हम मान लेंगे तो बहुत-सी भ्रमपूर्ण रूढ़ियों से मुक्त हो जाएँगे, कि जीवन विरोधाभासी भी है।

उपनिषदों में आई द्वा सुपर्णा की कथा प्रसिद्ध है कि एक वृक्ष है जिसपर दो पक्षी बैठे हैं, एक वृक्ष को केवल देखता है, दूसरा उनका फल खाता है। प्रतीक से बताया गया है कि एक ईश्वर है, एक जीव है। कबीर ने, सम्भवतः उसी आधार पर इसको यों कहा है,

चढ़ तरवर दो पंछी बोले, एक गुरू एक चेला,
चेला रहा सो फल चुनि खाया गुरू निरन्तर खेला।।

पंतजी की 'स्वर्ण किरण' में एक कविता है 'द्वा सुपर्णा' जिसमें उन्होंने वृक्ष पर बैठे दोनों पक्षियों के परस्पर विरोधी दृष्टिकोणों का वर्णन करके यह प्रश्न उठाया है कि क्या ऐसा पक्षी कहीं नहीं है जो जीवन-फल भी चखता है और निश्चल देखता भी है, यानी जो संग-संग द्रष्टा-भोक्ता दोनों है। उनके अनुसार वही आदर्श पक्षी है। उपनिषद् के रूपक में इलियट बोलना चाहते तो कह सकते थे कि जीवन-तरुवर पर दो पक्षी बैठे हैं—एक स्रष्टा है, एक भोक्ता। और पन्तजी शायद आदर्श पक्षी उसको कहते जो स्रष्टा-भोक्ता दोनों साथ-साथ हो। पता नहीं मैं आदर्श पक्षी था या नहीं, पर उस समय, मेरी स्मृति स्पष्ट है, मैं साथ-साथ स्रष्टा-भोक्ता था। किस मानसिक प्रक्रिया से यह सम्भव हो सका था, इसकी व्याख्या मैं नहीं करना चाहता, संकेत शायद पहले भी कर चुका हूँ। स्रष्टा-भोक्ता साथ-साथ होने के फलस्वरूप मेरा सृजन किस कोटि का हुआ है, इस पर मुँह खोलने का मुझे अधिकार नहीं है, पर मुझे अपनी एक अनुभूति को ईमानदारी के साथ अंकित कर देने का अधिकार तो है ही—

उस समय की अनुभूति की अभिव्यक्ति का एक उदाहरण देना चाहता हूँ,

अरुण हाला से प्याला पूर्ण
ललकता, उत्सुकता के साथ
निकट आया है तेरे आज
सुकोमल मधुबाला के हाथ;
सुरा-सुषमा का पा यह योग
नहीं यदि पीने का अरमान,
भले तू कह अपने को भक्त,
कहूँगा मैं तुझको पाषाण;
हमें लघु मानव को क्या लाज
गए मुनि-देवों के मन डोल;
सरसता से संयम को जीत
रही बुलबुल डालों पर बोल
सुरा पी, मधु पी, कर मधुपान...

मैं नहीं कल्पना कर सकता कि बाद में कभी उसका पुनःस्मरण कर मैं उसको इतनी तीव्रता और सुन्दरता के साथ व्यक्त कर सकता था। हो सकता है, यहीं मेरी यत्किंचित् प्रतिभा की सीमा हो।

'रुबाइयात' के अनुवाद को कीड़े खा जाएँ, 'मधुशाला' अधूरी ही छपी पड़ी रह जाए, मुझे उस समय सृजन के लिए, प्रोत्साहन देने के लिए प्रकाशन की आवश्यकता

न थी। मेरे लिए जीवन–जीना–प्रोत्साहन हो गया था। 'मधुबाला' के अधिकांश गीत–मैं निश्चित रूप से क्यों न कह दूँ कि एक-दो को छोड़ सब–उसी समय लिखे गए थे। उनमें से एक 'इस पार-उस पार' के लिए मनःस्थिति बाद को बनी।

दो-ढाई महीने बाद रानी अच्छी-भली, स्वस्थ दिखती-सी बीमार पड़ गई–उसे चक्कर आने लगे, खाना छूट गया। मैं उसे डाक्टर के पास ले जाना चाहता था पर वह न गई। मैं डाक्टर को घर पर बुलाना चाहता था, उसने मना कर दिया। बस एक रट लगा दी, काका को बुला दो। चिट्ठी पर चिट्ठी गई; तार पर तार गए। श्रीकृष्ण आया।

उसके आते ही रानी में मैंने सहसा एक खिंचाव देखा, जैसे मेरे साथ पिछले महीनों में वह इतनी ही खिंची हुई रही है। मैं भी सतर्क हो गया, गो भीतर-भीतर मेरे दिल को भारी धक्का लगा। मैं दिन-भर के बाद अपने स्कूल, ट्यूशनों पर होते, श्यामा को देखते घर लौटता। दिन-भर रानी और काका क्या करते, उनमें क्या बातें होतीं, वे मुझसे न बताते; मैं पूछता भी नहीं। दो-तीन दिन बाद श्रीकृष्ण ने मुझसे कहा कि वह रानी के साथ अलग मकान लेकर रहना चाहता है। मैंने कहा, रानी की तबियत ख़राब है, जब अच्छी हो जाए तब चले जाना; जल्दी क्या है; अगर इस घर में तुम्हें तकलीफ़ है तो मेरी असमर्थता की है, तुम जाना चाहते हो तो मैं तुम्हें यहाँ रहने को बाध्य कैसे कर सकता हूँ।

वास्तव में श्रीकृष्ण मेरे घर के पास ही चर्च से मुट्ठीगंज को जानेवाली सड़क पर एक ईसाई का नया मकान देख आया था, दुमंज़िला था, मकान मालिक नीचे रहता था; ऊपर का हिस्सा किराए पर उठाना चाहता था, केवल 12 रुपये किराया था। दूसरे दिन श्रीकृष्ण और रानी उस मकान में चले गए, दो खाटें मेरे यहाँ से चली गईं, खाना बनाने के कुछ ज़रूरी बर्तन माँ ने दिए, छोटी-मोटी ज़रूरत की चीज़ें उन्होंने बाज़ार से ख़रीद लीं। मैं श्यामा के पास से लौटता तो कुछ देर श्रीकृष्ण और रानी के पास भी बैठता।

रानी का जी जैसा ख़राब मेरे पर था बैसा ही दो-तीन दिन वहाँ भी रहा। एक रात मैं वहाँ पहुँचा तो क्या देखता हूँ कि रानी की हालत ज़्यादा ख़राब हो गई है। वह बिस्तर पर चित लेटी है–पीली पड़ी, दुबली-दुबली-सी लगती–जैसे किसी ने गन्ने को रस निकालने की मशीन में डालकर खींच लिया हो। मुझे स्तब्ध-सा देख श्रीकृष्ण बिलकुल निश्चिंतता से बोला, "कुछ नहीं ज़रा तेज़ बुख़ार हो गया है, दवा दे दी है। डाक्टर को दिखा दिया है, कहता है, दो-तीन रोज़ में सब ठीक हो जाएगा।"–मुझे लगा, वह नहीं चाहता कि मैं कुछ पूछूँ या ज़्यादा देर ठहरूँ, आज मैं आ ही क्यों गया ?–मैं अपने घर लौट आया।

एक सप्ताह में रानी ठीक हो गई। दोनों को सिवा उस मकान में पड़े रहने के कोई काम न था। श्रीकृष्ण कुछ रुपए लेकर आया था, पर वे जल्दी ख़त्म हो गए। उसका कोई सहायक यदा-कदा उसे कुछ भेजता भी था, पर पैसे की तंगी वह बराबर अनुभव करता। घर चलाने का ख़र्च काफ़ी होता है। श्रीकृष्ण आठवें, दसवें मुझसे रुपए माँगता; मुझे अपने को बहुत दबाकर देना पड़ता, फिर भी शायद ही कभी मैंने उसे

निराश किया हो। कभी-कभी तो मैंने अपने दोस्तों से उधार लेकर उसे रुपए दिए। मैं पूरी कोशिश करता कि श्रीकृष्ण और रानी को कोई तकलीफ़ न हो। यह सोचकर कि इनकी आवश्यकता तो बराबर बनी रहेगी मैंने एक ट्यूशन और कर ली। रात को खाना खाने के बाद पढ़ाने जाता और ग्यारह बजे रात के क़रीब लौटता–कीटगंज से मुट्ठीगंज तक की सुनसान सड़कों पर 'खचर'-'खचर' साइकिल चलाता, जाड़ों में ठिठुरता। उन दिनों की अपनी मेहनत-मशक़्क़त, अपने मन के तनाव, दिमाग़ के खिंचाव की याद करता हूँ तो लगता है कि मैं कोई दैत्य ही रहा हूँगा जो यह सब झेलता-ठेलता हूँगा।

प्रेम का मूल्य प्रेमी अपने प्राणों से प्रसन्नता से अदा कर सकता है। लेकिन यदि उसे पैसे की शक्ल में माँगा जाए तो वह निश्चय अपने प्रेम का अपमान समझेगा, ख़ासकर जब पैसा न दे सकने की स्थिति में उसके प्रेम का अवमूल्यन किया जाए। मैं श्रीकृष्ण और रानी को हृदय से प्यार करता था, और किसी समय वे भी मुझे करते थे, पर मुझे कुछ समय से आभास होने लगा था कि उनका प्रेम मेरे लिए अब उसी अनुपात में है जिस अनुपात में मैं उनके लिए पैसा ला सकूँ। माना वे अपनी परिस्थिति से लाचार थे, मेरे ऊपर निर्भर होने को विवश थे, पर उन्हें भी देखना चाहिए था कि मुझे कितना झुकाया जा सकता है। उन्होंने मुझपर अपना इतना भार रख दिया था कि मैं टूटने की स्थिति में पहुँच गया था।

श्रीकृष्ण ने अपने लिए एक योजना बनाई कि वह आगरा युनिवर्सिटी से प्राइवेटली अंग्रेज़ी में एम.ए. करेगा। मुझे इससे बहुत खुशी हुई। मैंने सोचा कि यह एम. ए. कर लेगा तो इसका पथ प्रशस्त होगा और निकट भविष्य में इसे किसी स्कूल या कालेज में जगह मिल जाएगी। रानी के संरक्षण का दायित्व यह तभी निभा सकेगा जब यह अपने पैरों पर खड़ा हो सके। कुछ न करने से अच्छा है कि श्रीकृष्ण ही नहीं, रानी भी विधिवत् कुछ पढ़ाई करे। चलो किसी ने शुरुआत तो की। प्रासपेक्टस मँगाया गया, फ़ार्म भी भर दिया गया। श्रीकृष्ण ने मुझ से कहा कि मैं उसे कोर्स की किताबें अपने किसी परिचित बुकसेलर से उधार पर दिलवा दूँ, रुपए वह बाद को अदा कर देगा। उन दिनों ट्रैक्ट ऐंड बुक सोसाइटी से मुझे उधार पर किताबें मिल सकती थीं; जब से मैं बी.ए. में था उस संस्था से पुस्तकें लेता था; प्रबन्धक इंग्लैंड से भी मेरे लिए पुस्तकें मँगा देते थे और मैं उनका बिल क़िस्तों मृं चुकाता रहता था। मुझे अब भी श्रीकृष्ण में विश्वास था। उसके एम. ए. कोर्स की किताबें 400 रुपये में आईं। संदर्भ ग्रन्थों का आर्डर भी उसने दे दिया था। उसने आलमारी में पुस्तकें सजा दीं; पता नहीं किस को प्रभावित करने के लिए, शायद अपने को धोखा देने के लिए। पढ़ना दूर, उसने कभी उन्हें खोला भी नहीं–बाद को मैंने प्रायः सबके बे-कटे पेज देखे। इम्तहान देने किस बूते पर जाता ? मैं उसे कुछ बना सकने के प्रयत्न में असफल रहा। इससे पूर्व रानी भी मुझे विफल कर चुकी थी। उन दिनों प्रकाशचन्द्र गुप्त–इलाहाबाद युनिवर्सिटी के वर्तमान अंग्रेज़ी विभागाध्यक्ष–की पहली पत्नी रामेश्वरी गोयल एम. ए. (यौवन में ही उनका देहावसान हो गया) आर्य कन्या पाठशाला की हेड मिस्ट्रेस थीं। उनसे कहकर मैंने रानी को पाठशाला में भर्ती कराया, पर वह शायद एक सप्ताह से अधिक पढ़ने

न गई। श्रीकृष्ण और रानी से मेरी आशा टूट चुकी थी। वे अपने भविष्य की योजना के विषय में मुझे अन्धकार में रखना चाहते थे—शायद वे स्वयं अन्धकार में थे।

जनवरी ('1935) में श्यामा मेरे पास आ गई। जाड़ों में वह ज्वर-मुक्त हो जाती थी। अब मैं, ज़ाहिर है, श्रीकृष्ण और रानी को अधिक समय नहीं दे सकता था। फिर भी मैं उनका कुशल-समाचार पूछने प्रति संध्या उनके घर जाता था। जितनी भी आर्थिक सहायता मैं उनको देता आ रहा था, अब भी देता जाता था। अब भी उनके प्रति मुझे स्नेह सहानुभूति थी। उनसे मेरे असन्तोष में—जो मुझे ही था, वे शायद अपना दायित्व भी समझने लगे थे; और सबसे अधिक असन्तोष, निश्चय ही, उन्हें अपने से होने लगा था। इसके अतिरिक्त, मेरा ऐसा अनुमान है, कि उस आर्थिक स्रोत ने उन्हें धोखा दे दिया था जिस पर वे निर्भर थे; मेरी यत्किंचित् आर्थिक सहायता से उनका काम नहीं चल सकता था और वे जानते थे कि अपनी सीमाओं में मैं उसे एक पाई भी नहीं बढ़ा सकता था। आश्चर्य है परम आश्चर्य है, कि एक नवयुवती और नवयुवक—देह-दिमाग़ से दुरुस्त—मिलकर कोई भी ऐसा ईमानदार काम नहीं कर सकते थे कि वे आत्म-निर्भर हो सकें। ऐसी स्थिति और मनःस्थिति में—इनके अतिरिक्त और भी कारण हो सकते हैं, जिन्हें श्रीकृष्ण और रानी ही जानते होंगे—फ़रवरी के अन्त में दोनों ने एक दिन तय किया कि वे आत्महत्या कर लेंगे—जमुना में जाकर डूब मरेंगे।

संध्या को उन्होंने एक काग़ज़ पर बड़े-बड़े अक्षरों में लिखा, "हम तुम्हारे योग्य नहीं हो सके; हम जमुना में डूबकर आत्महत्या करने जा रहे हैं, अलविदा !" काग़ज़ उन्होंने मेज़ पर खुला रख दिया, रानी ने उस पर अपनी चूड़ियाँ उतारकर रख दीं, श्रीकृष्ण ने अपना ख़ाली पर्स रख दिया। दोनों ने सफ़ेद कपड़े पहने और घर के सब दरवाज़े खोलकर नंगे पाँव जमुना की ओर चले गए।

मैं कैसे अचानक उस घर में पहुँचा, कैसे मैंने उनको पुकारा, कैसे मैं सूने घर में उन्हें खोजता फिरा, कैसे मेरी नज़र काग़ज़ पर पड़ी, कैसी भयावनी उसकी प्रतिक्रिया मुझ पर हुई, कैसे मैं जमुना की ओर बेतहाशा भागा, कैसे मैंने उनको अपने ही भूत-से बने लौटते देखा, कैसे मैं बेहोश हुआ, कैसे मैंने अपने को उनके घर पर पाया और किस हृदय को निचोड़ने वाली पीड़ा से मैं होकर गुज़रा, इसको मैं जिन शब्दों में 'मधुबाला' के 'प्रलाप' में लिख चुका हूँ उनसे अधिक प्रभावशाली शब्दों में नहीं व्यक्त कर सकता। यहाँ मुझे सिर्फ़ यही स्वीकार करना है कि वह सब सच है—यथार्थ के रेखांकन पर केवल कविता और कल्पना का रंग चढ़ा है।

जिस रात मैं श्रीकृष्ण और रानी के यहाँ बेहोश पड़ा था, मेरे माता-पिता मुझे देखने आए थे, श्यामा भी देखने आई थी—बेहोशी से जब मुझे कुछ होश आता, मेरे मुँह से एक यही चीख़ निकलती थी, 'ख़त देखा !' श्यामा और मेरे माता-पिता क्या अनुमान करते हुए और कितने भारी मन से उस रात घर लौटे होंगे, इसकी कल्पना मैं नहीं कर सकता।

मुझे अपने माता-पिता को सफ़ाई देनी थी। आए दिन कुछ-न-कुछ अनुचित-अवांछित-अप्रत्याशित मैं उनके सामने प्रस्तुत करता रहता था, और वे सबके प्रति सहिष्णुता दिखलाते थे और हर अवसर पर मुझे समझने का प्रयत्न करते थे। मेरे प्रति उनका यह व्यवहार

उनका अपने गुरु के प्रति आदर था। माताजी कुछ न बोलीं। पिताजी ने सिर्फ़ इतना कहा, "तुम ख़तरनाक लोगों के साथ पड़ गए हो।"

श्यामा से मैं वही छिपा सकता था जो अपने से छिपा सकता। उसने मुझसे केवल एक प्रश्न पूछा—शायद उसने यही एक प्रश्न मुझसे जीवन-भर में पूछा था,

"अगर उस शाम रानी और श्रीकृष्ण न लौटते तो...?"

"तो मैं भी न लौटता...।"—मैं इतना कहकर चुप हो गया, और फ़ौरन सोचने लगा कि बिना इसका विचार किए कि इसकी प्रतिक्रिया श्यामा पर क्या होगी मैंने कह दिया। पर सच बात यही थी और झूठ मेरे मुँह से श्यामा के सामने निकल ही नहीं सकता था। श्यामा ने मुझे कुछ उत्तर नहीं दिया। सिर्फ़ मैंने देखा कि उसकी आँखें डबडबाईं और दो आँसू उसके गालों पर ढुलक पड़े, पर उन दो आँसुओं में एक सागर था—'उन आँसू की दो बूँदों में मैं कूल किनारा पा न सका।' मेरे सामने आँसू बहाने का शायद श्यामा का यह पहला अवसर था—मैंने 'ज्वाय' की आँखों में सर्वप्रथम आँसू देखे। मैं उन्हें सह नहीं सका। यदि वे पिघले लोहे की तप्त-रक्त बूँदें बनकर मेरी छाती पर गिरते तो भी शायद मुझे इतनी पीड़ा न पहुँचाते जितनी उन बूँदों ने पहुँचाई। मैंने केवल इतना कहा, ज्वाय, मैं इस समय बहुत कातर हूँ, तुम मुझे और न बनाओ। उसने अपने आँसू पी लिए और ऐसे मुस्कराई जैसे जो सब घटित हो चुका है वह कुछ हुआ ही न हो।

मैंने श्रीकृष्ण को एक बड़ा पत्र लिखा। सार ही स्मृति में है।...अगर तुम गम्भीर थे तो तुमने एक बड़ी भीषण त्रासदी का रंगमंच तैयार किया था। तुम न लौटते तो मैं भी न लौटता, यह तुम जानते थे; नहीं जानते थे तो तुम्हें जानना चाहिए था, यदि मुझे तुमने कुछ भी जाना था। और मैं न लौटता तो मेरे माता-पिता-श्यामा—सब मेरे पीछे आते। ('मधुबाला' के समर्पण में जहाँ मैंने अपने 'जीवन से सम्बद्ध चिर सरल मूर्तियों का ध्यान' किया है वहाँ मेरे माता-पिता और श्यामा ही मेरे ध्यान में हैं।) और अगर यह मज़ाक था तो यह बड़ा क्रूर और मारक मज़ाक था, और उससे तुम्हारे प्रति मेरी भावनाओं को इतनी ज़ोरदार ठेस लगी है कि न मैं तुम्हीं को ठीक पहचान पा रहा हूँ, और न अपने ही को। माना कि यह तुम्हारी सच्ची अनुभूति थी कि तुम मेरे योग्य नहीं हो सके। पहले तो मैं ऐसा हूँ ही क्या कि मेरे योग्य न हो सकने पर आत्महत्या करने का इरादा किया जाए। और अगर तुमने मुझको ऐसा समझा ही था कि तुम्हें मेरे योग्य बनना चाहिए, तो तुम्हें कुछ करना चाहिए था; मैं पूछूँ कि इसके लिए तुमने किया क्या ? जीवन की कितनी ही बड़ी चुनौती पर आत्महत्या करने की बात मैं नहीं सोच सकता। जो सोचता है वह मेरी दृष्टि में निरात्म है। मैं नरक में वास कर सकता हूँ, निरात्म का संग नहीं निभा सकता। तुम्हें समझने में मुझसे बहुत बड़ी ग़लती हुई है। मुझे, कृपा कर, अपने दिमाग़ को ठीक करने का समय दो, और इलाहाबाद से दूर चले जाओ। हो सकता है, तुम्हें लगे कि मैं तुम्हारे प्रति निर्मम हो रहा हूँ, पर मैं उससे सौ गुना अधिक अपने पर निर्मम हो रहा हूँ। मैं अपनी ग़लती को अपने-आप क्षमा नहीं कर सकता। मैं अपने-आपको दन्डित करना चाहता हूँ। पश्चात्ताप के ताप में अपने को गलाकर अपना पुनर्निर्माण करना चाहता हूँ। मैंने अपने से हार अभी नहीं

मानी है। इस घटना के बाद, अन्त में मैंने लिखा था, तुम्हारे मेरे सम्बन्ध वह नहीं हो सकेंगे जो कभी थे; और न मैं चाहूँगा कि हों और न तुम्हीं उसके लिए प्रयत्न करना।

मैं इसके बाद उनके घर न गया। वे भी न आए। हफ़्ते-दस दिन बाद वे कहीं चले गए—शायद बनारस। 400 रुपये की जो किताबें श्रीकृष्ण ने मँगाई थीं, जाते समय किसी से मेरे पास भिजवा दीं। अपनी ग़रीबी के दिनों में दस-दस रुपयों की क़िस्तों में ये रुपये मैंने कितने कष्ट से अदा किए, मैं ही जानता हूँ।

मनुष्य बच्चन ने श्रीकृष्ण और रानी को फिर अपने जीवन में न आने दिया—औपचारिक भेंट, मुलाकातों, बातों और उनके कतिपय प्रयत्नों और उनके अप्रिय परिणामों के बावजूद; पर मैं सच कहूँ तो मेरा कवि शायद उन्हें नहीं भुला सका। अपने कवि से तो मैं भी हारा हूँ। अठारह वर्ष बाद जब मैंने केम्ब्रिज में यह कविता लिखी थी, 'भावना तुमने उभारी थी कभी मेरी, भूला नहीं मैं' तो श्रीकृष्ण ही मेरी स्मृति में था। कई कविताएँ लिखते हुए अनायास रानी भी मेरे दिमाग़ में रही हो तो मैं नहीं कह सकता। 'पाप मेरे वास्ते है नाम लेकर आज भी तुमको बुलाना' पंक्ति से आरम्भ होने वाले गीत में शायद एक झलक उसकी भी देखी जा सकती है।

कवि के मुख से कभी-कभी भविष्यवाणी भी निकल जाती है। श्रीकृष्ण पर लिखी कविता में मैंने कहा था,

जानता हूँ मैं कि तुमको
ज़िन्दगी की मुश्किलों ने तोड़ डाला...

काश ! मेरी लेखनी से ये पंक्तियाँ न उतरतीं !

श्रीकृष्ण में कुछ ऐसी दुर्बलताएँ थीं—और किस में नहीं होतीं ?—कि वह अपनी ज़िन्दगी को कभी आसान न बना सका। लेकिन वह टूटा शायद न था। मुझे इन पंक्तियों को लिखते हुए बड़ा क्लेश हो रहा है कि अभी कुछ ही महीने हुए उसकी एकमात्र सन्तान, उसका एकमात्र जवान बेटा ट्रक के नीचे दबकर मर गया। और श्रीकृष्ण सचमुच अब टूट गया है। कौन इतने बड़े सदमे से न टूटता। वह मुझसे बहुत दूर पर नहीं है, पर मेरी हिम्मत नहीं होती कि उस ध्वसावशेष के सामने जाकर खड़ा हूँ। शायद वह जानता भी नहीं कि कोई कविता मैंने उस पर लिखी थी; न शायद रानी ने ही उपर्युक्त कविता में अपनी झलक देखी होगी। कविता की दुनिया से अब वह बहुत दूर चली गई है।

नारी पुरुष-विशेष को पाकर योग्य-अयोग्य होती है। रानी ने यशपाल को मन से वरण कर लिया था, और वय और वयोचित भावनाओं के उतार-चढ़ाव के बावजूद अन्त में उसने उन्हीं से शादी की। रानी में जो कर्मलिप्ति, श्रमशीलता और व्यावहारिकता थी वह यशपाल-सा दृढ़-संकल्प, उद्यमी और आत्मविश्वासी कलाकार पाकर पूर्ण रीति से उभरी, जो श्रीकृष्ण ऐसे अकर्मण्य, भावुकता-जर्जर और भाग्य-निर्भर व्यक्ति के संसर्ग में दब गई थी। पुरुष का भाग्य अपना पौरुष है। वही उसका भगवान है। गीता में भगवान कृष्ण ने कहा है कि मैं 'पौरुषं नृषु' हूँ, अर्थात् 'पौरुष मैं नर माहिं'। श्रीकृष्ण में भगवान कृष्ण का यही रूप नहीं था—पौरुष ? इसीलिए वह अपने भाग्य का निर्माण

नहीं कर सका, भाग्य की ओर देखता रहा कि वह उसका निर्माण कर दे; और भाग्य ने उसे विध्वस्त करके एक खंडहर-सा बनाकर छोड़ दिया है।

लेकिन सब कुछ विश्लेषण करने के बाद शायद क़िस्मत भी कोई चीज़ है। शेक्सपियर के किसी समालोचक ने उसके बारे में लिखा है कि उसके नाटकों में 'कैरेक्टर इज़ डेस्टिनी'—वृत्ति ही क़िस्मत है। और वृत्ति का चुनाव हम नहीं कर सकते, उसमें थोड़ा-बहुत बदलाव हम कर लें। पर क़िस्मत बड़ी सनकी और क्रूर विनोद-प्रिय भी है। कभी-कभी केवल अपने कौतुकवश दो ऐसे व्यक्तियों को साथ कर देती है जो अपनी वृत्तियों में एक-दूसरे के बिलकुल विपरीत हैं। श्रीकृष्ण और रानी को वर्षों के लिए एक साथ कर देना क़िस्मत का, मैं समझता हूँ, एक ऐसा ही क्रूर कौतुक था। क़िस्मत के बारे में मेरी जवानी के दिनों में एक ग़ज़ल गाई जाती थी, बड़ी लोकप्रिय थी, उसकी दो पंक्तियाँ मुझे अब भी याद हैं,

दो फूल साथ फूले क़िस्मत जुदा-जुदा है,
इक शाह नामवर है, इक राह का गदा है।

'गदा' फ़ारसी में फ़क़ीर को कहते हैं।

एक दिन एक ही नगर में वृद्ध होते हुए श्रीकृष्ण सूरी और श्रीमती प्रकाशवती पाल को देखकर इन पंक्तियों का शूल-सत्य एक बार फिर मेरी छाती को हूल गया था।

जीवन के तीव्रतम अनुभवों से केवल एक बार गुज़र कर मनुष्य उनसे मुक्त नहीं हो जाता। पिछले सात-आठ महीनों में जो घटा था वह बीत चुका था और कभी लौटनेवाला नहीं था—किन्तु भौतिक धरातल पर। मानसिक धरातल पर वह हर दिन लौटता था—दिन में कई बार लौटता था। किसी बात को भुलवाने के लिए सम्भवतः प्रकृति का यही तरीक़ा है कि बार-बार उसकी याद दिलाई जाए। जिस घर में रानी तीन मास रहकर गई थी उस की छत, परछतियों कमरों से कितनी प्रिय-अप्रिय स्मृतियाँ जोड़ गई थी; जिस घर में वह पाँच महीने श्रीकृष्ण के साथ रही थी उससे भी कितनी कटु, कष्टदायक, मारक यादें जुड़ी थीं—और उसी के नीचे से होकर कम-से-कम दिन में दो बार मैं आता-जाता था; उस जगह से होकर भी, जहाँ मैं एक सूनी संध्या को बेहोश होकर गिर पड़ा था—वहाँ पहुँचते ही उस समय की सारी घटना जैसे मेरी आँखों के आगे फिर से अभिनीत होती थी, साइकिल के पैडिल पर मेरे पाँव डगमगाते थे, और मुझे लगता था कि मैं गिरा कि गिरा। यह मैं कर सकता था कि उधर से जाऊँ ही नहीं, पर न जाने कौन शक्ति मेरी साइकिल का हैंडिल उधर ही घुमा देती थी। और वे सब जगहें बाहर से अधिक तो मेरे अन्दर थीं—उनसे मैं किनाराकशी कर सकता था, अपने से भागकर कोई कहाँ जा सकता है ? यह मैं उस वक़्त भी जानता था कि उनको और उनसे सम्बद्ध को बार-बार याद कर, बार-बार भोगकर-जीकर ही उनसे छुटकारा पाया जा सकता है; घटनाएँ तो अपना मूल्य ले गईं, उनकी यादें भी अपना मूल्य उगाहेंगी।

जैसे किसी भीषण तूफ़ान के बाद कोई बाहर निकले, यह देखने को कि क्या टूटा-फूटा, क्या उड़-उजड़ गया, क्या बच रहा, वैसे ही मैं भी निकला। कुछ भी अपनी

पुरानी शक्ल में न दिखा, न जड़ में, न चेतन में, सिवा एक चीज के, अपनी कविता के। ख़ैयाम के ख़ेमों को यह भयंकर बवंडर भी न उड़ा सका था; 'मधुशाला' ज्यों-की-त्यों खड़ी थी, अपने सब कलश-कंगूरों, गुंबदों, मीनारों के साथ; 'मधुबाला' अपने गीतों को उन्हीं पहले के मोहक और मादक स्वरों में गा रही थी, जैसे उस प्रबल प्रभंजन के गर्द-ग़ुबार ने उसके गले को छुआ ही न हो। ग़नीमत है जो बचा है पहले उसी को सँभालें।

पं. पद्मकान्त मालवीय 'मधुशाला' को भूल ही गए थे 'सुग्रीवहु सुधि मोरि बिसारी'। पान्डुलिपि को लिए साल होने को आए थे, और अब तक केवल दो फ़र्मे छपे थे, वे भी आठ-आठ पेजों के, यानी कुल सोलह रुबाइयाँ, इस गति से तो आठ बरस से ऊपर लगेंगे ! और धीरज मुझे अब आठ दिन के लिए भी नहीं था। मेरे मन में एक आशंका उठी, मालवीय जी ने अपनी रुबाइयों का संग्रह 'रुबाइयाते पद्म' के नाम से निकाला था, शायद डर के मारे वे मेरी 'मधुशाला' को प्रतियोगिता में नहीं लाना चाहते थे, कम-से-कम जब तक उनकी किताब न बिक जाए। मैं ग़लत भी हो सकता हूँ, सम्भव है मालवीय जी की प्रेस सम्बन्धी कठिनाइयाँ वास्तविक रही हों। पर अब मुझे अपनी कविता की उपेक्षा अथवा उसके प्रति उदासीनता सह्य न थी, ख़ासकर जब उसके लिए मेरी कविता के प्रेमी बेक़रार हो रहे थे।

मैंने गप्पू चाचा--बाबू रामनामा प्रसाद, एडवोकेट हाई कोर्ट, से राय ली। लिखत-पढ़त में कुछ था नहीं। उन्होंने अभ्युदय प्रेस को मेरे वकील की हैसियत से एक नोटिस दे दी, जिसका सार यह था कि साल भर से आप मेरे मुवक्किल की पान्डुलिपि लेकर रखे हैं, और छापने में टाल-मटूल कर रहे हैं जिससे उसकी आर्थिक हानि हो रही है। अब अगर एक सप्ताह के अन्दर 'मधुशाला' प्रकाशित न कर दी जाएगी तो मेरे मुवक्किल को यह अधिकार होगा कि वह अपनी पुस्तक किसी दूसरे प्रकाशक को दे दे या स्वयं प्रकाशित कर दे। गप्पू चाचा ने मुझे यह सलाह दी कि अब ऐसा प्रबन्ध करना चाहिए कि जिस दिन नोटिस की तारीख़ खत्म होती हो तो उसके दूसरे दिन किताब बाज़ार में आ जाए। कोई नया प्रकाशक मेरी पुस्तक लेकर इतनी जल्दी बाज़ार में नहीं ला सकता था। अपनी पुस्तकों का प्रकाशक मैं स्वयं नहीं होना चाहता था। लेखक का स्वयं प्रकाशक होना मैं उस समय भी ग़लत समझता था, आज भी समझता हूँ, पर इस परिस्थिति में स्वयं प्रकाशक बनने के अतिरिक्त कोई चारा न था।

उन दिनों काग़ज़ उधार-क़िस्तों पर मिल जाता था, छपाई भी होती थी। मैंने तय किया कि अब से रातवाली ट्यूशन से जो रुपए मिलेंगे वे काग़ज़-छपाई की क़िस्तों पर जाएँगे। छोटे-से-छोटे साइज़ में और केवल एक हज़ार प्रतियाँ छापने की योजना बनाई। प्रकाशन संस्था का नाम 'सुषमा-निकुंज' रख दिया। स्वामित्व पिताजी के नाम कर दिया। पिताजी को एक पत्र-प्रकाशन कार्यालय का जीवन भर का तजुरबा था। सोचा, उनसे कुछ सहायता मिल जाएगी। बिक्री आदि को वे देख लेंगे, घर पर बेकार बैठे हैं, कुछ काम उनकी रुचि का मिल गया तो करना पसन्द करेंगे, और उनका मन भी लगा रहेगा। उनसे सलाह-मशविरा किया तो वे अपना सहयोग देने को तैयार हो गए। उन दिनों कायस्थ पाठशाला प्रेस नया-नया खुला था। कायस्थ पाठशाला का मैं

पूर्व-विद्यार्थी था, उसके प्रबन्धक भी 'मधुशाला' के प्रेमी थे और बहुत दिनों से उसकी प्रतीक्षा में थे। उन्होंने आश्वासन दिया कि मैं काग़ज़ का प्रबन्ध कर दूँ तो वे सप्ताह भर के अन्दर पुस्तक छाप देंगे, जिल्दबन्दी भी प्रेस में ही करा देंगे। बिल जाएगा, जिसे मैं सुविधा से चुका सकता हूँ—एक साथ या क़िस्तों में। माँग देखते हुए अच्छी बिक्री की उम्मीद थी ही। आनन-फ़ानन सारा प्रबन्ध किया गया।

अभ्युदय प्रेस के लिए सप्ताह के अन्दर किताब निकालना असम्भव था। मालवीय जी ने समझा यह मेरा 'मधुशाला' जल्दी प्रकाशित कराने का हथकण्डा था। लेकिन जिस दिन नोटिस की तारीख़ ख़त्म हुई उसके दूसरे ही दिन 'मधुशाला' छपकर तैयार थी—पाकेट साइज़ में—मूल्य—एक रुपया मात्र—और आकार में सबके पाकेट में पहुँचने योग्य। मैंने प्रयाग के कुछ पुस्तक-विक्रेताओं को ख़बर कर दी थी, उनसे अन्य स्थानीय और कतिपय बाहर के विक्रेताओं को ख़बर लगी। विक्रेताओं के लिए एक तिहाई कमीशन था। मेरे लिए यह सुखद आश्चर्य ही था कि बहुत बड़ी सख्या में किताबें प्रेस से ही नक़द दाम देकर उठवा ली गई थीं। प्रेस-प्रबंधक ने छपाई का चार्ज काटकर कुछ रुपए मुझे ही दिए, जिससे काग़ज़ के दाम चुकाने में आसानी हुई।

इस प्रयोग की सफलता से सन्तुष्ट होकर मैंने 'ख़ैयाम की मधुशाला' भी छपने को दे दी और वह भी पाकेट साइज़ में अप्रैल में ही छप गई। विक्रेताओं के थोक अथवा पाठकों के खुदरा जैसे भी आर्डर आते पिताजी उससे सम्बद्ध सारा काम देखते। स्वयं प्रकाशक होकर भी मैंने प्रकाशक का झंझट एक दिन भी न जाना, जिससे मैं बहुत घबराता था, क्योंकि मुझे आशंका थी कि उससे मेरे यत्किंचित् सृजन में बाधा पहुँचेगी। अर्जक और व्यवसायी का समन्वय मैं अपने में नहीं कर सकता था। बहुतों ने सफलतापूर्वक किया है। मुझे उनसे ईर्ष्या है।

विवाह मध्यवित्त परिवारों में भावनात्मक से अधिक व्यावहारिक समस्या है—कोई दो रोटी पोकर खिलाए। प्रस्तावों की कमी नहीं थी। छोटे भाई ने दूसरी शादी कर ली—बाँदा में ही, जहाँ उनकी पहली शादी हुई थी। उनकी बदली इलाहाबाद हो गई। बैंक का काम करते थे, हिसाब-किताब में वे माहिर थे। सुषमा-निकुंज का भी हिसाब रखने लगे। पिताजी का हाथ बँटा।

अप्रैल के अन्त अथवा मई के आरम्भ में इन्दौर में अखिल भारतीय हिन्दी साहित्य सम्मेलन का वार्षिकोत्सव होने वाला था। सबसे बड़ा आकर्षण यह था कि गाँधीजी उसका सभापतित्व करने वाले थे। मेरा मन कुछ परिवर्तन के लिए भी व्यग्र था। मैंने इन्दौर जाने का कार्यक्रम बना लिया। श्यामा को साथ के लिए नई देवरानी मिल गई थी।

यात्रा की एक तस्वीर न जाने क्यों मन में स्पष्ट है। तीसरे दर्जे के डिब्बे में बैठा था। महादेवीजी और नवीनजी उसी डिब्बे में थे। महादेवीजी एक बेंच पर सो रही थीं और नवीनजी उनके सिरहाने बैठे प्रेम से उनके मुँह पर पंखा झल रहे थे। हम लोग एक दिन को खंडवा रुके थे। माखनलाल चतुर्वेदी ने सबको अपने यहाँ ठहराया था। संध्या को एक हाल में कवि-सम्मेलन हुआ था जिसमें महादेवीजी, नवीनजी और मैंने कविता पढ़ी थी।

उस सम्मेलन के बहुत-से चित्र मन पर हैं। मंच पर महाराजा यशवंतराव होल्कर

और धन-कुबेर हुकमचन्द सेठ के बीच, अधिक नहीं तो समान गरिमा से बैठा एक 'नंगा फ़कीर;' इन्दौर की रियासत में गाँधीजी के आगमन का सर्वप्रथम अवसर था। सुबह वे किसी सड़क पर घूमने जाते थे और आधी रात से लोग उन्हें देखने के लिए किनारे के बंगलों में आ बैठते थे।

सम्मेलन के किसी सत्र में पंडित रामनरेश त्रिपाठी ने ग्राम-गीतों के महत्त्व की ओर ध्यान आकर्षित किया था ! शायद गाँधीजी भी उसमें मौजूद थे। त्रिपाठी जी ने हिरनी-हिरना वाला गीत सुनाया था, पर उनको गाना नहीं आता था। ग्राम-गीत गाँव की लय-ध्वनि में न गाया जाए, केवल पढ़कर सुना दिया जाए तो उसकी हत्या हो जाती है। त्रिपाठीजी ने उस मार्मिक गीत की हत्या ही की थी उस दिन। मैं सभा में उपस्थित था, मेरे तो जी में आ रहा था कि उछलकर मंच पर पहुँच जाऊँ और स्वयं गाकर सुनाऊँ उसे। वह गीत ठेठ ग्रामीण लय-स्वर में गाया जाए तो दिल को हिला सकता है। मैंने उसे किसी ग्रामीण स्त्री से सुना था और हू-ब-हू शायद उसी की धुन में आज भी गा सकता हूँ। ग्राम-गीत ग्राम-वातावरण की भी अपेक्षा करते हैं। शहर में जैसे उसका कंठ पूरी तरह खुल नहीं पाता था।

उसी वर्ष पं. दुलारेलाल भार्गव को 'दुलारे दोहावली' पर प्रथम देव-पुरस्कार मिला था। उस समय के पुरस्कारों में धनराशि की दृष्टि से वह सबसे बड़ा पुरस्कार मिला था, 2000 रुपये का; मंगलाप्रसाद पुरस्कार 1200 रुपये का था। दुलारेलालजी अपनी एक तस्वीर कोट-टाई में छपाकर सम्मेलन में वितरण करवाने के लिए ले गए थे; उनके नीचे छपा था 'हिन्दी के प्रथम नोबेल पुरस्कार (देव पुरस्कार) विजेता महाकवि पंडित दुलारे लाल भार्गव।' जहाँ साहित्यकार लोग ठहराए गए थे वहाँ हँसी-मज़ाक-चुहल-व्यंग्य का भी खूब खुला वातावरण था। किसी ने वितरण से पूर्व भार्गव जी का सन्दूक खोलकर तस्वीरों का बंडल निकाल लिया था और भार्गव जी का खूब मज़ाक़ उड़ाया गया था।

विशेष स्मृति कवि-सम्मेलन की है। शायद महादेवीजी ने सभानेत्री का आसन ग्रहण किया था; पिछले वर्ष दिल्ली में तो उन्होंने किया ही था। कानपुर से खड़ी बोली में कवित्त लिखनेवाले कवियों का एक पूरा दल आया था। नवीनजी कनपुरिए होकर भी उन सबसे भिन्न थे। सियाराम शरण गुप्त भी कविता सुनाने आए थे, तकली भी चलाते जाते थे, कविता भी सुनाते जाते थे। बीच में भूल गए और दब-दब-दब-दब कर हकलाने लगे। जनता किसी को क्षमा नहीं करती। उन्हें उठ आना पड़ा। कविता पाठ की सरस्वती उनको सिद्ध न थी। कविता अच्छी करते थे, पर नीरस, जैसे उनके एक हाथ की चुटकी में दबी कपास—'निरस विसद गुनमय भल जासू,' दिनेश नन्दिनी चोरड्या को (जो बाद को डालमिया हुईं) तभी देखा था—राजस्थानी पोशाक में ताम्रवर्णी स्वस्थ यौवन का गठा शरीर। तब उनके गद्य-काव्य की धूम थी। पंडित अनूप शर्मा 'अनूप' बातचीत करते समय विदूषक, पर कवित्त पढ़ते समय नर-शार्दूल हो जाते थे। वे अपना कवित्त पढ़ते नहीं थे दहाड़ते थे। 'मधुशाला' इन्दौर की जनता के सामने पहली बार आई थी। लोग झूम-झूम उठे थे। बहुत-से तो शायद 'मधुशाला' का अर्थ भी नहीं समझते थे। एक क़िस्सा दूसरे दिन मैंने सुना था, किसी ने किसी सेठ से पूछा शायद गिरधर शर्मा नवरत्न ने, "सेठ जी, 'मधुशाला' शूँ छे ?" सेठ ने उत्तर दिया, "'मधुशाला' शोई आपणी कांग्रेश,

हिन्दू शभा मन्दिर, मुश्लिम लीग मश्जिद ?"

किसी ने गाँधीजी से शिकायत कर दी थी कि जिस सम्मेलन के आप सभापति हों उसमें मदिरा का गुण-गान किया जाए ! बड़े आश्चर्य की बात है ! दूसरे दिन अन्तरंग सभा की बैठक थी, रात के 12 बजे से। गाँधीजी ने 11-55 पर मुझे सभा-हाल के बग़लवाले कमरे में मिलने को बुलवाया। लोगों को माँगने पर भी गाँधीजी से मिलने का समय नहीं मिलता था; मुझे बुलवाने की खुशी थी, डर भी; अगर कह दें कि 'मधुशाला' न पढ़ा करूँ या नष्ट कर दूँ तो उनकी आज्ञा को टालना कैसे सम्भव होगा। गाँधीजी ने शिकायत की चर्चा की और कुछ पद सुनने चाहे। कुछ सतर्कता मैंने भी बरती। चुन-चुनकर ऐसी रुबाइयाँ सुनाईं जिनके संकेतार्थ शायद उन्हें सहज ग्राह्य होते, दो की मुझे याद है,

मदिरालय जाने को घर से चलता है पीनेवाला,
किस पथ से जाऊँ, असमंजस में है वह भोलाभाला;
अलग-अलग पथ बतलाते सब, पर मैं यह बतलाता हूँ,
राह पकड़ तू एक चला चल पा जाएगा मधुशाला।

× × ×

मुसलमान औ' हिन्दू हैं दो, एक, मगर, उनका प्याला.
एक, मगर, उनका मदिरालय, एक,मगर, उनकी हाला;
दोनों रहते एक न जब तक मन्दिर-मस्जिद में जाते;
बैर बढ़ाते मन्दिर-मस्जिद, मेल कराती मधुशाला।

"इसमें तो मदिरा का गुण-गान नहीं है," उनसे यह सुन और उनके द्वारा बख़्शा जाकर मैं भागा। उनको भी समय नहीं था। शरीर से गाँधीजी के इतने निकट बैठने का मेरा पहला और अन्तिम अवसर था।

लोगों ने मेरी 'मधुशाला' के पद-पद पर हर्ष प्रकट कर, वाह-वाह करके, ताली बजा-बजा करके मुझे सिर पर उठा लिया था, पर जब मैं अपने कमरे में आया तो मेरा मन बड़ा उदास हो गया। कविता-पाठ के बाद उदासी का यह अनुभव मुझे अब भी होता है। बहुतों के साथ होने के बाद अकेले होने पर मेरा अकेलापन मुझे अखरने लगता है। शायद मेरी कविता से मेरी ही कुछ यादें, भावनाएँ जगती हों जो मुझे अज्ञात बेचैन करने लगती हों। कविता-पाठ करते समय पहले मुझे अक्सर लगता था कि कोई दूसरा सुना रहा है और मैं सुन रहा हूँ और उससे मैं स्वयं प्रभावित हो रहा हूँ, यानी मैं वक्ता, श्रोता साथ-साथ हूँ—'अपने ही में हूँ मैं साक़ी, पीनेवाला, 'मधुशाला'। फिर भी यह शायद अपने एकाकीपन के अनुभव की ही अभिव्यक्ति है—किसी रहस्यवादी सत्य की नहीं; सत्य हो भी तो यह मेरे चेतन का नहीं—कविता में चेतन केवल एक स्तर पर काम करता है—उसके अवचेतन, अतिचेतन के भी स्तर होते हैं।

किसी दिन अपने जीवन की तीव्र अनुभूति को अभिव्यक्त करने की विवशता से मैंने अनायास लेखनी उठा ली होगी। अभिव्यक्ति से जो मुझे राहत मिली होगी उसी ने मुझे समय-समय पर लिखते रहने को प्रेरित किया होगा। जैसे लोग सहज भाव से अपना सुख-दुख अपने सगे-सम्बन्धियों से कहने लगते हैं—'कहेहू तें कछु दुख घटि होई'—वैसे ही सम्भवतः, सगे सम्बन्धियों के अभाव में या उनके प्रति अविश्वास से मैं

अपना सुख-दुख काग़ज़ से कहने लगा हूँगा। इसी प्रक्रिया का अटूट विकास मैं 'मधुशाला' या 'मधुबाला' के गीतों में देखता हूँ। मेरे स्वाध्याय और अभ्यास से मेरी अभिव्यक्ति में निखार आया हो, पर 'मधुशाला' और 'मधुबाला' के गीत मेरे उतने ही निजी थे जितनी मेरी पहले की रचनाएँ। जिस सहज प्रतिक्रिया से मेरे कुछ निकटस्थ मित्रों ने उन्हें कविता कहा होगा उसी सहज प्रतिक्रिया से मेरे मन में उन्हें प्रकाश में लाने की बात उठी होगी। मेरी कविता मेरी अनुभूतियों से सीधी उठी हुई चीज़ थी और जब उसे प्रकाश में लाया गया तो मुझे इसकी आशा बिलकुल न थी कि वह औरों को भी अपनी अनुभूति प्रतीत होगी। कोई सिद्धान्त बनाकर, कोई वाद विशेष चलाने के विचार से, कोई दर्शन प्रतिपादित करने के ध्येय से, कोई क्रान्ति लाने का लक्ष्य करके, अथवा स्थापित और प्रचलित काव्य-विधा–छायावाद–के विरुद्ध विद्रोह का कोई झंडा खड़ा करने के लिए यह कविता नहीं आई थी। पर जब वह आई तो यह सब उसमें देखा गया, और समय के साथ अधिकाधिक देखा जाने लगा है। अगर मेरी कविता में यह सब था तो यह मेरे जीवन में आ चुका था–कोई सिद्धान्त बना था तो जीवन में, किसी वाद का आभास हुआ था तो जीवन में, कोई क्रान्ति की गई थी तो जीवन में, और अगर अभिव्यक्ति की किसी नई विधा ने जन्म लिया था तो जीवन में कुछ ऐसा परिवर्तन आ चुका था कि वह पुरानी विधा में व्यक्त नहीं हो सकता था। मेरी कविता को जो हालावादी नाम उसके प्रकट होते ही दिया गया उसके पीछे सिर्फ़ मुझे एक बात स्पष्ट दिखती है कि उसे छायावाद से भिन्न समझा गया। मूलतः छायावाद यदि साहित्यिक विधा थी या बना दी गई या घोषित कर दी गई थी तो मेरी कविता जीवनवाद थी, जिए-भोगे जीवन की सीधी अभिव्यक्ति और जीने-भोगने में आए परिवर्तन के अनुरूप परिवर्तित। वही संक्षेप में उसकी नवीनता थी। नवीनता का स्वागत भी होता है, विरोध भी होता है। मैंने अपने किसी मित्र को–शायद गिरिजा कुमार माथुर को–कभी लिखा था कि छायावाद के क़िले पर पहला गोला 'मधुशाला' के आँगन से फेंका गया था, उसे क़िले पर फेंकने के लक्ष्य से नहीं, बल्कि, यदि उसी रूपक को आगे ले चलें तो, मधुशाला के निवासी मधुपायियों की गोला फेंकने की आंतरिक, अनिवार्य क्रीड़ा-प्रवृत्ति से। इसलिए उससे क्रान्ति तो हो गई, मगर बग़ैर क्रान्ति की घोषणा किए। न मैंने कभी कहा, न मुझे कभी कहने की आवश्यकता हुई कि मैं छायावाद का विरोध करने के लिए खड़ा हुआ हूं। कला और सृजन के विरोध को विरोध घोषित करने की ज़रूरत नहीं होती, क्योंकि कला की एकमात्र दुनिया ऐसी है कि यहाँ बिना संहार किए निर्माण करना सम्भव है। यहाँ का संहार ही, वास्तव में, सशक्त सृजन है। नया सशक्त सृजन अपने-आप ही जीर्ण-शीर्ण, कालभुक्त पुरातन की अनुपयोगिता, अनावश्यकता सिद्ध करता आता है। और यह सब तो मैं आज कह रहा हूँ; आज से 35-36 वर्ष पूर्व मैं एक मात्र अपने उर के उद्गारों को प्रस्तुत करने की विवशता से आगे आया था और मुझे इसकी तृण मात्र परवाह या चिन्ता नहीं थी कि उसके प्रति लोगों की प्रतिक्रिया क्या होगी, अथवा उसके परिणाम क्या होंगे।

'मधुशाला' की पैरोडी उसके प्रथम पाठ के साथ ही आरम्भ हो गई थी। दिसम्बर' 33 में जिस दिन मैंने काशी हिन्दू विश्वविद्यालय के शिवाजी हाल में 'मधुशाला' सुनाई थी उसके दूसरे ही दिन प्रो. मनोरंजन प्रसाद ने उसके कई पदों की पैरोडी लिख डाली थी, और दूसरे दिन के मेरे कविता-पाठ के बीच सुनाई थी। 'सरस्वती' में प्रकाशित दस

रुबाइयाँ देखकर ही हिन्दी पत्र-पत्रिकाओं में टिप्पणियाँ अथवा पैरोडियाँ लिखी जाने लगी थीं, कवि-सम्मेलनों में सुनाई जाने लगी थीं। पुस्तक प्रकाशन के बाद और बढ़ीं। पटना का 'योगी'–रामवृक्ष शर्मा बेनीपुरी के सम्पादकत्व में–प्रति सप्ताह 'मधुशाला' के विरुद्ध कुछ-न-कुछ लिखा करता था। सीधे उत्तर तो मैंने न दिया था, पर 'हाला' (मधुबाला) शीर्षक कविता में एक पद मैंने लिखा था जिसका संकेत पटना के 'योगी' के प्रति ही था,

रे वक्र भ्रुओं वाले योगी !
दिखला मत मुझको वह मरुथल
जिसमें जाकर खो जाएगी
मेरी द्रुत गति, मेरी ध्वनि कल।
है ठीक अगर तेरा कहना,
मैं और चलूँगी इठलाकर
सन्देहों में क्यों व्यर्थ पड़ूँ,
मेरा तो है विश्वास अटल–
मैं जिस जड़ मरु में पहुँचूँगी
कर दूँगी उसको जीवनमय।
उल्लास-चपल, उन्माद तरल,
प्रतिपल पागल, मेरा परिचय।

बेनीपुरी ने तो यहाँ तक धमकी दी थी कि "अगर बच्चन बिहार में पाँव रखेगा तो मैं उसको गोली मार दूँगा।" कुछ महीने बाद मुज़फ़्फ़रपुर से मेरे लिए एक कवि-सम्मेलन का निमन्त्रण आया। श्यामा ने कहा, "बिहार न जाव, बेनीपुरी तुमका गोली मार देइहैं।" मैंने उसे जवाब दिया कि "अगर बेनीपुरी हमका गोली मार देइहैं तो 'मधुशाला' अमर होय जाई।" मैं मुज़फ़्फ़रपुर गया था, पर वहाँ गोली मारने के लिए बेनीपुरी नहीं थे। बाद को तो बेनीपुरी मेरे बड़े अच्छे मित्र हो गए थे।

'अभ्युदय' में 'मधुशाला' के विरुद्ध जो लेखादि निकले उनको समझा जा सकता है। न निकलते तभी आश्चर्य होता। श्यामा नहीं चाहती थी कि मैं किसी को किसी तरह की सफ़ाई या उत्तर दूँ, मैं बस कविता लिखता जाऊँ। मुक्त जी ने कुछ लेखों के विरुद्ध लेखनी उठाई तो मैंने उनको रोका।

जहाँ एक ओर 'मधुशाला' का विरोध था, वहाँ दूसरी ओर उसका स्वागत भी था। 'मधुशाला' लोग ख़रीद रहे थे–इसका सबूत तो मेरे पास ही था–पढ़ रहे थे, गा रहे थे, सुना रहे थे। कवि-सम्मेलनों में लोग उसे सुनकर पागल हो जाते थे और मेरे लिए भी यह कम आश्चर्य की बात न थी कि लोग उसमें क्या पाते हैं जो सुनकर विभोर हो जाते हैं। किसी भी नए लेखक के लिए शुरू से ही इतनी प्रशंसा उसका सिर फिरा देने के लिए पर्याप्त थी, उसके साहित्यिक विकास की बाधा बन सकती थी। इसे मैं अपना सौभाग्य और अपने लिए वरदान ही मानता हूँ कि न मैंने विरोधों पर मुँह फुलाया और न वाहवाहियों पर फूलकर कुप्पा हुआ,

करे कोई निन्दा दिन रात
सुयश का पीटे कोई ढोल,

किए कानों को अपने बन्द
रही बुलबुल डालों पर बोल,
सुरा पी, मधु पी, कर मधुपान।

मेरे हृदय के अन्दर एक ज़ोरदार स्रोत फूट पड़ा था; और उससे उमह जो एक प्रबल धार बह चली थी उसके विरोध या पक्ष में जो काग़ज़ी कार्रवाइयाँ हो रही थीं उनकी परवाह उसे कितनी थी, शायद वह इन पंक्तियों में सबसे-अच्छी तरह व्यक्त हो सका है :

हूँ आज प्रवाहित मैं ऐसे,
जैसे कवि के हृदयोद्गार;
तुम रोक नहीं सकते मुझको,
कर नहीं सकोगे मुझे पार;
यह अपनी काग़ज़ की नावें
तट पर बाँधो, आगे न बढ़ो,
ये तुम्हें डुबा देंगी गलकर
हे श्वेत केश-धर कर्णधार;
बह सकता जो मेरी गति से
पा सकता वह मेरा आश्रय।
उल्लास-चपल, उन्माद-तरल,
प्रतिपल पागल–मेरा परिचय !

श्यामा प्रतिवर्ष गर्मी आते-आते ज्वर-ग्रस्त हो जाती और उसका बुख़ार तभी टूटता था जब जाड़ा पड़ने लगता था। सुबह प्रायः वह ज्वर-मुक्त होती और जैसे-जैसे दिन चढ़ने लगता उसका बुख़ार धीमे-धीमे बढ़ने लगता, बहुत ऊँचे भी न जाता, बस यही 101° के क़रीब, 102° के ऊपर कभी नहीं। वह दुर्बल और कुछ पीली पड़ जाती, कुछ उसका वज़न भी घट जाता और उसका उपचार मन्दक्षय के आधार पर होता। दवा-इन्जेक्शनों के अतिरिक्त उसे कैलशियम, ग्लूकोज़, हारलिक्स दिन में कई बार दिए जाते और उसे पूर्ण विश्राम लेने और खुली हवा में रहने को कहा जाता। फेफड़ा उसका प्रायः साफ़ समझा जाता, उसे खाँसी न आती जो क्षय के मरीज़ों में बुख़ार के साथ अनिवार्य रूप से जुड़ी रहती थी। इस तरह उसका क्षय एक प्रकार का अर्द्ध-क्षय था, और इलाहाबाद के अच्छे-से-अच्छे डाक्टरों के लिए भी एक रहस्य बना हुआ था, बी. के. मुखर्जी के लिए भी, जो उन दिनों क्षय के सबसे बड़े डाक्टर समझे जाते थे।

गर्मी पड़ने लगती तो एक प्रकार की आशंका मेरे मन में समा जाती, और हर साल श्यामा का स्वास्थ्य जो रूप लेता वह सिद्ध कर देता कि मेरी शंका निराधार नहीं थी। बीमारी, उपचार, सुधार ऋतु-परिवर्तन की तरह प्रतिवर्ष क्रमानुसार घटित होते रहते। इन्दौर जाते समय भी कुछ आशंका मैं अपने मन में लेकर गया था और लौटते समय उसके लिए अपने को तैयार करके आया था, जिसका सामना मुझे हर वर्ष करना होता था, पर रास्ते में मेरी ही तबीयत ख़राब हो गई और बुख़ार में भरा मैं अपने घर उतरा। मेरी आशंका के विपरीत श्यामा स्वस्थ दिखी और मैंने उससे मज़ाक़ किया, ''ज्वाय, इस बार तुम्हारा बुख़ार मैं अपने ऊपर लेने जा रहा हूँ।'' मैं समझता था कि श्यामा इस

पर मुस्करा देगी, पर वह गम्भीर हो गई।

मैं अपनी बीमारी को दुलरानेवालों में न था। सच कहूँ तो मैं अपनी बीमारियों के प्रति प्रायः निर्मम था। शायद मैंने गाँधीजी के ही लेख में कहीं पढ़ा था कि बीमार होना अपराध है। हमें जो शरीर दिया गया है उसे हम स्वस्थ न रख सकें तो हम अपराधी तो हैं ही। मैं इस तर्क को कुछ और आगे ले गया था। अपराधी को दंड देना चाहिए। मुझे जब कभी छोटी-मोटी बीमारी होती, जुकाम, बुख़ार, खाँसी, सिर दर्द, तो मैं खाट पर न लेटता; और भी अपने से काम लेता। मुझे भरे भुट्ट बुख़ार में अपनी रात की ट्यूशनों पर जाने की याद है। बुख़ार की गर्मी और तेज़ी में तो मैं और जोश से पढ़ाता—मज़दूरी करके अपनी रोटी कमानेवाले को बीमार पड़ने का क्या अधिकार है, बीमारी अमीरों की हरमज़दगी है, ग़रीबों को उसे अपने पीछे न लगाना चाहिए—लिखने में तो ऊँचा बुख़ार मुझे सब तरह से सहायक, प्रेरक, और प्रोत्साहक लगता; एक तरह की आग, जिससे मेरी अनुभूतियों में ताप आता, जिसमें गल-पिघलकर मेरा हृदय ढलता; एक तरह की भट्ठी जो मेरे विचार, भाव, कल्पनाओं को उबाल देकर उच्छलित करती। यह तो मैं नहीं कहूँगा कि बुख़ार में मैं अदबदा कर लिखता था, पर अगर मैं लिखना चाहता था तो बुख़ार मेरे लिए कोई बाधा नहीं बन सकता था। हल्के बुख़ार में तो मेरे सब काम हस्बमामूल होते रहते थे। कोई मेरा बदन छूकर कभी कहता था कि तुम्हें तो बुख़ार है तो मैं पट से जवाब देता था कि कभी-कभी उसे बुख़ार में भी काम करना पड़ता था और जब वह बुख़ार में होता था तो और अच्छी कहानियाँ लिखता था। बुख़ार में कम लिखने की मुझे याद नहीं, वह कैसा बन पड़ा, इसका निर्णय मैं न देना चाहूँगाः प्रसंगवश मुझे याद आ गया है कि अपनी 'दो चट्टानें' की दो सबसे बड़ी कविताएँ सार्त्र के नोबेल पुरस्कार ठुकरा देने पर' और 'दो चट्टानें, अथवा सिसिफ़स बरक्स हनुमान' मैंने प्लूरिसी में पड़े-पड़े लिखी थीं। बहरहाल, जब मैं अपनी जवानी पर था, बीमारी मुझे पराजित न करती थी, मैं ही अपनी ज़िद से बीमारी को पराजित कर देता था—बुख़ार-सुख़ार आख़िर कितने दिन चलता। विश्राम तिवारी कहा करते थे, "मार के आगे भूत भागै।" मैंने अपने प्रयोग से सिद्ध किया था, "काम के आगे बुख़ार भागै।"

यह बुख़ार मामूली न था : इसका सम्बन्ध उस तूफ़ान से था जो पिछले नौ महीनों से मुझे झकझोर रहा था और जो शान्त होने से पूर्व सबसे अधिक विध्वंसक झटका मुझको दे गया था। स्कूल बन्द था। ट्यूशनों पर मैं जाता था। उनकी आमदनी की मुझे ज़रूरत थी। किताबों की बिक्री अभी नियमित नहीं थी। क़र्ज़ सिर पर चढ़े थे। बुख़ार दस दिन चला, बीस दिन चला, महीने भर चला, दो महीने चला, जुलाई आ गई। अब बुख़ार के साथ ट्यूशन पर ही जाना न होता, दिन भर स्कूल में पढ़ाना भी पड़ता। बुख़ार का नमूना वही, सुबह बिल्कुल नहीं, शाम को 101°-102° के बीच। कमज़ोरी दिन-दिन बढ़ती हुई, कभी-कभी धीमी खाँसी। दवा, शौक़िया दवा-बाँटू एक होमियोपैथकी कर रहा था। कभी-कभी सोचता, क्या मुझे तपेदिक हो गया है ? हो गया हो तो एलोपैथी का इलाज तो अपने बुते के बाहर है। क्या उस समय मेरी जिह्वा पर सरस्वती बैठी थीं जब मैंने कहा था कि श्यामा का बुख़ार मैं लेने जा रहा हूँ ? बैठी हों तो कितना अच्छा है। क्या मैं बीमार हूँ इसलिए श्यामा स्वस्थ है जिसने पिछले छह वर्षों से इन महीनों में ज्वर-मुक्ति नहीं जानी है ? पर शयामा को मेरी बीमारी भीतर-ही-भीतर खाए जा रही थी, उसने

अपने इच्छाबल से जैसे अपने को स्वस्थ कर लिया था कि वह भी कहीं मेरी चिन्ता न बन जाए। उसके अतिरिक्त मेरी बीमारी का शायद किसी को पता भी न था, क्योंकि सारे काम तो मैं सामान्य रूप से किए ही जाता था; गर्मी में तो सभी थोड़े-बहुत दुबले हो जाते हैं। एक दिन उसने मुझसे कहा कि मैं डॉ. बी. के. मुखर्जी से अपनी परीक्षा कराऊँ। मैंने टालमटूल की तो उसने ब्रह्मास्त्र छेड़ दिया। मैं जब तक अपने को डाक्टर को न दिखाऊँगा वह खाना नहीं खाएगी। ब्रह्मास्त्र तो मानना ही था; डॉ. मुखर्जी को भय था कि मुझ पर क्षय का आक्रमण हुआ है। नुस्ख़ा उन्होंने लिख दिया और कुछ दिन चिन्तामुक्त होकर पूरी तरह आराम करने को कहा। नुस्ख़ा मुझे मौत का परवाना लगा—क्या मेरी विदा का समय आ गया ?—क्या इतने ही दिनों के लिए आया था ?—इतना ही गाने, गुनगुनाने, केवल इतना श्रम-संघर्ष करने, इतने दुःख-संकट उठाने ? 'स्वागत के ही साथ विदा की होती देखी तैयारी, बन्द लगी होने खुलते ही मेरी जीवन मधुशाला।' क्या मैंने अपनी भविष्यवाणी स्वयं कर दी थी ? सबसे मर्मवेधी प्रश्न था—क्या श्यामा के भाग्य में वैधव्य भी लिखा है ?

मरने से मुझे डर नहीं था; वह मुझे कठिन भी नहीं लगा; कठिन लगा मरने के पहले जीना। पूरे आराम के अर्थ होंगे ट्यूशनें छोड़ दूँ, स्कूल से छुट्टी ले लूँ—ज़्यादा लूँ तो बग़ैर तनख़्वाह के लेने को तैयार होऊँ, फिर घर का ख़र्च कैसे चलेगा, शालिग्राम केवल अपनी तनख़्वाह के बल पर घर नहीं चला सकते; कल उनकी बदली हो सकती है, तब वे एक पैसा भी घर भेजने की स्थिति में न होंगे; महँगी-महँगी दवाएँ कहाँ से आएँगी, किताबों से आमदनी अनियमित और अनिश्चित है, क़र्ज़ भी अदा करने को कम नहीं है।

श्यामा ने मेरी बीमारी सुनी तो काँप उठी, पर तुरन्त सँभल भी गई, दृढ़ भी हो गई, जैसे उसने पल-भर में अनुभव कर लिया कि उसका काँपना मैं सहन नहीं कर सकूँगा।

इस ख़बर से मेरे माता-पिता को लकवा-सा मार गया। पिताजी धैर्यवान् व्यक्ति थे, उन्होंने मुझसे कहा, घबराओ नहीं, हम घर बेचकर तुम्हारा इलाज करेंगे।

शालिग्राम असमर्थता की एक उसाँस लेकर रह गए।

मैंने कुछ दिनों को ट्यूशनों और स्कूल से छुट्टी ले ली। किताबों की बिक्री से कुछ रुपए पड़े थे, उनसे दवाएँ मँगा लीं और चारपाई पर लेट गया। श्यामा सेवा साकार हो गई।

डाक्टर ने निश्चिंत होकर आराम लेने के लिए कहा था। जब बहुत कुछ करने को रहता था चिन्ता के लिए समय ही कहाँ था, अब तो चिन्ता-ही-चिन्ता करने को थी। विशेष चिन्ता थी मुझे सिर पर चढ़े क़र्ज़ की। मेरा इलाज हो-या-न हो, पर क़र्ज़ की क़िस्तें तो जानी ही चाहिए, उनकी नियमित अदायगी के साथ मेरी साख जुड़ी थी, उसका जाना मेरे मरने से पहले ही मेरी मौत होगी।

श्यामा के लिए मैं पारदर्शी दर्पण था। उसने पूछा, "किसी बात से चिन्तित हो ? चिन्ता ही खाती रहेगी तो दवा क्या लाभ पहुँचाएगी।"

मैंने कहा, "ट्रेक्ट सोसाइटी के मुझ पर 400 रुपये क़र्ज़ हैं, करीब 100 रुपये अन्य मित्रों के।" उसने जो उत्तर दिया उससे मैं चौंक पड़ा और सहसा उठकर उसे घूरकर

देखने लगा, जैसे श्यामा को एक बार फिर से पहचानने की ज़रूरत हो।

उसने कहा था, ''क़र्ज़ तो मैं तुम्हारे मरने के बाद भी उतार दूँगी। तुम इसकी चिन्ता छोड़ो।''

मैं सोचने लगा, श्यामा ने वज्र ही अपनी छाती पर रखकर यह वाक्य कहा होगा। मुझे चिन्तामुक्त रखने को वह क्या नहीं कर सकती थी।

मरने के लिए जो मैंने अपने-आपको छोड़ दिया था, वह मुझे एकदम ग़लत लगा। मुझे अपने लिए नहीं तो श्यामा के लिए जीने का संघर्ष करना चाहिए। श्यामा के लिए मैंने जीवन में कुछ नहीं किया, कभी करने के योग्य नहीं रहा। अब यदि मैं उसे ऐसी स्थिति में छोड़ जाऊँ कि वह मेरे मरने पर मेरा क़र्ज़ उतारने की चिन्ता करे तो मुझ-सा जघन्य अपराधी कौन होगा। नहीं, मैं श्यामा के लिए चिन्ताएँ नहीं छोड़ जाऊँगा, जीने का रास्ता खोजूँगा, जीकर अपनी चिन्ताएँ समाप्त करूँगा। एक रात जैसे मेरे कानों में किसी ने कहा, ''एक रास्ता अब भी है।''

पन्द्रह दिन के ही इलाज में अपना बटुआ ख़ाली हो गया था। मैं कदापि नहीं चाहता था कि पिताजी घर को हाथ लगाएँ। अपनी वृद्धावस्था में शान्ति से बैठने को—चाहे उनको भूखे-नंगे ही बैठना पड़े—उन्होंने एक शरणस्थल बनाया था। मैं उससे उन्हें वंचित करने का कारण नहीं बनना चाहता था। पर यह भी नियति का एक व्यंग्य है कि मेरे पिता-माता, दोनों में से किसी को अपनी छत के नीचे अपनी अन्तिम श्वासें छोड़ने का योग नहीं बना था—'ना जाने राम कहाँ लागै माटी।' पर उस समय मैं कैसे जानता।

और एक दिन मुझे वह रास्ता दिखाई दिया, जिस पर अपने बल पर चल कर मैं अपनी चिंताएँ समाप्त कर सकता था। किसी के लिए, विशेषकर श्यामा के लिए, मैं कोई चिन्ताएँ नहीं छोड़ूँगा। इस संकल्प ने मुझे दृष्टि भी दी, बल भी दिया।

मैंने डा. बी. के. मुखर्जी के पास जाकर कहा, ''डाक्टर साहब, आपका इलाज बहुत महँगा है, मेरे पास आपके इलाज के लिए पैसे नहीं...''

इसके पूर्व कि मैं कुछ और कहूँ या पूछूँ उन्होंने अपने बदनाम मुँहफट स्वभाव से कहा, ''पैसे नहीं हैं तो जाओ मरो !''

मुझे जीवन में चुनौती से ही बल मिलता है। यदि वे मुझे सौ बरस जीने का आशीर्वाद भी देते तो शायद जीने के लिए संघर्ष करने का मुझमें इतना बल न आता जितना मैंने उनके 'जाओ मरो' शब्दों से संचय किया।

लड़कपन में मेरे पड़ोसी बाबू मुक्ता प्रसाद ने लुई कूने के पानी के इलाज से मुझे परिचित कराया था। मेरी ऐसी बीमारी के लिए ठंडे पानी के टब में बैठकर 'सिट्ज़ बाथ' लेने का विधान था। एलोपैथी में क्षय के रोगी को दूध, घी, मक्खन, अण्डा अधिक-से-अधिक दिया जाता था। कूने के इलाज में चिकना मना था, सिर्फ़ कच्ची सब्ज़ियाँ, फल, भीगे चने, गेहूँ आदि पर रहना था। न दवा पर कुछ ख़र्च, न ख़ुराक पर कुछ ख़र्च—यही इलाज तो मेरी स्थिति के अनुकूल था और काम-काज साधारण किए जाना था। मैंने बी. के. मुखर्जी का नुस्खा फाड़ डाला, और कूने के अनुसार सिट्ज़ बाथ आरम्भ किया, तदनुसार ख़ुराक आदि रखी। स्कूल भी जाने लगा, केवल रातवाली ट्यूशन छोड़ दी।

उसका मोआवज़ा एक तरह से किताबों की बिक्री से मिल जाता। श्यामा ने मेरा विरोध न किया। जीवन-भर मैं जिस रास्ते पर भी चला उसने 'स्वस्ति पंथा' कहा और मेरे पीछे चली। मेरी स्नान-चिकित्सा के सम्बन्ध में भी वह प्रतिदिन अपनी सेवा, सहयोग देती रही सबसे अधिक अपने इच्छा-बल से उसने मुझे अपने रास्ते पर न ठहरने दिया, न पीछे फिरने दिया–'राह पकड़ तू एक चलाचल पा जाएगा मधुशाला'। लेकिन अपने अडिग इच्छाबल से उसने जो सबसे बड़ा सहयोग दिया और जो सबसे बड़ा चमत्कार किया वह यह था कि जितने दिन मेरा इलाज चलता रहा उसने अपने सारे रोगों को जैसे कील दिया और कभी एक उँगली दुखने की भी शिकायत न की। शायद उसके प्रति इस निश्चिंतता ने मुझे अपने रोग से लड़ने का जितना बल दिया उतना किसी चीज़ ने नहीं। इस आत्म-नियन्त्रण, आत्मनिग्रह, इच्छाबल, हठयोग की–समझ में नहीं आता उसे क्या नाम दूँ–बड़ी महँगी क़ीमत उसे चुकानी पड़ी। अपने क्षय-ज्वर से पूर्णतया मुक्त हो जिस दिन मैंने सामान्य भोजन किया–15 अप्रैल, 1936 को–ठीक उसी दिन वह चारपाई पर गिरी, और फिर न उठी; 216 दिन बराबर रोगशय्या पर पड़े रहने के बाद 17 नवंबर, 1936 को उसने अपना शरीर छोड़ दिया। श्यामा के और अपने विवाहित जीवन के अन्तिम अठारह महीनों में मुझे और उसे, दोनों को मौत के साथ संघर्ष करना पड़ा। मेरे संघर्ष में श्यामा ने अपनी इतनी आन्तरिक मंगल कामना दी, इतना सहयोग दिया, इतनी अपनी सेवा दी, इतना अपने को दिया, इतना अपनी ओर से मुझे चिन्ता-विमुक्त रखा कि मैं उस संघर्ष में विजयी हुआ, पर उसके संघर्ष में बहुत मैंने अपनी शुभकामना दी, बहुत सहयोग दिया, बहुत सेवा दी, बहुत अपने को दिया पर वह पराजित हो गई, सम्भवतः एक मोर्चे की कमज़ोरी से, वह मेरे विषय में मृत्यु की अन्तिम साँसों तक चिन्ता-विमुक्त नहीं हो सकी।

श्यामा बिलकुल शाब्दिक अर्थों में मेरी अर्द्धांगिनी थी।

अपनी जय और उसकी पराजय पर एक दिन मैंने कहा था, आधी विजय भी कोई विजय होती है।

एक दिन मैंने उसका पूरक वाक्य भी कहा था; आधी पराजय भी कोई पराजय होती है !

उसकी मृत्यु में आधा मैं भी मर गया था।
मेरे जीवन में आधा वह भी जी रही है।

अपने संघर्ष-काल में मेरा सर्जक जिन मनोवीथियों में अपनी शान्ति खोजता रहा उनका संकेत उन शीर्षकों में ही मिल जाएगा जिनके अन्तर्गत मैं कुछ लिखने का प्रयास करता रहा, 'हलाहल', 'अतीत का गीत' और 'मरघट'। 'अतीत का गीत' और 'मरघट' अधूरे ही कहीं मेरे काग़ज़-पत्रों में पड़े हैं; 'हलाहल' बहुत वर्षों बाद पूर्व कल्पना से कुछ भिन्न रूप में मैंने प्रकाशित कराया। सम्पूर्ण मरण से मनुष्य इतना घबराता है कि कल्पित अमरत्व में भी कुछ सांत्वना का अनुभव करता है। 'हलाहल' का अमरत्व दार्शनिक के तर्कों पर नहीं, कलाकार के तर्कों पर आधारित है। पर उस काल की सबसे मार्मिक उपलब्धि–'उपलब्धि' मैं क्यों कहूँ–अभिव्यक्ति सम्भवतः 'इस पार-उस पार' है जो दिसम्बर 1935 में लिखी गई थी जब मैं अपनी रुग्णावस्था में ही जापानी कवि योन नोगूची के स्वागत में आयोजित उत्सव में कलकत्ता गया था।

इस पार प्रिये मधु है तुम हो
उस पार न जाने क्या होगा।

यहाँ एक प्रकार से मरणासन्न का विदा-गीत, और उस अज्ञात के प्रति जिज्ञासा है जहाँ उसे जाना है। जा रहा था मैं, चली गई श्यामा, क्यों ? 'हलाहल' लिखते हुए मैंने एक कल्पना की थी, पर बहुत सम्भव है वह सत्य हो। उस गीत ने श्यामा के मर्म को निश्चय वेधा होगा, और जिसके बारे में मुझे जिज्ञासा है उसके पास मुझसे पूर्व पहुँचने की उसने कामना की होगी। पर उसकी अपनी, या अलग से कोई कामना नहीं हो सकती थी। वहाँ वह पहले गई भी तो मेरी ही जिज्ञासा को शांत करने के लिए,

उठा करता था मन में प्रश्न
कि जाने क्या होगा उस पार,
निवारण करने में सन्देह
मज़हबी पोथे थे बेकार,
चले तुम, पूछा, हैं ! किस ओर ?
कहा बस तुमने एक ज़बान,
तुम्हें थी जिसकी खोज-तलाश
उसी का करने अनुसंधान–

मैंने यह विदा का गीत दूसरों के लिए लिखा था, और इससे बड़ा व्यंग्य क्या होगा कि मुझे ही यह दूसरों से सुनने को मिले।

अन्त का इतना था विश्वास
विदा का लिख डाला था गीत,
कलेजे को हाथों से थाम
सुना करते थे मन के मीत;
गए वे तो तज मेरा साथ
मगर यह गीत लगा है संग
ध्वनित हो बहु कण्ठों से आज
किया करता है मुझपर व्यंग्य।

पर इस व्यंग्य को झेलने के लिए मैं हूँ कहाँ। जिसने 'इस पार-उस पार' लिखा था, मेरे कवि का वह रूप न जाने कब मर चुका है। शायद वह उसी आधे में था जो श्यामा की मृत्यु के समय उसके साथ ही चला गया था।

श्यामा के अन्तिम दिनों के विषय में मेरे दो मित्रों—श्री प्रफुल्लचन्द्र ओझा 'मुक्त'[1] और श्री राजनाथ पाण्डेय[2] ने जिस आत्मीयता, सहानुभूति और मार्मिकता से लिखा है उसे मैं अद्धितीय ही रहने देना चाहता हूँ। मेरे अतिरिक्त दो और कोनों से जो प्रकाश उस पर पड़ा है उससे शायद उसका चित्र अधिक स्पष्ट हुआ है। यहाँ जिन कुछ बातों को मैं स्मरण करना चाहता हूँ वे इतनी निजी हैं कि वे किसी और की दृष्टि में आ ही नहीं सकती थीं।

1-2. कृपया देखिए परिशिष्ट 7, 8

श्यामा को फेफड़े का क्षय नहीं अंत्र-क्षय (इन्टेस्टाइनल टी. बी.) था जिसे डाक्टर लोग छह वर्ष नहीं पहचान सके थे और जब उन्होंने पहचाना तब वह ला-इलाज हो चुका था। प्रयाग में लाभ न होते देख हम उसे पटना ले गए थे। आपरेशन थियेटर में जाते समय वह जिस प्रकार मुस्कराई थी, उसने मुझे उसकी सुहागरात की मुस्कान की याद दिला दी थी। उसे आशा नहीं थी कि वह आपरेशन थियेटर से ज़िन्दा निकलेगी। क्या वह अपनी उदास-सी सूरत की झलक दे जाती ? उसे जब-जब मैं याद करूँगा, उसके अन्तिम चेहरे से ही याद करूँगा—इसलिए वह, बच्चों की-सी मुस्कान का वह चेहरा मेरे हृदय पर अंकित कर विदा हुई थी। आपरेशन असफल होने के बाद टाँके भी नहीं टूटे थे कि उसने प्रयाग वापस लाए जाने की उत्कट इच्छा प्रकट की थी। सिर्फ़ इसलिए कि अगर परदेस में उसकी मृत्यु हो गई तो मुझे सँभालने वाला वहाँ कोई न होगा। प्रयाग आने पर भी वह मुझे अपने आत्मीयों, सम्बन्धियों, मित्रों के बीच देखना चाहती थी, अपने को आश्वस्त करने के लिए कि वह जब न रहेगी मैं अकेला नहीं रहूँगा। और मृत्यु शय्या पर भी वह हँसती ही रही, उस हँसने के लिए उसको अपने दर्द को कितना दबाना, मुस्कान की रेखाओं को उभारने के लिए कितना यत्न करना पड़ता होगा कि कहीं मैं यह न समझूँ कि उसे मरने में कष्ट हो रहा है। उसके इस प्रयत्न को मैंने पहचाना था,

मृत्यु शय्या पर पड़े अति
रुग्ण की अन्तिम हँसी-सी
यत्न करके खिल रही है
एक लघु कलिका निराली।

खिलते हुए तो हर कली मुस्कराती है; वह किसी विरल गरिमा की ही कली होगी जो मुर्झाते समय भी मुस्कराती रहे। श्यामा ऐसी ही कली थी।

उसकी हर बीमारी में उसके पिता बुला लेते थे और वह चली जाती थी। अन्तिम बार वह नहीं गई। शायद इसमें भी मुझे वह यह सन्तोष देना चाहती थी कि जो कुछ मैं कर सकता था मैंने उसके लिए कर लिया। मुझे असन्तोष हो कि मैं उसके लिए इलाज-सुविधा की यथोचित व्यवस्था नहीं करा सका, पर उसे नहीं था, मेरी सीमा से बाहर का न उसे स्वीकार था, न सह्य। उसकी बीमारी में किसी ने धन से मेरी सहायता करनी चाही थी। श्यामा का स्पष्ट और निश्चित उत्तर था, मुझे ज़हर लाकर दे देना, पर दान के धन से मेरा इलाज न कराना।

श्यामा को अंत्र-क्षय था। मैं भी एक समय क्षय का रोगी घोषित कर दिया गया था। क्षय संक्रामक रोग है, विशेषकर उसके लिए अधिक संक्रामक सिद्ध हो सकता है जो किसी समय स्वयं क्षय का मरीज़ रह चुका हो। श्यामा जिस दिन से बीमार पड़ी मैंने अपने ऊपर उसकी सेवा का भार लिया। रातों को उसकी खाट-से-खाट लगाकर सोता था, पता नहीं रात को किस समय वह किस काम के लिए मुझे जगाना चाहे। मुझे लोग आगाह भी करते थे कि मेरा श्यामा के इतने निकट रहना ख़तरे से ख़ाली नहीं। श्यामा को भी यह मालूम था कि लोग मुझसे उसके बहुत नज़दीक रहने को मना करते हैं। एक दिन उसने मुझसे कहा, अगर मैं जानती कि मेरा रोग तुम्हें लग जाएगा तो मैं किसी जंगल-बियाबान में जाकर मरना चाहती, तुम्हारी सेवा नहीं लेती। जो मेरे जीवन में शुभ-सुन्दर था वही मैंने तुमको दिया है। मैं अपना रोग तुम्हें नहीं दे सकती। पता नहीं

उसके इस दृढ़-विश्वास का स्रोत क्या था। मुझे उसका संसर्ग संक्रामक नहीं सिद्ध हुआ।

अन्त में उसके सम्बन्ध में दो मार्मिक बातें और कहना चाहूँगा। इसका उसे विश्वास था कि उसका मेरे जीवन में प्रथम स्थान है और उसे कोई ले नहीं सकता। वह उसी दिन से जान गई थी जिस दिन से मेरे जीवन में आई थी कि मुझे उसकी आवश्यकता है, कि वह मेरे लिए अनिवार्य है। मरने से उसे भय नहीं था। उसने जीने के लिए संघर्ष किया था तो मेरे लिए बची रहने को। पर वह देख रही थी कि वह दिन-दिन मृत्यु के निकट जा रही है। उसने अपने बिना मेरी कल्पना की और विचलित हो उठी।

मृत्यु से एक दिन पहले उसने मेरी आँखों में आँखें डालकर पूछा, "मैं मर जाऊँगी तो तुम बहुत दुखी होगे?"

मैं चुप रहा। उसने कहा। "मेरे मरने का बहुत दुःख हो तो शादी कर लेना।"

और ठीक मृत्यु के दिन उसने मुझसे कहा था, "मुझपर कोई ऐसी रचना करना, जिससे दुनिया के अन्दर मेरी याद रहे।" देश और काल की विराटता में मनुष्य कितना तुच्छ और नगण्य है, यह मुझसे अधिक वह समझती थी। वह उसने अपनी याद बनाए रखने के लिए नहीं कहा था। कहा था इसलिए कि वह न रहे तो मुझे अपने सूनेपन, अपने ख़ालीपन को भुलाने के लिए कुछ रहे। सृजन से अधिक डुबाने वाला कुछ नहीं।

इस घटना पर 'आरती और अंगारे' में एक कविता है—तैंतालीसवीं।

वह मुझे बहुत निकट से ही नहीं, बहुत दूर तक देख गई थी।

मैंने श्यामा को जब पहले दिन देखा था तभी वह मुझे सरलता साकार लगी थी। टेढ़ी दुनिया से कुछ अलग, कुछ घबराई, जैसे किसी को अपने को पूर्ण समर्पित कर निश्चिंत होने को आतुर। मैं तो शायद किसी भाग्य-विधान से उसके सम्मुख आ गया था और मुझमें समा जाने के अतिरिक्त उसके लिए शायद कोई दूसरा विकल्प न था। फलस्वरूप मुझमें जो भी परिवर्तन आया हो, मैं उसे अपने से अलग करके शायद ही कभी देख सका। वह तो जब मौत धीरे-धीरे उसे मेरे पास से दूर खींचने लगी तब मैं उसकी विभा के प्रति सचेत हुआ। शायद नियति ने मुझे इसलिए सचेत किया था कि जब वह मुझसे दूर चली जाए तब मैं इससे अचेत न रह सकूँ कि मैंने क्या खो दिया है। इसके विषय में मेरे पास कहने को बहुत है, पर मैं जानता हूँ कि कितना भी कहकर न मुझे तृप्ति होगी न उसके प्रति न्याय होगा। कोई मुझसे एक वाक्य उसके विषय में जानना चाहे तो मैं क्या कहूँ, ऐसे सूत्र की मुझे बहुत दिनों से खोज थी; शायद मैं उसे कभी भी न पाता यदि राजू भाई ने मेरा संस्मरण लिखते हुए यह वाक्य न लिख दिया होता :

"भाभी तो मानो स्वाती की एक दुर्लभ बूँद थीं, जो लहरों के थपेड़ों से परेशान हो एक सीप में समा गई थीं, और उस सीप को जब उसके नियति-नियोजित मरजीवे (सीपी के धीवर) के हाथ न सँभाल सके तो वहाँ से बिछलते ही मानस के महाकाल ने उसे उदरस्थ कर लिया।"

'प्रणय-पत्रिका' के अन्तिम के पूर्व गीत में ये पंक्तियाँ हैं,

गगन, गगन के ऊपर घन,
धन के ऊपर है, उडगन पाँती,

उडगन के ऊपर बसता है,
प्राण पपीहे का प्रिय स्वाती,
उसकी आँखों के करुणा कण
का सपना होठों पर अंकित
कर, किसने सागर की गोदी में बिठला उपहास किया-सा।
तन के सौ सुख, सौ सुविधा में मेरा मन बनवास दिया-सा।

क्या इन पंक्तियों में अनजाने मैं श्यामा को ठीक उस रूप में नहीं देख रहा था जिसमें वह राजू भाई की आँखों में पिछले तीस से अधिक वर्षों से बसी थी ? सृजन के क्षण जीवन को जिस गहराई, जिस ऊँचाई से देखते हैं वह सर्जक के लिए भी अज्ञेय और आश्चर्य का विषय है। मैं स्वयं नहीं जानता था कि इन पंक्तियों में मेरी कल्पना ने श्यामा का ही यत्किंचित् स्पर्श प्राप्त कर लिया था।

श्यामा की रुग्णावस्था मेरे भोक्ता के लिए ही नहीं मेरे स्रष्टा के लिए भी उद्विग्नतापूर्ण थी। 'मधुबाला' जनवरी 1936 में सुषमा-निकुंज से ही निकल चुकी थी—'ख़ैयाम की मधुशाला' और 'मधुशाला' के समान पाकेट साइज़ में। अब एक के बजाय दो-दो कृतियाँ थीं जिस पर मेरे विरोधी क़लम और ज़बान चला सकते थे। किसी संयमी सिद्ध की दृष्टि में मेरी कविता वासनामय थी तो किसी उत्कट आशावादी की दृष्टि में मेरी कविता निराशावादी; कोई मुझ पर अंकर्मण्य पलायनी होने का अभियोग लगाता था तो कोई निष्क्रिय भाग्यवादी होने का, कोई मुझे कुमार्गगामी कहता था तो कोई मुझे पथभ्रष्ट, और मैं भी किसी को बख़्शने की मनःस्थिति में न था। मेरे जीवन की तीव्र अनुभूतियों और संघर्षों ने मुझे इतना भाव-प्रवण (सेन्सिटिव) बना दिया था कि इन संकीर्ण कट्टरपंथी और प्रायः ईर्ष्या-द्वेष प्रेरित आलोचकों के आरोप भी मुझे प्रत्युत्तर में गीत अथवा कविता लिखने को उकसा जाते थे। 'कवि की वासना', 'कवि की निराशा', 'कवि का उपहास' और 'पथभ्रष्ट' श्यामा की रोग-शय्या के निकट ही लिखे गए थे। साथ ही अदृश्य और दृश्य संसार ने भी जो चुनौतियाँ मुझे दी थीं उनका सामना करने के लिए मुझे अपनी शब्द-शक्ति से अपने बल-साहस, और संकल्प के प्रति सचेत और विश्वासी बनना था। 'कवि का गीत', 'लहरों का निमन्त्रण', 'माँझी' आदि रचनाएँ भी उसी समय लिखी गईं।

आज है अस्थिर गगन, अस्थिर सलिल-तल हो रहा है,
किन्तु अस्थिर हो न माँझी धैर्य अपना खो रहा है,
झेलने को इस बड़े तूफ़ान के झोंके-झकोरे
मानवी सम्पूर्ण साहस वक्ष बीच संजो रहा है;
अवनि अम्बर की तराजू सामने रख दी गई है,
क्यों न तोलूँ आज अपनी शक्ति इसपर गर्व से धर ?
धूलिमय नभ, क्या इसी से बाँध दूँ मैं नाव तट पर ?

श्यामा के देहावसान के बाद इन सब कविताओं का संग्रह 'मधु कलश' के नाम से प्रकाशित हुआ जिसे मैंने श्यामा की स्मृति में विश्व-वृक्ष की डाल में बाँध दिया, जैसे मृतकों के लिए घंट बाँधा जाता है; कल्पना 'मधुशाला' में ही जन्म ले चुकी थी,

दो

'मधुशाला' ने जो लोक स्वीकृति और जनप्रियता प्राप्त की है उसे देखते हुए आज कोई भी व्यक्ति इस बात को याद कर कि वह 'मधुशाला' के सर्वप्रथम काव्यपाठ में मौजूद था, थोड़ा गर्व का अनुभव किए बग़ैर नहीं रह सकता।

यह अवसर मेरे जीवन की मधुर स्मृतियों में है।

वह शाम मुझे अच्छी तरह याद है जब अब से 25 साल से भी ज़्यादा हुए मैं काशी हिन्दू विश्वविद्यालय का छात्र था और छात्रावास के मेरे कमरे के साथ वाले कमरे में एक युवक धीमे स्वर में कोई कविता गुनगुना रहा था। मैंने छिपे-छिपे सुना और दूसरे दिन विशाल शिवाजी हॉल में उसने उन्मुक्त कण्ठ से कविता पाठ किया। यों कवि-सम्मेलनों में जाने का अवसर मुझे पहले भी मिला था, पर उस दिन कुछ ऐसा लगा कि उस युवक कवि के स्वर में अपार आकर्षण है और उसकी कविता में नवयुवकों के मन की चीज़ कही गई है। वह युवक कवि थे भाई बच्चन और उन्होंने जिस कविता का पाठ किया था वह थी 'मधुशाला' जिसकी पंक्तियों को वहाँ पर मौजूद हज़ारों ही सुननेवालों के उनके साथ दुहराया था।

उस वक़्त की भावना को कुछ शब्दों में बता सकना कठिन है। बस यही लग रहा था कि वे जो कुछ कह रहे हैं वह हम सब कहना चाहते थे, पर न हमारे पास शब्द थे और न हममें साहस। उनके शब्दों से जैसे हमारे मन के बन्धन खुल रहे थे।

नवयुवक तो पागल थे, पर बड़ों में एक प्रकार की प्रतिक्रिया भी हो रही थी। प्रो. मनोरंजनप्रसादसिंह ने उस कवि-सम्मेलन का सभापतित्व किया और उन्होंने वहीं बैठे-बैठे 'मधुशाला' की कई रुबाइयों की पैरोडी लिख डाली और सुनाई भी। तब तक 'मधुशाला' का काव्य-पाठ कराया गया और लोग लिखने का सामान लेकर आए और सुन-सुन कर बहुत-सी रुबाइयाँ लिख ले गए।[1]

—अक्षयकुमार जैन

1 'मधुशाला', बारहवाँ संस्करण—(मई 1959) की भूमिका से।

तीन

मुझे धुँधली-सी स्मृति है उस कवि सम्मेलन की, जिसमें पहली बार बच्चन ने अपनी 'मधुशाला' सुनाई थी।–दिसम्बर, सन् 1933, शिवाजी हाल, काशी हिन्दू विश्वविद्यालय। कवि-सम्मेलन के सभापति थे हमारे गुरुवर हरिऔध जी, किन्तु उनके न आने के कारण अथवा आकर चले जाने के कारण (ठीक याद नहीं) मुझे ही सभापति का आसन ग्रहण करना पड़ा था। उन दिनों मैं अंग्रेज़ी विभाग में वहीं प्राध्यापक था किन्तु हिन्दी में रुचि होने के कारण पाँच सवारों में मेरी भी गिनती हुआ करती थी। और कई कवियों ने उस सम्मेलन में अपनी रचनाएँ सुनाई थीं, किन्तु दो नवयुवक कवियों की रचनाएँ लोगों ने विशेष रुचि के साथ सुनीं। एक थे नरेन्द्र शर्मा जो उन दिनों प्रयाग विश्वविद्यालय में एम. ए. के विद्यार्थी थे और दूसरे थे बच्चन जो उन दिनों प्रयाग के ही किसी विद्यालय में अध्यापन करते थे।

दिन बच्चन का ही था। मस्ती के साथ झूम-झूमकर जब उसने अपने सुललित कण्ठ से 'मधुशाला' को सस्वर सुनाना शुरू किया तो सभी श्रोता झूम उठे। नवयुवक विद्यार्थी ही नहीं बड़े-बूढ़े भी झूम उठे। स्वयं मेरे ऊपर भी उसका नशा छा गया था। तब यह सुध कहाँ थी कि उसके दूसरे पहलू की ओर देखता अथवा उसकी पैरोडी करता। बस, स्वर लहरी में लहराना, मद की मस्ती में झूमना और जब हर चौथी पंक्ति के अन्त में मधुशाला का उच्चारण हो तो बरबस गायक के साथ स्वयं भी उसकी आवृत्ति करना; और यह बात प्रायः प्रत्येक श्रोता के साथ थी।

उस शाम बच्चन को सुनकर नवयुवक पागल हो रहे थे। पागल मैं भी हो रहा था किन्तु वह पागलपन उसी प्रकार का न रहा। यह गिलहरी कुछ दूसरा ही रंग लाई; और वह रंग प्रकट हुआ दूसरे दिन के कवि-सम्मेलन में जो केवल 'मधुशाला' का सम्मेलन था–बच्चन का और मेरा सम्मेलन था–'मधुशाला' का सर्वप्रथम कवि-सम्मेलन–केवल 'मधुशाला' का। बच्चन ने अपनी अनेकानेक रुबाइयाँ सुनाई थीं और मैंने केवल आठ। बच्चन आदि और अन्त में थे और मैं था मध्य में, इंटरवल में, जब सुनते-सुनाते वे थक से गए थे और शीशे के गिलास में सादे पानी से गले की ख़ुश्की मिटा रहे थे।

बात ऐसी हुई कि पहले दिन जब बच्चन ने 'मधुशाला' सुनाई थी तब सम्मेलम में उतने विद्यार्थी न थे। जब उनकी शोहरत फैली, और अनेकानेक कण्ठों से छात्रावासों में तथा इधर-उधर 'मधुशाला' की मादक पंक्तियाँ निकलने लगीं–हवा में थिरकने लगीं–तो जिन लोगों ने न सुना था वे भी पागल हो गए। जिन लोगों ने सुना था वे तो पागल थे ही। बस सभी का आग्रह हुआ कि एक बार फिर बच्चन जी का कविता-पाठ

हो—केवल बच्चन जी का—केवल 'मधुशाला' का।

आर्टस् कॉलेज के उस हाल में, जो कॉलेज भवन की दूसरी मंज़िल पर ठीक ज़ीने के पास अवस्थित है जमकर सभा हुई। कहीं तिल भर जगह न थी। कमरे का कोना-कोना तो भरा ही हुआ था, बाहर दरवाज़ों के सामने भी अनेकानेक विद्यार्थी थे ...बच्चन जी ने कविता-पाठ शुरू किया। लड़के झूमने लगे। सभी आत्म-विभोर-से थे, किन्तु आख़िर इंटरवल की आवश्यकता हुई ही और तब मैंने अपनी चीज़ पेश की, जो शराब के साथ के चिखने के समान थी—महज़ जायका बदलने के लिए। लोगों का काफ़ी मनोरंजन हुआ।[1]

—मनोरंजनप्रसाद

---

1. 'मधुशाला', पन्द्रहवाँ संस्करण—(जुलाई 1961) की भूमिका से।

चार

'मधुशाला' का अत्यन्त अप्रत्याशित, अनौपचारिक, आकस्मिक और भव्य उद्घाटन-समारोह भी मुझे देखने को मिला। वह आजकल का-सा कोई ग्रन्थ-विमोचन कार्यक्रम न था। था एक कवि-सम्मेलन। बनारस के हिन्दू-विश्वविद्यालय में। विश्वविद्यालय के शिवाजी हॉल में। कवि-सम्मेलन के अध्यक्ष प्रोफेसर मनोरंजनप्रसाद सिन्हा थे, विद्यार्थियों के बीच जिनकी लोकप्रिय साख थी।

श्रोता विद्यार्थियों की भारी भीड़ थी। हॉल खचाखच भरा था। विद्यार्थी स्थानीय सहपाठी-कवियों को ही नहीं, कई एक आमन्त्रित कवियों को भी उखाड़ चुके थे। बारी आई बच्चन के कविता सुनाने की। तब वे लगभग अनजाने कवि थे। काशी में तों निश्चय ही उन्हें प्रिय कवि के रूप में तब तक कोई न जानता रहा होगा।

बच्चन ने अप्रकाशित 'मधुशाला' का काव्य-पाठ आरम्भ किया। सार्वजनिक रूप में वह 'मधुशाला' का प्रथम काव्य-पाठ था। श्रोताओं पर एकबारगी गहरी निस्तब्धता छा गई। कुछ क्षणों को शायद साँस लेना भी सब भूल गए। और फिर प्रशंसा का बाँध एकाएक टूट पड़ा। वातावरण पर ऐसा जादू छा गया कि वाह-वाह और तालियों की गड़गड़ाहट भी प्रशंसा के गहरे समुद्र और ऊँचे आकाश में न कुछ जैसी लगती थी। कवि और सहृदय का ऐसा अद्वय आत्मीय सम्बन्ध न पहले कभी देखा-सुना था और न फिर कभी इस प्रकार उसका अनुभव हुआ।

बच्चन की सफलता, बच्चन की भाव-साधना, उत्कट लगन और घनघोर परिश्रम की सफलता थी। यह सब ठीक है। लेकिन केवल इतने से ही 'मधुशाला' की अभूतपूर्व लोकप्रियता का रहस्य नहीं समझा जा सकता।

लोकप्रियता का मुख्य कारण यह भी नहीं कि 'मधुशाला' का कवि जिस आपसदारी, भाईचारे और हेलमेल के सहज भाव के साथ सहृदय से मिला था, वह इसके पूर्व सर्वथा दुर्लभ था।

मध्ययुगीन भारतीय मनीषा मधुभीत या मधु से भयभीत थी। आर्ष काव्य के मधुगीत और आर्य जीवन का आनन्द-वन मधुभीत मध्ययुग में न जाने कब का और कहाँ तिरोहित हो चुका था। जीवन के आनन्द-वन की जगह, मध्ययुग भयावह भवाटवी (भव के महावन) और मधु के स्थान पर भयंकर भवसागर के प्रतीक उपस्थित करता था। मध्ययुगीन मनीषा का द्योतन करने वाली एक प्रतीक कथा है कि भवाटवी में भटकता हुआ एक भयभीत पथिक किसी ऐसे अन्धे कुएँ पर जा पहुँचता है, जिसके

तट पर कोई व्यक्ति औंधे मुँह लटका हुआ है। कुएँ के ऊपर एक घना वृक्ष है, जिसकी ऊँची डाल पर मधुच्छद लटका है। बूँद-बूँद जो मधु टपकता है, उसे चखने के लालच में, औंधे मुँह पड़ा हुआ मनुष्य मुँह बाए है। हवा के झोंकों से मधु की बूँदें इधर-उधर हो जाती हैं। मुँह में एक बूँद भी नहीं पड़ती। फिर भी विसुध और मुग्ध मनुष्य आस लगाए है। उधर वह डाल, जिसे यह मनुष्य थामे हुए है, सफेद और काले चूहों द्वारा निरन्तर कुतरी जा रही है। आधार और सहारे का नष्ट हो जाना निश्चित है। नीचे कुएँ में एक अजगर घात लगाए है कि उसका खाजा, वह मधुलुब्ध मनुष्य, अब गिरा तब गिरा !

बच्चन से पहले का आधुनिक हिन्दी-काव्य हितवादी और छायावादी था। कवि सहृदय द्वारा आदृत और प्रशंसित था। बच्चन ने ही पहली बार सहृदय श्रोताओं के जमघट में घुसकर धड़ल्ले से मधुस्फोट करने की ठानी थी। बनारस विश्वविद्यालय के शिवाजी हॉल में मैंने बच्चन को मधुभीत मध्ययुग का भूत झाड़ते देखा था और देखा था मध्यवर्गीय संकोचशील शालीनता को अनावश्यक सिद्ध करते हुए। 'मधुशाला' के उद्घाटन का यह रूप आज भी मेरे मन में घर किए हुए है।[1]

—नरेन्द्र शर्मा

---

1. 'बच्चन निकट से'—सम्पादक : अजितकुमार, ओंकारनाथ श्रीवास्तव। राजपाल एण्ड सन्ज़, दिल्ली। प्रथम संस्करण, पृष्ठ 36-37।

पाँच

उमर ख़ैयाम की रुबाइयों के अनुवाद ने बच्चन को एक-नई प्रेरणा दी, नई दृष्टि, नई चिन्तन-धारा। वे अपने ही में, कहीं गहरे खोए रहने लगे। हर घड़ी कुछ सोचते, गुनगुनाते रहते। आँखें देखतीं, किन्तु किसी अतीन्द्रिय अदृश्य के पार; कान सुनते, लेकिन किसी रहस्य-कुहेलिका की ध्वनि-झंकार। पास होकर भी दूर जान पड़ते। सबके बीच होकर भी सबसे परे प्रतीत होते। किन्हीं क्षणों में हम मित्रों को चिन्ता होती—आर्थिक कठिनाइयों, कठोर संघर्ष और तीव्र आत्म-मंथन की प्रतिक्रिया कहीं उनकी चेतना को किसी अनपेक्षित मार्ग पर तो नहीं ले जा रही ? बेकारी के दिन थे। ट्यूशनों का सहारा मस्ती का आलम ! बच्चन को कभी विचलित होते या डगमगाते मैंने नहीं देखा। जीवन उनका नियमों से कसा हुआ था। ज़िम्मेदारियों से वे घबराते या भागते नहीं थे। लेकिन जब लिखना शुरू करते, सब कुछ भूल जाते थे। 'मधुशाला' के छन्द जब लिखे जाने लगे तो वह क्रम हफ़्तों चलता रहा। लिखने का कोई निश्चित समय नहीं था, लेकिन जब लिखने बैठते तो लिखते चले जाते। मैं अक्सर पास ही बैठा होता, घण्टों बैठा रहता, कोई किसी से कुछ बोलता नहीं। हिदायत थी कि जब तक वे लिखते रहें, कोई उनसे बोले नहीं—उनकी तन्मयता देखकर बोलने की, उनका ध्यान बटाने की, किसी की इच्छा भी नहीं होती थी। वे 'मधुशाला' के छन्द लिखते, मैं चौकी पर आसन जमाए रहता। लिखने का क्रम जब ख़त्म होता लिखे गए छन्द वे मुझे सुनाते। कभी-कभी भाभी भी पास होतीं। हम उन छन्दों पर चर्चा करते। सुझाव देते। कभी छन्दों में सुधार-संशोधन होता। मुझे याद है, जब 'मधुशाला' के 18-20 पद एक ही तुक में लिखे जा चुके थे, मैंने सुझाव दिया कि अब तुक बदल दिया जाए—एक ही तुक रहने से एकरसता (मोनोटोनी) आने का भय है। बच्चन ने यह बात स्वीकार नहीं की और अपनी ही योजना पर लिखते गए। आज यह स्पष्ट है कि इससे मोनोटोनी नहीं आई, बल्कि यही 'मधुशाला' का एक विशेष आकर्षण है।

आख़िर आवेश की यह अवधि समाप्त हुई। 'मधुशाला' पूरी हो गई। उसके छन्द कवि-सम्मेलनों में सुनाए गए। मुँहामुँही बच्चन की प्रसिद्धि आकाश छूने लगी। पास-दूर के नगरों से उनकी बुलाहट आने लगी। इंकार करना उनके लिए असम्भव हो गया। केवल हिन्दी-जगत में ही नहीं, 'मधुशाला' के प्रकाशित होते ही सारे भारत में उसकी धूम मच गई। मुझे याद है 'मधुशाला' के प्रकाशन के कुछ समय बाद, एक बार अकस्मात् ही, प्रयाग में प्रेमचन्द जी से भेंट हो गई थी। कुछ ही समय पहले वे मद्रास होकर आये थे। बातों के सिलसिले में उस दिन उन्होंने कहा था—"जानते हो, मद्रास के लोग अगर किसी हिन्दी-कवि का नाम जानते हैं तो वह बच्चन का नाम है।"[1]

—प्रफुल्लचन्द्र ओझा 'मुक्त'

---

1. 'मधुशाला'—पाकेट बुक्स में प्रकाशित (जनवरी 1966) संस्करण के परिशिष्ट से।

छः

नगर—दिल्ली

स्थान—लालक़िले का मैदान

समय—1934

अवसर—हिन्दी-साहित्य-सम्मेलन का अधिवेशन

पंडाल खचाखच भरा था। कवि-सम्मेलन हो रहा था। महादेवीजी अध्यक्षा थीं। उन दिनों कवि गाया नहीं करते थे, कविता सुनाया करते थे और लाउडस्पीकर सुलभ नहीं थे।

जो कवि मंच पर आता, एक नए हुल्लड़ को जन्म देता और खिसियाकर बैठ जाता। और तो और वयोवृद्ध श्री अयोध्यासिंह उपाध्याय के 'चुभते चौपदे' भी लोगों को चुप न कर सके। कवि-सम्मेलन होली का हुड़दंग बना हुआ था, पर दोष किसका था ? लोग वहाँ कविता सुनने आए थे, कवि लोग कविता सुनाने आए थे। वे सुना भी रहे थे कविता, पर सुनी कहाँ जा रही थी ? और जब कानों में कुछ न पड़े, तो जीभ उनकी मदद करेगी ही। बस, कान पुकार रहे थे, जीभ फुँकार रही थी।

मंच पर सलाह-मशविरा जारी था। कवि जल्दी-जल्दी बदले जा रहे थे, पर समस्या तो थी, समाधान न था। एक तरुण उठकर स्वयं मंच पर आया और गहरे आत्म-विश्वास से उसने जनता को निहारा, दोनों हाथ फैलाकर उसने जनता को आश्वासन दिया और दोनों हाथों को दोनों तरफ़ फैलाए-फैलाए, जैसे वह चील के उड़ने का अभिनय कर रहा हो, उसने अपनी कविता पढ़नी आरम्भ की।

भाव रसीले, शब्द सीधे-सादे और पढ़ने का ढंग यह कि स्वर में भावना के अनुसार उतार-चढ़ाव और छन्द की पंक्ति के अन्तिम शब्द में हल्का-सा तरन्नुम ! लोग शान्त हो गए थे, कविता जम गई, काफ़ी समय उस तरुण ने लिया, काफ़ी रस उसने श्रोताओं को दिया।

ये बच्चनजी ही थे, यह मेरे लिए उनका प्रथम दर्शन था। यह उनका 'मधुशाला' का युगारम्भ था।[1]

—कन्हैयालाल मिश्र प्रभाकर

---

1. 'बच्चन : निकट से'—सम्पादक : अजितकुमार, ओंकारनाथ श्रीवास्तव। राजपाल एण्ड सन्ज़, दिल्ली, प्रथम संस्करण, पृष्ठ 71

सात

भाभी की बीमारी की चर्चा से पहले कुछ बातें कहना ज़रूरी हैं। बच्चन का दाम्पत्य जीवन अद्‌भुत था। भाभी बच्चन के लिए पत्नी से अधिक मित्र थीं। पति-पत्नी में मन का, जीवन का ऐसा मेल विरल ही देखा जाता है। एक दिन भाभी ने मुझसे कहा था, "जिस दिन बच्चन के साथ मेरी शादी हुई, उसी दिन, उसी समय से मैंने अपनी सारी इच्छा-आकांक्षाएँ उनमें मिला दी हैं। उनकी इच्छा ही मेरी इच्छा है। उनकी प्रसन्नता ही मेरी प्रसन्नता है। उनसे अलग मेरी कोई इच्छा या प्रसन्नता नहीं है।" उन्होंने जो कहा था, अक्षरशः सत्य कहा था। बच्चन के साथ उनका अद्‌भुत तादात्म्य था। बच्चन की प्रगति के मार्ग के काँटे वे झेल लेती थीं, और उनके पाँवों के नीचे फूल बिछाती चलती थीं।

वही भाभी जब बीमार पड़ गईं तो बच्चन निरीह हो गए। मैं प्रयाग में नहीं था। भाभी ने चारपाई पकड़ ली थी। बच्चन अकेले पड़ गए थे। एक ओर वे परिस्थितियों से लड़ रहे थे, दूसरी ओर बीमारी से। बीमारी भी उस संगिनी की, जो उनके प्राणों का संगीत थी, जीवन की प्रेरणा थी।

बच्चन ने मुझे भाभी की बीमारी की सूचना दी। बीमारी अजीब-सी थी। किसी की समझ में न आ रही थी। इलाहाबाद में किसका इलाज नहीं हुआ ! लेकिन किसी से कोई लाभ न हो सका। हालत दिनों-दिन गिरती गई। खाना-पीना बन्द हो गया। एक चम्मच पानी भी दिया जाता तो पेट में गुड़गुड़ाहट होती। पाकस्थली के पास छोटी-सी गेंद उभर आती और मिनटों के अन्दर, पिलाया गया वह जल, हरे रंग की क़ै के रूप में बाहर आ जाता।

मैंने प्रयाग जाकर भाभी को देखा। वे हड्डियों का ढाँचा रह गई थीं। अब तो अपनी ताक़त से उठ-बैठ भी न पाती थीं। बच्चन दिन-रात उनकी चारपाई के पास बैठे रहते। उनका सारा काम ख़ुद करते। किसी और को हाथ न लगाने देते। उनका अपना स्वास्थ्य भी गिरता जा रहा था। वे स्कूल और ट्यूशन छोड़ चुके थे। आमदनी बन्द थी। ख़र्च बढ़ गया था। चिन्ताएँ शरीर को खाए जा रही थीं। भाभी को और बच्चन को देखकर मुझे रोना आ गया। मनुष्य अपनी असमर्थता पर रो ही तो सकता है—और कुछ नहीं कर सकता। मगर बच्चन रोने पर विश्वास नहीं करते थे। वे परिस्थितियों से जूझना जानते थे। जूझ रहे थे—विपत्तियों से, प्रतिकूल परिस्थितियों से, असह्य मानसिक यन्त्रणाओं से।

यह क्रम लम्बे बारह महीनों तक चला। भाभी का खाना-पीना बन्द था। दिन-रात

कै होती रहती थी। बच्चन चौबीसों घण्टे उनके पास बने रहते। माँगतीं तो पानी देते। कै होती तो उसे साफ़ करते, बाक़ी वक्त में किताबें पढ़ा करते।

मैं प्रयाग जाता। भाभी को देखता। बच्चन को देखता। भीतर-ही-भीतर ऐंठकर रह जाता। भाभी के मरने की कल्पना से भी मन आतंक से भर उठता था। भाभी से रहित बच्चन के जीवन की बात सोची भी नहीं जा सकती थी। लेकिन सच्चाई यह थी कि भाभी दिनोंदिन मौत की ओर घिसटती जा रही थीं। बच्चन छीजते जा रहे थे। मैं असहाय दर्शक की भाँति, एक किनारे खड़ा, चुपचाप यह सब देख रहा था।

लेकिन यह स्थिति असह्य थी। पटना आकर मैंने बड़े-बड़े डॉक्टरों से बातें कीं। उन्होंने मरीज़ को पटना ले आने की सलाह दी। मैं भागा-भागा फिर इलाहाबाद गया। लेकिन भाभी का शरीर इतने लम्बे सफ़र के लायक़ नहीं था। मेरा प्रस्ताव सुनकर सारा परिवार भयभीत हो गया। बच्चन भी घबराए। सबने विरोध किया। लेकिन अन्ततः मेरी ज़िद की जीत हुई। भाभी को लेकर बच्चन पटना आए। भाभी को अस्पताल में दाख़िल किया गया। बड़े-बड़े डॉक्टरों ने उन्हें देखा-परखा। इलाज चलने लगा। लेकिन जीवन की आशा किसी को न थी। सबने कहा, मर्ज़ ला-इलाज है। डीप एक्स-रे से जीवन की अवधि थोड़ी बढ़ाई भर जा सकती है। इससे अधिक की आशा व्यर्थ है।

लेकिन यह भी कोई आशा है ? किसी को तिल-तिल करके मरने के लिए कुछ अधिक दिनों तक जिलाए चले जाने में क्या तुक है ? बाहर के एक बड़े डॉक्टर को बुलाया गया। उन्होंने कहा, ऑपरेशन से ही कुछ हो सकता है। निश्चय नहीं है, सम्भावना ज़रूर है। शरीर की जो स्थिति है, उसमें यह भी सम्भव है कि ऑपरेशन के दरम्यान ही देहान्त हो जाए—लेकिन आशा की वही एक किरण भी है। ख़तरा ज़रूर है, मगर उठाने लायक़ ख़तरा है। ऑपरेशन सफल हुआ तो अच्छी हो जा सकती हैं, नहीं तो मृत्यु तो हर हालत में निश्चित ही है। क्या फ़र्क़ पड़ता है, यदि मरना ही है तो कल मरीं या छह महीने बाद ? मरीज़ के लिए तो इस हालत में जीना ही ज्यादा तकलीफ़देह है।

डॉक्टर बड़े प्रसिद्ध और दक्ष थे। आत्मीय भी थे। उन्होंने ठीक सलाह दी थी। लेकिन बच्चन का मन इसे स्वीकार न कर पा रहा था। मैंने बच्चन को दिन-रात समझाना शुरू किया। जब मैं ज्यादा ज़ोर देता, वे कातर हो उठते। बात आगे न बढ़ पाती। आख़िर भाभी के पिताजी को तार दिया गया। वे दौड़े-दौड़े पटना आए। भाभी उनकी बहुत प्यारी बेटी थी। ऑपरेशन की बात सुनकर वे भी विह्वल हो गए। लेकिन कई दिन की लगातार बहस और कोशिश से मैं इस बार फिर जीत गया। पिता और पति दोनों ने ऑपरेशन की बात मान ली।

आख़िर एक दिन ऑपरेशन हुआ। ऑपरेशन साधारण नहीं था। अस्पताल के सर्जनों का जुलूस इकट्ठा हो गया था। मुझे याद है, ऑपरेशन थियेटर में जाते समय भाभी खिलखिलाकर हँसी थीं। हाथ जोड़कर उन्होंने हम दोनों भाइयों को प्रणाम किया था। वे उल्लास से भर गई थीं जैसे मुक्ति के लिए जा रही थीं—रोग की यन्त्रणा से मुक्ति अथवा जीवन से मुक्ति। ये उन्हीं के शब्द हैं। उन्होंने पिछली रात मुझसे यही कहा था।

ऑपरेशन तीन घण्टों तक चलता रहा। तीन घण्टों तक हमारे प्राण अधर में लटके रहे। आख़िर मेजर भार्गव बाहर आए। उन्होंने बच्चन के दोनों कन्धों पर हाथ रखकर कहा, "खेद है, मैं आपके लिए कुछ न कर सका। पाकस्थली सूखकर सिकुड़ गई है। विदेशों में उसे काटकर रबर की नली लगा देते हैं। वह आठ-दस वर्षों तक काम देती है। लेकिन हमारे पास उसके लिए न साधन हैं, न औज़ार। भगवान का भरोसा कीजिए। मरीज़ को घर ले जाइए। अब यहाँ रखने से कोई लाभ नहीं।"

भाभी को होश आया तो पूरी बीमारी में पहली बार उनकी आँखों में आँसू भर आए। वे अच्छी नहीं हुईं, मरी भी नहीं। फिर भी मरना ही है। अच्छा अब नहीं होना। जीवन के प्रति ममता की जो एक पतली-सी डोर थी, वह भी टूट गई। मरना ही है तो फिर विलम्ब क्यों ? भाभी ने हिम्मत हार दी। हिम्मत गई तो सब कुछ गया।

ऑपरेशन के बाद वे पटना के अस्पताल में दस दिन और रहीं। इन दस दिनों में शरीर बड़ी तेज़ी से गला। बदन में मांस तो था ही नहीं। अब तो अपना शरीर हिला-डुला भी न पातीं। चमड़े से मढ़ा हड्डियों का एक कंकाल हमारे सामने पड़ा था, जो साँस लेता था और बहुत ही धीमी आवाज़ में कुछ शब्द भी बोलता था। आठवें दिन तो हाथ-पैरों में सूजन भी आ गई। भय और आतंक से हमारे मन-प्राण सिहर उठे। भाभी के पिताजी ऑपरेशन के बाद प्रयाग जा चुके थे।

दसवें दिन सबेरे हम लोग इलाहाबाद को रवाना हुए—एक तरह से भाभी की जीवित लाश लेकर। फ़र्स्ट-क्लास के रिज़र्व डिब्बे में बच्चन को बुख़ार आ गया। दो-तीन घण्टों में बुख़ार का वेग इतना बढ़ा कि वे बेहोश हो गए। मेरी चिन्ता और घबराहट का अन्त न था। एक ओर बेहोश बच्चन, दूसरी ओर मिनट-मिनट पर क़ै करती हुई मरणासन्न भाभी—और उनके बीच अकेला मैं राम-राम करते चार बजे के लगभग गाड़ी इलाहाबाद पहुँची। तब तक बच्चन भी संभल चुके थे। बुखार कम हो गया था। होश में आ गए थे। स्टेशन पर भाभी के और बच्चन के पिताजी एंबुलेंस के साथ मौजूद थे। भाभी को मैं जिस घर से, जिस हालत में ले गया था, उसी घर में उससे बुरी हालत में वापस छोड़ आया। अब तो मौत का ही इंतज़ार करना था। दिन गिनने थे सिर्फ़। सारी उम्मीदें ख़त्म हो गई थीं।

लेकिन शायद मैं ग़लत कह गया। उम्मीद खत्म नहीं होती। जब तक साँस रहती है, आस भी बनी रहती है। मेजर भार्गव ने कहा था, "भगवान का भरोसा कीजिए। कभी-कभी पेट को सिर्फ़ चाक कर देने से भी चमत्कार होता है।" और सच हमारी आशा के विपरीत, धीरे-धीरे भाभी का स्वास्थ्य सुधरने लगा—पता नहीं, मेजर भार्गव के कहने के मुताबिक़ या होमियोपैथिक चिकित्सा के प्रभाव से। प्रतिदिन शाम को, चार बजे की डाक से बच्चन मुझे एक पोस्टकार्ड लिखते। मुझे पटना में रोज़-रोज़ भाभी की प्रगति का पता मिलता रहता। मृत्यु के मुख में गई हुई भाभी, बड़े आश्वस्त पदक्षेप से जीवन की ओर लौटी आ रही थीं। ईश्वर के प्रति मेरी आस्था का अन्त नहीं था।

इस तरह तीन महीने गुज़र गए। मैं हर महीने इलाहाबाद जाकर स्वयं भाभी को देख आता। हर बार उनके स्वास्थ्य में पहले से अधिक सुधार देखकर प्रसन्नता होती। तीन महीने बाद, भाभी के बारे में बच्चन ने जो अन्तिम पत्र मुझे लिखा था।

उसमें सूचना थी कि आज उन्होंने स्वयं बाथरूम में जाकर स्नान किया है, कघी-चोटी की है, चार फुलके खाए हैं, दिन-भर आगंतुक महिलाओं से बातें करती रही हैं और अब अपने पिताजी से बातें कर रही हैं।

यह पत्र मुझे दूसरे दिन सवेरे दस बजे मिला था। दो घण्टे बाद, बच्चन के छोटे भाई (अब स्वर्गीय) शालिग्राम का तार मिला, जिसमें भाभी के अवसान की सूचना थी। नियति की इस प्रवंचना ने उस दिन मुझे स्तब्ध कर दिया था।[1]

–प्रफुल्लचन्द्र ओझा 'मुक्त'

---

1. 'बच्चन : निकट से'–सम्पादक : अजितकुमार, ओंकारनाथ श्रीवास्तव। राजपाल एण्ड सन्ज़, दिल्ली। प्रथम संस्करण, पृष्ठ 95-96-97-98

आठ

बात यह है कि हमने यह अपने ऊपर पड़ने और झेल लेने पर समझा था, और कुछ ही दिनों बाद फिर बेचारे अपने बच्चन के ऊपर आ पड़ने और झेलते रहने पर अधिक पक्के तौर पर समझ लिया था कि सिर पर 'पर्वत आ जाने' पर—श्यामा भाभी के तिलतिल करके तिरोहित हो जाने के बाद—विकल बच्चन को मुझे उसी के उस तत्त्वज्ञान पूर्ण उदात्त स्वर की प्रायः याद दिलानी पड़ती थी। उससे साफ़ प्रकट था कि वह श्यामा भाभी के सान्निध्य से ऊर्जित आश्वासन के ही बल पर कभी उद्घोषित कर सका था कि—

जीवन में दोनों आते हैं, मिट्टी के पल सोने के क्षण,
जीवन से दोनों जाते हैं, पाने के पल, खोने के क्षण,
हम जिस क्षण में जो करते हैं, हम बाध्य वही हैं करने को
हँसने का क्षण पाकर हँसते, रोते हैं पा रोने के क्षण।

वास्तव में मनुष्य जब स्वस्थ रहता है, सन्तुष्ट रहता है, स्वयंसम्पन्न और आश्वस्त रहता है, तब वह दर्शन का कथन करता है; और जब वह रिक्त रहता है, अभावग्रस्त रहता है, चिन्तित और उद्विग्न रहता है, तब कविता के गायन करता है। बच्चन ने भी यह उद्घोष तब किया था, जब कि उन्हें श्यामा-संग की उपलब्धि पूर्ण थी। परन्तु जब वह श्यामा-संग छिन गया, अर्थात् अर्धनारीश्वर का नर संयुक्त नारीत्व (जो नर को उस अपनी युक्तता के ही बल पर पूर्ण पुरुष बनाए रहता है, किन्तु उससे विलग होने का पुरुष को स्त्रीत्व के अभाव के अहसास से घायल और ग़ाफ़िल करके उसे स्त्रैण बना देता है) न रहा, तब बच्चन भी दार्शनिक न रह, कवि हो गया। वह प्रेम की ऊष्मा पुरुषार्थ बिखेरने के अभाव के कारण रिक्तता की स्थिति में—प्रेम पाने की स्थिति में आ पहुँचा था। इसी अर्थ में मैंने कवि के अगाड़ी के समस्त जीवन को अस्नेह से स्नेह की ओर उन्मुख कहा है। मैंने तभी इसका अनुभव कर लिया था, जब उस दिन अन्तिम बार मैंने श्यामा भाभी का दर्शन पाया था। मानव-मन की यह भी एक भूख होती है कि मरण के पूर्व मरणोन्मुख के स्नेही जन एक बार उसे देख लें, या वह उसे देख ले। 'असहजोगन मरण' (एक्सीडेंटल डेथ) में हम उसका मुख भले ही देख पाएँ, वह हमें तो नहीं ही देख पाता। ऐसा मरण सर्वाधिक शोकद (ट्रेजिक) इसी कारण होता है। अम्मा अवश्य चाहती थीं, बच्चन चाहते ही थे और शायद भाभी भी चाहती थीं कि जैसे बच्चन के सभी स्नेही भाभी को उनके जीवन के अन्तिम दिनों में उन्हें आ-आकर देख गए थे, मैं भी देख लूँ। मुझे प्रयाग के राजकीय प्रशिक्षण

महाविद्यालय के केनिंग रोड स्थित छात्रावास में ख़बर मिली थी और मैं भाभी को देखने गया था। वास्तव में बच्चन के प्रति भाभी की अति प्रगाढ़ मंजिष्ठानुराग का ही यह अनुभाव था, जो अपना नश्वर शरीर छोड़ने के पूर्व वे उनकी (बच्चन की) उनके समस्त स्नेही जनों से आवृत छवि को अपने मानस में सँजो ले जाना चाहती थीं। मैंने भाभी को श्वेत बिस्तरे पर महीन मसहरी के भीतर पीठ के बल लेटी हुई देखा था। क्षयरोग उन्हें क़रीब-क़रीब खा चुका था। मुखमंडल की मनोहारी श्यामता विदा ले चली थी। हाथ-पैर सूख गए थे। पर वे टुकुर-टुकुर निहार रही अत्यन्त ज्योतिष्मयी आँखें ज्यों-की-त्यों बनी हुई थीं। लगता था कि भाभी प्रातःकालीन ओस की बूँदें हों, जो थोड़ी ही देर में विलीन हो जाने वाली है। क्षण भर बाद ही भाभी ने दोनों हाथ जोड़कर विदा दी। वे नहीं चाहती थीं कि उनके पास अधिक देर तक कोई बैठा रहे। भाभी तो मानो स्वाती की एक दुर्लभ बूँद थीं, जो लहरों के थपेड़ों से परेशान हो एक सीप में समा गई थी, और उस सीप को जब उसके नियति-नियोजित मरजीवे (सीपों के धीवर) के हाथ न सँभाल सके तो वहाँ से बिछलते ही मानस के महाकाल ने उसे उदरस्थ कर लिया। फिर उस सीपी के मोती की विभा ने उतने अल्पकालीन सस्पर्श से ही उस मरजीवे के आज तक के जीवन को इतना आबदार बना रखा है। कहा जाता है कि 'बाढ़े पूत पिता के धरमा : खेती उपजै अपने करमा !' और जब कोई भारी आधिभौतिक बाधा को पारकर उबर आता है, तब लोग कहते हैं–"अमुक की माँ ने खरी 'जूतिया' (द्वितीया, यम-द्वितीया) पूजी थी।" इस प्रकार लोकमान्यतानुसार पुत्र के उत्थान और मंगलमय सामाजिक स्थिति का कारण पिता का धर्माचरण और सन्तान के स्वास्थ्य तथा आयु का कारण माता की तपस्या और आशीर्वाद है। मेरी मान्यता है कि पति के जीवन में मानसिक सुख-शान्ति तथा सुयश का साफल्य भी पत्नी की निष्ठा और साधना का परिणाम है।[1]

–राजनाथ पाण्डेय

●●●

1. बच्चन : निकट से–सम्पादक : अजितकुमार, ओंकारनाथ श्रीवास्तव। राजपाल एण्ड सन्ज़, दिल्ली। प्रथम संस्करण, पृष्ठ 116–117

बच्चन की रचनाएँ (प्रकाशन क्रम में)

1. तेरा हार (काव्य), 1932
2. बच्चन के साथ क्षण भर (चयन), 1934
3. मधुशाला (काव्य), 1935
4. ख़ैयाम की मधुशाला (अनुवाद), 1935
5. मधुबाला (काव्य), 1936
6. मधुकलश (काव्य), 1937
7. निशा निमन्त्रण (काव्य), 1938
8. एकान्त संगीत (काव्य), 1939
9. आकुल अंतर (काव्य), 1943
10. प्रारम्भिक रचनाएँ—पहला भाग (कविताएँ), 1943
11. प्रारम्भिक रचनाएँ—दूसरा भाग (कविताएँ), 1943
12. सतरंगिनी (काव्य), 1945
13. हलाहल (काव्य), 1946
14. बंगाल का काल (काव्य), 1946
15. प्रारम्भिक रचनाएँ—तीसरा भाग (कहानियाँ), 1946
16. खादी के फूल (काव्य), 1948
17. सूत की माला (काव्य), 1948
18. मिलन यामिनी (काव्य), 1950
19. सोपान (संकलन), 1953
20. प्रणय पत्रिका (काव्य), 1955
21. धार के इधर-उधर (काव्य), 1957
22. मैकबेथ (अनुवाद), 1957
23. आरती और अँगारे (काव्य), 1958
24. बुद्ध और नाचघर (काव्य), 1958
25. जनगीता (अनुवाद), 1958
26. ओथेलो (अनुवाद), 1959
27. उमर ख़ैयाम की रुबाइयाँ (अनुवाद—पाकेट बुक), 1959
28. कवियों में सौम्य सन्त (पन्त-काव्य समीक्षा), 1960
29. आज के लोकप्रिय हिन्दी कवि : सुमित्रानन्दन पन्त (बच्चन सम्पादित)—1960
30. आज के लोकप्रिय हिन्दी कवि : बच्चन (संकलन : चं. गु. विद्यालंकार सं.) 1960
31. त्रिभंगिमा (काव्य), 1961
32. आधुनिक कवि (7) (संकलन), 1961
33. नेहरू : राजनैतिक जीवनचरित (अनुवाद), 1961
34. चार ख़ेमे चौंसठ खूँटे (काव्य), 1962

35. नए-पुराने झरोखे (निबन्ध), 1962
36. अभिनव सोपान (संकलन), 1964
37. चौंसठ रूसी कविताएँ (अनुवाद), 1964
38. दो चट्टानें (काव्य), 1965
39. डब्ल्यू. बी. ईट्स ऐंड अकल्टिज़्म (अंग्रेज़ी शोध प्रबन्ध), 1965
40. मरकत द्वीप का स्वर (अनुवाद), 1965
41. नागर गीता (अनुवाद), 1966
42. बहुत दिन बीते (काव्य), 1967
43. बच्चन के लोकप्रिय गीत (संकलन—पाकेट बुक), 1967
44. कटती प्रतिमाओं की आवाज़ (काव्य), 1968
45. क्या भूलूँ क्या याद करूँ (आत्मकथा-1), 1969
46. उभरते प्रतिमानों के रूप (काव्य), 1969
47. हेमलेट (अनुवाद), 1969
48. कवि श्री (संकलन—डॉ. दुर्गाप्रसाद झाला सम्पादित), 1969
49. नीड़ का निर्माण फिर (आत्मकथा-2), 1970
50. भाषा अपनी भाव पराए (अनूदित कविताएँ), 1970
51. बच्चन पत्रों में (सं. डॉ. जीवन प्रकाश जोशी), 1970
52. पन्त के सौ पत्र (बच्चन सम्पादित), 1970
53. प्रवास की डायरी, 1971
54. पन्त के दो सौ पत्र (बच्चन संपादित), 1971
55. किंग लियर (अनुवाद), 1972
56. बच्चन के पत्र (सम्पादक—निरंकार देव सेवक), 1972
57. जाल समेटा (काव्य), 1973
58. टूटी-छूटी कड़ियाँ (निबन्ध), 1973
59. बसेरे से दूर (आत्मकथा-3), 1977
60. '76-'77 की प्रतिनिधि श्रेष्ठ कविताएँ (सम्पादित), 1978
61. '78-'79 की प्रतिनिधि श्रेष्ठ कविताएँ (सम्पादित), 1981
62. मेरी कविताई की आधी सदी (संकलन), 1981
63. सोऽहं हंसः (संकलन-हंस प्रतीकी कविताओं का), 1981
64. आठवें दशक की प्रतिनिधि श्रेष्ठ कविताएँ (संकलन), 1982
65. बच्चन रचनावली (9 खंडों में), 1983
66. मेरी श्रेष्ठ कविताएँ (संकलन), 1984
67. बच्चन के विशिष्ट पत्र (सम्पादक—डॉ. चन्द्रदेव सिंह), 1984
68. पाती फिर आई (सम्पादक : डॉ. जीवन प्रकाश जोशी), 1984
69. राजेन्द्र प्रसाद—आत्मकथाकार के रूप में (व्याख्या), 1985
70. मधुशाला (स्वर्ण जयन्ती संस्करण), 1985
71. 'दशद्वार' से 'सोपान' तक (स्मृति-यात्रा '55 से 83' तक), 1985
72. नई से नई—पुरानी से पुरानी (काव्य), 1985

●●●